International Trade Theory and Practice

国际贸易理论与实务

（第5版）

陈岩◎编著

清华大学出版社

北京

内 容 简 介

本书由 18 章组成,对国际贸易理论与实务做了系统性的论述,教学资源丰富、数据资料新、结构完整。本书语言平实、贴近实际、通俗易懂,注重挖掘贸易背景和能力培养,许多案例都是编者亲身经历的真实案例。

编者经过对《Incoterms 2020》和《UCP600》等国际惯例的多年跟踪研究,结合多年的实践经验和国际贸易最新的前沿理论动态,在充分理解与消化"关检合一""单一窗口"等最新修改意见的基础上,对"中国国际贸易理论""商品的检验和保险""报检和申报出口""出口结汇的主要单据""报关和纳税""跨境电子商务"等相关内容做了修订和补充,使本书成为目前国内反映最新国际贸易惯例精神的高校教材之一。

本书与精品课程网站衔接,欢迎广大师生登录使用,下载 PPT 课件、习题答案、课堂讨论答案、单据库等教学资源。

图书在版编目(CIP)数据

国际贸易理论与实务/陈岩编著. —5 版. —北京:清华大学出版社,2021.7(2024.12重印)
ISBN 978-7-302-58374-5

Ⅰ. ①国… Ⅱ. ①陈… Ⅲ. ①国际贸易理论—高等学校—教材 ②国际贸易—贸易实务—高等学校—教材 Ⅳ. ①F740

中国版本图书馆 CIP 数据核字(2021)第 116660 号

责任编辑:张 伟
封面设计:李召霞
责任校对:王荣静
责任印制:曹婉颖

出版发行:清华大学出版社
    网   址: https://www.tup.com.cn, https://www.wqxuetang.com
    地   址: 北京清华大学学研大厦 A 座   **邮 编:** 100084
    社 总 机: 010-83470000   **邮 购:** 010-62786544
    投稿与读者服务: 010-62776969, c-service@tup.tsinghua.edu.cn
    质量反馈: 010-62772015, zhiliang@tup.tsinghua.edu.cn
    课件下载: https://www.tup.com.cn, 010-83470332
印 装 者: 北京同文印刷有限责任公司
经 销: 全国新华书店
开 本: 185mm×260mm **印 张:** 22.75   **字 数:** 524 千字
版 次: 2007 年 6 月第 1 版 2021 年 7 月第 5 版   **印 次:** 2024 年 12 月第 10 次印刷
印 数: 45001~48000
定 价: 59.00 元

产品编号:090333-01

第 5 版前言

本书自 2007 年出版以来,已经修订升级共计 5 版,印刷 40 余次,发行量超过 15 万册,由衷地感谢广大师生的支持与厚爱。这不仅是对教材编写质量的高度认可,也对教材下一步的修订工作提出了更高的要求。本书顺应这个伟大时代的要求不断总结、不断完善、不断发展,已经形成了"纸制教材＋实训软件＋资源平台"密切配合的新形态教材,被百余所院校教学使用,并逐步成长为品牌教材,受到了广大教师、学生以及进出口业务工作者的欢迎。

本书在传播基础知识、培养基础技能、形成核心专业能力的同时,注重总结中国对外开放事业最新实践经验和成果,探讨国际贸易环境、政策与实务的发展趋势,在"十四五"开局之年,在《国际贸易术语解释通则》(2020 版)生效之际,向全国广大师生推出第 5 版。

党的二十大报告指出,十年来,"我们实行更加积极主动的开放战略,构建面向全球的高标准自由贸易区网络,加快推进自由贸易试验区、海南自由贸易港建设,共建'一带一路'成为深受欢迎的国际公共产品和国际合作平台。我国成为一百四十多个国家和地区的主要贸易伙伴,货物贸易总额居世界第一,吸引外资和对外投资居世界前列,形成更大范围、更宽领域、更深层次对外开放格局"。习近平总书记在党的二十大报告中明确要求"推进高水平对外开放",这是以习近平同志为核心的党中央在全面建设社会主义现代化国家开局起步的关键时期作出的战略部署,为新形势下高质量发展我国贸易、高水平推进对外开放指明了前进方向。

"十三五"时期,中国积极推进贸易强国建设,在巩固已取得优势的前提下,寻找对外开放的新增长点,逐步推进高水平对外开放。

第一,中国对外贸易稳步增长且贸易结构不断优化。2015 年,中国货物贸易进出口总额为 24.59 万亿元人民币,2020 年我国对外贸易逆势上扬,全年进出口总额达 32.16 万亿元人民币,与 2019 年同比增长 1.9%。其中,出口 17.93 万亿元,增长 4%;进口 14.23 万亿元,下降 0.7%。中国货物贸易第一大国的地位更加巩固。除了增速保持稳定增长,外贸结构也进一步优化。2020 年,我国民营企业进出口增速比同期我国外贸整体增速高出 9.2 个百分点,成为我国外贸进出口增长的重要推动力量。一般贸易进出口占比持续提升,比 2019 年高出 0.9 个百分点。外贸区域发展更加平衡,中西部承接东部产业转移取得新进展,进出口增长了 11%,占全国进出口比重达 17.5%,比 2019 年提高了 1.4 个百分点。我国对主要贸易伙伴进出口实现增长,东盟首次成为我国第一大贸易伙伴,同我国贸易额增长了 7%。欧盟、美国为我国第二、第三大贸易伙伴,同我国贸易额分别增长了 5.3% 和 8.8%。

更值得一提的是,我国企业积极投入防疫物资生产,为全球抗疫提供了保障和支持。海关总署发布的数据显示,2020 年 3 月至 12 月底,全国海关共验放出口主要疫情防控物资价值 4 385 亿元。其中,出口口罩 2 242 亿只;出口防护服 23.1 亿件、护目镜 2.89 亿副、外科手套 29.2 亿双;出口呼吸机 27.1 万台、病员监护仪 66.3 万台、红外测温仪 1.19 亿件。我国出口的防疫物资有力地支援了全球抗疫斗争,为维护人类健康和国际秩序作出了重要贡献。

第二,利用外资和对外投资均取得良好发展。一方面,2017 年中国已成为世界第二大外资流入国,而且利用外资质量进一步提升。另一方面,"十三五"时期对外直接投资迅速发展,实现了全球产业布局的进一步优化,国际竞争力显著提升。中国企业实现了贸易与投资的良性互动,对外投资带动出口的效应日益明显。

第三,同"一带一路"沿线国家的经贸合作日益密切。2013年,"一带一路"倡议提出时,中国对沿线国家货物贸易出口为5 691.9亿美元,占中国总出口的25.75%;到2019年,中国对沿线国家出口7 622.9亿美元,占比提升至30.51%。从沿线国家的进口则由2013年的4 713.6亿美元增长至2019年的5 817.3亿美元,占总进口比重由24.17%升至28.01%。2013年,中国对沿线国家直接投资为126.3亿美元,占对外直接投资比重为11.71%;到2019年,投资额增长到186.9亿美元,占比已达到13.65%。与此同时,中国同沿线国家共同建设经贸合作区的水平不断提高,产业聚集效应明显增强。

"十三五"时期中国身处改革和转型攻坚阶段,国际经济环境发生深刻的调整与变革,面临内外部双重压力与挑战。

一是外部环境发生了剧烈变化。近年来,逆全球化思潮已经在世界范围盛行,并对中国的对外经济交往产生了负面影响。①美国不仅在贸易领域挑起史无前例的对华争端,而且在技术领域对中国进行打压,甚至谋求同中国全面脱钩。②错综复杂的国际环境本已给中国带来对外开放领域的巨大挑战,新冠肺炎疫情又给中国对外开放的发展带来了极大的不确定性。

二是净出口对GDP(国内生产总值)拉动作用有所减弱。净出口与消费、投资一起,被称为驱动经济增长的"三驾马车"。中国改革开放之后相当长的时期,充分发挥自身比较优势参与国际分工,不断融入世界经济体系之中,净出口一直被认为是拉动中国经济增长的重要引擎。在2008年全球金融危机之后,世界主要经济体都陷入萧条,外部需求不振,中国开始把内需作为稳定经济增长的主要抓手。自此,中国货物和服务贸易增速有所减缓,特别是贸易顺差占GDP比重显著下降。2011年是"十二五"开局之年,当年净出口对GDP的拉动率大幅下跌,仅为−0.6%。此后,贸易差额占GDP的比重保持相对稳定,外需变化使净出口对GDP的拉动作用呈现出正负交替的特征,一直贯穿于"十二五"和"十三五"时期。尽管目前中国各界都对内需高度重视,但绝不能放弃外需,"双循环"新发展格局也要充分重视外部循环,需要通过"稳外贸"等一系列措施,促进净出口对GDP增长的拉动作用。

三是外贸转型升级的动力仍需加强。中国外贸企业长年只从事生产环节的"简单劳动",而较少从事研发产品、拓展营销渠道、创立品牌等"复杂劳动",大部分企业仍然处在全球价值链的底端,这一状况在"十三五"时期虽略有好转,但未从根本上得以改观。更为重要的是,尽管中国已成为世界第一大贸易国,但在高技术产品领域的进展却十分缓慢,以芯片为代表的高端制造业产品仍然受制于人。因此,外贸企业未来需要积极探索,进入具备持续成长空间的领域,不断优化产品结构、客户结构和市场布局,从而突破瓶颈,从根本上获得转型升级动力。

"十四五"发展需要更高层次、更高水平、更加深化的对外开放格局。

"十四五"时期,中国面临的外部环境将变得更加复杂,未来5年将成为我国打破发达国家科技枷锁、实现对外开放转型升级的重要节点,更高层次、更高水平、更加深化的对外开放格局才能促进中国有效应对复杂的国际环境、实现高质量发展。因此,"十四五"规划将高水平对外开放置于重要地位,明确了以开放求共赢是中国坚持的基本方向。

在"十四五"规划和二〇三五年远景目标中,对外开放最核心的内容是加快构建"双循环"新发展格局,以及形成更高水平的开放型经济新体制。早在2020年8月24日,习近平总书记主持召开的经济社会领域专家座谈会就强调,要"以畅通国民经济循环为主构建新发展格局……新发展格局是根据我国发展阶段、环境、条件变化提出来的,是重塑我国国际合作和竞争新优势的战略抉择"。

党的十九届五中全会再次强调了"加快构建以国内大循环为主体、国内国际双循环相互促进的新发展格局"。"双循环"新发展格局将有效提高中国经济的核心竞争力,而高质量的发展则有利于提升中国在全球供应链中的地位,提升国际竞争力。中国当前经济总量已经接近全球20%,中国14亿人口消费转型升级蕴藏巨大的潜力,如果这一潜力被释放,将同时推动国际大循环运行,可以吸引其他国家商品和要素进入国内市场,使中国以更高水平的开放参与国际市场。在当前全球疫情影响仍在持续、逆全球化趋势仍在蔓延、世界经济陷入萧条的背景下,充分发挥国内市场的规模优势,发挥内需潜力,可以充分利用国内国外两个市场和资源,改变以往的"两头在外"格局,将原有的劳动力优势向市场优势转型,完成中国对外贸易转型发展,在促进中国经济发展的同时促进世界经济复苏。在此过程中,中国对外开放将会继续扩大深化,不断向制度型开放转型,不断营造良好的营商环境,提升产业链水平,并积极推动全球治理体系朝更加公正合理的方向发展。

《中共中央关于制定国民经济和社会发展第十四个五年规划和二〇三五年远景目标的建议》指出,到二〇三五年,中国将形成对外开放新格局,参与国际经济合作和竞争新优势明显增强。"十四五"时期经济社会发展目标中也提出,改革开放迈出新步伐……更高水平开放型经济新体制基本形成。具体而言,未来中国要坚持实施更大范围、更宽领域、更深层次对外开放,依托中国大市场优势,促进国际合作,实现互利共赢。要建设更高水平开放型经济新体制,全面提高对外开放水平,推动贸易和投资自由化、便利化,推进贸易创新发展,推动共建"一带一路"高质量发展,积极参与全球经济治理体系改革。更高水平开放型经济新体制的形成,需要推进制度型开放,不断培育国际竞争新优势。高水平对外开放不仅强调市场配置资源的作用,还要发挥各级政府为企业和市场服务的作用,打造市场化、国际化、法治化的营商环境。与此同时,中国也可以立足跨境电商等新业态的发展优势,积极参与塑造和引领国际规则,提升中国优势领域的国际规则话语权。

在经贸规则领域,我国积极参与并利用好新型自由贸易协定,推动企业更好地参与国际分工。中央经济工作会议提出,要积极考虑加入《全面与进步跨太平洋伙伴关系协定》。同时,我们要通过运用好《区域全面经济伙伴关系协定》《中欧投资协定》等重要协定,大力开拓东盟、日韩、澳新等区域市场,进一步加强同"一带一路"沿线国家的贸易合作。由于"逆全球化"升温,当前世界经济增速放缓,需求回升乏力,各国纷纷实施显性或隐性的贸易保护政策和措施,影响了国际市场的公平竞争。2020年以来的新冠肺炎疫情也对我国外贸事业的发展产生了新的阻力。

自2018年以来,我国海关总署对企业报关报检资质进行了优化整合。

整合申报是出入境检验检疫管理职责和队伍划入海关总署后海关机构改革在实现改头换面基础上脱胎换骨的第一步,是关检业务全面融合的历史性、标志性改革措施,也是海关优化营商环境、应对复杂外贸形势和服务外贸企业的一项重要举措。原报关单、报检单整合为一张报关单后,原报关、报检共229个申报项目精简为105个,进口、出口货物报关单和进境、出境货物备案清单布局结构也得到了优化,版式由竖版改为横版,纸质单证采用普通打印方式,取消了套打,不再印制空白格式单证。

第 5 版继续保持国际贸易理论与实务两大范畴体系，秉承诠释理性、昭示方向、解析规则、尊重实践的专业特质，在内容上力求做到去粗取精，将国际贸易理论以及国际贸易实务纳入一个完整统一的框架之内。为书籍更新改版，我们赴多家企业现场调研，获得了宝贵的一手资料，在此基础上对书籍进行优化调整。与第 4 版相比，第 5 版在以下环节做了较细致的修订工作：①除了个别年份外，统计数据截至 2019 年底。②对海关总署 2018 年第 28 号公告"关检合一"进行了详细解读，对知识点进行了细致的梳理，同时更新了相关单据资料。③增加了对《Incoterms 2020》的解读。

在此特别感谢京东集团副总裁曾晨先生、中成国际天津公司副总经理左永刚先生、北京众志好活科技有限公司朱江先生对本书修订工作的大力协助。五矿物流集团副总裁程伟研究员，五矿物流集团天津货运有限公司副总经理王建东女士、集装箱进口部副经理孙丽女士、原料部副经理左艳艳女士、金属部业务主管程爱林女士、综合业务部业务主管李若欣女士耐心细致地为我们提供了各类翔实的一线实务知识与宝贵资料，对他们的大力支持表示感谢。

再次感谢中国国际贸易学会秘书长刘明国先生、中国民生银行刘玲高级经济师、中国银行王磊先生、中国邮政储蓄银行杨桓博士、中国国际经济贸易仲裁委员会康明博士、大连商品交易所郑春风博士、中国天津外轮代理有限公司王树祥先生、建元律师事务所辛英民律师以及华为技术有限公司流媒体事业部张国新总裁、孙毅开先生等各界朋友，他们在贸易实务领域给予了编者有力支持。

同时也感谢对外经济贸易大学洪俊杰教授、王健教授、冷柏军教授，中国人民大学谷克鉴教授、王孝松教授、易靖韬教授，浙江财经大学王俊豪教授，天津财经大学刘恩专教授，北京师范大学赵春明教授、魏浩教授，云南财经大学钟昌标教授，中央财经大学霍达教授，东华大学高长春教授，浙江农林大学尹国俊教授，上海对外经贸大学张永安教授，商务部国际贸易经济合作研究院何曼青研究员，英国雷丁大学商学院刘毅鹏教授，美国得克萨斯农工大学王海波教授等学术界朋友的大力支持。

这里还要特别缅怀昔日的合作伙伴朴虎吉先生，他对本书建立在贸易实践的基础之上作出了不可替代的贡献。

在本书编写过程中，编者所参阅的文献除了在参考文献中列出的一部分外，还有大量国际商会的出版物、近年的大量相关报刊文章以及网络资料，相关文献数百篇之多。在此，谨向所有使编者获益的同行致以真诚的谢意。

编写团队的每一分子都对本书作出了自己的贡献，张晨霞、罗森林、董炜炜、翟瑞瑞、李冬杰、王丽霞、郑江、艾宝林、湛杨灏、李飞、高洁、张李叶子、司凡、王子衿、杜倩云、马欣、鲁泽霖、路茜滢等做了大量工作，在此一并表示感谢。

本书可以作为高等院校的国际经济与贸易、工商管理、国际金融等经济管理类本科专业的基础课教材，同时可以作为财政学、会计学等本科专业选修课教材，也可以作为外销员、商务师、报关员考试辅导以及国际贸易理论研究和实际工作人员的参考书。

本书的电子网络配套资源还包括 PPT 讲义课件、课堂讨论题答案、复习思考题答案、教学案例库（教师版）、考试平台（学生版、教师版）等。

由于编者能力有限，书中浅薄纰漏之处在所难免，恳请同行专家、学者及读者批评指正。

编　者

2024 年 1 月于明光楼

目　　录

第一章

绪 论

教学目的和要求

　　引导学生从日常生活中认识国际贸易问题，关心中国的对外开放与经济发展，要求学生掌握有关国际贸易的基本概念与分类。

关键概念

国际贸易	对外贸易	国际(对外)贸易额
对外贸易量	出口贸易	进口贸易
过境贸易	贸易差额	国际贸易商品结构
对外贸易依存度	国际贸易地理方向	转口贸易
有形商品贸易	无形商品贸易	贸易条件

章首案例

　　郑和7次下西洋加强了中国和其他国家的交往，但是并没有对中国的开放拓展和对外贸易乃至经济有实质性的推动。究其原因，远航的主要性质是"宣威异域"的"朝贡贸易"。当时中国仍是自给自足的农业经济，对从事海外贸易而获利没有兴趣，政府禁止任何私人出海贸易，所以即便发现了通向他国的新航道也没有引发大规模的海外贸易。

　　同时，中国是一个自给自足的农业经济和大陆型国家，加上资源丰富，对西方所求不多，长期以来，贸易动机只是互通有无。特别到了明、清时期，中国政府实行闭关锁国的政策，极大地限制了中国的对外贸易。相反，西欧各国大都资源短缺，亟须对外扩张，进口本国所需的产品，于是在技术革命的背景下对外贸易迅猛发展。

　　欧洲航海者的地理大发现极大地刺激了国际贸易和西欧经济的发展。因为地理大发现是适应商品经济发展向外输出商品需要的探险行为，政府也极力借助新航道进行对外掠夺和殖民扩张。

　　比较15世纪初中国明朝的郑和下西洋和15世纪末16世纪初西欧哥伦布、达·伽马、麦哲伦等远洋探险的不同结果，探讨产生这些不同结果的原因。

第一节 国际贸易的基本概念

一、国际贸易

国际贸易(international trade)泛指世界各国或地区(仅限单独关税地区)之间所进行的以货币为媒介的商品交换活动。它既包含有形商品(实物商品)交换,也包含无形商品(劳务、技术、货币、咨询等)交换。

二、对外贸易

对外贸易(foreign trade)是指国际贸易活动中的一国或地区同其他国家或地区所进行的商品、劳务、技术等的交换活动。

广义的对外贸易包括货物贸易、技术贸易和服务贸易;狭义的对外贸易则只包含货物贸易。

三、国际贸易额

国际贸易额是计算和统计世界各国对外贸易总额的指标,是把世界上所有国家和地区的出口额相加,即按同一种货币单位换算后,把各国和地区的出口额相加得出的数额;而不能简单地把世界各国和地区的出口额与进口额相加。

四、对外贸易额

对外贸易额亦称为对外贸易值。这是用货币金额表示的一国或地区在一定时间内的进出口的数量指标,是衡量一国或地区对外贸易状况的重要经济指标。它由一国或地区在一定时间内从境外进口的商品总额和该国或地区同一时期向境外出口的商品总额构成。在计算时,依国际惯例,出口额要以 FOB(船上交货)价格计算,进口额要以 CIF(成本加保险费加运费)价格计算。

表 1-1 所示为 2007—2019 年中国对外贸易额。

表 1-1 2007—2019 年中国对外贸易额

年 份	进 出 口		出 口		进 口		差额/亿美元	增速/%
	金额/亿美元	增速/%	金额/亿美元	增速/%	金额/亿美元	增速/%		
2007	21 738.3	23.5	12 180.2	25.7	9 558.2	20.8	2 622.0	47.7
2008	25 616.3	17.8	14 285.5	17.3	11 330.8	18.5	2 954.7	12.7
2009	22 072.2	−13.8	12 016.6	−15.9	10 055.6	−11.3	1 961.0	−33.6
2010	29 727.6	34.7	15 779.3	31.3	13 948.3	38.7	1 831.0	−6.6
2011	36 420.6	22.5	18 986.0	20.3	17 434.6	25.0	1 551.4	−15.3
2012	38 667.6	6.2	20 489.3	7.9	18 178.3	4.3	2 311.0	49.0

续表

年　份	进　出　口		出　口		进　口		差额/亿美元	增速/%
	金额/亿美元	增速/%	金额/亿美元	增速/%	金额/亿美元	增速/%		
2013	41 603.3	7.6	22 100.4	7.9	19 502.9	7.3	2 597.5	12.4
2014	43 030.4	3.4	23 427.5	6.0	19 602.9	0.5	3 824.6	47.2
2015	39 586.4	−8.0	22 765.7	−2.8	16 820.7	−14.2	5 945.0	55.4
2016	36 849.3	−6.9	20 974.4	−7.9	15 874.8	−5.6	5 099.6	−14.2
2017	41 044.7	11.4	22 634.9	7.9	18 409.8	16.0	4 225.1	−17.1
2018	46 230.4	12.6	24 874.0	9.9	21 356.4	16.0	3 517.6	−16.7
2019	45 753.0	−1.0	24 984.1	0.4	20 768.9	−2.8	4 215.2	19.8

资料来源：商务部商务数据中心。

五、对外贸易量

对外贸易量是为了剔除价格变动的影响,并准确反映一国或地区对外贸易的实际数量变化而制定的一个数量指标。

六、对外贸易依存度

对外贸易依存度是衡量一国国民经济对进出口贸易的依赖程度和衡量一国对外开放程度的一个重要指标。它是指一个国家在一定时期内进出口贸易值与该国同时期国内生产总值(GDP)的对比关系。

2008—2019 年中国国内生产总值、进出口额与外贸依存度如表 1-2 所示。

表 1-2　2008—2019 年中国国内生产总值、进出口额与外贸依存度

年　份	GDP/亿元	进出口总额/亿美元	出口额/亿美元	进口额/亿美元	外贸依存度/%
2008	319 515.5	25 616.3	14 285.5	11 330.8	55.77
2009	349 081.4	22 072.2	12 016.6	10 055.6	44.23
2010	413 030.3	29 727.6	15 779.3	13 948.3	49.15
2011	489 300.6	36 420.6	18 986.0	17 434.6	50.14
2012	540 367.4	38 667.6	20 489.3	18 178.3	47.02
2013	595 244.4	41 603.3	22 100.4	19 502.9	45.40
2014	643 974.0	43 030.4	23 427.5	19 602.9	41.03
2015	689 052.1	39 586.4	22 765.7	16 820.7	35.63
2016	744 127.2	36 849.3	20 974.4	15 874.8	32.73
2017	827 122.0	41 044.7	22 634.9	18 409.8	33.60
2018	900 309.0	46 230.4	24 874.0	21 356.4	33.97
2019	990 865.0	45 753.0	24 984.1	20 768.9	32.66

资料来源：商务部 2019 年商务统计资料。

七、对外贸易条件

在传统的国际贸易理论框架中，贸易条件被定义为一个国家在一定时期内出口商品价格与进口商品价格之间的对比关系，反映了该国当年的对外贸易状况和商品的国际竞争力状况，一般以贸易条件系数表示。其经济学含义是，随着出口商品相对于进口商品价格的变化，出口每单位商品所能换回的进口商品的数量（quantity of goods）。

如果该系数大于1，则说明该国当年的贸易条件得到了改善；如果该系数小于1，则说明该国当年的贸易条件恶化了。

表1-3所示为2011—2018年中国贸易条件系数的国际比较。

表1-3　2011—2018年中国贸易条件系数的国际比较

名　　　称	2011年	2012年	2013年	2014年	2015年	2016年	2017年	2018年
中国	0.96	0.97	0.98	1.01	1.13	1.13	1.06	1.03
大湖国家经济共同体（CEPGL）	1.01	0.94	0.91	0.87	0.79	0.79	0.94	0.93
北美自由贸易区（NAFTA）	1.00	0.99	0.99	0.99	0.98	0.97	0.98	0.99
美洲自由贸易区（FTAA）	1.03	1.01	1.01	1.00	0.97	0.96	0.98	0.99
亚太贸易协定（APTA）	0.95	0.95	0.97	0.99	1.12	1.12	1.07	1.03
欧洲自由贸易联盟（EFTA）	1.04	1.04	1.02	1.01	1.00	0.98	1.01	1.06
东加勒比国家组织（OECS）	1.21	1.14	1.08	1.04	0.84	0.85	0.90	1.04
中部非洲经济和货币共同体（CEMAC）	1.15	1.16	1.17	1.12	0.80	0.73	0.84	0.97
东南亚国家联盟（ASEAN）	0.95	0.95	0.96	0.97	1.07	1.08	1.04	1.01

资料来源：联合国贸易与发展会议（UNCTAD）官网. https://unctadstat.unctad.org/wds/TableViewer/tableView.aspx.

课堂讨论1-1：2011—2018年我国贸易条件系数与其他经济体相比，特点有哪些？

八、国际贸易商品结构

国际贸易商品结构是指各种类别的商品的国际贸易额在整个国际贸易额中所占的比重，通常以它们在世界出口总额或进口总额中的比重来表示。2020年，我国机电产品出口增长6%，占总出口比重为59.4%，比2019年提高1.1个百分点；一般贸易出口占比进一步提高，已达到59.4%，比2019年提高1.6个百分点。尽管受到疫情冲击，但通过各界努力，我国的产业基础更加稳固、自主创新能力不断增强，真正实现了化危为机。

表1-4所示为2018年中国进出口商品构成表。

表1-4　2020年中国进出口商品构成表　　　　　　　　　　万元人民币

商品构成（按SITC分类）	出口金额	进口金额
总值	1 793 263 552	1 422 305 729
一、初级产品	80 040 938	468 906 879
0类　食品及活动物	44 009 064	68 006 990

续表

商品构成(按 SITC 分类)	出口金额	进口金额
1 类 饮料及烟类	1 718 857	4 294 444
2 类 非食用原料(燃料除外)	11 017 776	203 830 692
3 类 矿物燃料、润滑油及有关原料	22 317 614	185 408 550
4 类 动植物油、脂及蜡	977 627	7 366 202
二、工业制品	1 713 222 544	953 398 741
5 类 化学成品及有关产品	117 220 627	147 712 284
6 类 按原料分类的制成品	301 054 902	116 367 516
7 类 机械及运输设备	870 381 281	572 898 356
8 类 杂项制品	404 859 614	100 951 988
9 类 未分类的商品	19 706 120	15 468 597

资料来源:中华人民共和国海关总署.2020 年 12 月进出口商品构成表(人民币值).

九、对外贸易地理方向

对外贸易地理方向也称为对外贸易的地理分布,是指一定时期内世界上一些国家或地区的商品在某一个国家对外贸易中所占的地位,一般是以这些国家或地区的商品在该国进出口贸易总额中所占的比重来表示。

十、国际贸易地理方向

国际贸易地理方向也称为国际贸易地理分布,是指一定时期内世界各洲、各国或各个国家经济集团的对外贸易在整个国际贸易中所占的比重。

2015—2019 年中国内地进出口贸易伙伴情况如表 1-5 所示。

表 1-5　2015—2019 年中国内地进出口贸易伙伴情况　　　　亿美元

名　称	2015 年	2016 年	2017 年	2018 年	2019 年
总值	39 586.4	36 849.3	41 045.0	46 230.4	45 761.3
亚洲	20 944.1	19 469.1	21 257.2	23 811.0	23 665.5
日本	2 785.2	2 750.8	3 029.9	3 276.6	3 149.9
韩国	2 757.9	2 527.0	2 802.8	3 134.3	2 845.4
中国香港	3 432.1	3 039.5	2 866.1	3 105.6	2 880.3
中国台湾	1 881.0	1 790.9	1 993.9	2 262.4	2 280.8
新加坡	795.2	705.3	792.5	828.8	899.4
非洲	1 788.0	1 489.6	1 700.0	2 041.9	2 087.0
欧洲	6 963.1	6 777.6	7 558.9	8 541.8	8 765.3
英国	785.0	744.0	790.3	804.4	862.7
德国	1 567.8	1 513.7	1 681.0	1 838.8	1 848.6
法国	513.7	471.9	544.6	629.0	655.4
意大利	446.5	431.0	496.0	542.4	549.0
荷兰	682.3	672.7	783.8	851.8	851.5

续表

名　称	2015 年	2016 年	2017 年	2018 年	2019 年
俄罗斯	680.2	696.2	840.7	1 070.6	1 107.6
拉丁美洲	2 358.9	2 170.1	2 578.5	3 074.0	3 173.7
北美洲	6 131.1	5 657.2	6 357.2	6 974.7	6 067.8
加拿大	556.4	456.8	517.6	635.4	650.5
美国	5 570.2	5 197.2	5 837.0	6 335.2	5 412.2
大洋洲	1 333.5	1 281.6	1 589.4	1 783.1	1 968.6
澳大利亚	1 138.2	1 082.2	1 362.6	1 527.9	1 696.2

资料来源：商务部和海关总署年度数据。

课堂讨论 1-2：结合表 1-5 数据，分析我国对外贸易发展存在的结构性问题是什么。

第二节　国际贸易的种类

一、按照商品(含各种劳务)的移动方向分类

按照商品(含各种劳务)的移动方向不同,国际贸易可分为出口贸易(export trade)、进口贸易(import trade)、转口贸易(entrepot trade)、过境贸易(transit trade)、复出口贸易(re-export trade)和复进口贸易(re-import trade)。

(一)　出口贸易

出口贸易也称输出贸易,是指一国的商人将本国所生产或加工的商品(或劳务)输往国外市场进行销售的交换活动。

净出口是指一国或地区某一时期某类或某种商品的出口量大于进口量的部分。

(二)　进口贸易

进口贸易也称输入贸易,是指一国的商人将外国生产或加工的商品(含劳务)购买后,将其输入本国市场进行销售的商品交换活动。

净进口是指一国或地区某一时期某类或某种商品的进口量大于出口量的部分。

(三)　转口贸易

转口贸易是指商品生产国与商品消费国不直接买卖商品,而是通过第三国参与进行的商品买卖。第三国对此类商品的买进,是专为销往商品消费国的。第三国参与了这笔买卖的商品价值转移活动,但不一定参与商品的实体运动,即这批货物可以运往第三国的口岸,但不能入境;也可以直接运往商品消费国。

(四)　过境贸易

过境贸易是指商品生产国与商品消费国之间进行的商品买卖活动,其实物运输过程必

须穿过第三国的国境。第三国要对此批货物进行海关监管，并把此类货物作为过境贸易额加以统计。

（五）复出口贸易

复出口贸易也称再出口贸易，是指一国商人把外国生产或加工的商品买进后，未经加工又输出到国外的商品贸易活动。

（六）复进口贸易

复进口贸易也称再进口贸易，是指一国商人把本国生产的商品输出到国外后，在国外未对其加工又重新输入本国国内市场的贸易活动。

二、按照贸易政策分类

按照贸易政策不同，国际贸易可分为自由贸易（free trade）、保护贸易（protect trade）、统制贸易（control trade）和管理贸易（management trade）。

（一）自由贸易

自由贸易一般是指一些国家的贸易政策中不过多地干涉国与国之间的贸易往来，既不对进出口贸易活动设置种种障碍，也不对本国的出口商品活动给予各种优惠，而是鼓励和提倡市场交易活动的自由竞争。

（二）保护贸易

保护贸易是指一些国家的贸易政策中广泛地使用各种限制措施去保护国内市场免受外国企业和商品的竞争，主要表现在限制外国商品的进口；同时，对本国的出口商所从事的出口本国商品的活动给予各种优惠甚至补贴（subsidy），以鼓励本国出口商更多地从事出口贸易。

（三）统制贸易

统制贸易是指一些国家设置专门的政府机构，利用其政府的力量，统计、组织和管理进出口贸易活动的行为。

（四）管理贸易

管理贸易是西方经济学家对美国克林顿政府时期经济政策特点的一种概括。政府一方面通过签订大量协定和条约来处理和协调国与国之间的贸易关系，另一方面又颁布大量的法律和法规来管理与约束本国商人的进出口贸易行为。这一政策被称为管理贸易政策。

三、按照交易对象的性质分类

按照交易对象的性质不同，国际贸易可分为有形商品贸易（tangible goods trade）和无形商品贸易（intangible goods trade）。

（一）有形商品贸易

有形商品贸易是指传统的商品进出口，也叫作货物贸易。联合国《国际贸易标准分类》

把国际货物贸易分为十大类,分别如下。

　　0 类　食品及活动物。

　　1 类　饮料及烟类。

　　2 类　非食用原料。

　　3 类　矿物燃料、润滑油及有关原料。

　　4 类　动、植物油脂及蜡。

　　5 类　化学品及有关产品。

　　6 类　按原料分类的制成品。

　　7 类　机械及运输设备。

　　8 类　杂项制品。

　　9 类　未分类的其他商品。

(二) 无形商品贸易

无形商品贸易是指在国际贸易活动中所进行的没有物质形态的商品交易,主要指劳务、技术、旅游、运输、金融、保险等。

四、按照国境与关境分类

按照国境与关境不同,国际贸易可分为总贸易(general trade)和专门贸易(special trade)。

(一) 总贸易

总贸易是指以国境为标准(basis)划分的进出口贸易,凡进入国境的商品一律列为进口,凡离开国境的商品一律列为出口。前者叫总进口,后者叫总出口。

(二) 专门贸易

专门贸易是指以关境作为划分进口和出口标准的进出口贸易。当外国商品进入国境后,暂时存入保税仓库,不进入关境,一律不列入进口。只有从外国进入关境的商品以及从保税仓库提出进入关境的商品,才列为进口,称为专门进口。过境贸易不属于专门贸易。对于从国内运出关境的本国产品以及进口后未经加工又运出关境的商品,则列为出口,称为专门出口。

五、按照参与贸易活动的国家多少分类

按照参与贸易活动的国家多少不同,国际贸易可分为双边贸易(bilateral trade)、三角贸易(triangular trade)和多边贸易(multilateral trade)。

(一) 双边贸易

双边贸易是指发生在两国(或异地支付在双边基础上进行),各以向对方的出口支付从对方的进口,不用向对方的出口来支付从其他国家的进口。

（二）三角贸易

三角贸易示意图如图 1-1 所示,中间商(middleman)C 一方面与乙国进口商 B 订立销售货物的买卖合同;另一方面与丙国的出口商 A 订立采购货物的买卖合同,货物则由丙国直接运往乙国。货款的清算,一方面由进口商 B 支付中间商 C,另一方面由中间商 C 支付出口商 A。

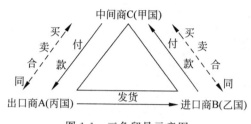

图 1-1　三角贸易示意图

（三）多边贸易

多边贸易是指三个或三个以上国家(地区)作为一个整体,相互间发生贸易并保持贸易收支的贸易形式。

六、按照清偿方式的不同分类

按照清偿方式的不同,国际贸易可分为现汇贸易(spot exchange trade)、协定贸易(agreement trade)和易货贸易(barter trade)。

（一）现汇贸易

现汇贸易是指在国际贸易中以货币作为清偿工具的贸易。其特点是通过银行逐笔支付货款以结清债权债务。目前国际贸易中能作为支付工具(payment instrument)的货币,主要有美元、欧元、日元、英镑等。

（二）协定贸易

协定贸易是指两个国家(或地区)签订贸易协定,通过记账方式交易,而不是直接动用外汇,在一定时期内(通常为 1 年)进行结算。贸易差额结转到下一年的账户。

（三）易货贸易

易货贸易是指经过计价以货物作为清偿工具的贸易,以货易货可以使贸易双方在外汇不足的情况下达到交易的目的。

试一试

视频

第二章

国际贸易理论

教学目的和要求

　　向学生介绍古典国际贸易理论,使学生了解古典国际贸易理论的产生与发展的各个阶段及其影响,并从整体上把握国际贸易理论的演进过程,进而能够从更广泛的视角来全面认识当代国际贸易发生和发展的诱因、过程和规律。给学生介绍现代国际贸易理论,让学生了解现代国际贸易理论产生的背景和原因。

关键概念

对外贸易乘数	需求偏好	绝对利益学说
比较利益学说	超保护贸易学说	要素禀赋理论
产品生命周期学说	需求偏好相似学说	产业内贸易学说
新经济地理学	新新贸易理论	全球价值链理论

章首案例

　　15—17世纪,欧洲的船队出现在世界各处的海洋上,寻找着新的贸易路线和贸易伙伴,涌现出许多著名的航海家,如哥伦布、达·伽马、卡布拉尔、迪亚士、德莱昂、麦哲伦等。伴随着新航路的开辟,东西方之间的文化、贸易交流开始大量增加。有人说开辟新航路是西方对国际贸易的向往,向往获取香料、黄金和丝绸;有人说开辟新航路是为了掠夺殖民地,进行资本主义的血腥原始积累。

　　试从不同经济理论出发,说明为什么要开展国际贸易,以及开展国际贸易对世界经济的发展和福利的影响情况。

第一节　古典贸易理论

国际贸易理论是国际经济学的一个重要组成部分。国际贸易理论主要研究商品和服务在各国之间的交换，研究国际商品交换的原因、结果以及相关的政策。国际贸易理论的研究范围也包括生产要素的国际流动和技术知识的国际传递。生产要素和技术知识一方面作为某种特殊商品有其本身的国际市场，另一方面作为要素投入对商品和服务的生产起着重要作用。国际贸易理论还研究经济增长、技术变动与贸易的相互影响，从动态上分析国际贸易变动的原因与结果。

19 世纪中叶，英国在世界上确立了"世界工厂"的地位。随着英国资本主义的迅速发展，新兴资产阶级要求扩大对外贸易，扩大海外市场和原料来源，而重商主义的贸易理论和政策限制了新兴资产阶级的利益，所以英国新兴资产阶级迫切要求废除重商主义的贸易保护政策，实行自由贸易。于是一些资产阶级思想家开始探寻对外贸易与经济发展的内在联系，试图从理论上说明自由贸易对经济发展的好处，自由贸易理论便产生了。自由贸易理论的代表人物是英国古典经济学家亚当·斯密和大卫·李嘉图，其代表学说分别是"绝对利益学说"和"比较利益学说"。瑞典著名经济学家俄林的"要素禀赋理论"是对古典自由贸易学说的重大发展。

一、亚当·斯密的绝对利益学说

亚当·斯密（Adam Smith，1723—1790）是英国著名经济学家，也是资产阶级经济学古典学派的主要奠基人之一。其代表作是《国民财富的性质和原因的研究》，简称《国富论》。绝对利益学说的主要内容有以下两点。

1. 国际分工是建立在一个国家所拥有的自然优势或获得某种优势的基础上的

优势是指绝对优势或绝对利益。亚当·斯密认为，各国因地域和自然条件不同而形成的商品成本的绝对差异是国际贸易发生的原因。一国出口那些在本国进行生产有效率的商品，进口那些在国外进行生产有效率的商品，该国就会取得贸易利益。他说：如果一件东西在购买时所花的代价比在家里生产时所花的少，就永远不会想在家生产，这是每一个精明的家长都知道的格言。

2. 主张自由贸易

亚当·斯密认为：既然贸易双方都具有绝对优势，那么通过自由贸易，双方都能取得贸易利益。因为自由贸易会使贸易双方的资本和劳动力从生产能力低的行业转移到生产能力高的出口行业中去，实现资源的有效配置，提高劳动生产率。生产商品的数量增加了，通过贸易，双方的消费量也增加了，对双方都有好处。

为了说明这一理论，亚当·斯密举出下面例子。

假定英国和葡萄牙两国都生产葡萄酒与毛呢，生产情况如表 2-1 所示。在这种生产模式下,可以进行国际分工、国际交换,对两国都有利,分工后的生产情况如表 2-2 所示。分工后,两国均以各自的绝对优势产品进行交换,即英国用毛呢与葡萄牙的葡萄酒以 1∶1 的比例相交换,交换后两国拥有产品的情况如表 2-3 所示。

表 2-1　分工前两国的生产情况

国　家	葡萄酒产量/单位	所需劳动人数/(人·年)	毛呢产量/单位	所需劳动人数/(人·年)
英国	1	120	1	70
葡萄牙	1	80	1	110

表 2-2　分工后两国的生产情况

国　家	葡萄酒产量/单位	所需劳动人数/(人·年)	毛呢产量/单位	所需劳动人数/(人·年)
英国	—	—	2.7	190
葡萄牙	2.375	190	—	—

表 2-3　交换后两国拥有产品的情况

国　家	葡萄酒产量/单位	毛呢产量/单位
英国	1	1.7
葡萄牙	1.375	1

二、大卫·李嘉图的比较利益学说

大卫·李嘉图(David Ricardo,1772—1823)是英国著名的经济学家,也是资产阶级经济学古典学派的主要奠基人之一。其代表作是《政治经济学及赋税原理》。李嘉图的比较利益学说是对斯密的绝对利益学说的重大发展。

亚当·斯密的绝对利益学说的前提是在两个国家、两种商品的贸易模式里,贸易双方必须各有一种具有成本优势(绝对优势)的商品,通过贸易可取得绝对利益。但是如果一个国家连一个成本优势的商品都没有,而另一个国家两种商品都具有成本优势,那么双方还会发生贸易吗?这正是比较利益学说要回答的问题。李嘉图认为:即使一个国家的各个行业的生产都缺乏效率,没有低成本的商品,通过国际贸易仍可能获得利益;而另一个国家各个行业的生产都有效率,成本比国外同行也都低,通过国际贸易可获得更大利益。比较利益,是指在两个国家、两种商品的贸易模式里,贸易一方两种商品都处于劣势,而贸易另一方两种商品都处于优势,通过贸易双方获得的利益。

例如,生产同样单位毛呢,葡萄牙需要 90 人,英国需要 100 人;生产同样单位的葡萄酒,葡萄牙需要 80 人,英国需要 120 人,如表 2-4 所示。

表 2-4　分工前两国的生产情况

国　家	葡萄酒产量/单位	所需劳动人数/(人·年)	毛呢产量/单位	所需劳动人数/(人·年)
英国	1	120	1	100
葡萄牙	1	80	1	90

从葡萄牙方面看,两种商品生产都比英国效率高、成本低,但是低的程度不同。毛呢的成本相当于英国的90%(90/100),而酒的成本相当于英国的67%(80/120)。可见,葡萄牙生产酒的效率相对更高些。

从英国方面看,两种商品生产都比葡萄牙效率低、成本高,但是高的程度不同。毛呢的成本是葡萄牙的1.1倍(100/90),而酒的成本是葡萄牙的1.5倍(120/80)。可见,英国生产毛呢的效率相对高一些。

如果两国都生产具有相对优势的产品,即葡萄牙把全部劳动力都用来生产酒,英国把全部劳动力都用来生产毛呢,各自发挥相对优势,就可以使两种产品的产量都得到增加。而且通过贸易,双方可以消费比分工前更多的商品,都获得利益,如表2-5所示。

表2-5　分工后两国的生产情况

国　家	葡萄酒产量/单位	所需劳动人数/(人·年)	毛呢产量/单位	所需劳动人数/(人·年)
英国	—	—	2.2(220/100)	220
葡萄牙	2.125(170/80)	170	1	—

分工前,葡、英两国共生产2个单位的毛呢和2个单位的酒。分工后,葡萄牙把170(80+90)个劳动力都用来生产酒,则生产2.125(170/80)个单位;英国把220(100+120)个劳动力都用来生产毛呢,则生产2.2(220/100)个单位;两种产品的产量总和为4.325个单位,多于原来的4个单位。通过国际贸易,两个国家的消费量也增加了。

假设两国交换的比价为1∶1,那么交换后,两国的消费情况如表2-6所示。

表2-6　交换后两国的消费情况

国　家	葡萄酒产量/单位	毛呢产量/单位
英国	1	1.2
葡萄牙	1.125	1

从表2-6中可以看出,分工后,两国的劳动投入并没有增加,但是两种产品的总量却增加了。其中毛呢增加了0.2个单位,葡萄酒增加了0.125个单位。两国进行交换,双方都得到了比较利益。

三、对比较利益学说的评价

比较利益学说的历史进步性表现为以下两点。

(1) 为当时英国新兴资产阶级的自由贸易主张提供了理论支持,促进了英国生产力的发展。

(2) 为世界各国参与国际分工、发展对外贸易提供了理论依据,各国根据各自的比较优势组织生产、从事贸易,不仅可以获得利益,而且会促进国际贸易的发展。

比较利益学说的历史局限性表现为以下两点。

(1) 比较利益学说是建立在以下假定条件的基础上的:假定两国进行两种商品的交易;假定所有的劳动都是同质的;假定生产是在成本不变的情况下进行的;假定劳动力在

国际不能自由流动;假定市场是完全竞争的市场;假定收入分配没有变化;假定贸易是没有货币的物物交换;假定没有技术进步的影响,国际经济是静态的;等等。这一系列的假定不可能同时成立,所以该理论缺乏坚实的现实基础,对当代国际贸易的许多现象不能作出解释。

(2)比较利益学说主张一国只从事具有比较优势的行业的生产和出口,而对那些没有比较优势的行业就彻底放弃。事实上,这样的国际分工是不存在的。李嘉图的主张只是有利于当时英国这个"世界工厂"的利益。

第二节　新古典贸易理论

一、赫—俄的生产要素禀赋理论

赫—俄理论是瑞典著名经济学家伊·菲·赫克歇尔(Eli Filip Hecksher,1879—1952)和戈特哈德·贝蒂·俄林(Bertil Gotthard Ohlin,1899—1979)创立的国际贸易理论。赫克歇尔于1919年发表了题为《对外贸易对收入分配的影响》的著名论文,提出了要素禀赋论的论点。俄林继承了他的导师赫克歇尔的论点,于1933年出版了《域际贸易和国际贸易》一书,创立了要素禀赋理论,也叫赫—俄理论或新古典贸易理论。该理论是对比较利益学说的重大发展。

(一) 赫—俄理论的主要内容

赫—俄理论有狭义和广义之分。狭义的赫—俄理论被称为生产要素供给比例理论,其主要观点是用生产要素禀赋来解释国际贸易发生的原因和进出口商品的特点。广义的赫—俄理论还包括生产要素均等化定理,其主要内容是说明国际贸易不仅会使贸易各国的商品价格趋于相等,而且会使贸易各国的生产要素价格趋于相等。

赫—俄理论的要点可概括为以下几个方面。

(1)生产要素的禀赋差异是国际贸易发生的根本原因。同一种商品在不同国家的价格不同,在国内同时又具有比较成本优势,商品就会从价格低的国家流向价格高的国家,导致国际贸易发生。而同一种商品在不同国家的价格不同,是由各国生产要素的禀赋不同,从而要素的相对价格不同决定的。所以要素的禀赋差异是国际贸易发生的根本原因。

(2)各国应该出口那些密集使用本国丰裕资源的商品,进口那些密集使用本国稀缺资源的商品。如果一国劳动力相对丰裕,资本相对稀缺,就应该出口劳动密集型产品,进口资本密集型产品;相反,如果一国资本相对丰裕,劳动力相对稀缺,就应该出口资本密集型产品,进口劳动密集型产品。这种分工和贸易模式对贸易双方都有利。

(3)自由贸易不仅会使本国商品价格趋于均等,而且会使要素价格也趋于均等。贸易前,丰裕要素的价格低,稀缺要素的价格高;贸易后,前者价格上升,后者价格下降,趋于均等。假如,甲、乙两国拥有两种要素的丰裕和稀缺程度不同,甲国拥有的劳动力要素相对丰裕，而拥有的资本要素相对稀缺；乙国拥有的资本要素相对丰裕，而拥有的劳动力要素相对稀缺。甲国出口劳动密集型产品，该类产品因扩大了需求而导致国内对劳动力需求的增加，使丰裕的劳动力要素变得稀缺，价格上涨；而进口资本密集型产品，该类产品因扩大了供给而导致国内对资本需求的减少，使稀缺的资本要素变得丰裕，价格下降。相反，乙国出口资本密集型产品，该类产品因扩大了需求而导致国内对资本需求的增加，使丰裕的资本要素变得稀缺，价格上涨；而进口劳动密集型产品，该类产品因扩大了供给而导致国内对劳动力需求的减少，使稀缺的劳动力要素变得丰裕，价格下降。甲、乙两国通过贸易，使两国拥有的劳动力和资本要素的丰裕或稀缺程度、生产要素的价格，随着国际贸易的发展又趋于相等。

赫—俄理论认为要素价格均等化是一种趋势，而美国经济学家萨缪尔森后来撰文论证，自由贸易导致要素价格均等化不仅是一种趋势，而且是一种必然。

（二）对赫—俄理论的评价

对赫—俄理论的评价包括以下几个方面。

（1）赫—俄理论是对比较利益学说的重大发展。它最先从生产要素角度分析国际分工和国际贸易发生的原因。

（2）赫—俄理论正确地分析了生产要素在各国进出口中的作用。它认为在国际竞争中，土地、劳动力、资本、技术等要素的结合是构成一国商品价格的重要因素，对一国的对外贸易产生重大影响。

（3）赫—俄理论的主要缺陷是：该理论是建立在一系列假定条件的基础上的，而这些假定条件都是静态的，忽视了它们的动态变化；把各国要素禀赋的差异和产品技术条件的差异作为国际分工与国际贸易发生的真正原因，掩盖了资本主义生产关系对国际分工和国际贸易的影响；忽视了科学技术在国际分工和国际贸易中的作用。

二、里昂惕夫之谜

（一）里昂惕夫之谜的产生

华西里·里昂惕夫（Vassily W. Leontif，1906—1999）是美国经济学家，投入产出经济学的创始人，诺贝尔经济学奖的获得者。其代表作有《投入—产出经济学》和《生产要素比例和美国的贸易结构：进一步的理论和经济分析》等。

里昂惕夫的研究发现，赫—俄的要素禀赋理论与事实不符，得出了相反的结论，所以里昂惕夫之谜也叫里昂惕夫反论。

根据赫—俄的要素禀赋理论，一国出口的应该是密集使用本国丰裕要素生产的产品，进口的是密集使用本国稀缺要素生产的产品。美国是一个资本要素丰裕而劳动力要素稀缺的国家，美国应该出口资本密集型产品，进口劳动密集型产品。为了验证赫—俄理论的正确性，1953年里昂惕夫用投入—产出分析法对1947年美国200个行业的对外贸易商品结构进行了分析。他把生产要素分为资本和劳动力两种，然后计算出每百万元的出口商品和进口替代商品中所含的国内资本与劳动量及其比例。计算结果如表2-7所示。

表 2-7　每百万元的美国出口商品和进口替代商品对国内资本与劳动力的需求量(1947)

要　　素	出　口　商　品	进　口　替　代　品
资本(K)/美元	2 550 780	3 091 339
劳动力(L)/(人·年)	182 313	170 004
资本/劳动力(K/L)	13.991	18.185

从表 2-7 可以看出,1947 年平均每人进口替代商品的资本量与出口商品的资本量的比是 18.185/13.991≈1.30,也就是说高出约 30%。

里昂惕夫的研究结果表明,美国进口替代商品的资本密集程度反而高于出口商品的资本密集程度。美国参与国际分工是建立在劳动密集型生产专业化的基础上,而不是建立在资本密集型生产专业化的基础上。换言之,这个国家是利用对外贸易来节约资本和安排剩余劳动力。为什么会出现这种与要素禀赋理论相悖的现象?经济理论界认为这是一个谜。里昂惕夫于 1956 年用同样的方法,对美国 1951 年的贸易结构再次进行了检验,结果与第一次相同。检验结果如表 2-8 所示。

表 2-8　每百万元的美国出口商品和进口替代商品对国内资本与劳动力的需求量(1951)

要　　素	出　口　商　品	进　口　替　代　商　品
资本(K)/美元	2 256 800	2 303 400
劳动力(L)/(人·年)	17 391	16 781
资本/劳动力(K/L)	129.77	137.26

从表 2-8 可以看出,1951 年美国平均每人进口替代商品的资本量与出口商品的资本量的比是 137.26/129.77≈1.06,也就是说高出约 6%。

这一研究结果再次证明美国出口商品具有劳动密集型特征,而进口替代商品则具有资本密集型特征。

里昂惕夫之谜激发了一些经济学家对其他国家的贸易结构进行研究,其研究结果证明其他国家也存在类似情况。于是对里昂惕夫之谜,西方经济学界提出了各种各样的解释。

(二)　解释里昂惕夫之谜的几种说法

里昂惕夫之谜引起了西方经济学界的极大关注,解释里昂惕夫之谜的学说主要有以下几种。

1.　劳动效率说

劳动效率说最先由里昂惕夫自己提出,他认为各国劳动生产率差异很大,如美国工人的劳动生产率大约是其他国家的 3 倍,因而在计算美国工人人数时必须将美国工人人数乘以 3。这样与其他国家相比,美国就成了劳动力要素丰裕而资本要素相对稀缺的国家。所以美国出口劳动密集型产品、进口资本密集型产品是理所当然的事,于是里昂惕夫之谜就不存在了。美国劳动生产率之所以高,是因为美国的个人受教育程度较高、进取精神较强、企业的科学管理水平较高。

后来,美国经济学家基辛对这一问题进一步加以研究,得出结论:资本要素丰裕的国家倾向于出口熟练劳动密集型商品，而资本要素稀缺的国家倾向于出口非熟练劳动密集型商品。美国工人熟练程度较高，因而进口熟练劳动密集型商品比重最低，而进口非熟练劳动密集型商品比重最高。印度的工人非熟练程度最高，因而进口非熟练劳动密集型商品比重最低，而进口熟练劳动密集型商品比重较高。这表明发达国家在生产熟练劳动密集型商品方面具有比较优势，而发展中国家在生产非熟练劳动密集型商品方面具有比较优势。因此，熟练程度不同、劳动生产率不同是国际贸易发生和发展的一个重要原因。

2．人力资本说

人力资本说是美国经济学家凯南、肯林等提出的。他们把资本分为物质资本和人力资本。人力资本主要是指一国用于职业教育、技术培训方面投入的资本。人力资本投入，可以提高劳动者的劳动技能和知识水平，提高劳动生产率。美国投入了较多的人力资本，拥有了较多的熟练劳动力。因此，美国出口产品含有较多的熟练技术劳动。如果把熟练技术劳动的收入高出简单劳动的部分作为资本（无形资本）与物质资本（有形资本）加在一起，那么美国出口的仍然是资本密集型产品。这个结论是符合赫—俄理论的。

3．市场不完全说

有的西方经济学家认为，里昂惕夫之谜产生的原因是市场的不完全。国际贸易要受贸易参与国的关税（customs duties，tariff）和非关税壁垒（non-tariff barriers，NTBs）等贸易保护主义政策的限制，使资源禀赋论原理揭示的规律难以实现。有人认为，为了解决就业问题，美国政府的贸易政策有严重的保护本国非熟练劳动力的倾向。假如美国不实行这种贸易保护的政策，而实行自由贸易政策，美国进口劳

扩展资料

动密集型产品的实际比重应该高一些。计算结果表明，如果美国进口商不受限制，进口产品中资本与劳动力的比例将比实际的要低 5%。因此，贸易壁垒是产生里昂惕夫之谜的重要原因之一。

（三）里昂惕夫之谜的理论意义

1．对里昂惕夫之谜的评价

里昂惕夫之谜是西方国际贸易理论发展史上的一个里程碑，里昂惕夫对传统的资源禀赋理论的验证，具有重大理论意义。它运用投入—产出表分析美国贸易结构，把统计学运用于经济理论分析，是一种创新。里昂惕夫之谜说明传统的贸易理论存在着理论与实际不符的严重缺陷，这个"谜"的提出，引起了经济理论界的广泛关注，激发了世界经济学家的探索热情，促进了国际贸易理论的发展。

2．里昂惕夫之谜的历史局限性

里昂惕夫之谜的历史局限性主要表现在研究对象和研究内容方面。它的研究对象只有美国一个国家，研究内容只涉及资本和劳动力两个要素，使复杂的国际贸易过程过分简单化了，从而使里昂惕夫之谜的科学性、实用性和普遍性大打折扣。

扩展资料

第三节　新贸易理论

一、新贸易理论产生的历史背景

20世纪60年代以来,科技革命的迅速发展,使世界经济状况、国际分工和国际贸易都发生了巨大变化。传统的国际分工和国际贸易理论显得越来越脱离现实,暴露出明显的理论缺陷和矛盾,有的理论甚至已不适用。在这种情况下,一些西方经济学家便试图用新的学说来解释国际分工和国际贸易中出现的某些问题,于是各种新的国际贸易理论应运而生。

二、新贸易理论的主要内容

(一) 产品生命周期学说

产品生命周期学说是美国经济学家雷蒙德·弗农(Raymond Vernon,1913—　)提出来的。他认为产品具有不同的生命周期,在产品生命周期的不同阶段,一国出口和进口商品结构是不同的。一般而言,产品的生命周期经历三个阶段。

1. 产品创新阶段

少数新产品最先是在技术领先创新的国家开发出来的,新产品开发出来以后,便在国内投入生产。该创新产品不仅满足国内市场的需求,同时也会出口到与创新国家收入水平相近的国家和地区,满足国外市场的需求。在这一阶段,需要投入大量的科研和开发费用,产品要素的密集型表现为技术密集型。

2. 产品成熟阶段

随着科学技术的发展,生产创新产品的企业不断增多。与此同时,国外市场也不断扩大,出现了大量的仿制品。国内企业为了降低成本,占领并扩展国外市场,最好的办法是对国外直接投资。到国外投资,可以利用当地各种廉价资源,降低费用,巩固和扩大市场。在这一阶段,技术投入减少,资本和管理要素投入增加,高级的熟练劳动投入越来越重要,产品要素密集型表现为资本密集型。

3. 产品标准化阶段

生产创新产品的企业日益增多,竞争更加激烈,技术和产品趋于标准化。企业选择生产成本最低的地区从事生产经营活动,生产的最佳地点从发达国家转向发展中国家。于是原来创新国家的技术优势已不复存在,创新产品的需求转向从国外进口。原创新企业要想继续保持技术优势,只有进行新一轮的发明创造。在这一阶段,产品的技术趋于稳定,技术投入更少,资本要素投入虽然仍然重要,但非熟练劳动大量增加,产品要素密集型也将随之改变。

上述三个阶段,产品要素密集型不同,技术先进程度不同,产品所属类型不同,因而使得各种不同类型的国家在产品的不同阶段具有不同的比较利益,而且,这种比较利益将从创新产品生产国逐渐转移到发展中国家。

用产品生命周期学说来解释美国工业制成品的生产和出口变化情况,就会得出下述结论:开始,美国处于新技术垄断阶段,创新产品不仅在美国销售,而且出口到欧洲、日本等发达国家和地区;随后欧洲、日本等发达国家和地区也开始生产该种创新产品,逐步成为这种创新产品的出口国;在激烈的市场竞争中,美国的技术优势完全丧失,欧洲、日本等发达国家和地区生产规模不断扩大,成为创新产品的主要供应者;发展中国家和地区也逐渐掌握新产品的生产技术,开始生产、销售新产品;欧、日国家和地区对美国大量出口这种创新产品,美国成为这种创新产品的净进口国,这一产品的生产周期便宣告结束。

(二) 国家竞争优势理论

产品生命周期学说从动态角度成功地解释了国内市场对创新的影响,但它仍留下许多问题未能解答,如为什么一些国家的某种产品在国内市场很小或发展缓慢的情况下仍能成为世界领先者?为什么许多国家的产业并没有像该学说预测的那样失去竞争优势?鉴此种种,哈佛大学教授迈克尔·波特(Michael E. Porter)提出一国兴衰的根本在于赢得国际竞争的优势,而国际竞争优势的取得关键在于国家是否具有适宜的创新机制和充分的创新能力。

1. 国家竞争优势理论的内涵

迈克尔·波特的国家竞争优势理论按照国家竞争优势取决于产业竞争优势,而产业竞争优势又决定于企业竞争优势这一逻辑线索,以产业经济为突破口,站在产业层次,认为国家竞争优势取决于产业竞争优势,而产业竞争优势又决定了企业竞争战略,从企业层面扩展到国家层面,从微观、中观、宏观三个层次系统地提出了竞争优势理论。

2. 竞争优势理论中的创新机制

迈克尔·波特的竞争优势理论中的创新机制可从以下三个层面来分析。

(1) 微观竞争机制。国家竞争优势的基础是企业内部活力,企业缺少活力,不思进取,国家就难以树立整体优势。能使企业获得长期盈利能力的创新,应当是研究、开发、生产和服务各环节上都使产品增值的创新。

(2) 中观竞争机制。企业的创新不仅取决于企业内部要素,还涉及产业与区域。企业经营过程的升级有赖于企业的前向、后向和侧向关联企业的辅助与支持。企业追求长远发展,需要有一产业空间,利用产业链构建一个最优的区域组合,以达到降低成本、提高快速反应能力等目的。

(3) 宏观竞争机制。个别企业、产业的竞争优势并不必然导致国家竞争优势。因此,一国的宏观竞争机制对其是否能取得国家竞争优势有重要的决定性作用。为了对国家竞争优势提供一个比较完整的解释,迈克尔·波特提出了一个国家竞争优势模型,如图 2-1所示。

该模型由四个基本决定因素和两个辅助因素组成。四个基本决定因素分别是生产要素,需求状况,相关产业和支持性产业,企业的战略、结构和竞争对手;两个辅助因素是机遇和政府。由此构成所谓的"波特菱形"或完整的"钻石模型"(diamonds framework)。这些因素中的每一个都可单独发生作用,但又同时对其他因素产生影响。各个因素结合成一

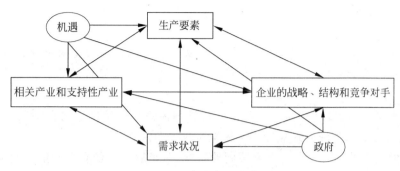

图 2-1　国家竞争优势模型

个有机体系,共同作用决定国家的竞争优势。同时,该系统也是一个双向强化的系统,其中任何一项因素的效果必然影响到另两项因素的状态。

3. 国家竞争机制的六种因素

1) 要素条件

要素是指一国拥有的生产要素,可以归为下列几大类:人力资源、物质资源、知识资源、资本资源以及基础设施。

要素可分为初级要素和高级要素、专门要素和一般要素。靠初级要素获得的竞争优势难以持久,而高级要素才是竞争优势的长远来源。高级要素往往需要长期对人力资源、物质资源进行投资才能得到。要创造高级要素,创新机构本身就需要高级的人力资源和技术资源,因此高级要素资源相对稀缺,在全球市场上较难获得。同样,专门要素比一般要素更重要。专门要素比一般要素更能为国家提供持久的竞争优势。

2) 国内需求

国内需求对竞争优势最重要的影响是通过国内买主的结构和买主的性质实现的。不同的国内需求使公司对买方需求产生不同的看法和理解,并作出不同的反应。国内市场有三个特征对国家竞争优势有十分重要的影响。

(1) 讲究、挑剔的买主。如果国内买主是世界上对产品和服务最讲究、最挑剔的买主,那么一个国家的公司便可能获得竞争优势。此外,讲究、挑剔的买主往往会给国内公司施加压力,使其在产品质量、性能和服务方面都建立高标准。

(2) 前瞻性的买方需求。如果一国的买方需求比其他国家领先,则一国的公司也能获得竞争优势,因为国内领先需求使公司先意识到国际需求的到来。

(3) 国内独立的买主数量、需求的增长速度、需求的规模以及市场饱和的时间也会对一国公司的竞争优势产生影响。

3) 相关产业和支持性产业

一个国家的产业要想获得持久的竞争优势,就必须在国内具有在国际上有竞争力的供应商和相关产业。相关产业是指因共用某些技术、共享同样的营销渠道或服务而联系在一起的产业或具有互补性的产业。一个国家如果有许多相互联系的有竞争力的产业,该国便很容易产生新的有竞争力的产业。支持性产业有以下几种方法为下游产业创造竞争优势:以最有效的方式及早、迅速地为国内公司提供最低成本的投入;不断地与下游产业合作;

促进下游产业的创新。

4）企业的战略、结构和竞争对手

企业的战略、结构和竞争包括企业建立、组织和管理的环境以及国内竞争对手的性质。不同国家的企业在目标、战略和组织方式上都大不相同。国家优势来自对它们的选择和搭配。

（1）各个国家由于环境不同，需要采用的管理体系也就不同。适合国家环境、适合产业的竞争优势源泉的管理方式能增强国家竞争优势。

（2）不同国家的不同企业也都有不同的目标，对经理和雇员有不同的激励机制。一个企业只有进行了不同寻常的投入和努力才能成功。而要做到这一点，需要企业有正确和恰当的目标，对经理、雇员有正确的激励机制。

（3）国内竞争。激烈的国内竞争是创造和保持竞争优势最有力的刺激因素。其作用机制在于减少外国竞争者的渗透模仿效应和人员交流效应，促使竞争升级，强化竞争程度，迫使企业走向海外。

5）机遇

机遇包括重要的新发明、重大技术变化、投入成本的剧变（如石油危机时）、外汇汇率的重要变化、突然出现的世界或地区需求、战争等。

6）政府

政府对国家竞争优势的作用主要在于对四种决定因素的影响。政府可以通过补贴、对资本市场加以干预、制定教育政策等影响要素条件，通过确定地方产品标准、制定规则等影响买方需求（政府本身也是某些产品或服务的大买主）。政府也能以各种方式决定相关产业和支持性产业的环境，影响企业的战略、结构、竞争状况等。但由于政府的影响主要是通过对四种决定因素的影响实现的，所以它没有被归入决定因素。

在上述六种因素中，前四种因素是国家竞争优势的决定因素，其情况如何直接导致国家竞争地位的变化；后两种因素对国家的竞争优势产生影响。

4. 对国家竞争优势理论的简评

迈克尔·波特的国家竞争优势理论是当代国际经济学理论的重大发展，主要有以下三个方面的贡献。

（1）该理论深化了对要素竞争优势的认识。例如，在要素基础上形成的竞争优势是动态变化的，要素上的劣势也能够产生国家竞争优势，要素创造比要素禀赋对于一国的竞争优势来说重要得多。

（2）该理论用贸易和对外投资综合在一起的思路，来解释一国何以能成为在一个特定产业中成功并维持竞争优势的国际竞争者的"母国基地"，大多数先前的理论或者只涉及贸易方面，或者只涉及对外投资方面。

（3）该理论强调国内因素对于竞争优势的重要性，并在此基础上强调国家在决定国际竞争力方面的重要作用。迈克尔·波特的理论观点弥补了传统理论的不足，对于发展国家竞争优势无疑具有积极的指导意义。

总之，国家竞争优势理论不仅对当今世界经济和贸易格局进行了理论上的归纳总结，而且对国家未来贸易地位的变化可提供具有一定前瞻性的预测。

（三）需求偏好相似学说

需求偏好相似学说是瑞典经济学家林德(S. B. Linder)在其1961年的著作《论贸易的转变》中提出的。他用国家之间需求相似来解释工业制成品贸易发展。林德认为,赫—俄理论只适用于工业制成品和初级产品之间的贸易,而不适用于工业制成品之间的贸易。

林德认为,工业制成品的生产,最初都是为了满足国内需求,只有当国内市场扩大到一定程度时,才会将产品推向国际市场。由于该产品是在考虑本国收入水平的条件下,为了满足国内市场偏好而生产的,所以该产品较多地出口到偏好和收入相似的国家。这些国家的需求结构和需求偏好越相似,其贸易量也就越大。

林德认为,影响一国需求结构的主要因素是人均收入水平。人均收入水平越相似,两国消费偏好和需求结构越相近,产品的适应性就越强,贸易关系就越密切。人均收入水平较低的国家,选择消费品的质量也较低;人均收入水平较高的国家,选择消费品的质量也较高。因此,人均收入水平影响消费偏好和需求结构,消费偏好和需求结构影响贸易关系。即使一国拥有比较优势的产品,如果与其他国家收入水平差距很大,该产品也不能成为贸易品。

（四）产业内贸易学说

产业内贸易学说是美国经济学家格鲁贝尔(H. G. Grubel)提出的,是关于产业内同类产品贸易增长和特点的理论。格鲁贝尔等认为,当代国际贸易结构大致可以分为两类:一类是不同产业之间的贸易,另一类是产业内部同类产品之间的贸易。产业内部同类产品之间的贸易,是指一国同时出口和进口同类产品,或者贸易双方交换的是同一产业所生产的产品。

扩展资料

巴拉萨(B. Balassa)曾经对产业内贸易现象做过统计研究,并提出测量产业内贸易重要性程度的指标——产业内贸易指数(index of intra-industry trade, IIT)。其计算公式为

$$T = 1 - |X - M| / (X + M)$$

式中:X 和 M 分别为某一特定产业或某一类商品的出口额和进口额,并且对 $X - M$ 取绝对值。T 的取值范围为 $[0, 1]$,$T = 0$ 时,表示没有发生产业内贸易;$T = 1$ 时,表明产业内进口额与出口额相等;T 值越大,说明产业内贸易程度越高。

产业内贸易指数是指同产业中双方国家互有不同质的贸易往来,在统计数据上显示同一类同时存在进口和出口的商品数额,表明在该产业有着互补性的贸易需求,并且越是高位的分类显示出的产业内贸易指数越有说服力。

格鲁贝尔及许多西方学者认为,同类产品或同一产业生产的产品之间发生贸易关系的原因有以下几点。

1. 产品的差异性

同类产品的差异性表现在诸如商标、牌号、款式、包装、规格等方面,有些同质产品即使在实物形态上是相同的,但由于售后服务、广告宣传等方面的差异,也会被视为有差异产品。这种同类产品的差异性可以满足消费者的不同心理消费欲望和偏好,从而导致不同国家之间产业内贸易的产生和发展。

2. 厂商追求规模效益的动机

同类产品因产品的差异与消费者偏好的差异而相互出口,可以扩大生产规模和市场,获得贸易利益。因为一国企业可以通过大规模的专业化生产,降低成本,提高效益,取得比较优势,进而扩大产品出口。由此,产业内部的分工和贸易自然形成。

3. 经济发展水平及需求的重叠

经济发展水平越高,产业内差异性产品的生产规模就越大,从而产业内部分工就越发达,就会生产越多的差异性产品供应市场;经济发展水平越高,人均收入也越高,从而消费者的消费需求越趋于多样化、高级化,就会形成对差异性产品的强烈需求。

不同国家、不同阶层的人的消费需求是不同的,相同阶层的人的消费需求是相同或相近的,如富裕的人对高档消费品的需求,贫穷的人对生活必需品的需求。不同国家需求的重叠,使得国家之间具有差异性的产品相互出口成为可能。

(五) 新经济地理学理论

"新经济地理学"是以美国经济学家保罗·克鲁格曼(Paul Krugman)和迈克尔·波特为首的经济学家提出的。在《地理和贸易》和《发展、地理和经济理论》等著作中,克鲁格曼基于国际贸易发生在要素禀赋相似的国家之间的事实,构建了一种即使没有比较优势的国家也会以提高福利为目的而进行贸易的模型。通过描述经济活动集聚的向心力和使经济活动分散的离心力,揭示经济活动的地理结构和空间分布如何在这两种力量的作用下形成集聚以及其微观基础决定因素。

目前,新经济地理学理论主要包括核心—边缘理论、城市与区域演化理论和产业集聚与贸易理论。

1. 核心—边缘理论

在新贸易理论的报酬递增说的基础上,克鲁格曼通过离心力和向心力解释了报酬递增、运输成本和要素流动之间如何相互作用并最终演变出完全不同的经济结构。离心力来源于某种固化效应存在而导致交易成本增大,向心力则主要取决于激励劳动者更接近消费品生产商的"前向联系"以及激励生产者集聚在较大市场的"后向联系"。在运输成本足够低、产品差异性显著和生产规模足够大的前提条件下,"前向"和"后向"关联足以克服非流动性农民产生的离心力,经济将会演化成"中心—外围"模式,即所有制造业都集中在一个地区。

2. 城市与区域演化理论

克鲁格曼在冯·杜能(Von Thünen)的区位理论基础上建立了动态多区域模型,将城市定义为被农业腹地包围的制造业集中地,并且抽象为空间结构均衡的等距离分布的集聚点。藤田昌久(Fujita Masahisa)和克鲁格曼采用均衡分析的方法提出中心城市的存在来自前向和后向联系的作用,发现人口的不断增加,导致腹地外部延伸并且远离中心城区,从而形成了众多新的城市。一旦城市的数目变得足够多,由于向心力和离心力的相对力量的存在,城市规模和城市之间的距离往往保持大体固定水平。随着农业、工业运输成本的相对下降,则可能最终形成由大的核心城市组成的大都市群。

3. 产业集聚与贸易理论

新经济地理学把研究重点从集聚资源转到特定产业的地域集聚,并进一步从产业之间的关联、运输成本和要素的流动性来研究产业集聚与贸易。克鲁格曼认为,一方面产业集聚依赖于在该产业商品上的支出(包括中间投入等商品支出),一个较大规模的产业则恰恰能提供该产业的较大市场,商品生产者则被激励到上游产业区位布局生产;另一方面,由于外部规模经济的存在,具有较大规模产业的地区将为最终商品的生产者提供多种中间投入品,降低该产业的最终商品的成本,激励中间产品的生产者在所控制的最大市场内布局生产,而这却恰恰是下游产业。所

扩展资料

以,在特定的地域,"前向关联"和"后向关联"效应可以产生一种专业化过程,是促进产业聚集和区域专业化发展的两种力量。

第四节　新新贸易理论

新新贸易理论是由哈佛大学梅里兹(Meliz)教授在 *Econometrics* 上发表的《贸易对行业内重新配置和总行业生产率的影响》一文中的异质性企业贸易模型(也称"梅里兹模型")的基础上发展而来的。以异质性企业贸易模型和企业内生边界模型为代表的新新贸易理论突破了传统贸易理论和新贸易理论中企业同质假定,将异质性纳入企业微观分析框架中,并对国际贸易结构和国际贸易量进行大量实证分析与解释,成了当前国际贸易理论研究的新热点。

异质性企业贸易模型沿用了新贸易理论垄断竞争市场结构和规模报酬递增的假定,还假定对称性国家和单一要素投入,但放松了同质企业的假定,运用一般均衡框架下的动态产业分析方法成功地将企业生产率内生到模型中,扩展了克鲁格曼的垄断竞争模型,将贸易理论研究对象扩展到企业层面,形成了新新贸易理论的基本理论框架。新新贸易理论认为,由于异质性的存在,贸易会导致市场份额在产业内企业间的重新配置,市场份额向高生产率企业靠近,而那些最低生产率的企业被迫退出,从而提高了行业生产率水平,而这一效应在封闭经济中是无法实现的。

一、异质性企业贸易理论

(一)异质性企业贸易理论的产生背景

传统贸易理论中的比较优势理论和要素禀赋理论,以市场完全和规模报酬不变假定为基础,分析了国家间因生产技术差异和要素禀赋不同而出现的产业间分工与贸易的动因和利益来源。新贸易理论在传统贸易理论基础上放松了市场完全和规模报酬不变的假设,分析了在市场不完全和规模经济的情况下国际分工与贸易的原因及利益来源,解释了产业内分工与贸易的现象。但是,不论是传统的贸易理论还是新贸易理论,其研究均从宏观层面出发,分析了国际分工与贸易的开展,忽视了贸易的微观主体(企业)之间的差异性。

美国统计局 1999 年对 30 多万家企业的调查研究显示,从事出口的企业不到 5%。而且这些出口企业中前 10% 的企业出口总额占美国出口总额的 96%。出口企业与非出口企

业在劳动生产率、要素密集度和工资水平上都存在显著的差异。相对非出口企业，出口企业具有较高的劳动生产率和工资水平。异质性企业贸易理论正是从微观企业角度解释了此类国际贸易中出现的新现象，在传统贸易理论和新贸易理论的基础上，假定微观企业存在异质性，建立微观企业层面的分析框架，解释了当前国际贸易的新现象，使贸易理论的分析和研究从宏观层面深入微观领域，更加与现实接近，也具有说服力。而且，异质性企业贸易理论还将新制度经济学的不完全契约和产权分析引入国际贸易的一般均衡分析框架中，为当前研究企业的全球生产组织分工提供了新的思路，特别是在外包与垂直一体化的抉择方面。

（二）异质性企业贸易理论的主要内容

异质性企业贸易理论主要包括伯纳德（Bernard）和梅里兹为代表的两类异质性企业贸易模型。

1. 伯纳德为代表的异质性企业贸易模型

伯纳德于 2003 年提出的以寡头价格垄断竞争模型为基础的异质企业贸易模型为异质性企业静态贸易模型。该模型采用比较静态分析法，引入李嘉图技术差异、冰山出口成本等市场不完全条件，分析了企业生产率和出口之间的关系。其基本结论为国际贸易对不同生产率企业会带来不同影响。生产率最低的企业可能倒闭，生产率相对较高的企业会选择出口，行业的总生产率会由于低生产率企业倒闭和高生产率企业扩大出口而上升。

2. 梅里兹为代表的异质性企业贸易模型

梅里兹模型是采用垄断竞争分析框架，在克鲁格曼新贸易理论的基础上构建的异质性企业动态贸易模型。

该模型核心思想为企业在进入某个特色产业之前，对自己的生产率水平是不了解的；但当它进入某个新产业之后，企业作出的投资又是不可逆的。所以在同一个行业里，会存在不同生产率水平的各种企业。与此同时，当企业准备进入国际市场时，对自己的生产率已经有了一定程度的了解，而且企业在出口产品时，会存在流通费用、运输成本以及服务费等各种进入成本，这些进入成本是企业在支付国内市场生产销售固定成本后，单独支出的出口固定成本。出口数量越多，出口目的地越多，这种固定成本就越高。在这种情况下，只有生产率水平很高的那部分企业才会选择出口，而生产率水平次之的企业只能选择国内市场，生产率最低的企业会被迫退出行业。此时，贸易将提高在国内和国外市场上销售产品的企业生产率，同时通过资源在行业内的重新配置提高整个行业的生产率水平，进而带来福利的增长。这种产业生产率水平的提升，并不是因为产业内某个企业的生产率提高了，而是由于贸易结构的优化得到的。因此，该模型为贸易影响产业结构的路径提供了一种新的解释。

梅里兹模型认为国际贸易自由化（trade liberalization）会带来以下三个方面的影响。

（1）国际贸易能够引发生产率较高的企业进入出口市场，而生产率较低的企业只能继续为本土市场生产甚至退出市场。

（2）贸易自由化会引起异质企业的产业内竞争和资源重新配置效应，国际贸易进一步使得资源重新配置，流向生产率较高的企业。

（3）在消费者福利方面，虽然国内企业数量减少使国内产品的供给数量减少，但国际贸易使得企业成本加成下降,同时使得更多国外高生产率水平的企业向国内出口更高质量的产品,这样消费者可以花费比以前更低的成本得到更高质量的产品,从而净福利水平增加。

(三) 异质性企业贸易理论的理论价值

异质性企业贸易理论开启了国际贸易研究新领域,为国际贸易理论的发展作出了极为重要的贡献。与传统贸易理论和新贸易理论相比,异质性企业贸易理论主要具有以下两点创新之处。

(1) 异质性企业贸易理论更加贴近现实中的企业异质性,假定对贸易实践具有更强的解释力。传统国际贸易理论无法回答国家间技术、要素禀赋差异较小甚至无差异情形下贸易发生的机理,这个缺陷在一定程度上新贸易理论可以弥补,然而,新贸易理论却无法解释为什么企业一开始不直接选择国际贸易,而偏要从国内贸易开始。而异质性企业贸易理论以企业生产率异质为出发点,解释了不同企业从事国际贸易的初始原因,以企业间生产率存在差异的现实情况解释了不同企业存在不同的贸易情况的现实,是对传统贸易理论和新贸易理论的一次重大改进,它使国际贸易理论对贸易实践具有了更强的解释力,也拉近了理论与现实的距离。

(2) 异质性企业贸易理论为企业参与全球化生产和贸易模式的选择提供了新的理论依据。近年来,关于贸易模式的探讨主要集中在国际生产控制与加工贸易问题上,填补了贸易模式理论的空白。同时,异质性企业贸易理论将产业组织理论和契约理论的概念融入贸易理论,提出了企业边界问题,在跨国公司中间投入品贸易占全球贸易份额不断上升的国际背景下,分析了企业如何在不同国家间进行贸易模式选择,并将贸易模式的研究从产业视角引入企业内生边界视角,从而为企业全球化和贸易模式的选择提供了新的理论依据。

二、全球价值链理论与增加值贸易

(一) 全球价值链的定义

格里菲(Gereffi)提出了全球价值链(global value chain,GVC),认为构成价值链的各种活动可能分散不同的企业和国家,全球价值链是为实现商品或服务价值而连接生产、销售、回收处理等过程的全球性跨企业网络组织,涉及从原料采集和运输、半成品和成品的生产与分销,直至最终消费和回收处理的整个过程,包括在整个产业链条价值实现过程中,所有生产活动的组织及参与者的利润分配。GVC 提供了一种基于网络的、用来分析国际性生产的地理和组织特征的分析方法,揭示了全球产业的动态性特征,考察价值在哪里,是由谁创造和分配的。

治理、升级和租金来源是全球价值链理论的三个关键内容。在全球价值链的众多价值环节中,并不是每一个环节都创造等量价值,主要的附加值集中在那些能免于竞争的环节上,而租金则是理解这种价值分配的关键概念。全球价值链的动力机制决定了全球价值链的链主,进而影响治理结构、租金分配以及产业的升级路径,是研究治理、升级和租金的基础。格里菲最初将价值链分为生产者驱动与购买者驱动两种类型,二元驱动论基本是按产业部门来划分的。而在现实世界,同一产业部门内两种动力机制是有可能共存的,甚至同一产业部门内部不同价值环节的动力机制有可能完全相悖。因此随着时代发展和理论演进,第三种驱动方式,即混合型驱动也逐渐被学者们认可。

全球价值链的动态演进过程是具有情境化特征的,即受存在制度、治理结构、地理分布以及输入输出等四个维度的影响。

全球价值链研究的主要框架如图 2-2 所示。

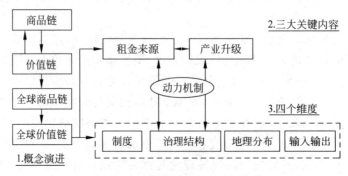

图 2-2　全球价值链研究的主要框架

格里菲将全球价值链类别与租金联系起来,他认为生产者驱动与购买者驱动价值链会尽可能提高进入壁垒以产生不同种类的租金。生产者驱动的全球价值链租金来源主要体现在两个方面:一是技术租金,因拥有不对等渠道的产品与生产技术所获得的利得;二是组织租金,指组织内部过程的技巧和秘诀,如日本从大量生产转化为大量定制(或是弹性生产)的内部组织能力,这种转化与准时制生产、全面质量控制、预防性维护措施以及持续改善等组织技术有关。

而购买者驱动的全球价值链租金来源则体现在:一是关系租金,即诸多企业之间相连的关系,包括将中小型与大型组装厂接连起来的供应链管理技术战略联盟的建构以及特定区域集结而起的 OEM(原始设备制造商)企业群所展现出来的集体效率等;二是贸易政策租金,这是由贸易保护政策所造成的稀少资源,如纺织配额;三是品牌租金,指的是凭借产品差异,在主要世界市场所建立起来的品牌支配性。全球价值链各个环节的附加值是不相同的,嵌入其中的各国企业之间的收益分配也不平等,进入壁垒治理和系统效率都会影响全球价值链的收益分配。一般来说,在全球价值链中,领导企业掌握着战略环节的控制权,拥有对全球价值链的协调和管理力量,而供应商则处于被领导的地位,整个链中参与企业的力量是不对称的,整个价值链呈现出金字塔形的力量和治理结构。

格里菲将产业升级分为四个层次:一是产品层次的升级,即从简单到复杂的同类型产品;二是在经济活动层次上的升级,包括不断提升的设计、生产和营销能力;三是在部门内层次上的升级,如从最终环节的制造向更高价值产品和服务的生产,也包括供应链的前向联系和后向联系;四是在部门间层次上的升级,即从低价值、劳动密集型产业到资本和技术密集型产业。

(二) 增加值贸易的定义

在国际垂直分工和全球价值链背景下,一些发展中国家虽然主要出口资本密集型商品,但其实质是仅在国内完成劳动密集型生产环节中加工装配,创造的价值较少,却在传统的关境统计中,显示较大的出口额,存在大量贸易顺差,这种"统计幻象"使发展中国家在新型国际分工体系下获得的贸易利益与贸易差额极不匹配。在此背景下,经济合作与发展组织和世界贸易组织(World Trade Organization,WTO)提出了增加值贸易(trade in value-added)的概念。增加值贸易是指将出口总值分解为每一生产环节形成的增加值,进而剔除关境统计出口额中的进口部分,仅考虑国内的新增价值。附加值率是指按照增加值统计口径统计的出口额与按照关境统计口径统计的出口额的比值。在全球价值链背景下,增加值贸易的出现,可以去除传统的关境统计法的弊端,更合理地统计分工"碎片化"的国际贸易利得。

(三) 全球价值链与增加值贸易的作用

全球价值链和增加值贸易概念的出现为分析产品内贸易提供了新方法,解决了关境统计法中重复计算问题、统计利益错位问题与贸易利益属地和属权分歧问题,有助于反映全球贸易失衡的真实情况,也可以反映出各国产业的真实竞争力。

1. 解决传统关境统计中的重复计算问题

传统关境统计法同时包含了对中间品贸易和最终品贸易的统计,会重复计算跨越国界的中间品价值。这一重复统计的实质是本国实际创造的增加值小于本国的实际出口值。随着产业内分工的快速发展,传统关境统计的贸易流量越来越不能反映价值增值的流动。而全球价值链体系通过将贸易统计口径从商品总值转为增加值,能够有效识别增加值贸易,避免重复计算。

2. 解决国际贸易规模与贸易利益之间的错位问题

传统关境统计无法有效地反映两国实际创造的价值增值,高估了一国通过国际贸易获得的贸易利得。以中国为例,中国在产品内分工中大量承接了高附加值的工业品和服务产品中低技术制造环节的生产与组装,然而这种高技术产品出口的爆炸式增长是一种统计假象。中国出口中的增加值远远低于出口总值,这样的统计假象掩盖了中国在高技术产品生产中所处的价值链的低端地位和获得较低分工利益的事实。

3. 解决跨国公司主导下的贸易利益属地和属权统计原则不同的问题

跨国公司是产品内分工布局的主导力量,所以分析一国贸易利益必须区分东道国企业和跨国公司的作用,即按照属地原则和属权原则贸易利益会因为跨国公司而不同。只有在属权原则下,探讨外商投资企业引发的国际贸易及其贸易利益变动,才能够真实反映一国的贸易利益水平。以中国为例,2009年以来,按照属权原则统计中国对外贸易由顺差变为逆差,表明跨国公司通过大量中间品采购和销售影响了中国的进出口规模,逆转了贸易差额的方向。由此可见,只有从总值贸易中分离跨国公司FDI(外国直接投资)引致的贸易部分才能准确界定价值增值的国别属性,准确测算一个国家的贸易增加值,才能够客观评价一国的福利水平。

(四) 全球价值链和增加值贸易视角下的贸易利得

在产品内分工和贸易背景下,全球分工边界缩小至工序、生产环节层面,产品内贸易总量超过最终品贸易,使得国际贸易利益的来源、获得主体、分配机制等方面都出现了重大变化,改变了原有贸易利得的内涵。

1. 贸易利得来源多样化

在贸易利得的分配方面,跨国公司主导着全球价值链背景下的贸易利得。在东道国直接投资或外包所引致的贸易,其贸易利益多被界定为利润、劳动力成本的节约和加工贸易利益,这种显性贸易利益大部分被跨国公司获得,只给东道国带来了人力工资、税收和土地租金等收益。而且这部分利益是东道国的静态利得。从动态看,东道国的贸易利得可能还包括：一方面,跨国公司会对东道国国内企业造成挤压,推升东道国原材料价格,甚至通过转移价格来避税,降低东道国的贸易利得；另一方面,跨国公司的出口行为通过示范效应、技术溢出和产品结构调整可能会使东道国整体经济增长,增加东道国的贸易利得。

2. 贸易利得主体微观化

贸易利得主体可以分为宏观国家、中观行业、微观企业和要素三个层次。产品内分工模式模糊了国家的界限,全球价值增值链条构成了分工主线,所有国家、企业都沿着这个链条参与分工主线。其实质是不同国家、不同行业、不同企业的生产要素在产品价值链条上的重新整合,生产要素成为产品内分工的基本单位,贸易利得主体直观地体现为两国要素所有者在参与国际分工过程中获得的要素报酬及相关收益,主体更加微观地体现为产品层面和企业层面。

3. 贸易利益分配复杂化

在国际产品内分工下,确定一国参与分工获得的贸易利益不仅要剔除一国出口中包含的外国中间品价值,还要在国内价值增值基础上进一步剔除掉本国外资企业的贡献,因为一国创造的国内增加值中由跨国公司创造的部分,可能会通过利润转移等方式离开东道国,出现东道国国内增加值的漏出。最后,还要从要素层面确定参与分工的生产要素所有权归属问题才能计算出本国参与国际分工的静态利得。

扩展资料

第五节　贸易保护理论

一、重商主义学说

(一) 重商主义学说产生的历史背景

从经济学说史上看,重商主义学说可追溯到 15 世纪至 16 世纪。在这个时期,西欧封建制度逐渐瓦解,经济上,商业资本的力量日益强大,资本主义原始积累为资本主义生产方式的确立准备了条件,资本主义因素在迅速发展。于是,一种代表商业资本利益的经济思想和政策体系应运而生。

(二) 重商主义学说的主要内容

重商主义分为早期重商主义和晚期重商主义。早期重商主义和晚期重商主义是重商主义学说发展的两个阶段。

1. 早期重商主义学说

早期重商主义者主张禁止货物进口,以防止贵金属外流,认为这是保留货币的有效手段。这种思想发展成为货币平衡论,即重金主义学说体系。例如,当时的英国,为了不使外国人把出售商品得来的货币带出英国,颁布了两条法令,即消费法和侦探法。第一条法令规定外国人必须把自己在英国收到的汇款,完全用来购买英国的商品;第二条法令规定每个"外来的客人"都必须有一个"主人"或"侦探"把"外来客人"的交易行为统统记录下来,防止他们把货币运出英国。英国的威廉·斯塔福特(1554—1612)就是代表人物。

下面的对话,反映了威廉·斯塔福特关税保护(tariff protection)的思想。他写道:"有一次我问书贾:为什么我们国内,不能像海外一样,制造白色的和灰色的写字纸。我听到的答复是:若干时期以前,曾经有一个人着手造纸。但是没过多久,他就把工厂关闭了,因为他看到目前造纸不能像外国那样便宜……这书贾接着又说:但是我相信,如果能够禁止进口(prohibitive import),或者课以较高的关税,那么在我们国内很快就可以使造纸成本低于国外。"显然,早期重商主义主张实行高关税以阻止进口。

2. 晚期重商主义学说

晚期重商主义者则要求发展对外贸易,出发点是对外贸易所吸引进来的货币多于出去的货币。这种思想发展成为贸易平衡论,即狭义的重商主义学说体系。这一时期,商业已很发达,工场手工业已经产生,信用制度也随之发展起来,"资本原始积累"时期开始了。商业资产阶级对银行的追求变本加厉,然而对金银的态度已完全不同。因为他们懂得了货币只有在运动中才能成为资本,实现增值,因此就不能过分地去限制这种运动。过去的格言——多卖少买,已经过时了。晚期重商主义者主张取消禁止货币输出的法令,使本国的出口多于进口,即实行出超的对外贸易。托马斯·孟(1571—1641)是晚期重商主义学说的重要代表人物,其代表作是《英国在对外贸易中的宝库或对外贸易平衡》。他认为,"国外贸易是增进我们的财富和宝库的普通手段。在这个贸易中,我们应当永远遵守下列原则:每年我们所卖给外国人的货物总额,应当等于我们所消费的外国货物。"他主张把货币投入具有"生殖力"的流转中去。他说:"货币建立贸易,而贸易能增值货币。因此,投入流转的货币越多,事情就越好。"

托马斯·孟反对以任何措施去限制出口贸易,甚至主张降低出口关税。他认为转口贸易是最有利的事情,它可以产生最大的商业利润。斯塔福特总是企图把货币保留在国内;而托马斯·孟则希望把货币输出国外,以便更大量地输入货币。他还主张扩大农产品和工业品的出口,并且主张以低廉的价格去增加商品在国外市场上的竞争力。

无论是早期重商主义者还是晚期重商主义者,他们的研究对象都是流通,研究方法都是记述他们所观察到的现象,因而重商主义学说并不是一种科学的体系。

二、李斯特的贸易保护学说

李斯特(F. List,1789—1846)是德国著名经济学家,历史学派的先驱者,早年倡导自由主义,后来转为贸易主义。他于1841年出版了《政治经济学的国民体系》,系统地提出了保护贸易学说。

（一）李斯特贸易保护学说的主要内容

1. 主张保护幼稚工业

李斯特认为：一个国家的财富和力量来源于本国社会生产力的发展，提高生产力是国家强盛的基础。财富的生产力比财富本身重要得多。购买国外的廉价商品，从眼前利益看，可能会得到一些实惠，但是从长远利益看，则会影响德国工业的发展。因为这样做会使德国工业长期落后，甚至会成为先进工业国的附属国。他主张德国对幼稚工业实行保护，提高关税，限制进口。这样做，一开始国内工业品价格会上涨，消费者也会受到损失。但是经过一段时间，德国工业发展起来以后，商品的价格就会下降，甚至会低于外国进口商品的价格。更为重要的是，这会使德国具备生产财富的能力，提高国力。

2. 经济发展阶段论

古典学派的自由贸易理论认为，各国按照比较成本学说可以形成和谐的国际分工。而且形成这种分工只需要自由贸易。李斯特认为，这种观点抹杀了各国的经济发展和历史特点。他认为，各国经济发展必须经过五个历史阶段，即原始的未开化时期、畜牧业时期、农业时期、工农业时期和工农商业时期。处在不同历史阶段的国家应该实行不同的贸易政策。处于农业阶段的国家应该实行自由贸易政策，因为自由贸易不但可以自由输出农产品，而且还可以自由输入外国工业产品，从而推进本国工业发展。处于工农业阶段的国家应该实行保护关税（protective tariff）制度，因为保护关税可以限制外国工业产品进口，保护本国尚缺乏国际竞争力的工业的发展。处于工农商业阶段的国家应该实行自由贸易政策，因为自由贸易可以使本国得到最大利益。

李斯特认为，英国经济发展已处在工农商业阶段，应该实行自由贸易政策。德国经济发展处在工农业阶段，应该实行保护关税制度。

3. 贸易保护的手段、目的和对象

李斯特贸易保护的手段主要是禁止输入和保护关税，保护的目的是发展本国生产力，保护的对象是国内幼稚工业，原因有以下几点。

（1）只有幼稚工业才需要保护，但并非保护所有幼稚工业，而是要保护有发展前途的幼稚工业。

（2）即使一国的工业幼稚，但在没有遇到强有力的国际竞争时也无须保护。

（3）被保护的工业生产的产品能与国外产品竞争时，就必须继续保护。被保护的幼稚工业一段时间扶植不起来的，就放弃保护。

（4）农业不需要保护。

（二）对李斯特贸易保护学说的评价

1. 李斯特贸易保护学说的积极作用

李斯特贸易保护学说不是主张保护落后，而是主张通过保护关税用机器挤掉手工劳动，用现代的生产代替宗法式的生产。因此，这一理论有利于德国工业资产阶级反对封建主义的斗争，促进德国工业资本主义发展；为发展中国家民族工业的发展提供了借鉴，有利于促进发展中国家民族工业的发展。

扩展资料

2. 李斯特贸易保护学说的主要缺陷

李斯特对生产力概念的理解是错误的,对影响生产力发展的各种因素的分析也是混乱的,他以经济部门作为划分经济发展阶段的基础是错误的,歪曲了社会经济发展的真实性。

三、凯恩斯主义超保护贸易学说

约翰·梅纳德·凯恩斯(John Maynard Keynes,1883—1946)是英国资产阶级经济学家,凯恩斯主义经济学的创始人。其代表作是《就业、利息和货币通论》,简称《通论》,该书于1936年出版。

(一) 凯恩斯主义超保护贸易学说产生的历史背景

自19世纪末20世纪初开始,资本主义经济发生了很大变化:一是垄断代替了自由竞争;二是国际经济制度和秩序发生了巨大变化;三是1929—1933年资本主义世界爆发了空前的经济危机,各国争夺资产的斗争进一步尖锐化。在这种情况下,超保护贸易政策(ultra protective trade policy)盛行起来。于是各国经济学家提出了各种支持超保护贸易政策的理论根据,其中有重大影响的是凯恩斯主义的观点。

1929—1933年大危机之前,凯恩斯是一个自由贸易者,他反对贸易保护主义,认为贸易保护主义不会有利于国内经济繁荣与就业。大危机之后,凯恩斯改变了立场,转而推崇重商主义,认为重商主义保护贸易的政策的确能保证经济繁荣和促进就业。

凯恩斯没有专门系统地论述国际贸易的著作,但是他和他的弟子们有关国际贸易方面的观点与论述却形成了颇具影响的超保护贸易学说。

(二) 凯恩斯主义超保护贸易学说的主要内容

1. 对古典自由贸易理论的批评

(1)凯恩斯认为:古典贸易理论已经过时,因为它是建立在国内充分就业的前提之上的。而20世纪30年代的经济大危机使失业成为各国的普遍现象。

(2)凯恩斯及其追随者批评自由贸易理论关于"国际收支自动调节"的理论,认为它忽视了贸易顺差、逆差调节均衡的过程对一国国民收入和就业产生的影响。凯恩斯认为,顺差能增加国民收入,扩大就业;而逆差则会减少国民收入,加重失业。因此,他赞成贸易顺差,反对贸易逆差。

2. 对外贸易乘数理论

对外贸易乘数理论是凯恩斯投资乘数理论在国际方面的应用。为证明新增加投资对国民收入和就业的好处,凯恩斯提出了投资乘数理论。

凯恩斯认为,一国投资的增长对国民收入的扩大是乘数或倍数关系,故称为乘数或倍数理论。他认为新增加的投资会引起对生产资料需求的增加,从而引起从事生产资料生产的人们(工人、企业主)收入的增加,进而引起他们对消费品需求的增加,以至引起从事消费品生产的人们收入的增加。如此连锁发展,结果增加的国民收入总量会是原增加投资量的若干倍。他还认为,国民收入增加的倍数取决于"边际消费倾向"。如果"边际消费倾向"为零,那么人们会把增加的收入全部用于储蓄,而一点儿也不消费,所以国民收入就不会增加;如果"边际消费倾向"为1,那么人们会把增加的收入全部用于消费,而一点儿也不储蓄,所以国民收入增加的倍数为1+1+1+…直到无穷大;如果"边际消费倾向"介于0与1之间,那么人们会把增加的收入以1/2或1/3或1/4……用于消费,所以国民收入增加的倍数在1和无穷大之间。

乘数 K 的计算公式为

$$K = \frac{1}{1 - 边际消费倾向}$$

国民收入增加量(ΔY)＝乘数(K)×投资的增加量(ΔI)

在国内投资乘数理论的基础上,凯恩斯的追随者引申出对外贸易乘数理论。这一理论认为,一国出口量的增加和国内投资一样,对国民收入的扩大也是乘数关系。而一国的进口则和国内储蓄一样,有减少国民收入的作用。当一国出口的商品和劳务增加时,会引起其他产业部门生产增加、就业增多、收入增加……如此循环往复,结果国民收入的增加量则是出口增加量的若干倍。当一国进口商品和劳务增加时,必然向国外支付更多的货币,引起国内收入减少,消费下降,与存储一样,成为国民收入中的漏洞。于是,他们得出结论:只有贸易为出超或国际收支为顺差时,对外贸易才能增加一国的就业量,提高国民收入。此时,国民收入的增加量将是贸易顺差的若干倍。这便是对外贸易乘数理论的含义。这一理论主张扩大出口,减少进口,认为贸易顺差越大,对一国经济发展和劳动就业越有好处。为了实现贸易顺差的目标,各国竞相使用超保护贸易措施,对外贸易乘数理论为超保护政策提供了理论依据。

(三) 对凯恩斯主义超保护贸易学说的评价

从局部看,这一学说推动了超保护贸易政策的实施,而超保护贸易政策的实施,对这些国家经济发展、扩大就业、增加国民收入产生了重大影响。

凯恩斯主义超保护贸易学说具有明显的局限性,主要有以下两点。

1. 从整体看,存在自身的矛盾性

对外贸易乘数理论的核心是扩大出口,实现贸易顺差,以促进本国经济发展和就业,但是超保护政策主张减少进口,如果各国都减少进口,那么一国出口量的增加就无法实现。也就是说,对外贸易乘数理论发生作用的条件是世界总进口量增加,超保护贸易政策又必然导致世界总进口量不会增加,这显然是自相矛盾的。它使对外贸易乘数理论失去了普遍发挥作用的条件。

2. 有碍国家贸易的发展

凯恩斯主义超保护贸易学说推动了超保护贸易政策的发展,如果各国为了追求贸易顺差,无节制地奖出限入,其结果必然导致关税高筑,非关税壁垒盛行,贸易战烽烟四起,阻碍各国经济和国际贸易的发展。

四、战略性贸易保护理论

20世纪70年代以来,随着不完全竞争和规模经济被引入国际贸易分析框架内,战略性贸易保护政策逐渐成为主流。现实中,越是非完全竞争的行业,其非关税壁垒越明显,如汽车、钢铁以及半导体行业。20世纪80年代兴起的战略性贸易保护理论逐渐成为新贸易保护的理论基石。战略性贸易保护理论是建立在不完全竞争和规模报酬递增的假设基础上的,即规模经济贸易学说。

战略性贸易保护理论主张政府在战略产业进行贸易干预,给予本国企业生产补贴(production subsidies),对外国竞争产品征收进口税或者实行配额,对本国消费者购买本国产品进行补贴等,进而谋取规模经济之外的战略收益,同时占领他国市场份额,并分享更多的工业利润,主要包括利润转移理论和本地市场效应理论两大核心体系。

1. 利润转移理论

与自由贸易理论的基础不同,战略性贸易保护理论建立在规模经济和不完全经济的框架下,垄断企业或寡头企业的商品价格不是市场外生给定的,而是企业根据市场需求量确定的。战略性贸易保护理论认为,政府可以通过征收关税来分享外国垄断企业的利润,以弥补本国消费者的损失。如图2-3所示。

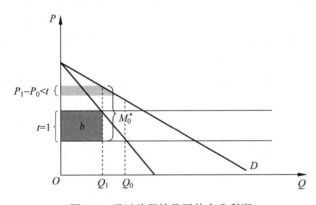

图2-3 通过关税转移国外企业利润

假设外国垄断企业 A 在进口国 B 的市场上具有明显的市场力量。根据垄断竞争厂商利润最大化的原则,A 会根据 MR=MC 确定其在 B 国市场上的供给量,即图2-3中的点 Q_0,而价格则根据 B 国需求函数确定在高于 MC 的水平 P_0 上。此时,A 企业的垄断利润为 $M_0^*(P_0-MC)$。如果 B 国政府征收从价关税($t=100\%$),A 的边际成本变为(MC+1)。在新的边际成本与边际收益相等的均衡条件下,A 的供给量会下降至 Q_1,价格上升至 P_1。但由于进口国 B 的需求曲线并非完全缺乏弹性,商品价格上升的幅度(P_1-P_0)小于边际成本提高的幅度(t)。也就是说,A 企业通过提高销售价格从 B 国消费者手中得到的额外收益会小于对关税的支付。从国家角度来看,关税收益(b)很有可能会大于消费者福利损失的部分,即 b 上方灰色梯形的面积。

表面看,通过征收关税可以将出口国垄断企业的利润转移至进口国,但从一国内部看,征收关税使得原本已经很高的垄断价格雪上加霜,最终仍是本国消费者承担,除非政府将所征收的关税用于补偿本国消费者。

同时,战略性贸易保护理论还谈及通过补贴来加强国内厂商在国际市场上与外国对手竞争的战略地位。在具有规模经济的条件下，拥有较高市场份额的国家从国际市场上获得的超额利润就较多。因此，应对国内规模企业实施补贴，占领更多国际市场份额，以阻止国外竞争者进入该产业，确保本国企业获得更多的垄断利润。

2. 本地市场效应理论

克鲁格曼在1984年提出，如果只允许某些厂商进入某一特定市场或该市场的一部分，就会有助于这些厂商在其他市场上改善业绩。克鲁格曼设定了一个最简单的规模经济的情形。假定只有一个本国厂商和一个外国厂商。在没有保护的情形下，即使生产完全一样的产品，两个厂商都会在所有市场上进行销售，如果本国市场对外国厂商是关闭的，本国厂商通常会增加其在国内市场上的产出。随着产出的上升，边际成本下降，国内厂商会发现自己可以毫不费力地扩大国外的市场份额并从中获利。

维纳布尔斯(Vernables)考察了另一种比较复杂的情况。假设本国厂商和外国厂商在各自的市场上竞争，也可能在别的市场上竞争。但此时不是仅有一个外国厂商和一个本国厂商的国际双寡头，而是假设市场足够大，能容纳相当多的厂商。自由进入时每个厂商只能获得"正常"水平的利润。边际成本也不是递减而是不变的，但固定成本相当大。这种成本结构使得平均成本随产量的增加而下降。这种情况下，进口关税(import duties)和出口补贴(export subsidies)都能改善国家福利。

上述两种理论体系的相似之处在于，二者都遵循这样的逻辑，对本国厂商而言，生产得越多越好，因为规模经济使其具有更低的平均成本或边际成本。二者主要差异在于，克鲁格曼的模型不允许新厂商进入，利益主要来自寡头所获得的超额利润。而维纳布尔斯的模型中，规模经济不太明显，进入自由，利润维持在自由竞争水平，利益主要来自国内消费者所享受的低价格。

3. 对战略性贸易保护理论的评价

战略性贸易保护理论是新国际贸易理论在贸易政策领域的应用和体现。战略性贸易保护理论论证了一国在规模经济和不完全竞争条件下，通过保护性干预，可以战略性地提高本国企业的国际竞争力和贸易福利。因其与幼稚产业保护理论具有类似的战略意义，因此也被称为新幼稚产业保护论。这一理论体系考虑了更加复杂的市场条件下，如何确保两国企业更加有效地参与国际竞争的政府策略，是产业内贸易大背景下的新型保护模式，为众多发达经济体和发展中经济体参与国际贸易并最大化获取贸易利益提供了有益的指导。但其本身也存在一定缺陷。

（1）其对规模经济和不完全竞争的讨论是建立在国家利益与个人利益等价的基础上，忽略了国家贸易政策对于个人利益最大化可能存在的负面影响。而且，往往因为信息不对称，被保护的企业与政府的策略并不一致。因此，其结论具有片面性。

（2）战略性贸易保护理论是建立在企业同质性的假设下，并没有涉及异质性企业的市场策略，其理论假设与现实仍存在一定的脱节。更为重要的是，这种所谓"战略性"，在很大程度上容易引起贸易伙伴"以牙还牙"(tit-for-tat)的报复性反应。

第六节　中国国际贸易理论

随着中国经济的转型升级,比较优势理论越来越难以完全解释当前中国经济问题。经典的比较优势理论需要满足生产要素不能自由流动、供给函数短期内不变这两个基本条件。但随着资本全球化的深入和计算机信息技术的发展,这些假定条件不再具备。在中国,既存在数量庞大的同质性企业,也存在大量平台型企业①(即综合服务型外贸企业或贸易中间商)。恰恰是互联网与平台企业对微观企业组织的改造,诠释了中国国际贸易竞争优势持续不衰的深层次原因。更为重要的是,在数字经济背景下,比较优势理论中的投入要素无法充分彰显企业的主观能动性,亟须学术界对传统的比较优势理论在中国的适应性进行认真反思。

一、互联网与数字技术改变国际生产分工中的微观主体,"长尾效应"降低企业进入国际市场的门槛

以梅里兹为代表的新新贸易经典研究是西方主流国际经济学的最新理论,从企业生产率的视角界定了新的比较优势。该理论解释在垄断竞争市场环境下企业出口的决策问题,假定需求弹性不变,各国不同部门供给函数存在差异,且成本是供给函数唯一的决定因素。该理论对 21 世纪前发达国家企业国际化具有一定解释力。不可否认,生产率的企业异质性很大程度上被证实对企业出口的影响重大,企业生产率是企业进入国际市场的关键因素,在许多国外实证文献中得到了验证。但是企业生产率既不能解释所有国家的贸易现象,更不能解释 21 世纪以来互联网应用场景下的贸易现象。"联通"是互联网最本质的属性,随着关系数量和维度的增加,全球生产和交换的节点被高效地链接在一起,互联网无国界的特点降低了国际贸易的准入门槛,改变了传统的商业模式和商业业态。

近年来,贸易保护主义沉渣泛起,中国跨境电商则逆势上涨,保持接近 20% 的增长速度(图 2-4),成为中国对外贸易的主要推动力量。

经典的新新贸易理论不但忽视了除成本外供给端的其他因素,而且忽略了由消费者偏好引致的异质性需求等问题。消费者对不同产品的偏好是不一样的,需求函数随着产品改变而改变。互联网创造了海量的需求细分市场,有利于发挥中小企业柔性化、差异化、多品种、小规模生产的"长尾效应"(图 2-5),进而形成中小企业的国际竞争新优势。②

二、互联网与数字技术改变生产资料构成的结构,数据和响应时间成为国际生产分工中的关键要素

当前,数据已经成为生产函数中的关键投入要素。判断某种要素为生产要素的关键,

---

① 据 2016 年中国海关信息中心统计,中国进出口总额中约有 20% 是由贸易中间商完成的。

② 参见裴长洪,刘斌. 中国对外贸易的动能转换与国际竞争新优势的形成[J]. 经济研究,2019(5):4-15.

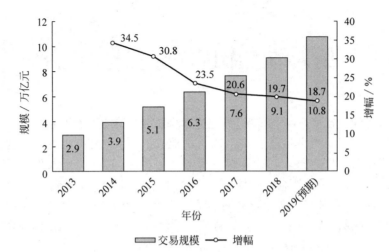

图 2-4 2013—2019 年中国跨境电商交易及增速

资料来源：艾媒咨询.2020 中国跨境电商发展趋势专题研究报告[EB/OL].（2019-12-24）[2019-12-30].https://www.iimedia.cn/c400/67397.html.

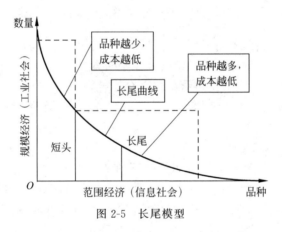

图 2-5 长尾模型

是该要素能够创造出足够的价值。历次科技革命都会产生新的生产要素。传统农业时代，劳动力和土地是关键的生产要素。蒸汽时代和电气时代，机器大生产代替手工劳动，资本成为关键的生产要素。在第二次科技革命后期，随着规模经济的发展和企业规模的持续扩大，企业内部的协调能力越发重要，管理成为关键的生产要素。随着信息时代的加速发展和人工智能时代的到来，以往的柯布—道格拉斯生产函数又发生了根本性变化，数据已经成为企业的核心生产要素。"互联网＋大数据"提高了企业资源的时空配置效率和运营能力，提升了企业生产决策的精准度。

在传统贸易理论中，由于实际贸易时间难以测度，其对全球价值链分工的影响也就很难判断，出于简化的目的，贸易时间这一变量往往被忽略。随着互联网和数字技术的发展，在全球价值链体系中，生产分工能够实现即时响应，企业生产的响应时间可被"完整记录"，企业库存能够实现最优化管理，国际生产分工的效率快速提升。

三、数字技术提高服务的可贸易性,激发中国服务贸易的后发优势

从历史上看,全球化经历了两次"松绑"过程。[①] 第一次工业革命促进了工业和运输业的飞跃发展,比较优势使得各国生产和消费发生空间分离,国际生产分工实现了第一次"松绑",但国际分工在各国的节点拥有本国相对独立完整的生产链,随着工业化和信息化进程的加快,规模经济使得产品生产的跨国境分离成为可能,国际生产分工实现了第二次"松绑"。[②] 前两次"松绑"过程主要发生在货物贸易领域。随着数字技术的发展,服务生产和消费的时空分离成为可能,全球化将实现第三次"松绑",服务贸易和制造业服务化趋势成为近年来国际生产分工的典型特点。[③] WTO 的《2018 年世界贸易报告》数据显示:全球服务贸易一半以上是通过数字技术实现的。[④] 数字技术打破了全球生产分工的时空限制,为提高服务的可贸易性提供了必备条件。与发达国家相比,当前中国服务贸易发展较为滞后,但中国数字技术的发展将激发服务贸易的后发优势。数据显示:2018 年中国数字经济规模位居世界第二,占 GDP 比重高达 35%(图 2-6)。

图 2-6 2014—2020 年中国数字经济总体规模及 GDP 占比

资料来源:中国信息通信研究院. 中国数字经济发展与就业白皮书(2019 年). http:// www.caict.ac.cn/kxyj/qwfb/bps/201904/P020190417344468720243.pdf.

四、外贸综合服务企业简化企业出口交易流程,提高全球供应链的快速响应能力

经典的国际贸易理论主要考察要素结构、生产成本和利益分配,机会成本是国际贸易

① 参见 BALDWIN R E. Multilateralising regionalism:spaghetti bowls as building blocs on the path to global free trade[J]. World economy,2006,29(11):1451-1518.

② 参见鞠建东,余心玎. 全球价值链研究及国际贸易格局分析[J]. 经济学报,2014,1(2):126-149.

③ 参见刘斌,等. 制造业服务化与价值链升级[J]. 经济研究,2016,51(3):151-162.

④ World Trade Organization. World Trade Report 2018—The Future of World Trade:How Digital Technologies Are Transforming Global Commerce[R]. Geneva:WTO Publications,2019.

比较优势理论的基石。但在国际贸易实务中，除了生产的机会成本，还存在诸多其他类型的成本，同样对国际市场竞争产生决定性的影响。在不远的未来，速度经济将取代规模经济成为全球生产分工主要的竞争优势，流通速度能够提升全球价值链的分工效率和客户体验。与国内贸易不同，国际贸易的交易流程十分繁杂，企业要经历多个环节，每个环节都要办理相关手续。外贸综合服务企业在其中发挥了重要作用，可以为国内企业寻找客户，降低企业与国外市场的信息不对称程度；可以为进出口企业提供资金融通，减少企业的融资约束；可以为企业办理通关手续，降低企业国际贸易的时间成本；可以为进出口企业提供高效便捷的物流配送服务，打通贸易便利化"最后一公里"，提高企业进出口贸易的效率。总之，外贸综合服务企业加快了企业信息流、订单流、资金流、物流的流通速度，促进了生产要素和服务要素集聚，提高了供应链的快速响应能力，从而赢得国际市场的竞争优势。

五、人工智能提高中国制造业企业生产效率，赋予中国制造新动能

传统价值链体系中，上游研发环节和下游营销环节附加值较高，位于中游的劳动密集型生产制造环节附加值较低。制造业人工智能的广泛使用，大幅提升其产业链的生产效率，改变了传统全球价值链体系中的利益分配。人工智能的实施主要依赖于应用场景，即各种产品生产过程中专业分工条件和细分市场的规模效应。作为全球制造业规模最大的国家，中国具有应用场景上的绝对优势。近年来，中国实现了人工智能市场化应用的飞速发展。在制造业领域，2013年后中国工业机器人的使用量大幅增加，一举超过欧美发达经济体，成为制造业中工业机器人使用数量最多的国家。工业机器人在制造业领域的普及，无疑会提高企业生产效率，提升国际生产分工中制造加工环节的附加值，进而形成中国制造业出口竞争新优势。

本章小结与思考题

试一试

第三章

国际贸易政策

教学目的和要求

　　本章介绍国际贸易政策的基本概念和对外贸易政策的演变,是本课程的重点内容之一。本章的目的是使学生掌握国际贸易政策的含义和类型,掌握各主要历史阶段的国际贸易政策的倾向与特点,熟悉中国对外贸易政策的演进与特征。

关键概念

对外贸易总政策	国别政策	商品政策
自由贸易政策	保护贸易政策	超保护贸易政策
"一带一路"		

章首案例一　我国同"一带一路"沿线国家的经贸合作日益密切

　　2013 年,"一带一路"(the belt and road,B&R)倡议提出时,中国对沿线国家货物贸易出口为 5 691.9 亿美元,占中国总出口的 25.75%;到 2019 年,中国对沿线国家出口 7 622.9 亿美元,占比提升至 30.51%。中国从沿线国家的进口则由 2013 年的 4 713.6 亿美元增长至 2019 年的 5 817.3 亿美元,总进口比重由 24.17% 升至 28.01%。2013 年,中国对沿线国家直接投资为 126.3 亿美元,占对外直接投资比重为 11.71%,到 2019 年,投资额增长到 186.9 亿美元,占比已达到 13.65%(表 3-1)。与此同时,中国同沿线国家共同建设经贸合作区的水平不断提高,产业聚集效应明显增强。

表 3-1　中国同"一带一路"沿线国家贸易和投资发展状况

项　　目	2013 年	2014 年	2015 年	2016 年	2017 年	2018 年	2019 年
出口额/亿美元	5 691.9	6 370.7	6 146.1	5 817.4	6 563.1	7 047.3	7 622.9
出口增长率/%	—	11.93	−3.53	−5.35	12.82	7.38	8.17
出口占比/%	25.75	27.19	27.00	27.74	29.00	28.33	30.51
进口额/亿美元	4 713.6	4 835.6	3 883.6	3 660.3	4 535.9	5 630.7	5 817.3
进口增长率/%	—	2.59	−19.69	−5.75	23.92	24.14	3.31
进口占比/%	24.17	24.67	23.09	23.06	24.64	26.37	28.01
直接投资额/亿美元	126.3	136.6	189.3	153.4	201.7	178.9	186.9
直接投资增长率/%	—	8.16	38.58	−18.96	31.49	−11.30	4.47
直接投资占比/%	11.71	11.09	13.00	7.82	12.74	12.51	13.65

　　资料来源:商务部和海关总署发布的数据。

章首案例二　中美贸易摩擦

美国和中国作为世界上前两大经济体,其双边贸易在世界贸易体系中占有举足轻重的地位。中美经贸合作内容广,利益交融深,难免会出现各种各样的经贸摩擦,一直以来,中美经贸关系在摩擦和曲折中发展。随着中国经济快速发展,以及中美产业关系逐渐从互补走向竞争,中美经贸关系从合作共赢走向竞争合作甚至战略遏制,中美贸易争端层出不穷,中美贸易摩擦将成为常态并向长期、复杂化发展。

2018 年 3 月,美国总统特朗普正式签署对华贸易备忘录,宣布对从中国进口的特定商品加征关税,并限制中国企业对美投资并购,由此中美贸易战正式拉开序幕。同年 4 月,美国公布基于"301 调查"的对华征税建议清单,包含大约 1 300 个独立关税项目,建议税率(rate of duty)为 25%,涉及总额约 500 亿美元中国出口商品,主要涉及航空航天、信息和通信技术、机器人和机械、医药等行业。与此同时,中国国务院关税税则委员会决定对原产于美国的大豆、汽车、化工等 14 类商品加征 25% 的关税。在随后近两年的时间内,中美贸易摩擦不断升级,直至 2019 年 10 月,中美第十三轮高级别经贸磋商达成第一阶段协议,美国终止 2 500 亿美元关税上调,中美谈判取得实质性进展。如表 3-2 所示,中美贸易摩擦以"升级—接触试探—再升级—再接触试探—双方妥协"的逻辑演化,于 2020 年 1 月正式签署的中美第一阶段经贸协议是中美双方妥协的结果,并非意味中美贸易摩擦的结束。

表 3-2　中美贸易摩擦事件汇总

日　　　期	美　　国	中　　国
2018 年 3 月	特朗普正式签署对华贸易备忘录	
2018 年 4 月	公布基于"301 调查"的对华征税建议清单,包含大约 1 300 个独立关税项目,建议税率为 25%	国务院关税税则委员会决定对原产于美国的大豆、汽车、化工等 14 类商品加征 25% 的关税
	下令禁止美国公司向中兴通讯出口电信零部件产品,为期 7 年	
2018 年 5 月	经过贸易磋商后仍将对 500 亿美元中国商品征收 25% 关税	
2018 年 6 月		对原产于美国的 659 项商品加征 25% 关税
2018 年 7 月	对第一批清单上 818 个类别的中国商品征收 25% 关税	等规模对美国产品加征 25% 进口关税
2018 年 8 月	拟将加征税率由 10% 提高至 25%	对原产于美国的 5 207 个税目约 600 亿美元商品,加征 25%、20%、10%、5% 不等的关税
	对从中国进口的约 160 亿美元商品加征 25% 的关税	对 160 亿美元自美进口产品加征 25% 的关税
2018 年 9 月	对 2 000 亿美元中国输美产品加征 10% 的关税,进而还要采取其他关税升级措施	国务院新闻办公室发布《关于中美经贸摩擦的事实与中方立场》白皮书
2018 年 12 月		对原产于美国的汽车及零部件暂停加征关税 3 个月,涉及 211 个税目

续表

日 期	美 国	中 国
2019 年 5 月	特朗普突然表示,将从 5 月 10 日起对中国原征收 10% 关税的 2 000 亿美元的进口商品加征关税至 25%,且短期内将对另外 3 250 亿美元商品征收 25% 的关税	宣布 6 月 1 日起对美原加征 5% 和 10% 关税的 600 亿美元商品提高税率至 10%、20% 和 25%
2019 年 8 月	对价值 3 000 亿美元中国商品加征 10% 关税分两批实施,实施日期分别为 9 月 1 日和 12 月 15 日	对价值 750 亿美元美国商品加征 5%、10% 的关税。同时,恢复对原产于美国的汽车及零部件加征关税
2019 年 8 月	对价值 3 000 亿美元中国商品加征关税税率由原定的 10% 提高至 15%,并分两批实施;同时对 2 500 亿美元关税税率从 25% 提高到 30% 征求公众意见	
2019 年 10 月	中美经贸团队进行第十三轮经贸磋商。美国终止 2 500 亿美元关税上调,中美谈判取得实质性进展	

这次美国采取单边主义措施,以中美货物贸易逆差为借口挑起贸易争端,发动了大规模贸易战,不同于以往的中美经贸摩擦,是美国实行贸易保护主义的必然结果,实质是为了抑制中国产业升级,进而牵制中国崛起。一方面,2008 年金融危机以来,量化宽松和零利率导致资产价格大涨,美国收入分配差距空前拉大,制造业大幅衰落,美国在国际贸易中不具备比较优势的制造业(中低端)受损。而"中国制造 2025"计划的实施被美国视为其实现"再工业化战略"的重要竞争对手,美国加征关税的 500 亿美元中国出口产品,主要针对的是《中国制造 2025》中包含的高科技领域,反映了美国遏制中国技术追赶的意图。另一方面,中国成为世界第二大经济体促使国际政治格局发生巨大的变化,美国认为中国经济的快速崛起对其构成了严重威胁。2008 年,美国《国防战略报告》将中国定位为"潜在竞争者",而 2018 年《国防战略报告》则将中国首次定位为"战略性竞争对手",当前中美贸易摩擦加剧实质是新冷战思维引发在位霸权国家遏制新兴大国崛起。

旷日持久的中美贸易争端表明,基于规则的贸易体系下,多边合作正面临着越来越大的压力。单边贸易壁垒和报复违背了基于规则的多边贸易体系的精神,破坏了体系的完整性,对全球经济治理构成了重大威胁。首先,贸易紧张局势会影响那些深度融入全球价值链的国家;其次,贸易冲突的加剧以及由此造成的贸易政策不确定性的增加将抑制国际贸易活动和投资活动,从而损害全球经济增长。

第一节　国际贸易政策概述

国际贸易政策(international trade policy)是指世界各国和地区对外进行商品、服务和技术交换活动时所采取的政策。从单一国家或地区的角度出发，有关国际贸易的政策就是对外贸易政策。

一、对外贸易政策的目的与构成

（一）各国制定对外贸易政策的目的

（1）保护本国的市场。通过关税和各种非关税壁垒措施来限制外国商品与服务的进口，使本国商品和服务免受来自国外的竞争。

（2）扩大本国的出口市场。通过各种鼓励出口的措施来促进本国出口商增加出口和外国进口商踊跃进口，使本国的出口市场不断扩大。

（3）促进本国产业结构的改善。

（4）积累资本或资金。通过关税、国内税(internal taxes)和其他税费措施，使国家获得财政收入。还可通过宏观调控政策促使出口商获得良好的外贸环境，从而增加盈利。

（5）维护和发展本国的对外经济政治关系。

（二）对外贸易政策的构成

（1）对外贸易总政策。其中包括对外贸易战略、出口总政策和进口总政策。它是从整个国民经济和长远目标出发，在一个较长的时期内实行的政策。

（2）进出口商品和服务等政策。它是根据对外贸易总政策和国内经济结构、市场状况等分别制定的限制和鼓励商品、服务进出口的具体措施。

（3）国别或地区贸易政策。它是根据世界经济政治形势、本国或本地区对外政治经济关系，针对不同国家和地区制定不同的政策。

二、对外贸易政策的基本类型与演变

（一）对外贸易政策的基本类型

自从对外贸易产生与发展以来，基本上有两种类型的对外贸易政策，即自由贸易政策和保护贸易政策。自由贸易政策的主要内容包括：国家取消对进出口商品贸易和服务贸易等的限制与障碍，取消对本国进出口商品和服务贸易等的各种特权与优待，允许商品自由进出口，服务贸易自由经营，在国内外市场上自由竞争。保护贸易政策的主要内容包括：国家广泛采取各种措施限制进口和控制经营范围，保护本国商品和服务在本国市场上免受外国商品和服务的竞争，并对本国出口商品和服务贸易给予优待与补贴以鼓励出口。

（二）对外贸易政策的演变

历史上资本主义国家对外贸易政策的演变,大致经历了如下四个阶段。

第一阶段:15—17世纪资本主义生产方式准备时期,推行重商主义所鼓吹的保护贸易政策。西欧对亚洲、非洲、美洲的殖民掠夺,使大量金银流入西欧,促进了商品货币经济的蓬勃发展。人们认为,金银货币是财富的唯一形态,一切经济活动的目的就是攫取金银货币。这种社会经济的剧烈变化反映到经济思想方面,就是重商主义。在这种思想的指导下,保护贸易政策居于主导地位。

第二阶段:18—19世纪资本主义自由竞争时期,实行古典经济学家亚当·斯密和大卫·李嘉图所倡导的自由贸易政策,以及美国、德国所奉行的保护贸易政策。新兴的工业资产阶级需要有更广阔的国际市场,以推销其工业品和进口大量廉价的原材料。而重商主义的保护贸易政策限制了国际贸易的发展,成了新兴工业资产阶级的障碍。这时产生了以英国经济学家亚当·斯密和大卫·李嘉图为代表的古典经济学派,提倡自由贸易,大大推动了资本主义的发展。与此同时,当产业革命在英、法等西欧国家深入发展时,其他一些国家,如德国、美国等经济还不发达,资本主义工业仍处于萌芽状态。这些国家的资产阶级要求保护他们的幼稚工业,于是形成了与自由贸易学说相对立的、以汉密尔顿(美)和李斯特(德)为代表的保护贸易学说,当时美国和德国等采取了以保护国内幼稚工业为目标的保护贸易政策。

第三阶段:两次世界大战期间盛行保护贸易政策。1929—1933年的世界经济大危机,使市场矛盾尖锐化,各国竞相采取保护贸易措施,高筑关税壁垒,以邻为壑。英国经济学家凯恩斯推崇的新重商主义,为这一时期的保护贸易政策提供了理论根据。这个时期的保护贸易政策与第一次世界大战前有很大的不同:奉行保护贸易政策的国家不仅有工业落后的国家,还有工业先进的发达国家;保护的对象主要不是幼稚工业,而是已经发展成熟的垄断工业;保护的目的不是培育自由竞争能力,而是加强对国际市场的垄断。因此,这种保护贸易政策也被称为超保护贸易政策。

第四阶段:第二次世界大战后出现了贸易自由化趋势。第二次世界大战后美国成为世界上最强大的经济和贸易国家,它迫切要求扩大国外市场,实行贸易自由化。1947年,23个国家参加签订了《关税与贸易总协定》,相互给予最惠国待遇,以逐步减免乃至取消关税和其他贸易壁垒,促进贸易自由化。西欧成立了欧洲经济共同体(EEC)和欧洲自由贸易联盟,逐步实现内部工农业产品的自由流通。1968年建立了发达国家单方面给予发展中国家的工业制成品和半制成品以关税减免待遇的"普遍优惠制"。需要指出的是,第二次世界大战后各国经济的恢复和迅速发展,国际分工的不断深化和创新,生产和资本的进一步国际化,为贸易自由化提供了坚实的经济基础。

三、对外贸易政策的制定

对外贸易政策属于上层建筑,它既反映了经济基础和当权阶级的利益与要求,同时又反过来维护和促进了经济的发展。各国在制定贸易政策的过程中,需要考虑到以下因素。

(1) 本国经济结构与比较优势。

（2）本国产品在国际市场上的竞争能力。

（3）本国与别国经济、投资的合作情况。

（4）本国国内物价、就业状况。

（5）本国与他国的政治、外交关系。

（6）本国在世界经济、贸易组织中享受的权利与应尽的义务。

（7）各国政府领导人的经济思想与贸易理论。

第二节　保护贸易政策

一、重商主义的对外贸易政策

重商主义的对外贸易政策是资本主义生产方式准备时期西欧国家所普遍实行的一种保护贸易政策。它产生于 15 世纪，十六七世纪达到鼎盛，18 世纪后走向衰落。重商主义认为：只有金、银才是唯一的财富，除了开采金矿、银矿以外，只有对外贸易才能增加一国所拥有的金、银量，因此，国家应当干预经济生活，大力发展出口贸易，限制外国商品的进口。

重商主义可分为早期的重商主义和后期的重商主义。早期的重商主义又称重金主义，主张禁止货币（金、银）的出口，在对外贸易上奉行绝对的少买多卖原则，主张限制进口，鼓励出口，以增加货币的流入。但是，由于各国都防止金、银外流，都想少买多卖，结果反而窒息了对外贸易。于是重商主义由重金主义发展为名副其实的重商主义，在理论上由货币差额论发展为贸易差额论。17 世纪下半叶开始的后期重商主义反映了当时新兴的商业资产阶级的利益，认为要增加国内的金、银量，必须发展对外贸易，使贸易出超。因而采取各种办法鼓励生产出口商品的工业的发展，用给予奖金或补贴的办法鼓励商品的出口；实行关税保护制度，限制外国消费品的进口，以保持对外贸易的顺差，促使金、银流入。早期重商主义主张与外国进行的每一笔交易都应保持顺差，严格禁止金、银外流；而后期的重商主义则主张国家应保证全国总的贸易有顺差，不反对别国的贸易有逆差，也不绝对禁止金、银的外流。

重商主义加速了当时西欧各国货币资本的积累，促进了资本主义工场手工业生产的发展，在一定的历史时期内起到了进步作用。但是，它仅仅从理论上考察了流通领域，而没有进入生产领域，到自由竞争资本主义时期它就成了资本主义经济进一步发展的障碍，从而为自由贸易政策所代替。

二、资本主义自由竞争时期的保护贸易政策

19 世纪 70 年代以后，美国和西欧的一些国家纷纷从自由贸易转向保护贸易。其主要原因在于这些国家的工业发展水平不高，经济实力和商品竞争力都无法与英国抗衡，需要采取强有力的政策措施（主要是保护关税措施）来保护本国新兴的产业，即幼稚工业，以免遭英国商品的竞争。

（一）美国与德国保护贸易政策的实施

美国建国后,第一任财政部部长汉密尔顿(A. Hamilton,1755—1804)代表独立发展美国经济的资产阶级的要求,在 1791 年 12 月提出的《制造业报告》(*Report on Manufacture*)中认为,为使美国经济自立,应当保护美国的幼稚工业,其主要的方式是提高进口商品的关税。

德国在 19 世纪 70 年代以后,为使新兴的产业避免外国工业品的竞争,能充分发展,便不断要求实施保护贸易措施。1879 年,俾斯麦改革关税,对钢铁、纺织品、化学品、谷物等征收进口关税,并不断提高关税税率,而且与法国、奥地利、俄国等进行关税竞争。1898年,又通过修正关税法,成为欧洲高度保护贸易国家之一。

（二）保护贸易政策的理论依据

保护贸易的理论,就其影响而言,李斯特保护幼稚工业的理论最具代表性。李斯特是德国历史学派的先驱者,自 1825 年出使美国以后,受到汉密尔顿的影响,并亲眼看见美国实施保护贸易政策的成效,转而提倡贸易保护主义。他在 1841 年出版的《政治经济学的国民体系》一书中,系统地提出了保护幼稚工业的理论。

扩展资料

三、两次世界大战期间的超保护贸易政策

第一次世界大战与第二次世界大战期间,资本主义处于垄断阶段,垄断代替自由竞争成为一切社会经济生活的基础。此时,西方各国普遍完成了产业革命,工业得到迅速发展,各国争夺市场的斗争加剧。1929—1933 年的世界性经济危机,使市场问题进一步尖锐化。资本主义各国的垄断资产阶级为了垄断国内市场和争夺国际市场,纷纷实行超保护贸易政策。

与资本主义自由竞争时期的保护贸易政策相比,超保护贸易政策具有以下特点。

（1）保护的对象不仅是幼稚工业,而且更多的是已高度发展的或出现衰落的垄断工业。

（2）保护的目的不再是培养自由竞争的能力,而是巩固和加强对国内外市场的垄断。

（3）保护的措施不只限于关税和贸易条约,还有各种非关税壁垒和其他奖出限入措施。

（4）保护不是防御性地限制进口,而是在垄断国内市场的基础上对国外市场进行进攻性的扩张。

（5）保护的阶级利益从一般的工业资产阶级利益转向大垄断资产阶级利益。

四、新贸易保护主义

20 世纪 70 年代中期以后,在国际贸易自由化中出现了新贸易保护主义。

（一）新贸易保护主义的主要特点

1. 被保护的商品不断增加
被保护的商品不断增加,从传统产品、农产品转向高级工业品和劳务。

自2003年11月1日起,欧盟在原优惠安排的基础上,对中国家电、高级钟表、光学仪器等产品削减50%的关税优惠幅度,从2004年5月1日起,取消全部优惠安排。另外,2003年6月16日,美国国际贸易委员会对原产于中国的彩电作出损害初裁并提出反倾销(anti-dumping)诉讼,以保护本国彩电生产。此外,各国还加强了劳务方面的保护主义,如签证申请、投资条例、限制收入汇回等。

2. 限制进口措施的重点发生转移

限制进口措施的重点从关税壁垒进一步转向非关税壁垒,而技术性贸易壁垒则成为限制进口的主要非关税壁垒。

随着世界经济全球化和世界贸易组织达成的各项协议的实施,世界各国纷纷大幅度降低关税和逐步取消配额、许可证等数量限制,技术性贸易壁垒(technical barriers to trade)已成为新贸易保护主义的重要手段。居我国出口第一位的机电类产品,由于受发达国家在噪声、电磁、污染、节能性、兼容性、安全性等方面的技术性限制,仅1992年就有80多亿美元出口产品受到影响。2000年3月底尚未解禁,我国每年损失达数亿美元。1998年,美、加、欧盟等相继以天牛虫问题为由,禁止我国所有未经熏蒸处理的木制包装进入其境内,因此包装成本增加了20%,影响我国对上述地区出口总额的1/3以上。

3. 加强了征收反倾销税行为

新贸易保护主义盛行时期,反倾销诉讼案大量存在。据世界贸易组织统计,2002年全年,世界贸易组织成员共发起反倾销调查276起,比2001年的362起大幅下降。但从总体趋势看,立案数量还是呈上升趋势。1995—2002年,全球共发起反倾销立案2 160起,年均270起。特别是1999年后,立案数明显上升。1995—1998年,年均立案220起;1999—2002年,年均立案达320起。2002年,全球采取最终反倾销措施的案件共205起,比2001年的159起增长了28.9%,这与全球2001年立案增加而集中2002年作出裁决有着直接的关系。而化工、纺织品为涉案最多的产品。

欧盟执行委员会于2000年2月12日宣布对来自中国、印度和罗马尼亚的热轧钢板与非合金钢征收反倾销税,对从上述三国进口的钢材分别征收13.2%、21.8%和18.1%的反倾销税,从宣布之日起生效,有效期为6个月。一些发展中国家,随着贸易交往的扩大和国际经贸法规意识的加强,也逐步学会利用反倾销手段来保护本国产品,限制外国产品的不公平竞争。

4. 管理贸易日益合法化、系统化

第二次世界大战后,随着国家垄断(state monopoly)资本主义的加强,发达资本主义国家加强了管理贸易。管理贸易是指以国内贸易法规、法令和国际贸易条约与协定来约束贸易行为。管理贸易可分为国家管理贸易和国际管理贸易。国家管理贸易是一国政府针对本国对外贸易情况,通过新建或改组对外贸易行政机构,颁布和执行贸易法规与条例,直接干预本国对外贸易,加强对外贸易管理;国际管理贸易是指几个国家之间通过建立和完善国际经济组织与签订多边国际经济和贸易条约与协定等,协调彼此之间的国际经济贸易关系,共同遵循达成的国际经济贸易法律准则,在一定程度上加强国际贸易管理。

20世纪80年代以来,管理贸易进一步加强,许多发达资本主义国家重新修订和补充原有的贸易法规,使对外贸易管理更有法可依。例如,美国国会通过《1988 年综合贸易法某些条例》,加强了美国政府对美国对外贸易的调节和管理的合法化。许多国家对各种对外贸易制度和法规,如海关、商检、进口配额(import quota)制、进口许可证制(import license system)、出口管制、反倾销法等,制定更为详细、系统、具体的细则,并与国内法进一步结合,以便各种管理制度和行政部门更好地配合与协调,加强对进出口贸易的管理。

5. 奖出限入措施的重点从限制进口转向鼓励出口

20 世纪 70 年代中期以来,随着发达资本主义国家之间贸易战的日益加剧,各国政府仅靠贸易壁垒来限制进口,不但难以满足本国垄断资本对外扩张的需要,而且往往会遭到其他国家的谴责和报复。因此,许多发达资本主义国家把奖出限入措施的重点从限制进口转向鼓励出口,从财政、组织、精神等方面鼓励出口,促进商品输出。

(二)新贸易保护主义不断加强的原因

随着世界经济相互依靠的加强,贸易政策的连锁反应也更敏感。美国采取了许多贸易保护措施,它反过来又遭到其他国家或明或暗的报复,使得新贸易保护主义蔓延与扩张。与此同时,高失业率、工会力量的强大、党派的斗争和维护政府形象,为加强贸易保护主义提供了政治上的依据。此外,汇率长期失调影响了国际贸易的发展,汇率的过高与过低均易产生贸易保护主义。

(三)新贸易保护主义的抬头

"9·11"事件以后,世界经济也出现衰退,美国、日本和欧盟经济滞涨甚至出现下滑,就业压力增加。为了保护本国市场,各国都加大了对国外产品的歧视力度。美国前总统布什 2002 年 3 月 5 日宣布,对进口钢铁实施 201 保障措施调查案最终救济方案,对板坯、板材、长材等进口的主要钢铁品种实施为期 3 年的关税配额(tariff quota)限制或加征高达 30％的关税,从而保护美国国内钢铁工业。此举立即遭到了世界所有向美国出口钢材国家的强烈反对,相关国家纷纷采取对策,利用世界贸易组织相关规则,向美国政府施压。但是,美国政府依然我行我素,自 2002 年 3 月 20 日开始,限制钢铁进口的"201 条款"正式启动。这一措施涉及欧盟以及日本、韩国、中国、俄罗斯等国钢铁产品的对美出口。这表明,新贸易保护主义正在重新抬头,需引起我们的高度重视。

扩展资料

第三节　自由贸易政策

一、英国自由贸易政策

(一)英国自由贸易政策的兴起

英国自 18 世纪中叶开始进入产业革命,19 世纪中叶,英国的"世界工厂"地位已经确立并获得巩固,重商主义的保护贸易政策便成为英国经济发展和英国工业资产阶级对外扩张的一大障碍。这时,英国工业资产阶级便要求在世界市场上进行无限制的自由竞争和自由贸易政策。因此,英国新兴的工业资产阶级迫切要求废除重商主义时代所制定的一些外贸政策和措施。在他们看来,英国产业革命的发展,必须自国外取得廉价的工业原料与粮食(廉价粮食是低工资的前提条件),而且英国的产业革命早于其他国家,其产品物美价廉,具有强大的国际竞争能力,因而自由贸易对其较为有利。

(二) 英国自由贸易政策的胜利

19世纪20年代,以伦敦和曼彻斯特为基地的英国工业资产阶级开展了一场大规模的自由贸易运动。运动的中心内容是废除英国的谷物法。工业资产阶级经过不断的斗争,最后终于战胜了地主、贵族阶级,使自由贸易政策逐步取得胜利。

1. 废除谷物法

1838年,英国棉纺织业资产阶级组成"反谷物法同盟"(Anti-Corn Law League),展开了声势浩大的反谷物法运动。经过斗争,终于使国会于1846年通过废除谷物法的议案。

2. 逐步降低关税税率,减少纳税商品数目

经过几百年的重商主义实践,英国有关关税的法令达1 000项以上。1825年,英国开始简化税法,废止旧税率,建立新税率。进口纳税的商品项目从1841年的1 163种减少到1853年的466种,所征收的关税全部是财政关税(revenue tariff),税率大大降低。

3. 废除航海法

英国的航海法是英国限制外国航运业竞争和垄断殖民地航运事业的政策。其从1824年逐步废除,到1849年和1854年,英国的沿海贸易和殖民地航运全部向其他国家开放,至此,重商主义时代制定的航海法全部废除。

4. 取消特权公司

东印度公司对印度和中国贸易的垄断权分别于1813年和1833年被废止,从此对印度和中国的贸易开放给所有的英国人。

5. 对殖民地贸易政策的改变

18世纪,英国对其殖民地的航运享有特权,殖民地的货物输入英国享受特惠关税的待遇。1849年航海法大部分规定被废除,殖民地可以对任何国家输出商品,也可以从任何国家输入商品,通过关税法的改革,废止了对殖民地商品的特惠税率。同时英国准许殖民地与外国签订贸易协定,殖民地可以与任何外国建立直接的贸易关系,英国不再加以干涉。

6. 与外国签订贸易条约

1860年,英法签订了条约,即《科伯登条约》。《科伯登条约》是以自由贸易精神签订的一系列贸易条约的第一项,列有最惠国待遇条款。19世纪60年代,英国缔结了8项这种形式的条约。在英国带动下,19世纪中叶,许多国家降低了关税,荷兰、比利时相继实行了自由贸易政策。

二、贸易自由化

第二次世界大战爆发,世界经济陷入混乱,国际分工与国际贸易处于停顿。第二次世界大战后,资本主义各国经济迅速恢复和发展,从20世纪50年代到20世纪70年代初期,

出现了全球范围的贸易自由化。

（一）第二次世界大战后贸易自由化的表现

1. 关税大幅度降低

关税及贸易总协定（General Agreement on Tariffs and Trade,GATT），简称关贸总协定,其成员内部大幅度降低了关税。从 1947 年到 1979 年,关贸总协定缔约方的平均进口税率从第二次世界大战后初期的 50% 左右降到 5% 上下。1993 年,乌拉圭回合谈判的结果使发达国家和发展中国家平均降税 1/3,发达国家工业制成品平均关税水平降为 3.6% 左右。

欧共体对内取消关税,对外通过谈判达成关税减让(tariff concession)协议,使关税大幅度降低。例如,欧共体原 6 国之间工农业产品的自由流通已于 1969 年完成,后加入的国家也已按计划完成,实现了成员方之间全部互免关税;欧共体与欧洲自由贸易联盟之间,到 1977 年实行工业品互免关税,从而建立起一个包括 17 国的占世界贸易总额 40% 的工业品自由贸易区(free trade zone);1975 年,欧共体同非洲、加勒比海和太平洋地区的 46 个发展中国家签订了《洛美协定》,规定共同体对来自这些国家的全部工业品和 96% 的农产品给予免税进口的待遇,之后又扩大到向 60 多个非、加、太的发展中国家提供免税进口待遇。

从 1971 年开始,20 多个发达国家对 170 多个发展中国家实施制成品和半制成品的普惠制优惠关税待遇。

2. 非关税壁垒逐渐减少

第二次世界大战后初期,发达国家对许多商品进口实行严格的进口限额、进口许可证和外汇管制(foreign exchange control)等非关税壁垒措施。随着经济的恢复和发展,这些国家在不同程度上放宽了进口数量限制,到 20 世纪 60 年代初,西方主要国家间进口自由化率已达 90% 以上。中国内地与香港特别行政区经过多轮磋商,于 2003 年 6 月 29 日在香港达成《内地与香港关于建立更紧密经贸关系的安排》。《内地与香港关于建立更紧密经贸关系的安排》的总体目标是:逐步减少或取消双方之间实质上所有货物贸易的关税和非关税壁垒;逐步实现服务贸易自由化,减少或取消双方之间实质上所有歧视性措施;促进贸易投资便利化。双方从 2004 年 1 月 1 日起开始实施《内地与香港关于建立更紧密经贸关系的安排》下货物贸易和服务贸易自由化的具体承诺,双方将通过不断扩大相互间的开放,增加和充实其内容。根据《内地与香港关于建立更紧密经贸关系的安排》,内地与香港之间要采取更优惠和自由化的措施,使参与各方实现优势互补,共同受惠。

（二）第二次世界大战后贸易自由化的特点

第二次世界大战后的贸易自由化是在国家垄断资本主义日益加强的条件下发展起来的,它主要反映了垄断资本主义的利益,是世界经济和生产力发展的内在要求。它在一定程度上同保护贸易政策相结合,是一种有选择的贸易自由化。第二次世界大战后贸易自由化呈现出如下特点。

（1）发达国家之间的贸易自由化程度超过它们对发展中国家和社会主义国家的贸易自由化程度。发达国家根据关贸总协定等国际多边协议的规定,较大幅度地降低了关税和放宽了数量限制。但对发展中国家的一些商品,特别是劳动密集型产品仍征收较高的关税,并实行其他的进口限制;对社会主义国家征收更高的关税和实行更严格的非关税壁垒进口限制。

（2）区域性经济集团内部的贸易自由化程度超过集团对外的贸易自由化程度。例如，欧共体内部取消了关税和数量限制，实行商品完全自由流通，对外则有选择地、有限度地实行部分的贸易自由化。

（3）不同商品的贸易自由化程度不同。工业制成品的贸易自由化程度超过农产品的贸易自由化程度。在工业制成品中，机器设备的贸易自由化程度超过工业消费品的贸易自由化程度，特别是所谓"敏感性"的劳动密集型产品，如纺织品、服装、鞋类、皮革制品和罐头食品受到较多的进口限制。

（三）第二次世界大战后贸易自由化的主要原因

美国在第二次世界大战后发展成为世界头号经济强国。为了对外经济扩张，美国积极主张削减关税、取消数量限制，成为贸易自由化的积极倡导者和推行者；西欧和日本的经济迅速恢复与发展，因而也有减少贸易壁垒的要求；发展中国家为了发展民族经济，扩大资金积累，也愿意通过减少贸易壁垒来扩大出口。

与此同时，《关税与贸易总协定》的签订有力地推动了贸易自由化。关贸总协定以公平贸易为己任，通过多边贸易谈判的进行和贸易规则的实施，不仅大幅度地削减了关税，而且在一定程度上限制了非关税壁垒的使用。经济一体化组织的出现加快了贸易自由化的进程。各种区域性的自由贸易区、关税同盟、共同市场均以促进商品自由流通、扩大自由贸易为宗旨。跨国公司的大量出现和迅速发展促进了资本在国际流动，加强了生产的国际化，客观上要求资本、商品和劳动力等在世界范围内自由流动。国际分工的广泛和深入发展，分工形式的多样化，使商品交换的范围扩大，在一定程度上促进了贸易自由化的发展。

第四节　中国对外贸易政策

"十四五"时期，中国面临的外部环境将变得更加复杂，未来5年将成为我国打破发达国家科技枷锁、实现对外开放转型升级的重要节点。因此，"十四五"规划将高水平对外开放置于重要地位，明确了以开放求共赢是中国坚持的基本方向。

一、我国进出口发展存在不平衡问题

我国对外贸易迅速发展，不仅为我国经济社会发展作出了突出贡献，也给其他国家带来了巨大的利益。我国质优价廉的产品，满足了进口国的市场需求，增进了各国消费者的福利。我国进口规模急剧扩大，也给有关出口国家提供了客观的市场。总体上看，我国对外贸易体现了互惠互利的经贸关系，具有互利共赢的特征。

但是，我国出口和进口发展也存在着不平衡的问题。20世纪80年代，我国外贸以逆差为主，10年当中有8年逆差，年均逆差79亿美元；从1994年开始，我国进入顺差时代，一直保持顺差,1998 年顺差 434.7 亿美元,是一个历史高点,2006 年顺差大幅增加,达到 1 774.7 亿美元,超过 1998 年的 3 倍多。我国高顺差的一个突出特点就是,顺差地区高度集中,对美欧和部分发展中国家的顺差急剧扩大。2020 年前 10 个月,我国货物贸易进出口总额 25.95 万亿元人民币。其中出口 14.33 万亿元,增长 2.4%;进口 11.62 万亿元,下降 0.5%;贸易顺差 2.71 万亿元,扩大 16.9%。如果美国把贸易顺差占 GDP 的比例为 6% 称为严重失衡的话,那么,与其相对应,我国经济也确实存在另一方向的严重失衡,顺差集中更加反衬出我国贸易的不平衡。

二、我国贸易顺差问题短期内难以解决

(一) 国内经济的不平衡导致了对外经济的不平衡

我国经济增长高度依赖外需,从侧面反映出内需不足,内需中消费和投资也存在不平衡的矛盾。虽然消费和投资都是需求,但导致的结果不同,投资最后会形成生产能力,最终导致供给的扩大,形成后期的供需矛盾。经济结构中消费不足导致我国经济增长内在动力严重不平衡。我国消费水平长期低于世界平均水平,最近 10 年,世界平均消费率接近 80%,而我国的平均消费率不足 60%。我国政府消费率的变化幅度较为平缓,波动不大,而居民消费率的比重 2000 年至 2007 年的数据分别为 46.44%、45.16%、43.68%、41.67%、39.83%、37.74%、36.31%、35.45%。2011—2019 年,我国消费率平均为 53.4%,2020 年尽管受到新冠肺炎疫情冲击,但最终消费支出占 GDP 比重仍有 54.3%,高于资本形成总额 11.2 个百分点,为近年来最高水平。

从我国消费增长情况看,消费率偏低的情况还将持续相当长时期。因为,我国居民消费增速长期低于政府消费增速,农村消费增速长期低于城镇居民消费增速。要解决这一问题,涉及我国城乡、区域发展和贫富差距继续扩大等深层次的矛盾,需要成功进行社会保障、医疗、教育等改革,这是一项长期的任务。

(二) 我国的对外贸易政策支撑了顺差的扩大

亚洲金融危机给我国造成了很大的冲击,1998 年我国外贸进出口总额下降 0.4%,出口仅增长 0.5%,是"九五"时期我国外贸低增长的典型代表。为应对亚洲金融危机,我国提出了"千方百计扩大出口"的要求。在这一口号的指引下,我国外贸以超常速度增长,不仅使国人感到非常吃惊,也令世界十分震惊。自 2001 年中国加入世界贸易组织开始就在持续增大。中美双边贸易额从 2001 年底的 980 亿美元快速增长到 2016 年的 5 240 亿美元,年均增速 14%。中美已经成为彼此最重要的贸易伙伴。但同时,中美贸易失衡也在不断扩大。据中国海关总署统计,2017 年美国对华贸易逆差为 2 758 亿美元。在"千方百计扩大出口"中最重要的一个政策就是强化出口退税政策,我国重新提高了出口退税率,加快向企业退税。我国退税规模 1997 年为 432 亿元,2003 年为 2 039 亿元,增长了 3.7 倍,2004 年包括清欠历史旧账在内达到 4 200 亿元,2005 年退税 3 372 亿元。这一政策给出口提供了强大的动力,近期退税政策的调整属于结构上的微调,总的政策力度没有减弱。在疫情影响全球经济衰退的国际环境下,我国贸易政策依旧围绕国内大循环为主体,国内国际双循环相互促进,构建服务贸易新格局,培育了国际贸易新优势。

（三） 我国的外资政策带来了双顺差

我国利用外资时借鉴了拉美利用外资导致金融危机的教训。拉美利用外资主要是借债,然后买国外的资本品或者技术,这种融资方式会产生债务,最后有可能导致债务危机。我国利用外资不是借外债,而是吸引直接投资。外商直接投资避免了债务危机,而且我国在引入外商直接投资时,要求各个外资企业以出口为导向,要求它们实现外汇的自我平衡。

我国已连续多年在吸收外资数量上居世界前列,2020年中国实际使用外资金额1万亿元,同比增长6.2%。外商投资企业不仅成为我国经济的有机组成部分,也是我国扩大出口的主力军,最近几年外商企业出口增长稳定并且一直高于总体增速。2021年1—4月,全国新设外资企业14 533家,同比增长50.2%,较2019年同期增长11.5%。

三、我国外贸发展战略转型的政策内涵

我国外贸顺差规模过大蕴含了国内经济运行风险,为了我国经济贸易的长远发展,在世界贸易格局正在发生深刻变化的时期,我国对外贸易发展战略也需要进行调整。党的二十大报告提出,推动货物贸易优化升级,创新服务贸易发展机制,发展数字贸易,加快建设贸易强国。加快转变外贸增长方式,提高对外贸易发展的质量和效益,是今后对外贸易发展中的重大课题。

（一） 千方百计扩大出口让位于贸易平衡发展

进入21世纪,我国成为名副其实的贸易大国,对世界和贸易伙伴的影响巨大。在国际市场上,我国不仅纺织、服装等传统劳动密集型产品出口量居世界第一,彩电、手机、计算机等新兴IT(信息技术)产品出口量也居世界第一。在国际贸易统计的5 104种商品中,2008年我国出口第一的商品为774种。但是我国从对外贸易中获得的实际利益与贸易规模并不相符,竞争优势地位与发达国家还有很大差距。我国贸易的不平衡,导致了贸易伙伴的反倾销、贸易限制、WTO争端等各种贸易摩擦。我国已连续12年成为遭受反倾销调查最多的国家。无论是发达国家还是发展中国家都存在"贸易威胁论""资源环境威胁论"等,宣称中国争夺了太多的市场、资金、资源,破坏了环境。我国明显的贸易顺差也加重了人民币升值的压力,增加了国内经济运行风险。

提高对外开放水平,关键是转变外贸增长方式,在战略导向上要向质量效益型转变。在政府层面,就是要支持高附加值、高科技含量的产品出口,从扩大消费品出口向机械设备等资本品出口突破上转变,减少高能耗和高污染性产品出口。在出口管理上,要从根本上制止企业间的恶性竞争,坚决杜绝国内企业因恶性竞争不仅没有占领市场,反而丢掉市场的情况。从出口的效益看,要大幅度减少从企业角度、从局部利益看有利,从全局、从长远看有害的出口,这种出口增加了我国的出口规模,损失的却是实在的利益。无论是一般贸易还是加工贸易,都要避免单纯追求出口规模的现象,要从根本上缓解贸易顺差问题。

（二） 从出口导向转变为进出口结合

在重商主义的贸易思想里,出口对本国经济有利,进口对本国经济不利。我国没有明确实行出口导向的政策,但实际上重出口、轻进口的倾向长期存在。在经济全球化不断加

深的国际背景下,国际市场竞争国内化,国内市场竞争国际化的特点日益突出。特别是我国加入世界贸易组织后,对外开放进一步扩大,进口在对外关系和经济发展中的重要性越发突出。我国对外交往的一个有力砝码就是强劲的进口需求。当前全球市场主要呈现的是供过于求的状态,进口国在国际市场上处于主动地位,具有主动权,出口国处于被动地位,日益增加的进口为我国赢得了有利地位。国民经济发展要求更加重视进口,对进口必须给予同出口一样的重视程度。外贸进口要从传统的调剂余缺模式转变为满足国内产业升级和需求变化的模式,通过大量进口国内急需的先进设备和半成品、原材料支持国内经济的快速增长。特别是我国人均能源、资源拥有量低,安全形势不容乐观,构建多元化、稳定、可靠的境外供应基地已成为当务之急。加强企业、协会、商会的协调机制建设,统一对外谈判,提高议价能力,强化我国在国际能源、资源市场上的话语权,构筑战略性买家优势,保障我国能源、资源安全,已经是对外贸易战略的重要内容。

(三) 从数量扩张转变为品牌战略

我国对外贸易取得了举世瞩目的成就,但总体仍然没有改变数量扩张型的粗放增长方式,我国货物贸易出口的层次较低,发挥着世界加工厂的作用,但是所获得的实际利益十分有限。我国相继提出在扩大出口中实施以质取胜战略和科技兴贸战略,扩大高科技含量产品出口。长期以来,我国货物贸易进出口额的半壁江山来自加工贸易,如 2009 年我国货物贸易进出口额约为 22 072 亿美元,其中加工贸易进出口占 47.6%;2010 年我国货物贸易进出口额约为 29 000 亿美元,其中加工贸易进出口占 48.55%。品牌战略已经成为跨国公司重要的经营策略和竞争战略。企业不断调整产品结构,提高产品的档次和科技含量,也是应对技术壁垒的根本途径。如何提高企业核心竞争力和创立国际品牌已经成为摆在我们面前的一个重要课题。因此,我国要继续深入实施"科技兴贸"和"以质取胜"战略,调整产品结构,加大支持自主核心技术开发力度,提高装备制造业的现代化水平,提高加工制造业产品中自主知识产权的比例,培育这些行业的比较优势和国际竞争力,形成出口优势行业,改善一般贸易的出口产品结构。企业要培育自主品牌,引进、消化国外先进技术,提高营销能力,重点要提升企业和产品的品牌竞争力。实施品牌战略还要鼓励企业走出去,通过对外投资渗透到国际生产分工的各个环节,更直接地参与国际市场竞争,这是培育国际知名品牌的重要途径。

(四) 从单纯的双边贸易转向参加区域性合作

我国对外贸易发展经历了两次飞跃,第一次开始于 1988 年的外贸体制改革,逐步放开外贸经营,更多类型的企业直接参与外贸活动;第二次开始于 20 世纪 90 年代中期,外商投资企业大规模兴起。这两次飞跃激发了我国参与国际贸易的活力,但本质上仍属于双边性的贸易发展。目前经济全球化深入发展,贸易特征已经开始转向区域化发展。2008 年,向 WTO 通报的各种区域贸易安排已有 300 多个,绝大多数 WTO 成员参加了一个或多个区域贸易安排,发达国家通过建立区域组织占据了有利地位,增强了左右市场的力量,发展中国家通过参加区域组织提高了自己参与国际竞争的能力。我国内地建立区域经济合作组织的网络框架已经具备雏形,与港、澳的紧密关系安排逐步深入,与东盟的自由贸易区进入了实施阶段,与巴基斯坦、海合会、南非关税同盟的自贸区谈判进展良好,与新西兰、澳大利亚的自贸区谈判开始涉及实质问题。通过谈判建设自贸区,已经有150多个国家承认我国的市场经济地位,对方承诺不使用特殊保障措施和纺织品限制措施等歧视性条款,改善了我国的对外贸易环境。

(五) 后危机时代的贸易强国战略

改革开放以来,中国的对外贸易战略政策在实践中不断演进,尽管带有明显的时代烙印以及各种不足之处,但对外贸易的跨越式发展取得的辉煌成就仍举世瞩目,为中国经济社会发展和国际地位的提升发挥了重要作用。但早在金融危机爆发前,中国就已经认识到以出口和投资主导的经济发展模式给中国经济带来了国际收支不平衡、投资过热、资源环境压力过大等经济发展难以解决的深层次问题,革新突变的发展思路开始推进。

基于世界经济和中国经济社会发展现状及趋向,中国提出了迈向贸易强国的发展战略,具体内容包括开放型发展、包容性发展、平衡发展和可持续发展四个基本原则。

1. 开放型发展

对外开放成就了中国的世界经济贸易大国地位,继续实行对外开放、进一步提高开放型经济水平,不仅是国民经济和对外贸易发展的需要,还是中国社会主义市场经济制度的必然要求。因此,不断拓展开放的广度和深度,广泛参与国际分工和合作,充分利用国际要素资源,将有助于中国产业结构转型升级,有助于贸易结构的优化,有助于提高"中国制造"的国际竞争力,有助于提升"中国创造"的水平,有助于发挥市场经济在资源配置中的作用。

2. 包容性发展

包容性是联合国千年发展目标中提出的观念之一。在国际贸易领域,包容性发展就是要使国际贸易带来的利益惠及所有贸易伙伴,实现互利共赢,特别是要惠及欠发达国家,要转变经济发展方式,实现经济增长与资源环境的协调和谐发展,使经济增长产生的福利惠及所有人群,尤其是弱势群体。

3. 平衡发展

许多经济矛盾和冲突大都源于发展的不协调和不平衡。要解决这些矛盾与问题,必须把握和处理好发展与平衡的关系,主要包括:外需与内需平衡发展;出口与进口平衡发展;货物贸易与服务贸易平衡发展;对外贸易区域布局平衡发展;双边、多边和区域贸易合作平衡发展。

4. 可持续发展

中国正处在工业化和城镇化加速发展阶段,传统的高消耗、高排放、低效率的粗放型经济增长方式尚未根本转变,导致国家整体资源和环境形势不断恶化,经济发展受到极大的制约,维持经济增长和环境保护之间的平衡面临巨大挑战。尽管中国在扩大出口规模上取得了空前的成功,但贸易发展仍以数量扩张的粗放型增长方式为主,效益不高,竞争力不强,对外部能源、原材料市场依赖不断增加,面临的国际市场价格风险、供应风险越来越大。因此,转变贸易增长方式,大力发展低碳贸易、绿色贸易,建立贸易可持续发展机制,是中国实现贸易强国的必由之路。

四、"一带一路"倡议

"一带一路"是"丝绸之路经济带"和"21世纪海上丝绸之路"的简称,2013年9月和10

月由中国国家主席习近平分别提出建设"新丝绸之路经济带"和"21世纪海上丝绸之路"的合作倡议。它充分依靠中国与有关国家既有的双、多边机制,借助既有的、行之有效的区域合作平台,借用古代丝绸之路的历史符号,高举和平发展的旗帜,积极发展与沿线国家的经济合作伙伴关系,共同打造政治互信、经济融合、文化包容的利益共同体、命运共同体和责任共同体。

(一)"一带一路"倡议提出的时代背景

历史上,陆上丝绸之路和海上丝绸之路就是我国同中亚、东南亚、南亚、西亚、东非、欧洲经贸和文化交流的大通道,"一带一路"是对古丝绸之路的传承和提升,获得了广泛认同。

40多年来,中国改革开放事业取得了巨大成就,同时也存在着缺乏顶层设计、谋子不谋势和不注重改善国际发展环境等问题,迫切需要加强各方面改革开放措施的系统集成。通过融入国际治理和开展国企的跨国产权合作,"一带一路"倡议的实施在有效避免"西方经验"局限、防止治理本身被"短视"市场消解和坚持"四项基本原则"的同时,将为中国经济治理、国家治理、社会治理进一步引入来自治理体系之外的监督主体,创造强有力、更有效的外部监督,从根本上解决治理效率问题。

当今世界正发生复杂深刻的变化,国际金融危机深层次影响继续显现,世界经济缓慢复苏、发展分化,各国面临的发展问题依然严峻。共建"一带一路"顺应世界多极化、经济全球化、文化多样化、社会信息化的潮流,秉持开放的区域合作精神,致力于维护全球自由贸易体系和开放型世界经济,推动沿线各国实现经济政策协调,开展更大范围、更高水平、更深层次的区域合作,共同打造开放、包容、均衡、普惠的区域经济合作架构。

(二)"一带一路"倡议的发展历程

"一带一路"倡议的发展历程如表3-3所示。

表3-3 "一带一路"倡议的发展历程

时　　间	事　　件
2013年9月7日	习近平访问哈萨克斯坦时提出,用创新的合作模式,共同建设"丝绸之路经济带",以点带面,从线到片,逐步形成区域大合作。这是中国领导人首次在国际场合公开提出共同建设"丝绸之路经济带"的构想
2013年10月	习近平在印度尼西亚国会发表演讲时提出,中国致力于加强同东盟国家互联互通建设,倡议筹建亚洲基础设施投资银行,愿同东盟国家发展好海洋合作伙伴关系,共同建设"21世纪海上丝绸之路"
2014年2月	国家主席习近平与俄罗斯总统普京就建设"丝绸之路经济带"和"21世纪海上丝绸之路",以及俄罗斯跨欧亚铁路与"一带一路"的对接达成了共识
2014年11月	习近平在2014年中国APEC(亚太经济合作组织)峰会上宣布,中国将出资400亿美元成立丝路基金,为"一带一路"沿线国家基础设施、资源开发、产业合作和金融合作等与互联互通有关的项目提供投融资支持
2015年3月	国家发改委、外交部和商务部共同发布了《推动共建丝绸之路经济带和21世纪海上丝绸之路的愿景与行动》的文件

续表

时　　间	事　　件
2015 年 11 月	结合"一带一路"合作倡议和《中欧合作 2020 战略规划》,中国同中东欧 16 国共同发表《中国—中东欧国家中期合作规划》,推动"16＋1 合作"提质增效
2016 年 8 月	习近平在推进"一带一路"建设工作座谈会上称,已经有 100 多个国家和国际组织参与其中,我们同 30 多个沿线国家签署了共建"一带一路"合作协议,同 20 多个国家开展国际产能合作,联合国等国际组织也态度积极
2016 年 11 月 13 日	巴基斯坦中资港口瓜达尔港正式开航,意味着中巴经济走廊已经打通,中国在印度洋的战略支点有了生命,"一带一路"建设支点实现突破
2017 年 5 月 14—15 日	"一带一路"国际合作高峰论坛在北京举行
2017 年 6 月	国家发改委、国家海洋局联合发布《"一带一路"建设海上合作设想》,提出除海上既有通道建设外,要"积极推动共建经北冰洋连接欧洲的蓝色经济通道"
2017 年 12 月	在第四届世界互联网大会上,中国、埃及、老挝、沙特、塞尔维亚、泰国、土耳其和阿联酋等国家代表共同发起《"一带一路"数字经济国际合作倡议》,致力于实现互联互通的"数字丝绸之路",打造互利共赢的利益共同体和共同发展繁荣的命运共同体
2018 年 9 月	中非合作论坛北京峰会在北京举行。峰会期间,28 个非洲国家与中国签订了"一带一路"政府间谅解备忘录,非洲共有 37 个国家加入了"一带一路"朋友圈
2019 年 3 月 21—24 日	习近平对意大利进行国事访问,访问期间,中意双方签署政府间关于共同推进"一带一路"建设的谅解备忘录。意大利成为首个加入"一带一路"倡议的七国集团(G7)成员国
2019 年 4 月 25—27 日	第二届"一带一路"国际合作高峰论坛在北京举行

(三)"一带一路"倡议的基本内涵

"一带一路"倡议自提出以来,我国不断拓展合作区域与领域,尝试与探索新的合作模式,使之得以丰富、发展与完善,但其初衷与原则却始终如一。

(1)"一带一路"是开放性、包容性区域合作倡议,而非排他性、封闭性的中国"小圈子"。当今世界是一个开放的世界,开放带来进步,封闭导致落后。中国认为,只有开放才能发现机遇、抓住用好机遇、主动创造机遇,才能实现国家的奋斗目标。"一带一路"倡议就是要把世界的机遇转变为中国的机遇,把中国的机遇转变为世界的机遇。通过加强交通、能源和网络等基础设施的互联互通建设,促进经济要素有序自由流动、资源高效配置和市场深度融合,开展更大范围、更高水平、更深层次的区域合作,打造开放、包容、均衡、普惠的区域经济合作架构,以此来解决经济增长和平衡问题。

(2)"一带一路"是务实合作平台,而非中国的地缘政治工具。习近平总书记在党的二十大报告中指出,"共建'一带一路'成为深受欢迎的国际公共产品和国际合作平台""和平合作、开放包容、互学互鉴、互利共赢"的丝路精神成为人类共有的历史财富,"一带一路"就是秉承这一精神与原则提出的现时代重要倡议。因此,共建"一带一路"对于实现二十大报告所提出的促进我国"形成更大范围、更宽领域、更深层次对外开放格局"具有十分重要的意义。通过加强相关国家间的全方位、多层面交流合作,充分发掘和发挥各国的发展潜力与比较优势,彼此形成了互利共赢的区域利益共同体、命运共同体和责任共同体。在这一机制中,各国是平等的参与者、贡献者、受益者。

(3)"一带一路"是共商共建共享的联动发展倡议,而非中国的对外援助计划。"一带一路"建设是在双边或多边联动基础上通过具体项目加以推进的,是在进行充分政策沟通、战略对接以及市场运作后形成的发展倡议与规划。2017年5月,《"一带一路"国际合作高峰论坛圆桌峰会联合公报》中强调了建设"一带一路"的基本原则,其中就包括市场原则,即充分认识市场作用和企业主体地位,确保政府发挥适当作用,政府采购程序应开放、透明、非歧视(non-discrimination)。可见,"一带一路"建设的核心主体与支撑力量并不在政府,而在企业,根本方法是遵循市场规律,并通过市场化运作模式来实现参与各方的利益诉求,政府在其中发挥构建平台、创立机制、政策引导等指向性、服务性功能。

(4)"一带一路"是和现有机制的对接与互补,而非替代。"一带一路"建设的相关国家要素禀赋各异,比较优势差异明显,互补性很强。我国经济规模居全球第二,外汇储备居全球第一,优势产业越来越多,基础设施建设经验丰富,具备资金、技术、人才、管理等综合优势。这就为中国与其他"一带一路"参与方实现产业对接与优势互补提供了现实需要与重大机遇。因而,"一带一路"的核心内容就是要促进基础设施建设和互联互通,对接各国政策和发展战略,以便深化务实合作,促进协调联动发展,实现共同繁荣。

(5)"一带一路"建设是促进人文交流的桥梁,而非触发文明冲突的引线。"一带一路"跨越不同区域、不同文化、不同宗教信仰,但它带来的不是文明冲突,而是各文明间的交流互鉴。"一带一路"在推进基础设施建设,加强产能合作与发展战略对接的同时,也将"民心相通"作为工作重心之一。通过弘扬丝绸之路精神,开展智力丝绸之路、健康丝绸之路等建设,在科学、教育、文化、卫生、民间交往等各领域广泛开展合作,"一带一路"建设民意基础更为坚实,社会根基更加牢固。

(四)"一带一路"倡议的国际意义

"一带一路"合作范围不断扩大,合作领域更为广阔。它不仅给参与各方带来了实实在在的合作红利,也为世界贡献了应对挑战、创造机遇、强化信心的智慧与力量。

(1)"一带一路"为全球治理提供了新的路径与方向。当今世界,挑战频发,风险日益增多。作为一个新兴大国,中国有能力、有意愿同时也有责任为完善全球治理体系贡献智慧与力量,而"一带一路"正是朝着这个目标努力的具体实践。"一带一路"强调各国的平等参与、包容普惠,主张携手应对世界经济面临的挑战,开创发展新机遇,谋求发展新动力,拓展发展新空间,共同朝着人类命运共同体方向迈进。

(2)"一带一路"为新时期世界走向共赢带来了中国方案。不同性质、不同发展阶段的国家,其具体的诉求与优先方向不尽相同,但各国都希望获得发展与繁荣,如何将一国的发展规划与他国的战略设计相对接,实现优势互补便成为各国实现双赢多赢的重要前提。"一带一路"正是在各国寻求发展机遇的需求之下,同时尊重各自发展道路选择基础之上所形成的合作平台。

(3)"一带一路"为全球均衡可持续发展增添了新动力,提供了新平台。"一带一路"涵盖了发展中国家与发达国家,实现了"南南合作"与"南北合作"的统一,有助于推动全球均衡可持续发展。"一带一路"以基础设施建设为着眼点,促进经济要素有序自由流动,推动中国与相关国家的宏观政策协调。对于参与"一带一路"建设的发展中国家来说，这是一次搭中国经济发展"快车""便车"，实现自身工业化、现代化的历史性机遇，能有力地推动"南南合作"的广泛展开，同时也有助于增进南北对话，促进南北合作的深度发展。

（五）"一带一路"战略支点——瓜达尔港

巴基斯坦是"一带一路"建设的战略支点国家之一，"中巴经济走廊"更是"一带一路"倡议实施的里程碑项目。位于中巴经济走廊最南端的瓜达尔港，在中巴经济走廊建设全局中具有特殊重要地位。2016 年 11 月 13 日，巴基斯坦中资港口瓜达尔港正式开航，这意味着中巴经济走廊已经打通，意味着中国在印度洋的战略支点有了生命，意味着"一带一路"建设支点的突破，也意味着巴基斯坦经济将获得更多动力。

瓜达尔港的地理位置具有重要战略意义。它位于巴基斯坦西南俾路兹斯坦省瓜达尔市，毗邻巴基斯坦和伊朗边界，南临印度洋、西望阿拉伯海与红海，靠近霍尔木兹海峡——全球石油供应的主要通道。

瓜达尔港正式开航意义非凡，将彻底改变世界地缘战略格局，助力中国突破马六甲海峡的钳制，带动"一带一路"沿线经济的发展。一方面，中国的能源特别是石油，主要来自中东，从中东运往中国就必须穿过马六甲海峡，也就是说，马六甲海峡直接扼住了中国经济发展的能源大动脉与咽喉。而瓜达尔港就是中国打开马六甲海峡钳制的战略性突围点，是解开中国被美国封锁在太平洋西岸岛链之困的一把钥匙。瓜达尔港处于波斯湾的咽喉附近，紧扼从非洲、欧洲经红海、霍尔木兹海峡、波斯湾通往东亚、太平洋地区数条海上重要航线的咽喉。通过这一港口，能有效增加中国能源的进口路径——可以避开传统咽喉马六甲海峡和存在主权纠纷的南中国海，把中东石油直接运抵中国西南腹地，同时也能降低对正在建设中的中缅油气管道的依赖。另一方面，"中巴经济走廊"起点在喀什，终点在巴基斯坦瓜达尔港，带动了沿线一大批能源、电力、公路、铁路等基建重大项目，中巴商贸、物流、教育等方面迎来良好的合作机遇，实现双赢。瓜达尔港的通航将促使瓜达尔成为世界上繁忙的物流中转地，推动巴基斯坦经济发展。同时，中国将疏通一条通向印度洋的西部出海口，推动喀什成为中国西部的世界级的物流中心、金融中心、贸易中心，形成以喀什为中心的中心城市圈。

扩展资料

扩展资料

本章小结与思考题

试一试

第四章

国际贸易措施

教学目的和要求

　　向学生介绍关税的种类、关税税则的定义及分类、主要非关税壁垒的种类与含义，让学生理解关税措施与非关税措施的经济效应，理解为什么越来越多的国家偏向于采取非关税壁垒限制国外产品流入本国市场，了解鼓励和促进出口的经济措施。

关键概念

关税	进口关税	海关税则	非关税壁垒
进口配额	进口许可证制	政府采购	鼓励进口措施
国家专营	自由贸易区	负面清单	

章首案例　2018 年美国制裁中兴事件

　　2018 年 4 月 16 日晚,美国商务部发布公告称,美国政府在未来 7 年内禁止中兴通讯向美国企业购买敏感产品。

　　2018 年 4 月 19 日,针对中兴通讯被美国"封杀"的问题,商务部表示,中方密切关注进展,随时准备采取必要措施,维护中国企业合法权益。

　　2018 年 4 月 20 日,中兴通讯发布关于美国商务部激活拒绝令的声明,称在相关调查结束之前,美国商务部工业与安全局执意对公司施以最严厉的制裁,对中兴通讯极不公平,"不能接受!"

　　2018 年 5 月,中兴通讯公告称,受拒绝令影响,公司主要经营活动已无法进行。美国当地时间 5 月 13 日 11 点左右,特朗普发布推文:"我和习主席正携手合作,为中国的通信巨头中兴通讯提供一条快速重返经营正轨的道路。中兴通讯受制裁使得太多的工作岗位在中国流失了。我已经指示美国商务部尽快完成手续。"5 月 22 日,美国将取消中兴通讯销售禁令,根据讨论的协议维持其业务。上述消息人士还称,中兴通讯将被要求大规模调整管理层和董事会。

　　2018 年 6 月 7 日,美国商务部部长罗斯接受采访时表示,美国政府与中兴通讯已经达成协议,只要后者再次缴纳 10 亿美元罚金,并改组董事会,即可解除相关禁令。6 月 19 日,根据纽约时报报道,美国参议院以 85/10 的投票结果通过恢复中兴通讯销售禁令法案。

　　2018 年 7 月 2 日,美国商务部发布公告,暂时、部分解除对中兴通讯公司的出口禁售令。

第一节　关　税　措　施

国际贸易措施是指世界各国和地区对外进行商品、服务和技术交换活动时所采取的政策。当今世界,国际贸易中仍然普遍存在着贸易壁垒。贸易壁垒通常包括关税壁垒和非关税壁垒。使用关税被认为是为了保护国内的就业、收入,增强国内产品在国际市场上的竞争力,保护国内工业。关税是贯彻一国贸易政策的基本措施。征收关税会造成各个国家及利益集团经济利益的变化。

关税是进出口商品通过一国关境时,由该国政府设置的海关对进出口商品所征收的一种税。关境或称关税领域,是海关征收关税的领域,也是海关所管辖并执行海关各项有关法令和规章的区域。

一、关税的特点和作用

(一) 关税的特点

关税是国家税收的一种。关税同其他税收一样,具有强制性、无偿性和预定性。除此之外,关税还有以下三个主要特点。

1. 关税是一种间接税

关税的纳税人虽然是进出口企业,但是进出口企业可用提高货价的方法,将关税负担转嫁到消费者身上,因此它是一种间接税。

2. 关税的税收主体和客体

关税的税收主体(纳税人)是本国进出口商。关税的税收客体(课税对象)是进出口的商品。

3. 关税的征收机构是海关

海关是设在关境上的国家行政管理机构,负责贯彻执行本国有关进出口的政策、法令和规章。其主要职能包括征收关税、查禁走私、对进出口货物实行监管、进行海关统计等。

(二) 关税的作用

关税具有以下几个作用。

1. 增加政府收入

征收关税可以增加国家的财政收入,这对某些发展中国家特别重要。

2. 保护国内市场

出于保护目的征收的关税可削弱国外产品的竞争力,起到保护本国产品市场占有率的作用。

3. 保护本国幼稚工业

征收关税对本国正在发展的工业起到保护作用。

4．调节产业结构

通过不同的关税结构，可以促进产业结构升级。

5．调节进出口贸易平衡

当一国贸易顺差增大时，可调低关税，从而减少顺差；相反，当一国贸易逆差过大时，可调高关税。

二、关税的种类

（一）按照征收的对象和商品流向分类

按照征收的对象和商品流向不同，关税可分为进口关税、出口税（export duties）和过境税（transit duties）。

1．进口关税

进口关税是指进口国家的海关在外国商品输入本国时，根据海关税则（customs tariff）对本国进口商所征收的关税。它包括以下几种。

1）普通进口关税

普通进口关税是指对原产于与进口国未订有关税互惠协议的国家或者地区的进口货物，按照普通税率征收的关税。普通进口关税税率一般都比较高。

2）优惠进口关税

优惠进口关税是指对原产于与进口国订有关税互惠协议的国家或者地区的进口货物，按照优惠税率征收的关税。优惠进口关税税率一般都比较低。优惠进口关税包括最惠国税、普惠关税和特惠关税。

（1）最惠国税。最惠国税适用于从与进口国订有关税最惠国待遇条款的贸易协定的国家或者地区所进口的货物。

（2）普惠关税。普惠关税是发达国家给予发展中国家制成品和半制成品的一种普遍的、非歧视的、非互惠的关税优惠。所谓"普遍的"，是指所有发达国家对所有发展中国家出口的制成品、半制成品给予普遍的优惠待遇；所谓"非歧视的"，是指应使所有发展中国家都不受歧视、无一例外地享受普惠制待遇；所谓"非互惠的"，是指普惠制不是对等的关税优惠，而是发达国家单方面给予发展中国家的同等关税优惠。

（3）特惠关税。特惠关税是指对从某个国家或地区进口的全部商品或部分商品，给予特别优惠的低关税、减免税待遇；其他国家和地区不享受这种优惠待遇。特惠关税有的是互惠的，有的是非互惠的。

3）特别关税

任何国家或地区对其进口中原产于某国或地区的货物征收歧视性关税，其目的在于报复那些国家或地区对该国出口货物的歧视。该国海关可对原产于那些国家或地区的进口货物征收特别关税。特别关税的征收对象、税率和起征、停征时间由该国政府决定，并公布实施。例如，在我国，特别关税手段由国务院关税税则委员会决定。

4）进口附加税

进口附加税是指进口国家对商品除征收一般的进口税之外，还根据某种特定的目的再征收的关税。进口附加税是一种限制进口的临时性措施。其主要目的是应付国际收支危机,维持进出口平衡;防止外国商品倾销(products dumping);对某个国家实行歧视或报复;等等。进口附加税最常见的有反补贴税、反倾销税和差价税。

(1)反补贴税。反补贴税又称抵消税,是对在生产加工、运输及出口过程中,直接或间接地接受过任何奖金或补贴的进口商品所征收的一种进口附加税。这种奖金或补贴的提供者可以是政府、垄断组织或同业工会。反补贴税的税额一般是按奖金或补贴数额征收,其目的在于提高进口商品的价格,抵消其所享受的补贴金额,削弱其竞争能力,使它不能在进口国的市场上进行低价竞争和倾销(dumping)。

(2)反倾销税。反倾销税是指对实行倾销的进口货物所征收的一种临时性进口附加税。其目的是抵制外国商品倾销,保护本国产业和国内市场,或借"反倾销"调查的名义,故意拖延时间,阻止进口商品的合理贸易。倾销是指一国或地区将本国产品以低于正常价格的方法挤入另一国境内,并因此对该国领土内已建立的某种工业造成重大损害或产生重大威胁,或者对该国国内工业的新建造成严重阻碍。正常价格是指相同商品在出口国用于国内消费时在正常情况下的可比价格,如果没有这种国内价格,则是相同产品在正常贸易情况下向第三国出口的最高可比价格,或产品在原产国的生产成本加合理的推销费用和利润。反倾销是指进口国在遭受倾销损害时,为了抵消或防止倾销,对倾销的产品征收数量不超过这一产品的倾销差额的反倾销税。倾销差额,是指按照相关规则确定的倾销价格与产品正常价格之间的价格差额。当倾销行为停止时,反倾销税的征收也应停止。

(3)差价税。差价税又称差额税,是指当某种外国进口商品的售价低于国内商品,两者之间的价格出现差额时,海关在征收正常进口关税之外,又按此差额对进口商品加征的一种进口附加税。其目的是抵消进口商品在价格竞争方面的优势,限制其进口,从而保护国内生产和国内市场。差价税随着国内外商品价格差额的变动而变动。

2. 出口税

出口税是指出口国的海关对本国输往国外的商品所征收的一种关税。目前大多数国家对大多数产品不征收出口税。以增加财政收入为目的的出口税,其税率一般不高,而以保护本国下游产业加工为目的的出口税,通常是对于出口的原料征税。

中国政府决定自2005年1月1日起对部分纺织品采取从量征税方式加征出口关税,以确保纺织品一体化的平稳过渡。消息一出,美国与欧盟就发表声明,欢迎中国政府对出口纺织品"主动设限"。

[案例4-1] 马来西亚的出口税政策

2016年3月,马来西亚政府发布的公报显示,2016年4月的毛棕榈油出口关税将提高到5%,从而结束了2015年5月以来实施的零关税政策。

马来西亚是全球仅次于印尼的第二大棕榈油生产国。马来西亚通常每月审核毛棕榈油参考价格,决定毛棕榈油出口关税。当毛棕榈油价格高于2 250令吉(563美元)时,政府将会开征出口关税。马来西亚政府调高出口关税能制约棕榈油出口。吉隆坡贸易商指出,大型种植园企业将赶在4月之前出口毛棕榈油,这可能扩大本月的棕榈油出口规模。在出口关税实施之后,毛棕榈油出口将会放慢,种植园主受到的冲击将最为显著,一直大量出口毛棕榈油的大型贸易公司将处于劣势。但是对于国内精炼商来说,征收毛棕榈油出口关税是个好消息,因为这有助于将更多的棕榈油供应留在国内,从而对国内棕榈油价格构成压力,改善下游行业利润。马来西亚没有对精炼棕榈油产品征收出口关税。

3. 过境税

过境税又称通过税,是一国对于通过其关境的外国货物所征收的关税。目前,友好国家之间一般不再征收过境税,世界贸易组织也明文规定成员方之间不应征收过境税。因此大多数国家都仅仅在外国商品通过其领土时征收少量的准许费、印花费、登记费和统计费等。

(二) 按照征税的目的分类

按照征税的目的不同,关税可分为财政关税和保护关税。

1. 财政关税

财政关税是指以增加国家财政收入为主要目的而征收的关税。其特点是税率适中,以保证收益的最大化。

2. 保护关税

保护关税是指以保护本国市场为主要目的而征收的关税。其特点是保护程度随税率提高而提高,最终可以达到完全禁止进口的程度,成为禁止性关税。

(三) 按照征收标准分类

按照征收标准不同,关税可分为从量税、从价税、复合税和选择税。

1. 从量税

从量税是以商品的重量、数量、容量、长度和面积等计量单位为标准计征的关税,其特点有以下两个方面。

(1) 手续简便,无须审定货物的规格、品质、价格,便于计算。

(2) 对廉价的进口货品抑制作用比较大,因单位税额固定,对质量次、价格低的低档商品与高档商品征收同样的进口关税,对低档商品进口不利。当国内价格降低时,因税额固定,税负相对增大,不利于进口,保护作用加强。因此,有的国家使用从量税,尤其广泛使用于食品、饮料和动植物油的进口方面。美国约有 33％税目栏是适用从量关税的;挪威从量关税也占 28％。

2. 从价税

从价税是以商品的价格为标准计征的关税。其特点有以下几个方面。

(1) 从价税的征收比较简单,对于同种商品,可以不必因品质的不同再详细分类。

(2) 税率明确,便于比较各国税率。

(3) 税收负担较为公平,因从价税税额随商品价格与品质的高低而增减,较符合税收的公平原则。

(4) 在税率不变时,税额随商品价格上涨而增加,既可增加财政收入,又可起到保护关税的作用。

从价税虽已被世界各国广泛采用,但在征收从价税时,关键是要明确商品的完税价格,即经海关审定的作为计征关税依据的商品价格。各国有不同的海关估价,用以确定完税价格。

3. 复合税

复合税又称混合税,是对商品同时订立和征收从量税与从价税。混合税可分为两种: 一种是以从量税为主,加征从价税;另一种是以从价税为主,加征从量税。

4. 选择税

选择税是对于一种进口商品同时规定从量税和从价税,征收时由海关选择征其中一种税,作为该商品的应征关税税额。海关一般选择税额较高的一种征收。在物价上涨时使用从价税,物价下跌时使用从量税。有的为了鼓励某种商品的进口,或给某个国家以优惠待遇,也会选择税额较低的一种关税。

三、海关税则

海关税则又称关税税则,是一国对进出口商品计征关税的规章和对进出口的应税与免税商品加以系统分类的一览表,海关凭此征收关税,是关税政策的具体体现。

海关税则一般包括两个部分:一部分是海关征税规章,另一部分是关税税率表。关税税率表主要包括三个部分:税则号列(tariff item),简称税号;货物分类目录(description of goods);税率。

海关税则按税率和制定者不同进行分类。

(一) 按照税率有无区别分类

按照税率有无区别,海关税则可分为单式税则(single tariff)和复式税则(complex tariff)。

1. 单式税则

单式税则又称一栏税则。这种税则,一个税目只有一个税率,适用于来自任何国家的商品,没有差别待遇。在资本主义自由竞争时期,各国都实行单式税则。到垄断资本主义时期,很多国家为了在关税上实行差别与歧视待遇,或争取关税上的互惠,都改单式税则为复式税则。现在只有少数发展中国家,如委内瑞拉、巴拿马、冈比亚等,仍实行单式税则。

2. 复式税则

复式税则又称多栏税则。这种税则,一个税目有两个或两个以上的税率。其对来自不同国家的进口商品,适用不同的税率,以实行差别待遇和贸易歧视政策。现在绝大多数国家都采用这种税则。这种税则可分为两栏、三栏、四栏不等。

(二) 按照制定者的权限分类

按照制定者的权限不同,海关税则可分为自主税则(autonomous tariff)和协定税则(conventional tariff)。

1. 自主税则

自主税则又称国定税则,是指一国立法机构根据关税自主原则单独制定而不受对外签订的贸易条约或协定约束的一种税率。

自主税则可分为自主单式税则和自主复式税则。前者为一国对一种商品自主地制定一个税率,这个税率适用于来自任何国家或地区的同一种商品;后者为一国对一种商品自主地制定两个或两个以上的税率,分别适用于来自不同国家或地区的同一种商品。自主复式税则又可分为最高税则和最低税则,前者适用于来自未与该国签订贸易条约或协定的国家或地区的商品,后者适用于来自与该国签订了贸易条约或协定的国家或地区的商品。

2. 协定税则

协定税则是指一国与其他国家或地区通过贸易与关税谈判,以贸易条约或协定的方式确定的关税税率。这种税则是在本国原有的国定税则以外,另行规定的一种税率。它是两国关税减让谈判的结果,因此要比国定税率低。某些协定税率不仅适用于该条约或协定的签字国,也适用于享有最惠国待遇的国家,对于没有减让关税的商品或不能享受最惠国待遇的国家的商品,仍采用自主税则,这样形成的复式税则,叫作自主—协定税则或国定—协定税则。

第二节　非关税措施

第二次世界大战后,在 GATT 的推动下,经过 8 轮多边谈判,缔约方的平均关税水平有了较大的降低,因而关税的保护作用越来越弱。目前,关税已经不再成为国际贸易中的主要阻碍。然而 20 世纪 70 年代以来,随着贸易保护主义的日益加强,非关税壁垒层出不穷,已成为自由贸易的重要障碍。同关税壁垒相比较,非关税壁垒透明度(transparency)不高、种类繁多,对国际贸易的影响作用更大,是限制外国产品进入本国市场的软措施,而且随着国际贸易的发展,非关税壁垒有不断加强的趋势。

一、非关税壁垒概述

(一) 非关税壁垒的含义

非关税壁垒,是指除关税措施以外的一切限制进口的措施。关税是限制进口的最基本手段,但第二次世界大战以后,尤其是 20 世纪 60 年代后期以来,在 GATT 的推动下,进行了 8 个回合的多边谈判,关税总水平大幅度下降,因而关税的保护作用越来越弱,这使得发达资本主义国家寻求其他贸易保护措施,所以非关税壁垒的运用越来越广泛。非关税壁垒从 20 世纪 60 年代末的 850 多种,增加到 20 世纪末的 3 000 多种,并且仍有增加的趋势。

(二) 非关税壁垒的特点

与关税壁垒相比,非关税壁垒有如下特点。

1. 灵活性和时效性

一般来说,各国关税税率的制定与调整必须经过严格的法律程序。这种法律程序往往迂回迟缓,在需要紧急限制进口时,"远水解不了近渴"。此外,如果是 WTO 成员方,调整进口税率还要受到世界多边贸易体制的约束。各国在制定和实施非关税措施时,通常采用行政程序就够了。非关税措施不仅出台迅速、程序简单,而且可以随时调整,在限制进口方面显示出更大的灵活性和时效性。

2. 隐蔽性和歧视性

关税税率经法律程序确定后，往往要以法律的形式公之于众，并依法执行。但是，一些非关税壁垒往往不公开，或规定极为烦琐、复杂的标准，使出口商难以适应。此外，一些国家经常针对某个国家实施某种非关税措施，结果大大加强了非关税壁垒的差别性和歧视性。

3. 限制进口的有效性

关税的实施旨在提高进口商品的国内价格，它对商品进口的限制是相对的，如果出口国家采用出口补贴或商品倾销等手段来应对，关税有可能无法达到预期效果。有些非关税壁垒对进口的限制则是绝对的，如进口许可证、进口配额制等，出口商无论如何都无法绕过这种壁垒。

二、非关税壁垒的种类

(一) 进口配额

进口配额又称进口限额，是指一国政府在一定时期（如一年或半年或一季度）内，对某种商品的进口数量或金额加以直接限制。在规定的时限及配额以内的货物可以进口，超过配额不准进口，或者征收较高关税后才能进口。进口配额有绝对配额（absolute quota）和关税配额两种方式。

1. 绝对配额

绝对配额是指在一定时期内，对某些商品的进口数量或金额规定一个限额，达到这个限额后，便不准进口。这种配额在实施中又分为全球配额（global quota）和国别配额（country quota）两种。

1）全球配额

全球配额属于世界范围内的配额，对于来自任何国家或地区的商品一律适用。主管当局通常根据进口商的申请先后或过去某一时期的实际进口额批给一定的额度，直到总配额发放完为止，超过总配额就不准进口。由于全球配额不限定进口国别或地区，进口商取得配额后可以从任何国家或地区进口。这样，邻近国家或地区因地理位置接近，交通便利，到货迅速而占了先机，而较远的国家就处于不利地位。因此，在配额的分配和利用上，难以贯彻国别和地区政策，所以很多国家转而采用国别配额。

2）国别配额

国别配额是指政府规定一定时期内的总配额，在总配额内按国别和地区分配给固定的配额。为了区别来自不同国家和地区的商品，进口商在进口商品时必须提交原产地证明书。实行国别配额可以使进口国根据它与有关国家和地区的政治、经济关系分配不同的额度。一般来说，国别配额可以分为自主配额（autonomous quota）和协议配额（agreement quota）。

（1）自主配额。自主配额又称单方面配额，是由进口国自主地、单方面制定在一定时期内从某个国家或地区进口某种商品的配额，而不需要征得出口商的同意。自主配额的确定一般参照某国过去一定时期内的出口实绩，按一定比例确定新的进口数量或金额。由于各国或地区占比重不同，所得到的配额有差异，所以进口国可以利用这种配额贯彻国别政策。但自主配额由进口国自行制定,往往带有不公正性和歧视性,容易引起某些出口国家或地区的不满或报复。因此,很多国家都采用协议配额,以缓和彼此之间的矛盾。

(2)协议配额。协议配额又称双边配额,是由进口国和出口国政府或民间团体达成的,一般需要在进口商或出口商中进行分配,如果是双边民间团体达成的,应事先获得政府许可,方可执行。协议配额是由双方协商确定的,通常不会引起出口方的不满与报复,并可使出口国对配额的实行有所谅解与配合,比较容易执行。

2.关税配额

关税配额是指对进口商品的绝对数额不加限制,而对一定时期内规定配额以内的进口商品给予低税、减税或免税待遇,对超过配额的进口商品则征收较高的关税或附加税。

关税配额与绝对配额的区别在于,关税配额在超过配额后仍可进口,但需征收较高的关税;而绝对配额是规定一个最高进口额度,超过后一律不准进口。因此,关税配额是一种把关税和进口配额结合在一起的限制进口措施。关税配额按其征收关税的优惠性质,可以分为优惠性关税配额和非优惠性关税配额。前者是对关税配额内的进口商品给予较大幅度的关税减让,甚至免税,而对超过配额的进口商品就征收原来的最惠国税;后者是对关税配额内的进口商品征收原来正常的进口税,对超过配额的进口商品就征收较高的附加税或罚款。

(二)"自动"出口配额制

"自动"出口配额制(voluntary export quota),又称"自动"限制出口,是指出口国家或地区在进口国的要求和压力下,自己规定在某一时期内(一般为3～5年),某些商品对该国的出口限额。在限定的配额内自动控制出口,超过配额即禁止出口。"自动"出口配额制并非出于出口国的自愿,事实上,进口国往往以某种商品大量进口使相关工业部门受到严重损害,或造成所谓的"市场混乱"为由,要求出口国"自动"限制出口数量,否则,就采取报复性的贸易措施。因此,"自动"出口配额制带有明显的强制性。"自动"出口配额制主要有以下两种形式。

1. 协定的"自动"出口配额

协定的"自动"出口配额,是指进出口双方通过谈判签订"自动协议"(self-restriction agreement)或"有秩序销售协议"(orderly marketing agreement),规定在一定时期内某些商品的出口配额,出口国应根据此配额实行出口许可证或出口配额签证制(export visa),自行限制这些商品的出口,进口国则通过海关进行统计核查。

2. 非协定的"自动"出口配额

非协定的"自动"出口配额,是指出口国由于来自进口国的压力,自行单方面规定出口配额以限制商品出口。这种类型的配额有的是由政府有关机构规定并定期公布配额,出口商向政府有关机构申请配额,领取出口授权书或出口许可证后出口;有的是由出口厂商或协会"自动"控制出口。

"自动"出口配额制是20世纪50年代产生的,由于其可以避开GATT的规则,因而被西方发达国家广泛采用。以1989年为例,当年"自动"出口配额安排多达286种,其中欧共体实行"自动"出口配额最多,其次是美国,再次是欧洲自由贸易协定国。"自动"出口配额制涉及多种产品,其中纺织品、钢铁和农产品受到的影响最大。

(三) 进口许可证制

进口许可证制是指进口国规定某些商品的进口必须事先申领进口许可证,否则一律不准进口。它是进口国管理贸易和控制进口的重要手段。对进口许可证可做以下分类。

1. 按照进口许可证与配额的关系分类

按照进口许可证与配额的关系,进口许可证可分为有定额的进口许可证和无定额的进口许可证。

1) 有定额的进口许可证

有定额的进口许可证是指进口国预先规定有关商品的进口配额,然后在配额的限度内,根据进口商的申请,对每笔进口货物发给一定数量或金额的进口许可证,配额用完即停止发放。一般来说,进口许可证是由进口国有关当局向提出申请的进口商发放的,但也有将这种权限交给出口国自行分配使用的。

2) 无定额的进口许可证

无定额的进口许可证是指进口国预先不公布进口配额,只是在个别考虑的基础上发放有关商品的进口许可证。因为它是个别考虑的,没有公开的标准,发放权完全由进口国主管部门掌握,因此更具有隐蔽性,起到更大的限制进口的作用。

2. 按照进口商品的许可程度分类

按照进口商品的许可程度,进口许可证可分为公开一般许可证和特种进口许可证。

1) 公开一般许可证

公开一般许可证又称公开进口许可证、一般进口许可证或自动进口许可证。它对进口国别或地区没有限制,凡是列明属于公开一般许可证管理的商品,只要填写公开一般许可证后,即可获准进口。因此,这类商品实际上是"自动进口"的商品,它的目的不在于限制进口,而在于管理进口。

2) 特种进口许可证

特种进口许可证又称自动进口许可证。属于特种进口许可证管理的商品进口必须向有关当局提出申请,经过逐笔审批后才能进口。这种许可证往往都规定商品的国别或地区。

(四) 最低限价和禁止进口

最低限价(minimum price)就是一国政府规定某种进口商品的最低价格,如果进口商品低于规定的最低价格,则征收进口附加税或禁止进口。例如,2010 年 4 月,我国商务部发布对美国肉鸡产品反补贴调查的初裁公告,称原产于美国的进口白羽肉鸡产品存在补贴,中国国内白羽肉鸡产业受到了实质损害,而且补贴与实质损害之间存在因果关系。公告宣布,自 4 月 30 日起,对原产于美国的进口白羽肉鸡产品征收 31.4% 的进口附加税,以反击美国对鸡农提供饲料等补贴。采用这种政策,一国可以有效地抵制低价商品的进口或以此削弱进口商品的竞争力,保护本国产业。

禁止进口是限制进口的一种极端措施。当一国政府认为一般的限价已不足以解决国内市场受冲击的困难时,就会颁布法令,公开禁止某些商品进口。但这种措施很容易引起对方国家的报复,引发贸易战,最终对双方都无好处,因此不宜贸然采用。

(五) 海关估价制

海关估价制(customs valuation system)本来是海关为了征收关税而确定进口商品价格的制度。但在实践中,有些国家根据某些特殊的规定,提高进口商品的海关估价,从而增加进口商品的关税负担,阻碍商品的进口,这就使海关估价成为专断的海关估价制度。

专断的海关估价制度的实行以美国最为典型。美国海关长期按照进口商品的国外价格(出口国国内销售市场的批发价格)或出口价格(出口国市场供出口的价格)两者之间较高的一种进行征税,对某些与本国商品竞争激烈的进口商品(如煤油产品、胶底鞋类、毛手套等)则按"美国销价制"(American selling price system)征收关税。这些商品都是在美国销价很高的商品。采用这种估价制度,无疑人为地增加了进口商品的关税负担。由于受到其他国家的强烈反对,美国于1981年废除了这种估价制度。为了消除各国海关估价制度的巨大差异,并减少其作为非关税壁垒的消极影响,GATT于"东京回合"达成了《海关估价协议》,形成了一套统一的海关估价制度。

(六) 进出口的国家垄断

进出口的国家垄断,又称为国营贸易,是指在对外贸易中,某些商品的进出口由国家直接经营或把某些商品的进出口专营权给予某个垄断组织。各国垄断的进出口商品主要有四大类:第一类是烟酒。政府可以从烟酒的进出口垄断中取得巨大的财政收入。第二类是农产品。农产品的对外垄断销售,一般是发达国家国内农业政策措施的一部分,这在欧美国家尤为突出。第三类是石油。石油关系到一国的经济命脉,因此,主要的石油出口国和进口国都设立了国营石油公司,对石油贸易进行垄断经营。第四类是武器。武器不但关系到国家安全,而且关系到世界和平,因此武器贸易多数由国家垄断经营。

(七) 歧视性政府采购政策

歧视性政府采购政策(discriminatory government procurement policy)是指国家制定法令,规定政府机构在采购商品时必须优先购买本国的产品。这种政策实际上是歧视外国产品,起到限制进口的作用。很多国家都有类似的制度,有的国家虽然没有明文规定,但优先采购本国产品已经成了惯例。例如,美国从1933年开始实行,并于1954年和1962年两次修改的《购买美国货法案》,规定凡是美国联邦政府所要采购的货物,应该是美国制造的或是以美国原料制造的。其开始规定凡商品的成本有50%以上是在国外产生的就称为外国货,后来又进行修改,规定在美国自己生产数量不够或国内价格太高或不买外国货就会损害美国利益的情况下,才可以购买外国货。美国虽然规定优先采购美国商品的价格高于国际市场价格6%~12%,但美国国防部和财政部经常采购比外国货贵50%的美国货。《购买美国货法案》直到"东京回合",美国签订了《政府采购协议》后才废除。

课堂讨论 4-1: 为什么政府对外贸权和进口产品分销权的控制被认为是一种非关税壁垒?

(八) 外汇管制

外汇管制是指一国政府通过法令对国际结算和外汇买卖实行限制,以平衡国际收支和维持本国货币汇价的一种制度。外汇管理与对外贸易有着密切的关系,出口必然要收进外汇,进口必然要支付外汇,因此,如果有目的地对外汇进行管理,就可以直接或间接地限制进出口。实行外汇管制的国家一般规定出口商必须将其出口所得外汇收入按官方汇率(official exchange rate)结售给外汇管理机构,进口商也必须通过外汇管理机构按官方汇率申请购买外汇。这样,政府就可以通过官方汇率、集中外汇收入、控制外汇支出、实行外汇分配等办法来控制进口商品的数量、品种和国别。

外汇管制的方式可分为数量性外汇管制、成本性外汇管制和混合性外汇管制。

1. 数量性外汇管制

数量性外汇管制是指国家外汇管理机构对外汇买卖的数量进行直接限制和分配,主要目的在于集中外汇收入,控制外汇支出。有些国家实行数量性外汇管制时,还规定进口商必须获得进口许可证后才能得到所需的外汇。

2. 成本性外汇管制

成本性外汇管制是指国家外汇管理机构对外汇买卖实行复汇率制(system of multiple exchange rates),利用外汇买卖成本的差价,间接影响不同商品的进出口。所谓复汇率制,是指一国货币对外有两个或两个以上汇率,分别适用于不同的进出口商品,主要目的是通过汇率的差别达到限制或鼓励某些商品进出口的目的。

3. 混合性外汇管制

混合性外汇管制是指同时采用数量性外汇管制和成本性外汇管制,对外汇实行更为严格的控制。

(九) 进口押金制

进口押金制(advanced deposit),又称进口存款制,是指进口商在进口商品时,必须预先按进口金额的一定比例和规定的时间,在指定的银行无息存入一笔现金的制度。这种制度增加了进口商的资金负担,影响了资金的周转,从而起到了限制进口的作用。例如,意大利政府从 1974 年 5 月到 1975 年 3 月曾对 400 多种进口商品实行进口押金制。凡进口规定中的商品时,进口商必须预先向中央银行交纳相当于进口货款一半的现金,无息冻结半年。据估计,这项措施相当于征收 5% 的进口附加税。

(十) 国内税

国内税是指一国对本国境内生产、销售、使用或消费的商品所征收的各种捐税,一些国家往往采用国内课税制度来直接或间接限制进口。通过征收国内税,对国内外商品实行不同的征税方法和税率,增加进口商品的纳税负担,削弱其与国内产品竞争的能力,从而达到限制进口的目的。国内税是一种比关税更加灵活和易于伪装的措施,因为国内税的制定和执行完全属于一国政府,有时甚至是地方政府的权限,通常不受贸易条约和协定的约束。

(十一) 技术性贸易壁垒

技术性贸易壁垒是指一国通过颁布法律、法令、条例和规定,建立技术法规、技术标准、合格评定程序和其他技术性壁垒等方式,对进口商品所制定的复杂、苛刻的技术标准、卫生检疫规定及商品包装和标签规定等,这些规定往往以维护生产、消费安全和人民健康以及保护环境等为理由制定。有些规定非常复杂,而且经常变化,使外国产品难以适应,从而起到限制进口的作用。

1. 技术标准

发达国家普遍对制成品的进口规定极为严格、烦琐的技术标准,而且涉及的范围越来越广,进口商品必须符合这些标准才能进口。例如,德国禁止在国内使用车门从前往后开的汽车,而这种汽车恰好是意大利菲亚特 500 型汽车的式样,这样就有效地阻止了意大利汽车的进口。有些技术标准不仅在条文本身上限制商品进口,而且在实施过程中也为外国产品的销售设置了重重障碍。例如,日本曾经规定,英国输往日本的小汽车运到日本后,必须由日本人进行检验,如不合规定,则要英方日本雇员进行检修,这样就费时费工。加上日本有关技术标准公布迟缓,使英国汽车输往日本更加困难。

2. 卫生检疫规定

卫生检疫规定主要适用于农副产品、食品、药品、化妆品等。现在各国要求检疫的商品越来越多,规定也越来越严。例如,美国规定,进口的食品、饮料、药品及化妆品,必须符合美国《联邦食品、药品及化妆品法》的规定,进口货物通关时,均须经食品药品监督管理局(FDA)检验,如发现与规定不符,海关将予以扣留,有权进行销毁,或按规定日期装运再出口。

3. 商品包装和标签规定

很多国家对本国市场销售的商品规定了各种包装和标签条例,内容复杂,手续麻烦,对商品的包装材料、包装方式都有具体的规定。进口商品必须符合这些规定才能进口。许多外国产品为了符合这些规定,不得不重新包装和改换商品标签,因而增加了商品成本,削弱了其竞争力,影响了商品的销路。

(十二) 绿色贸易壁垒

绿色贸易壁垒(green trade barrier)是基于"保护人类、动物和植物的生命或健康以及保护环境"的目的和需要,而对产品以及产品生产过程等进行限定的技术法规和标准,它是贸易壁垒的特殊形式。

绿色贸易壁垒的主要形式有:一是绿色关税和市场准入。它是指进口国对一些污染和影响生态环境的商品征收进口附加税或者禁止其进口。二是绿色技术标准。进口国凭借其技术优势,规定出口国难以达到的环境保护标准。三是绿色环境标志。它表明产品在生产、使用、消费和回收处理整个过程中符合生态环境保护要求的特殊标志。四是绿色包装。它是指用后易于回收再利用或易于自然分解,不污染环境的包装。五是绿色卫生检疫制度。其规定了严格的卫生检疫标准。六是绿色反补贴。一国怀疑进口产品的低价是由于接受了来自出口国政府的环境补贴或未将生产过程中的环境成本内在化,对进口商品采取一些限制措施。

[案例 4-2] 新型贸易壁垒——碳关税

碳关税,也称边境调节税(BTAs),它是对在国内没有征收碳税或能源税、存在实质性能源补贴国家的出口商品征收特别的二氧化碳排放关税,主要是发达国家对从发展中国家进口的排放密集型产品,如铝、钢铁、水泥和一些化工产品征收的一种进口关税。其课税范围主要是没有承担《联合国气候变化框架公约》下的污染物减排标准的国家出口到其他国家的高耗能产品。碳关税是按照产品在生产过程中排放碳的数量来计征的,主要以化石能源的使用数量换算得到。

"碳关税"最早由欧盟提出,旨在针对来自未履行《京都议定书》国家的进口产品征收特殊的二氧化碳排放关税,以消除欧盟碳排放交易机制(ETS)运行后欧盟国家的碳密集型产品在国际竞争中可能遭受的不公平竞争。

2009年6月底,美国众议院通过的一项征收进口产品"边界调节税"法案,实质就是从2020年起开始实施"碳关税"——对进口的排放密集型产品,如铝、钢铁、水泥和一些化工产品,征收特别的二氧化碳排放关税。2012年1月,欧盟将所有途经欧盟机场的航班均纳入碳排放交易系统,这意味着碳关税正式付诸实践。2012年2月,中国、俄罗斯、美国等29个国家在俄罗斯首都发表《莫斯科会议宣言》,来共同抵制欧盟所实施的航空碳关税。美国、欧盟借"环境保护"的名义推行"碳关税",其实质还是为了削弱竞争对手的竞争力,实行贸易保护主义。

第三节　鼓励出口措施

一、鼓励和促进出口的经济措施

(一) 出口信贷

出口信贷(export credit)是出口国为支持和扩大本国商品的出口,加强国际竞争能力,以对本国的出口给予利息补贴并提供信贷担保的方式,鼓励本国银行对本国出口商或外国进口商(或其银行)提供利率较低的贷款,以解决本国出口商资金周转的困难,或满足国外进口商对本国出口商支付货款需要的一种融资方式。

出口信贷按其贷款形式分为买方信贷(buyer's credit)和卖方信贷(supplier's credit)两种形式。

买方信贷,是由出口商所在地银行向外国进口商或进口地银行提供贷款,给予融资便利,扩大本国设备的出口,又称约束性贷款。本质是通过借贷资本的输出带动货物的输出。

卖方信贷,是由出口方银行直接向本国出口商提供的贷款。

买方信贷和卖方信贷一般主要用于成套设备、大型机器的交易中,解决了厂商间用延期付款方式而导致资金周转缓慢的问题。买方信贷的优点是货价与价外费用分开报价,报价低,进口商对费用清楚、明确;卖方信贷的优点是手续简便,但各种费用混在一起,买方不易了解货物的真正价格。

(二) 出口信用保险

出口信用保险(export credit insurance)是政府为鼓励企业扩大出口,保障企业出口收汇安全而开设的政策性保险。中国出口信用保险公司(简称中国信保)是我国唯一经营此项业务的专业机构。在出口货物、技术、服务以及海外投资等相关对外经贸活动中,出口企业或相关银行向中国信保提出投保申请,中国信保出具保险单(或签订保险协议);当国外债务人所在国家发生政治风险或国外债务人发生商业风险,导致出口企业或相关银行(被保险人)的应收账款难以安全收回时,中国信保(保险人)按照保险单(或保险协议)规定负责赔偿被保险人的经济损失。

投保短期出口信用保险给企业带来的好处包括以下几点。

(1)有利于企业采取灵活多样的贸易结算方式,提高竞争能力,扩大出口规模。

(2)有助于企业了解买家信用情况,加强应收账款管理,提高风险管理水平。

(3)有利于企业获得出口融资。投保出口信用保险、收汇有了安全保障,银行也愿意提供资金融通。

(4)有益于企业稳健经营。

扩展资料

二、鼓励和促进出口的行政措施

鼓励和促进出口的行政措施主要有:扶植出口企业和出口项目;以法律手段维护出口秩序。许多国家和地区为了扶植、发展一批具有竞争能力的企业,往往在资金、税收等方面给予各种优惠,且以法律维护出口秩序,防止出口商品过分竞争。日本在 20 世纪 50 年代制定的《进出口交易法》不仅对出口组合成员进行约束,而且也可通过发布相关命令,限制非组合成员行动,或停止其向特定区域出口特定商品。

三、鼓励和促进出口的组织措施

鼓励和促进出口的组织措施包括以下几点。

(1)成立专门组织,研究和制定出口战略。

(2)建立商业情报网,加强国外市场情报服务工作。许多国家都设立官方的商业情报机构,并在海外建立商业情报网,负责向出口厂商提供所需的情报。

(3)设立贸易中心,组织贸易博览会。贸易中心是永久性的设施,可举办贸易展览会、进行咨询服务等;贸易博览会是流动性的展出,这些工作可使外国进口商更好地了解本国商品,从而起到促销的作用。

四、其他措施

(一)外汇分红

外汇分红是指政府允许出口厂商从其所得的出口外汇收入中提取一定百分比的外汇用于进口,鼓励其出口积极性。

(二)出口奖励证制

政府在出口商出口某种商品以后发给一种奖励证,持有该证可以进口一定数量的外国商品,或将该证在市场上自由转让或出售,从中获利。

（三）复汇率制

政府规定不同的出口商品适用不同汇率，以促进某些商品的出口。

（四）进出口连锁制

政府规定，进出口商必须履行一定的出口义务方可获得一定的进口权利，或获得一定的进口权利的进出口商必须承担一定的出口义务。通过进出口相联系的办法，达到有进有出、以进带出，或以出许进，从而扩大产品出口。

五、经济特区

为了促进本国经济和对外贸易的发展，各国都采取了建立经济特区（special economic zone）的措施。经济特区，是一个国家或地区在其关境以内所划出的一定范围，在该范围内，提供建筑、码头、仓库、厂房等基础设施和实行免税等优惠待遇，以吸引外国企业从事贸易与出口加工业等业务活动。设立经济特区的目的是促进对外贸易的发展，鼓励转口贸易和出口加工贸易，繁荣本地区和邻近地区的经济，增加财政收入和外汇收入。

（一）自由港与自由贸易区

自由港（free port）又称自由口岸。在这种港口区域对货物的输出、输入不征收关税或只对少数货物征税，并且一律准予在港内自由进行改装、加工、装卸、整理、买卖、展览、长期储存等，但外国船舶必须遵守有关卫生、移民等法律规章。自由港的设立，主要是为了发展过境贸易，吸引外国船只或物体过境，从中获取运费、加工费等收入。自由港大体上可以分为两种类型：一种是北美型的自由港，亦称自由贸易区，自由港与非自由港间无明显的区域界线，并且比较分散，不连成一片；另一种是欧洲大陆型自由港，以德国的汉堡最为典型，这种自由港有明显的区域界线，港口作业、仓储、产品的加工或装配等都在同一区域内进行。

自由贸易区又称免税贸易区或自由区，也有的国家称为自由贸易港、对外贸易区等。自由贸易区是划在关境以外，准许外国货物自由免税进入的地区，需受当地法规的限制。自由贸易区一般依靠河、山等天然屏障或用藩篱等其他障碍把它与国家的其他受海关管辖的部分隔离开来，规定允许在区内经营活动的种类，如贸易、工业及服务等。

课堂讨论 4-2：世界各国设立的自由港与自由贸易区，一般能提供哪些方便之处？

（二）出口加工区

出口加工区（export processing zone, manufacture and export zone）是一个国家或地区在其港口或邻近港口、国际机场的地方，划出一定的范围，提供基础设施以及免税等优惠待遇，吸引外国投资，发展出口加工业的特殊区域。它沿用了自由港和自由贸易区的一些做法，但又与自由港或自由贸易区有所不同。一般来说，自由港和自由贸易区以发展转口贸易，取得商业方面的收益为主，因而是面向商业的；而出口加工区，以取得工业方面的收益为主，因而是面向工业的。出口加工区既提供了自由贸易区的某些优惠待遇，又提供了发展工业生产所必需的基础设施，是自由贸易区与工业区的一种结合体，即兼有工业生产与出口贸易两种功能的工业区——贸易型经济特区。东道主设置出口加工区的主要目的是引进外资、先进技术和经营方法,利用本国劳力资源与国际市场,发展出口加工工业,以扩大出口贸易,增加劳动就业与外汇收入,取得工业方面的收益,促进本地区和本国的经济发展。

(三) 综合型经济特区与科技型经济特区

综合型经济特区(synthetic special economic zone)与科技型经济特区(science and technology special economic zone)都是在出口加工区的基础上形成和发展的,具有一般出口加工区和自由贸易区的特点。综合型经济特区的一般特点是:特区规模大,经营范围广,是一种多行业、多功能的特殊经济区域,在经营出口业务和对外贸易的同时,也经营旅游业、金融服务业、交通电信以及其他一些行业。科技型经济特区的一般特点是:以大学和科研机构为依托,以科学研究为先导,拥有比较雄厚的技术力量,能够创立技术与知识密集型的新兴产业,发展高、精、尖工业产品,具有较强的国际竞争力。这种类型的特区对东道国的科技进步与工业化,起到巨大的促进作用,比一般的出口加工区具有更多的优势。

(四) 保税区

保税区(bonded zone)又称保税仓库区,是海关所设置的或经海关批准注册的特定地区和仓库。外国货物存入这些保税区内可以暂时不缴纳进口税,如再出口,也不缴纳出口税。运入区内的货物也可以进行储存、改装、分类、混合、加工与制造等。因此,这些保税区起到了类似自由港和自由贸易区的作用。根据职能不同,保税区可分为货物存储期限较短的指定保税区、由海关监管的暂未纳税的进口货物的保税仓库及在海关监管下供外国货物进行加工、分类及检修保养业务活动的保税工厂。

课堂讨论 4-3:保税区和出口加工区共有的主要功能是(　　　　)。

A. 仓储运输　　　　B. 商品展示　　　　C. 加工贸易　　　　D. 转口贸易

(五) 自由边境区与过境区

自由边境区(free perimeter)过去也称为自由贸易区。这种设置仅见于美洲少数国家。其一般设在本国的一个省或几个省的边境地区,对于在区内使用的生产设备、原材料和消费品可以免税或减税进口,从区内转运到本国其他地区出售,则须照章纳税。外国货物可在区内进行储存、展览、混合、包装、加工和制造等活动,其目的在于利用外国投资开发边境地区的经济。自由边境区与出口加工区的主要区别是,前者的进口货物加工后大多数在区内使用,只有少数是用于再出口。设立自由边境区的目的是开发边境地区的经济,因此,有些国家对优惠待遇规定期限,当这些地区生产能力发展后,就逐渐取消某些货物的优惠待遇。

过境区(transit zone)是沿海国家为便利邻国的进出口货物,开辟某些海港、河港或边境作为货物过境区,过境区可简化海关手续,免征关税或只征小额的过境费用。过境货物一般可在过境区做短期储存和重新包装,但不得加工。

[案例 4-3]　吉布提国际自贸区开园　为吉布提经济发展提供动力

由中企主导建设的吉布提国际自贸区 2018 年 7 月 5 日举行开园仪式。该自贸区由吉布提港口和自贸区管理局,招商局集团、大连港集团等中资企业共同投资及运营,于 2017

年1月开工,规划总面积48.2平方千米。自贸区一期工程占地6平方千米,2018年7月区内各项基础设施已基本完成,已经有20多家企业签署了入园意向书,涉及商贸、物流、加工业,未来还将吸引汽车、机械、建材、海产加工、食品加工等企业入园设厂。联合国吉布提驻地协调员芭芭拉·曼孜说,自贸区将给吉布提这样的非洲国家提供实现多方共赢的重要平台。中国在基础设施投资、增加就业方面给吉布提带来了巨大变化,自贸区建设让人们有了更多期待,未来会有更多企业进驻,促进当地就业和经济发展。

位于非洲之角的吉布提人口不到百万,地理位置优越,是经红海、苏伊士运河至地中海的必经港口。一直以来,吉布提希望借助其独特的战略位置发展成为地区性航运和商业中心。自贸区有望在40年的开发期内创造40亿美元的经济效益,直接或间接创造10万个以上的就业岗位,超过吉布提全国可就业人口的1/6。其中的商贸物流园区到2025年可形成物流周转量500万吨/年的规模。以港口为依托,自贸区为港口提供强大的物流支撑,改造老港进行城市化建设。这种"前港—中区—后城"的开发模式,对"一带一路"沿线其他国家也有借鉴意义。自贸区还将带动出口加工,改变吉布提及邻国埃塞俄比亚之前出口薄弱的产业结构。

第四节 鼓励进口政策

开放市场、扩大进口对一国经济发展具有不可忽视的重要作用。李克强总理在2014年十二届全国人大二次会议所做的政府工作报告中指出,要实施鼓励进口政策,增加国内短缺产品进口,从战略高度推动出口升级和贸易平衡发展。积极鼓励扩大进口有利于中国加快经济发展方式转变,调整经济结构。

一、鼓励进口政策的定义

鼓励进口政策是指进口国政府通过有关经济的、行政的办法和措施鼓励外国商品进口的行为的总称。鼓励进口政策有长期和短期两种类型。

（1）长期的鼓励进口政策一般适用于进口国长期短缺商品的进口。这类政策一经制定就相对稳定,以保持国外货源的正常供应。比如以色列对水产品的进口长期施行鼓励进口的政策。

（2）短期的鼓励进口政策一般适用于进口国暂时短缺的商品的进口。这种政策往往具有临时性,政府随时都可能宣布废除。比如遇上大灾时,政府制定一系列鼓励粮食进口政策措施,一旦进口量满足需求,这些鼓励进口政策将被取消。

二、鼓励进口政策的内容

鼓励进口政策一般包括以下几个方面。

扩展资料

（一）关税政策

政府对鼓励进口的商品实行特殊的关税优惠政策,视不同情况采取降低关税直至免除关税的措施。许多发达国家对原材料进口采取减免关税措施。此外,鼓励进口的关税政策往往与鼓励出口的关税政策配合使用。例如,进口原材料生产的出口产品的退税政策,既鼓励了出口,也鼓励了用进口原材料生产出口商品,实际上也等于鼓励原材料进口。

（二）非关税政策

非关税政策往往是用来限制进口的,但如果一国需要鼓励某些商品进口,可以通过降低非关税壁垒措施的保护程度达到鼓励进口的目的。而且由于非关税政策具有极大的灵活性,它特别能够适应政府对外贸易政策的各种变化。例如,政府既可以放松对进口许可证的申领管制程度有选择地鼓励某些商品进口,也可以在进口配额的控制、进口商品的检验等环节有针对性地鼓励某些商品的进口。

（三）国家专营

政府通过国家对某些商品的进口专营直接控制进口规模,在需要实行鼓励进口政策的情况下,政府可以比较容易地扩大有关商品的进口规模。

三、实施鼓励进口政策的意义

首先,将继续调整和优化进口结构。积极鼓励进口国内经济社会发展和人民生活所需要的商品和技术,特别是国内短缺的资源、先进技术和关键设备等;妥善处理贸易摩擦和争端,努力扩大从主要贸易顺差国的进口,尽可能促进贸易平衡;不断优化进口关税结构,2012 年我国进口关税总水平已降至 9.8%,低于发展中国家整体水平,今后还将继续推动相关工作,引导企业扩大进口。

其次,将进一步提高贸易便利化水平。今后,中国将进一步清理非关税措施,并对当前不符合经济发展需要的政策措施进行修改和完善,继续简化和放宽部分进口管理措施,减少进口环节和手续,降低进口费用和成本。2007 年以来,中国已分批取消了 800 多种商品的自动进口许可证管理,今后将进一步改善进口检验检疫和海关通关环境,提高货物进口通关的便利化程度。

最后,将不断完善进口促进体系。一是建立和完善进口公共信息服务体系,提高政策透明度,设立进口商品提供信息平台,为国内外企业营造公平、公正、公开的贸易环境;二是举办各类进口商品展览会、博览会、推介会,积极为扩大进口搭建更多的平台;三是积极研究运用各种金融、税收等手段支持扩大进口,包括为企业提供进口融资便利等;四是支持和组织各种形式的投资贸易促进团,积极赴有关国家开展投资贸易促进活动,有效减少贸易顺差。

第五节　中国的自由贸易区改革

2013 年 8 月，国务院正式批准设立中国（上海）自由贸易试验区［China（Shanghai）Pilot Free Trade Zone］，简称上海自由贸易区或上海自贸区，2013 年 9 月 29 日，上海自由贸易区正式挂牌成立。中国（上海）自由贸易试验区，是中国内地境内第一个自由贸易区。

一、自由贸易区的定义以及与保税区的区别

（一）自由贸易区的定义及中国自由贸易试验区概况

所谓自由贸易区，指在某一国家或地区境内设立的实行优惠税收和特殊监管政策的小块特定区域，类似于海关合作理事会所解释的"自由区"。自由贸易区是从保税港区或保税区等海关特殊监管区域发展演变而来的，它除了具有自由港的功能之外，还可增加吸收外资，引进技术，开展工业加工、旅游服务、金融保险等多项业务，是扩大出口、增加就业和外汇收入的综合自由经济区。

中国自由贸易区是指在国境内关外设立的，以优惠税收和海关特殊监管政策为主要手段，以贸易自由化、便利化为主要目的的多功能经济性特区。其原则上是指在没有海关"干预"的情况下允许货物进口、制造、再出口。中国自由贸易区建设力度和意义堪与 20 世纪 80 年代建立深圳特区和 20 世纪 90 年代开发浦东两大事件相媲美。其核心是营造一个符合国际惯例的、对内外资的投资都要具有国际竞争力的国际商业环境。截至 2019 年 8 月中国已先后设立 18 个自贸试验区（表 4-1）。

表 4-1　中国自贸试验区设立时间

批　次	自贸试验区名称	时　间
第一批	上海自贸试验区	2013 年 9 月 29 日挂牌
第二批	广东自贸试验区、天津自贸试验区、福建自贸试验区	2015 年 4 月 21 日挂牌
第三批	辽宁自贸试验区、浙江自贸试验区、河南自贸试验区、湖北自贸试验区、重庆自贸试验区、四川自贸试验区、陕西自贸试验区	2017 年 4 月 1 日挂牌
	海南自贸试验区（中国特色自由贸易港）	2018 年 4 月 13 日提出建设
第四批	山东自贸试验区、江苏自贸试验区、广西自贸试验区、河北自贸试验区、云南自贸试验区、黑龙江自贸试验区	2019 年 8 月 30 日—2019 年 9 月 1 日挂牌

（二）自由贸易区与保税区的区别

自由贸易区与保税区的区别包括以下几个方面。

（1）保税区在海关的特殊监管范围内，货物入区前须在海关登记，保税区货物进出境内、境外或区内流动有不同的税收限制。而自由贸易区，是在海关辖区以外的、无贸易限制的关税豁免地区。

（2）保税区的货物存储有时间限定，一般为 2～5 年。而在自由贸易区内，货物存储期限不受限制。

（3）由于保税区内的货物是"暂不征税"，保税区对货物采用账册管理方式。自由贸易区主要以货畅其流为基本条件，多数自由贸易区采取门岗管理方式，运作手续更为简化，交易成本更低。

（4）保税区的功能相对单一，主要是起中转存放的作用，对周边经济带动作用有限。而自由贸易区一般是物流集散中心，大进大出，加工贸易比较发达，对周边地区具有强大的辐射作用，能有效带动区域经济的发展。

二、上海自贸区的建立背景

上海自贸区的建立背景有以下两个方面。

（1）全球贸易竞争。目前美、欧、日三大经济体力图通过 TPP（跨太平洋伙伴关系协定）、TTIP（跨大西洋贸易与投资伙伴关系协定）等形成新一代高规格的全球贸易和服务规则，来取代 WTO。对于新一轮的游戏规则，中国以自贸区探路，所有国家都可以来自由投资和贸易，做一个对接的小窗口，并可以适当将其中的某些高商业标准映射到整个中国制造业和服务业。

（2）人民币国际化。上海自贸区可以为人民币国际化建立一个庞大的金融资产缓冲区和蓄水池，完善人民币的全球循环路径，并且最终在风险可控的条件下打通资本账户，进行双向投资、相互渗透，实现金融资源的全球优化配置，提升人民币的国际地位，是力图打造中国经济"升级版"的重要举措。

三、上海自贸区概况

（一）地理状况

中国（上海）自由贸易试验区，是中国政府设立在上海的区域性自由贸易园区，属中国自由贸易区范畴。该试验区于 2013 年 8 月 22 日经国务院正式批准设立，于 9 月 29 日上午 10 时正式挂牌开张。试验区总面积为 28.78 平方千米，相当于上海市面积的 1/226，范围涵盖上海市外高桥保税区（核心）、外高桥保税物流园区、洋山保税港区和上海浦东机场综合保税区 4 个海关特殊监管区域，如图 4-1 所示。

（二）目标与任务

1．总体目标

经过两三年的改革试验，上海自贸区力争建设成为具有国际水准的投资贸易便利、货币兑换自由、监管高效便捷、法制环境规范的自由贸易试验区。

2．主要任务

（1）加快政府职能转变。积极探索建立与国际高标准投资和贸易规则体系相适应的行政管理体系，推进政府管理由注重事先审批转为注重事中、事后监管。提高行政透明度，完善投资者权益有效保障机制，实现各类投资主体的公平竞争。

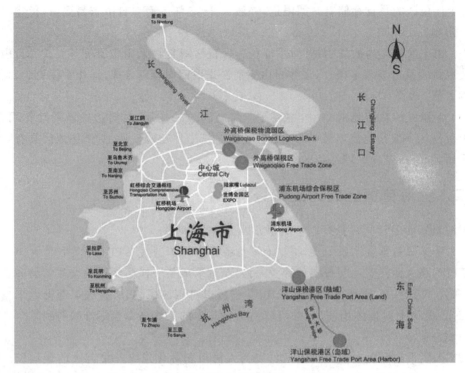

图 4-1 上海自贸区

（2）扩大投资领域开放。选择金融、航运、商贸、文化等服务领域扩大开放。探索建立负面清单管理模式，逐步形成与国际接轨的外商投资管理制度。改革境外投资管理方式，支持试验区内各类投资主体开展多种形式的境外投资。

（3）推进贸易发展方式转变。积极培育贸易新型业态和功能，推动贸易转型升级。深化国际贸易结算中心试点，鼓励企业统筹开展国际国内贸易，实现内外贸一体化发展。提升国际航运服务能级。

（4）深化金融领域开放创新。加快金融制度创新，建立与自由贸易试验区相适应的外汇管理体制，促进跨境融资便利化。推动金融服务业对符合条件的民营资本和外资金融机构全面开放，鼓励金融市场产品创新。

（5）完善法制保障。各部门要支持试验区深化改革试点，及时解决试点过程中的制度保障问题。上海市要通过地方立法，建立与试点要求相适应的试验区管理制度。

（三）涵盖范围

1.《中国(上海)自由贸易试验区总体方案》改革措施

（1）金融领域。允许符合条件的外资金融机构设立外资银行，符合条件的民营资本与外资金融机构共同设立中外合资银行。允许自贸区内符合条件的中资银行开办离岸业务；允许融资租赁公司兼营与主营业务有关的商业保理业务；等等。

（2）船舶航运领域。中外合资、中外合作国际船舶运输企业的外资股份比例限制被放宽；中国内地资产的公司可以拥有或控股拥有不悬挂五星红旗的船舶，对外贸进出口集装箱在国内沿海港口和上海港之间的沿海捎带业务执行先行先试等。

（3）商贸领域。允许外资企业经营特定形式的部分增值电信业务,允许外资企业从事游戏游艺设备的生产和销售,通过文化主管部门内容审查的游戏游艺设备可面向国内市场销售。

（4）专业领域。允许设立外商投资资信调查公司;允许在试验区内注册的符合条件的中外合资旅行社,从事出境旅游业务(港澳及东南亚地区除外);外资者可以拥有不超过70%的股权的方式设立中外合资人才中介机构;港澳投资方可以设立独资人才中介机构等。

（5）文化与社会服务领域。取消外资演出经纪机构的股比限制,允许设立外商独资演出经纪机构;允许设立外商独资的娱乐场所,在试验区内提供服务;允许设立外商独资医疗机构等。

2. 负面清单[①]

中国政府对一些如音像制品和电子出版物、博彩、互联网等服务的投资项目的外商采取禁止或限制进驻的政策。在自贸区挂牌的同时,上海市人民政府公告列明了《中国(上海)自由贸易试验区外商投资准入特别管理措施(负面清单)(2013 年)》,对采矿、制造、建筑和批发零售等 18 个行业的部分内容进行了准入限制,其中博彩、网吧等属于禁止内容。

扩展资料

本章小结与思考题

试一试

---

① "负面清单管理模式"是指政府规定哪些经济领域不开放,除了清单上的禁区外,其他行业、领域和经济活动都许可。凡是与外资的国民待遇、最惠国待遇不符的管理措施,或业绩要求、高管要求等方面的管理措施均以清单方式列明。

第五章
公平贸易救济措施

教学目的和要求

向学生介绍不公平贸易救济措施的主要手段,掌握反倾销、反补贴和特别保障措施的概念、形式与效应。了解国际及我国不公平贸易救济措施的最新进展。掌握不公平贸易救济措施对我国对外贸易的影响及我国的应对策略。

关键概念

反倾销	倾销	反规避
补贴	出口补贴	生产补贴
反补贴税	保障措施	特别保障措施

章首案例　商务部公告 2018 年第××号　关于对原产于××的进口××进行反倾销立案调查的公告

中华人民共和国商务部(以下简称商务部)于 2018 年 2 月 2 日收到×××公司(以下称申请人)代表国内苯酚产业正式提交的反倾销调查申请,申请人请求对原产于××的进口××进行反倾销调查。商务部依据《中华人民共和国反倾销条例》有关规定,对申请人的资格、申请调查产品的有关情况、中国同类产品的有关情况、申请调查产品对国内产业的影响、申请调查国家(地区)的有关情况等进行了审查。

申请书主张,原产于××的××以低于正常价值的价格向中国出口销售。申请人依据合理获得的证据和信息,在申请书中以××国内市场苯酚的销售价格作为确定正常价值的基础,以中国海关统计的××申请调查产品对中国出口价格作为确定出口价格的基础,在对影响价格可比性的各种因素进行调整后,主张申请调查产品存在较大幅度的倾销。申请书同时主张,申请调查产品进入中国市场数量大幅增长,价格大幅下降,对国内产业同类产品价格造成压低,导致国内产业市场份额减少,销售价格、税前利润总体呈大幅下降趋势,投资收益率下降,国内产业遭受了实质损害,且申请调查产品的倾销与国内产业实质损害存在因果关系。经审查,商务部认为申请书中包含了《中华人民共和国反倾销条例》第十四条、第十五条规定的反倾销调查立案所要求的内容及有关证据。

根据上述审查结果,依据《中华人民共和国反倾销条例》第十六条的规定,商务部决定自 2018 年 3 月 26 日起对原产于××的进口××进行反倾销立案调查。现将有关事项公

告如下。

一、立案调查及调查期

本次调查确定的倾销调查期为 2016 年 10 月 1 日至 2017 年 9 月 30 日,产业损害调查期为 2014 年 1 月 1 日至 2017 年 9 月 30 日。

二、被调查产品及调查范围(略)

三、登记参加调查(略)

四、查阅公开信息(略)

五、对立案的评论

利害关系方对本次调查的产品范围及申请人资格、被调查国家(地区)及其他相关问题如需发表评论,可于本公告发布之日起 20 天内将书面意见提交至商务部贸易救济调查局。

六、调查方式

根据《中华人民共和国反倾销条例》第二十条的规定,商务部可以采用问卷、抽样、听证会、现场核查等方式向有关利害关系方了解情况,进行调查。

七、保密信息的提交和处理

利害关系方向商务部提交的信息如需保密的,可向商务部提出对相关信息进行保密处理的请求并说明理由。如商务部同意其请求,申请保密的利害关系方应当同时提供该保密信息的非保密概要。非保密概要应当包含充分的有意义的信息,以使其他利害关系方对保密信息能有合理的理解。如不能提供非保密概要,应说明理由。如利害关系方提交的信息未说明需要保密的,商务部将视该信息为公开信息。

八、不合作的后果

根据《中华人民共和国反倾销条例》第二十一条的规定,商务部进行调查时,利害关系方应当如实反映情况,提供有关资料。利害关系方不如实反映情况、提供有关资料的,或者没有在合理时间(reasonable time)内提供必要信息的,或者以其他方式严重妨碍调查的,商务部可以根据已经获得的事实和可获得的最佳信息作出裁定。

第一节　倾销与反倾销

一、倾销的定义与种类

（一）倾销的定义

倾销是指一国（地区）的生产商或出口商以低于其国内市场价格或低于成本价格将其商品抛售到另一国（地区）市场的行为。倾销被认为是国际贸易中违反公平竞争与公平贸易规则的不正当的商业竞争行为，是一种"不公平"的竞争。为阻止倾销的产生和反倾销措施的滥用，乌拉圭回合谈判达成了《反倾销协议》，为WTO制定各种反倾销措施奠定了基础。

（二）倾销的种类

1.　按照倾销的方式分类

按照倾销的方式不同，倾销可分为商品倾销、外汇倾销（foreign exchange dumping）和间接倾销（indirect dumping）。

1）商品倾销

商品倾销是指商品以低于国内市场价，甚至低于生产成本价，在国外市场抛售，其目的在于打击竞争对手，打开或扩大国际市场。商品倾销一般简称为倾销，本节所讨论的倾销就是指商品倾销。

2）外汇倾销

外汇倾销是指一个国家降低本国货币对外国货币的汇价，使本国的货币贬值（本国货币贬值有利于出口，不利于进口），以争夺国外市场的一种手段。一国货币贬值后，以外国货币表示的出口商品价格降低，从而提高在国际市场上的竞争力，以扩大出口，限制进口。

3）间接倾销

间接倾销又称为第三国倾销，是指A国厂商向B国厂商倾销商品，但B国的进口商并不是在国内销售A国商品，而是转销到C国，并对C国的产业造成损害。在这种情况下，C国依照反倾销法既可投诉B国的倾销行为，也可要求B国代为向原产国的厂商采取措施。

2.　按照倾销的目的分类

按照倾销的目的不同，倾销可分为偶然性倾销（sporadic dumping）、掠夺性倾销（predatory dumping）和长期性倾销（long-run dumping）。

1）偶然性倾销

偶然性倾销是指由于生产过剩，国内市场一时无法容纳而只好削价销往国外的倾销行为。这种倾销对进口国的同类产品生产会造成不利影响，但由于时间短暂，进口国一般很少采取反倾销措施。

2）掠夺性倾销

掠夺性倾销是指一国在其他国家市场倾销商品，在打垮了所有或大部分竞争对手，垄断了这个市场之后，再提高价格的倾销行为。这种倾销严重损害了进口国的利益，因而许多国家都采取征收反倾销税等措施进行抵制。

3）长期性倾销

长期性倾销是指长期以低于国内市场的价格在国外市场出售商品的倾销行为。这种倾销具有长期性，其出口价格至少应该等于边际成本，否则货物长期亏损。因此，倾销者往往采取扩大生产规模的方式来降低生产成本。

二、反倾销实质及内容

（一）倾销的确定

当进口国发现出口国进行商品倾销并给本国造成巨大损害时，往往采取各种措施来抵消或减弱倾销带来的冲击，这就是反倾销的行为。进口国在采取反倾销措施之前，要先确定倾销的存在。判断倾销的标准有三个：第一，来自外国的出口产品以低于正常价格在本国市场上销售，即存在倾销的幅度；第二，倾销对本国同类产品工业造成了严重或实质性的损害，或形成了实质性损害的威胁，或阻碍某项新兴工业的建立；第三，二者之间存在因果关系。

1. 倾销幅度的确定

倾销幅度即为出口价格低于正常价格的差额。因此，确定倾销幅度，关键是确定出口价格、正常价格和两者之间的比较规则。

1）出口价格

出口价格是指出口商将其产品出口给进口商的价格。当不存在出口价格，或因出口商与进口商之间有总公司、分支公司或控股等关系使出口价格不可靠时，可根据被指控倾销商品首次在进口国内向独立商人转售的价格确定。

2）正常价格

可采用三种价格来确定正常价格：第一，出口国国内销售价格。其指被指控倾销商品或与其相同的产品在调查期间，在出口国国内市场上销售的价格。第二，向第三国的出口价格。当不存在或无法确定倾销产品的国内销售价格时，进口国可采取倾销产品向第三国出口的可比价格确定正常价格。第三，结构价格。当使用出口国国内销售价格和向第三国出口的价格均无法确定倾销商品的正常价格时，可以采用结构价格来确定。所谓结构价格，是指被指控倾销产品的生产成本加合理的管理费用、销售费用和一般费用以及利润作为出口产品的价格。

3）出口价格与正常价格的比较

在确定了出口价格和正常价格之后，应对两种价格做必要的调整，把两种市场上的相同或同类产品的价格放在同一市场环境中进行比较。

2. 损害的确定

对一项倾销产品是否采取反倾销措施，还需要确定该项产品的倾销是否对进口国的国内产业造成损害，以及损害与倾销之间是否存在因果关系。这里所说的损害是指因倾销行为对一国国内产业造成实质性损害或实质性损害威胁,或对这种产业的建立构成严重阻碍。

在确定实质性损害时,要考虑以下因素:第一,无论是就绝对数量而言还是相对于进口国的生产或消费而言,倾销产品的数量是否构成了急剧增长。第二,进口的价格对国内相同或相似产品的价格有巨大抑制或下降影响,并导致对进口产品需求的大幅度增长。第三,进口产品对进口国国内产业相同或类似产品的生产商产生严重的影响或冲击。

实质性损害威胁是指进口国国内产业虽然尚未处于实质性损害的境地,但已受到威胁,而且其威胁是真实的、迫切的和可以预见的。例如,大量被指控产品已在发运途中,或出口国拥有巨大的生产该同类产品的能力,或出口国计划继续扩大对进口国的出口,或出口商在进口国建立了大量推销网点,市场份额急剧增长等均可被视为造成了实质性的损害威胁。严重阻碍某一产业的建立是指倾销产品严重阻碍了进口国建立一个生产该同类产品的新产业。它指的是一个新产业在实际建立过程中受到了严重阻碍,而不能理解为倾销产品阻碍了建立一个新产业的设想或计划,而且要有充分的证据来证明。

倾销与损害之间的因果关系,是指进口国国内产业受到的损害是由于进口产品的倾销直接造成的。其他因素对产业造成的损害不得归咎于倾销产品。在确定倾销与损害的因果关系时,并不一定要证明倾销的进口产品是造成损害的主要原因,只要能证明是造成损害的原因之一即可。

(二)反倾销调查程序

反倾销调查程序是指一国当局根据国内受到倾销损害的相关产业的起诉,对被指控倾销的产品立案调查的过程。

1. 申诉与立案

反倾销申诉是反倾销立案调查的依据。调查必须由进口国认为是受损害的产业或其代表所提交的书面申诉开始。在特殊情况下,进口国当局也可以主动开展反倾销调查。进口国政府对申诉所提供的证据的准确性和充分性进行复查后决定是否立案。立案后进口方当局便可向各个利益关系方发出调查问卷。

2. 调查

调查是指进口国有关当局对被起诉方的产品倾销、国内工业损害以及两者之间的因果关系,从事实和法律上进行查证的过程。反倾销调查一般应在一年内结束,无论如何不得超过 18 个月。如证据不足应立刻终止调查。

3. 裁定

反倾销调查的裁定分为初步裁定和最终裁定两种。初步裁定是指在调查的基础上,对是否倾销或造成损害作出初步裁定。初步裁定的法律意义在于进口方当局可以视情况采取临时措施与价格承诺措施。最终裁定是指进口方当局最终确认进口产品倾销并造成损害而作出对其征收反倾销税的裁定。

(三)反倾销的具体措施

1. 临时性措施

在反倾销调查中,初步认为存在倾销、国内工业损害及因果关系后,进口方当局可采取措施,以防在调查期间有关工业受到更加严重的损害。临时反倾销措施主要有两种形式:

一是征收临时性反倾销税;二是采取担保的方式,即支付现金或担保金,其数额不得高于预计的临时反倾销税。临时反倾销措施只能从开始调查之日起 60 天后采取,实施期限一般不超过 4 个月,最长不超过 9 个月。

2. 价格承诺

在反倾销调查初步裁定存在倾销后,如果出口商主动承诺提高倾销产品的价格或停止以倾销的价格向投诉方市场出口,且进口方反倾销调查当局对其承诺感到满意,反倾销调查程序可以暂时停止,而不采取临时措施或征收反倾销税。如果反倾销当局不能接受其价格承诺,应向出口商说明不接受的理由,并给出口商说明其意见的机会。

在达成价格承诺协议后,出口商要定期提供执行该协议的资料,并允许对资料中的有关数据进行核实。但如果出口商违背价格承诺协议,进口方有关当局可采取紧急行动,包括采取反倾销临时措施。价格承诺的有效期限一般不得超过征收反倾销税的有效期限,并应进行必要的审查以确定是否需要保持价格承诺。

3. 反倾销税的征收

当最终裁定确实存在倾销,并因此对进口国相同或类似产品的产业构成了实质性损害,就可对该倾销产品征收反倾销税。反倾销税的税额不得超过倾销幅度。

如果反倾销调查及最终裁定涉及多个出口国家或地区,并要对不同来源的倾销产品都征收反倾销税,应根据无歧视原则,对所有倾销产品按适当的数额征收反倾销税。反倾销税在抵消倾销损害的期限内有效,但最长不得超过 5 年。

4. 反倾销税的追溯征收

反倾销税的追溯征收是指对某项进口商品裁定征收反倾销税后,可在某些情况下对以往进口的该商品追征反倾销税。这些情况包括以下几个方面。

(1) 在作出倾销造成产业损害或损害威胁的最终裁定时,由于缺乏临时性措施而使倾销产品在调查过程中继续对进口方境内产业造成损害,则最终确定的反倾销税可以溯及能够适用临时措施的时候开始计征。在初步裁定存在倾销时已制定出临时措施,在追溯性征收反倾销税时,如果最终确定的反倾销税税额高于已支付或应支付的临时反倾销税,其差额不再征收;如果最终确定的反倾销税税额低于已支付或应支付的临时反倾销税税额或交付的担保金,其差额应退还,或重新计算税额。

(2) 如果反倾销调查最终裁定所进口的倾销商品有着造成损害的倾销史,或者进口商知道或理应知道出口商在进行倾销,并肯定会对进口方产业造成损害,或者损害是在短期内因倾销产品的大量进入而造成的,那么反倾销税可以对那些在临时措施适用之前 90 天内进入消费领域的倾销产品追溯计征。

(3) 对倾销产品作出的最终裁定是属于损害威胁或者严重阻碍的,而损害尚未发生,则反倾销税只能从该损害威胁或严重阻碍的裁决作出之日起征收。在临时措施适用期间交付的现金押金应予以退还,担保应尽快解除。

(四) 协商与争端解决

为保证《反倾销协议》的实施,WTO 成立了一个反倾销措施委员会。该委员会由缔约方代表组成,每年至少召开两次全体委员会议,其主要职能是在缔约方之间进行协商,并执行《反倾销协议》或全体缔约方规定的任务。在具体的实践中,如果某一成员方认为其他成员方采取的反倾销行动损害了自己应有的权利,可以书面提出与其他成员协商。如果协商无效,可提请反倾销措施委员会进行调解。反倾销措施委员会在审查倾销决定时,将运用《反倾销协议》中的审查标准作出最终裁定。

(五) 反规避措施

反规避措施是指一国商品在被另一国征收反倾销税的情况下,出口商为减少或避免被征收反倾销税而采取和实施的各种方法。反规避措施主要包括以下几个方面。

1. 进口国家配件组装规避

进口国家配件组装规避是指出口商故意避免制成品在进口国被征收反倾销税,而将该产品的零部件或组装件出口到进口国,并在进口国组装后进行销售的行为。这种规避主要是利用制成品与零部件在各国海关税则分类上不属于同一海关税则之内,从而规避对反倾销税的征收。

2. 第三国制成品组装规避

第三国制成品组装规避是指一次出口产品被进口国征收反倾销税,出口商为绕过反倾销税,而将产品的制成阶段转移到第三国进行,然后以第三国产品的身份再向进口国出口的行为。

3. 轻微改变产品规避

轻微改变产品规避是指对被征收反倾销税的产品进行非功能性的改变,如仅仅对产品的形式或外观加以改变,或将农产品进行轻微加工,而这种改变不会导致产品的最终用途、物理特性以及消费者购买的选择发生相应的改变。

4. 后期发展产品规避

针对后期发展产品的反规避措施源于日本向美国倾销手提打字机一案。1980年,美国对日本出口美国的电动手提打字机征收反倾销税后,日本输往美国的打字机改进为电子手提打字机,并附有记忆和计算功能。当时美国商务部曾裁定该产品不应包括在反倾销税的范围内。

第二节   补贴与反补贴

各国在制定和实施贸易政策时,除了利用关税和非关税壁垒限制进口以外,还采取各种鼓励出口的措施扩大商品出口。为了扩大出口,世界各国(地区)纷纷对出口实行补贴,而进口国为了保护本国市场和产业的发展,采取反补贴措施。其结果是,国际贸易中的补贴与反补贴措施影响了国际贸易的健康发展,扭曲或损害了进行国际贸易的各国的利益。

一、补贴的性质

所谓补贴,是指政府为了促进某些产业的发展,对这些产业的生产及产品进行财政补贴和实行优惠待遇,以提高本国出口产品在国际市场上的竞争力和限制外国产品的进入。

一般认为,政府实施补贴是不公平的竞争。由于政府的补贴,一些本来不具有比较优势的产品,被人为地降低成本,成为具有比较优势的产品,而那些真正具有比较优势的产品却处于极为不利的地位。

政府的补贴是一种贸易保护主义的措施。由于政府的补贴和优惠,本国没有比较优势的产品大量出口,伤害进口国具有比较优势的同类产品。目前世界上不只是发展中国家对本国的生产和出口进行补贴,发达国家对农产品和一些工业产品也实行大量的补贴。

二、补贴的形式

一般来说,补贴有三种主要形式:生产补贴、出口补贴和出口信贷。

(一) 生产补贴

生产补贴是政府为了促进某一产品的发展,给予生产企业的津贴。生产补贴可以使生产企业在商品价格低于生产成本时,仍能因有补贴而获得利润,有利于扩大该商品的生产规模或者使生产企业降低相当于所获得的补贴部分的生产成本,从而降低商品价格,提高商品在国际市场上的竞争力。生产补贴的主要形式有财政拨款、优惠贷款和税收减免。

1. 财政拨款

在国家选定的予以支持的产业或产品的生产过程中,国家拨出部分财政资金归生产企业无偿使用,以财政资金为企业的生产创造条件或以财政资金来弥补企业的生产亏损。

2. 优惠贷款

银行对予以支持的生产企业提供低利率的贷款、增加信用放贷规模、延长贷款期限等。这些措施可以减轻生产企业的利息负担,降低费用,从而提高企业的生产效率,扩大生产规模。

3. 税收减免

国家对所支持的企业免收各种税收,减少税收种类或者提高企业各项税收的起征点等。其最终目的都是向予以支持的生产企业减免一部分税收。

生产补贴可以使获得补贴的企业降低生产成本,提高其国际市场竞争力,增加出口。

(二) 出口补贴

出口补贴又称为出口津贴,是一国政府为了降低出口商品的价格,增强其在国际市场的竞争力,在出口某商品时给予出口商的现金补贴或财政上的优惠待遇。

1. 出口补贴的形式

出口补贴有直接补贴(direct subsidies)和间接补贴(indirect subsidies)两种形式。

1) 直接补贴

直接补贴是指政府在商品出口时,利用财政拨款直接付给出口商的现金补贴。直接补贴的目的在于弥补出口商品国内价格高于国际市场价格所带来的亏损,或者补偿出口商所获利润低于国内利润所造成的损失。

2）间接补贴

间接补贴是指政府对某些商品的出口予以财政上的优惠,如退还或减免出口商品缴纳的税,对进口原料或半成品加工再出口给予免征或退还已缴的进口税等。其目的同样在于降低商品价格,增强国际竞争力。

2. 出口补贴的效果

在图 5-1 中,D 和 S 表示某小国 H 对商品 X 的需求曲线和供给曲线。在自由贸易条件下,商品 X 的国际市场价格为 P_o,H 国产量为 Q_2,消费量为 Q_1,出口量为 $Q_2 - Q_1$。

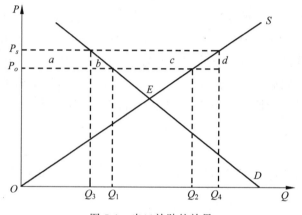

图 5-1　出口补贴的效果

现在假设 H 国政府给予每单位出口商品一定的数量补贴,对国内生产者和消费者来说,价格上升到 P_s,H 国产量为 Q_4,消费量为 Q_3,出口量为 $Q_4 - Q_3$。出口补贴的福利效应如下:国内消费者损失了相当于 $a+b$ 的消费者剩余,政府补贴支出相当于 $b+c+d$,国内厂商增加了相当于 $a+b+c$ 的生产者剩余。结果,补贴造成了相当于 $b+d$ 的净损失。既然如此,H 国为什么还要对本国商品 X 的出口进行补贴呢? 因为:其一,商品 X 可能是外部经济效应明显,H 国迫切需要发展的高科技产业;其二,其他国家对该产品进行补贴,本国被迫作出反应。

（三）出口信贷

出口信贷是指一个国家为了鼓励商品出口,增强商品的竞争能力,通过银行对本国出口厂商或国外进口商提供的贷款。它是一国出口商利用本国银行的贷款扩大商品出口,特别是金额较大、期限较长的商品,如成套设备、船舶等出口的一种重要手段。出口信贷可以从以下两种角度进行分类。

按照货款期限不同,出口信贷可分为短期信贷(short-term credit)、中期信贷(medium-term credit)和长期信贷(long-term credit)。

1. 短期信贷

短期信贷通常是指贷款期限在 180 天以内的信贷。

2．中期信贷

中期信贷通常是指贷款期限在 1~5 年的信贷。

3．长期信贷

长期信贷通常是指贷款期限在 5~10 年,甚至更长时间的信贷。

三、反补贴

政府的出口补贴扭曲了世界市场的商品价值,直接损害的是相同商品的其他出口国和补贴商品进口国的生产者。因此,政府的出口补贴被认为是一种不正当的贸易政策。

如果进口国对受到出口国补贴的进口商品征收反补贴税,以抵消出口国的补贴影响,其结果就如同出口国政府开出一张现金支票(cheque,check),把本国纳税人的钱无偿地支付给进口国政府。进口国征收反补贴税的效应如图 5-2 所示。

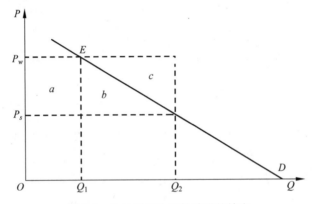

图 5-2　进口国征收反补贴税的效应

在自由贸易情况下,进口国的平衡点在 E,当世界市场价格为 P_w 时,进口 Q_1 数量的商品。出口国的政府补贴使出口商品的价格下降为 P_s,在两个国家的模型中,出口商品的数量等于进口商品的数量 Q_2。出口国的补贴额为 $a+b+c$,进口国消费者因此增加的消费者剩余为 $a+b$,c 为世界净损失。

如果进口国对进口商品征收相当于出口补贴的反补贴税 P_w-P_s,进口商品的数量从 Q_2 减少到 Q_1。反补贴税的税额为 a,同出口国政府按出口商品数量 Q_1 给予的补贴额相同。对进口国来说,征收反补贴税,使国内消费者损失了消费者剩余 $a+b$,和补贴相抵,净损失为 b。对世界贸易来说,征收反补贴税,使出口补贴造成的世界性净损失 c 消失。因此,当出口国补贴,同时进口国征收反补贴税时,仅仅发生了出口国利益向进口国转移,世界福利没有净损失。

出口国政府的出口补贴,使世界产生净损失;进口国征收反补贴税,使出口国的利益向进口国转移。即便如此,世界上还没有哪个国家愿意单方面减少出口补贴。因此,随着世界各国间的贸易额不断增加,世界上大多数进行国际贸易的国家都通过 WTO 签订多边减少出口补贴的协议。如果协议有约束力,则各国都可以从中获得利益。

[案例5-1]　中美轮胎特保案

　　美国国际贸易委员会于 2009 年 6 月 29 日提出建议,对中国输美乘用车与轻型卡车轮胎连续 3 年分别加征 55%、45% 和 35% 的从价特别关税。根据程序,2009 年 9 月 11 日,美国总统巴拉克·奥巴马决定对中国轮胎特保案实施限制关税为期 3 年。2010 年 12 月 13日,WTO 驳回中国提出的美国对其销美轮胎征收反倾销惩罚性关税的申诉,仲裁小组表示美国在 2009 年 9 月对中国销美轮胎采取"过渡性质保护措施"征收惩罚性关税未违反WTO 规定。2011 年 9 月 5 日,世界贸易组织裁定中国败诉。

扩展资料

扩展资料

第三节　特别保障措施

　　在各国经济发展并不稳定的后金融危机时代,各国政府纷纷倾向于实施贸易保护主义来促进出口,抑制进口,保护本国的民族产业。除了前两节谈到的为反制其他国家政府而采取的反倾销和反补贴措施外,特别保障措施也是各国政府救济本国贸易产业的措施之一。

一、特别保障措施的定义

　　特别保障措施是世界贸易组织成员利用特定产品过渡性保障机制(Transitional Product-specific Safeguard Mechanism)针对来自特定成员的进口产品采取的措施,即在WTO 体制下,在特定的过渡期内,进口方政府为防止来源于特定成员的进口产品对本领土相关产业造成损害而实施的限制性保障措施。最早的特别保障措施适用于日本。

　　针对中国的特别保障措施主要包含在《中华人民共和国加入 WTO 议定书》(以下简称《议定书》)第 16 条和《中国加入工作组报告书》(以下简称《报告书》)第 242、245 段到第 250段中。根据《议定书》第 16 条规定,在中国加入 WTO 之日起的 12 年内,如果原产于中国的产品在进口至任何 WTO 成员领土时,其增长的数量或所依据的条件对生产同类产品或直接竞争产品的领土内生产者造成或威胁造成市场扰乱,该 WTO 成员可请求与中国进行磋商,包括该成员是否应根据《保障措施协议》采取措施。如果磋商未能使中国与有关WTO 成员在收到磋商请求后 60 天内达成协议,该 WTO 成员有权在防止或补救此种市场扰乱所必需的限度内,对此类产品撤销(withdraw)减让或限制进口。根据《报告书》第 242段规定,在 2008 年 12 月 31 日前,WTO 成员可以对来自中国的纺织品采取特别保障措施;

第 245 段到第 250 段中则规定实施特别保障措施的基本程序。附件 7 还列举了部分 WTO 成员可以采取特别保障措施的中国产品名称和具体措施。

二、特别保障措施的特征

特别保障措施有以下几个特征。

(1) 歧视性。特别保障措施是保障措施的例外,具有严重的歧视性。保障措施是条约法"情势变更原则"的具体体现,适用于所有 WTO 成员,旨在平衡贸易利益,其合理运用"是保证各国国内经济安全和实现贸易自由化的'安全阀'",具有合法性和非歧视性;特别保障措施仅针对来源于特定国的产品,对什么产品适用和何时适用完全取决于进口国,因而具有强烈的选择性和歧视性。

(2) 模糊性。《议定书》对实质损害和实质损害威胁并无明确的定义和说明;对国内产业造成实质损害或实质损害威胁的标准也远低于实施保障措施条件的"严重损害或严重损害威胁"的标准;同时,只要实质损害或实质损害威胁是"重要原因"而不需要是"主要原因"即可认定,这实际上也放宽了适用特别保障措施的条件,因为进口国只要证明来源于他国的产品进口大量增加,就可以提起特别保障措施调查,有很大的随意性。

(3) 适用报复措施救济的有限性。根据《保障措施协议》,对于因进口相对增长采取的保障措施,被诉 WTO 成员有权在保障措施实施生效后的任何时间采取报复措施。由此可见,特别保障措施条款实质上限制了被诉 WTO 成员采取报复措施的权利。

(4) 临时性。与保障措施没有实施期限的规定不同,特别保障措施实施期限为中国"入世"12 年后终止。《议定书》第 16 条明确规定,由于进口相对增长造成市场扰乱的特保措施实施期限不超过 2 年,由于进口绝对增长造成市场扰乱的特保措施实施期限不超过 3 年,一旦超过了以上期限,中国则有权实施对等贸易报复,暂停实施 GATT 1994 项下的相关减让或义务。

三、特别保障措施的适用程序

根据《议定书》第 16 条和《报告书》第 246 段的规定,针对中国的特别保障措施应当遵循下列程序。

(一) 调查

调查是发现事实的根本途径。特别保障措施调查内容包括来自中国的进口产品数量、市场份额及其对进口国同类产品的价格和国内产业的影响以及市场扰乱与中国的进口产品增长是否存在因果关系等。

(二) 公告和通知

进口成员方应及时公告有关信息,包括调查的启动、调查的结果、拟采取的措施、采取措施的决定及采取措施的期限等。同时,对中国适用特别保障措施的 WTO 成员采取的任何措施和中国采取任何报复行动都应该立即通知保障措施委员会。

（三）磋商

磋商包括以下几个方面。

（1）磋商的启动。启动磋商的触发器就是原产于中国的产品进口的数量或所依据的条件对生产同类产品或直接竞争产品的国内生产者造成或威胁造成市场扰乱,则受此影响的 WTO 成员可请求与中国进行磋商。

（2）磋商达成一致,中国主动采取节制出口的行动。如在这些双边磋商过程中,双方同意原产于中国的进口产品是造成市场扰乱的原因并有必要采取行动,则中国应采取行动以防止或补救此种市场扰乱。

（3）磋商没有达成一致。如磋商未能使中国与有关 WTO 成员在收到磋商请求后 60 天内达成协议,则有关 WTO 成员有权在防止或补救此种市场扰乱所必需的限度内,对此类产品撤销减让或限制进口。

（四）临时保障措施

根据《议定书》第 16.7 条规定,在迟延会造成难以补救的损害的紧急情况下,受影响的 WTO 成员可根据一项有关进口产品已经造成或威胁造成市场扰乱的初步认定,采取临时保障措施,并立即向保障措施委员会作出有关所采取措施的通知,同时提出进行双边磋商的请求。临时保障措施的期限不得超过 200 天。临时保障措施的期限均应计入将来采取保障措施的期限。

（五）报复

WTO 成员只能在防止和补救市场扰乱所必需的时限内根据《议定书》第 16 条采取措施。如果基于进口水平的相对增长而采取的特别保障措施期限超过 2 年,或基于进口的绝对增长而采取的特别保障措施超过 3 年,中国有权采取报复措施,即针对实施该措施的 WTO 成员的贸易暂停实施 GATT 1994 项下实质相当的减让。

四、特别保障措施对我国的影响

国内大多数学者认为特别保障措施条款是我国"入世"所接受的四个不利条款之一,为其他 WTO 成员滥用特别保障措施提供更大的可能性和便利条件,使我国企业面临更大的挑战。但硬币总有两面,我们应当正确认识和全面评价特别保障措施对我国的影响。

（一）积极影响

特别保障措施对我国的积极影响包括以下几点。

（1）促进我国贸易体制改革和贸易政策调整。特别保障措施条款在一定程度上对我国过高的外贸依存度起到了警示作用,有助于改善片面强调外贸对经济的拉动作用和增加外汇储备的状况,促使企业改变出口求量不重质、效益低下的粗放型增长方式,刺激我国贸易体制改革和贸易政策调整以寻求外贸发展的升级版。

（2）促使我国加快产业结构调整的步伐。其他 WTO 成员存在对我国实施包括特别保障措施在内的贸易救济措施的可能性,给我国政府和企业既带来压力也带来动力,有利于形成加快产业结构调整的主动性和推动力,增强改革开放和产业升级的内在动力。

(3) 促使企业加速技术改造,提高产品的技术含量。特别保障措施条款的存在会不断警示我国政府和企业,一定程度上改变我国长期以来偏重依靠劳动力成本优势、技术含量少、附加值低、出口竞争力差的状况,鞭策企业利用这一契机加速技术改造,提高出口产品附加值和技术含量,提高出口效益。

(二) 消极影响

特别保障措施对我国的消极影响包括以下几点。

(1) 冲击甚至损害我国的国内产业。特别保障措施歧视性很强,会直接损害中国的出口产业,特别保障措施的实施在事实上会使中国的相关产业的出口市场份额下降,进而产量下滑,形成连锁反应,危及产业发展。

(2) 相关产品出口受阻,企业利润减少。特别保障措施实施的直接后果就是中国的产品出口受到限制,企业的出口产品数量减少,无论企业采取何种应对策略,都会直接或间接地增加中国出口企业的成本,导致利润下降。

(3) 破坏公平竞争,阻滞经济良性运行。贸易自由与公平竞争已被公认为国际贸易的基本原则。特别保障措施是对这两个原则的违背和破坏,不利于建立公平竞争的国际贸易环境,也不利于我国经济的稳定和健康发展,并随我国经济在世界经济中比重的增加和影响力的提升而间接阻碍世界经济的稳定与发展。

五、应对特别保障措施的措施

应对特别保障措施有以下几个措施。

(1) 为有效应对特别保障措施壁垒,要对特别保障措施和 WTO 规则进行深入研究,加强对特别保障措施的现状和发展趋势的认识,并推广特别保障措施相关知识普及教育。熟悉并积极主动运用 WTO 争端解决机制,利用磋商机制,化解矛盾,解决争端,必要时诉诸 WTO 争端解决机制。加快培养懂外语、懂法律、懂经济、熟悉 WTO 规则的专门人才,尤其是擅长解决贸易争端的人才,使我国逐步完成由了解 WTO 规则过渡到善于运用 WTO 规则直至参与制定 WTO 规则的成员角色转变,由被动维护本国贸易权益的 WTO 成员方变成主动维护贸易自由与贸易公平的主要力量。

(2) 鼓励企业积极应诉。在其他 WTO 成员针对我国产品提起"两反一保"投诉时,我国生产企业和外贸代理(agency)企业之间、生产企业之间、外贸企业之间缺乏内在协调与合作机制,疏于、惰于甚至放弃应诉,以致在大多数案件中我国被迫承担不利后果,这在一定程度上刺激更多的 WTO 成员对我国适用贸易救济措施。因此我国应加快建立应诉机制,确立"谁应诉谁受益,谁逃避谁负责"的原则,鼓励企业合作应对包括特别保障措施在内的贸易救济措施的适用,采用合法手段维护我国的贸易权益。

(3) 加大经济外交力度,加快区域经济合作。欧美等主要发达国家和地区拒绝承认中国的市场经济地位,导致我国屡遭反倾销诉讼。我国应积极开展经济外交,争取更多发展中国家和其他友好国家率先承认我国的市场经济地位,减少特别保障措施条款的适用;此外我国还应加强与周边国家的经济合作,建立关税联盟和自由贸易区,以规避特别保障措施的适用;同时,应积极建设预警机制,在出现外国对中国出口产品发起特别保障措施调查的苗头时,我国可以通过特别保障措施预警平台,提前准确地了解相关信息和数据,及时向国内企业发出预警信号,降低或避免中国出口产品遭受特别保障措施抵制的受损程度,有效维护我国外贸的正当合法权益。

（4）建立和完善行业协会制度,充分发挥行业协会的独特优势。国家应通过立法等手段促进行业协会健康发展,并发挥其在解决特别保障措施申诉中的独特作用。行业协会是联结我国企业与外国商户的信息桥梁,可以为企业提供包括行业预警在内的各种信息；行业协会可以制定和实施行业规范,规范出口企业的出口行为,通过行业自律避免恶性竞争；在因特别保障措施的适用使本行业企业的贸易利益受到损害时,行业协会应当利用本身优势和力量,协调和调动国内与

扩展资料

国外的力量,如通过游说实施国政府、行业协会或相关利益集团等方法促使实施国国内形成反对对我国实施特别保障措施的力量,以积极维护本行业的利益。

本章小结与思考题

试一试

第六章

GATT 与 WTO

教学目的和要求

　　本章介绍 GATT 与 WTO 的基本内容。本章的目的是使学生了解世界贸易组织的建立及其与 GATT 的关系,掌握世界贸易组织的基本原则,了解中国"入世"后的权利与义务以及"入世"对中国经济的影响。

关键概念

关税与贸易总协定	世界贸易组织	最惠国待遇
国民待遇	透明度原则	乌拉圭回合
多哈回合		

章首案例

　　多哈回合贸易谈判(Doha Round of World Trade Talks)又称多哈发展议程,是世界贸易组织于 2001 年 11 月在卡塔尔首都多哈举行的世界贸易组织第四次部长级会议中开始的一轮多边贸易谈判。议程原定于 2005 年 1 月 1 日前全面结束谈判,但在 2003 年 9 月墨西哥坎昆举行的世界贸易组织第五次部长级会议上,各成员因在农业等问题上没有达成一致使多哈回合谈判陷入僵局。经多方努力,世界贸易组织各成员 2004 年 8 月 1 日就多哈回合谈判达成框架协议,为削减农业补贴和取消关税、降低工业品关税、推动服务贸易自由化和贸易便利化确定了基本原则,并同意将结束谈判的时间推迟到 2006 年年底,多哈回合谈判重回正常轨道。2006 年 7 月,由于世界贸易组织 6 个主要成员——美国、欧盟、日本、澳大利亚、巴西和印度未能就农业和非农产品市场准入问题达成协议,世界贸易组织被迫宣告中止多哈回合谈判。同年 11 月 16 日,世界贸易组织贸易谈判委员会召开全体会议,同意恢复多哈回合谈判的技术性讨论。2007 年 1 月 31 日,在世界贸易组织全体成员大使参加的会议上,与会大使一致同意全面恢复多哈回合各个议题的谈判。2009 年 9 月 4 日在印度首都新德里结束的世界贸易组织小型部长级会议上,40 余个国家和地区主管贸易的部长或代表一致同意以 2008 年达成的农业和非农业市场准入草案为基础,以多边谈判机制为主,努力在 2010 年结束以发展为核心的多哈回合谈判,取得有助于发展的实质性成果。

扩展资料

第一节 GATT 概述

一、GATT 产生的历史背景及过程

(一) 经济危机导致各工业国的经济下降

1929—1933 年,资本主义世界爆发了严重的经济危机。这次危机使得各主要资本主义国家的经济受到严重打击。据统计,美国经济水平下降 55%,德国经济水平下降 36.2%,英国经济水平下降 23.8%。贸易量下降更为严重:德国下降 76%,美国下降 70%,法国下降 66%,英国下降 40%。资本主义国家之间的矛盾加剧。

(二) 贸易保护主义的恶果引起各国的反思

第二次世界大战期间,各国以邻为壑,高筑关税,到 1948 年,发达国家的工业品关税税率已达 40%,限制了贸易的发展。人们认为:大萧条产生了经济不稳定的环境,有利于军事独裁的兴起,阻止战争的最好办法是实行自由贸易,从而推动和引导世界走向经济繁荣、政治稳定、自由和民主。

(三) 各国迫切希望发展经济

第二次世界大战后,无论是战胜国还是战败国都面临着缓和国际、国内矛盾,发展经济的任务。战争结束之前,这种愿望就已表现出来,其中,美国最为突出。1944 年 7 月,第二次世界大战还没有结束,美国就召集盟国的代表在新罕布什尔州的布雷顿森林镇举行了"布雷顿森林会议",会议形成了"布雷顿森林协定",协定决定建立旨在鼓励自由贸易和经济发展的三个国际性的机构,即国际货币基金组织(IMF)、世界银行即国际复兴开发银行(IBRD)和世界贸易与关税的组织。1947 年 10 月,在哈瓦那举行的联合国贸易与就业会议审议通过了《国际贸易组织宪章草案》(哈瓦那大宪章),但是这个宪章没有被多数签字国政府批准,致使世界贸易组织流产。

《国际贸易组织宪章草案》曾分别于 1946 年 10 月和 1947 年 4 月两次在日内瓦会议上进行修改,在两次日内瓦会议期间,美国邀请了 23 个国家和地区的代表举行了关税减让与多边谈判,并签署了《关税与贸易总协定》。1947 年 10 月 3 日又签署了《关于协定临时适用协定书》,决定《关税与贸易总协定》于 1948 年 1 月 1 日起生效。于是,关税及贸易总协定(GATT)产生了。

GATT 至今情况:1995 年 1 月 1 日,世界贸易组织成立,取代"关贸总协定"管理世界经济和贸易秩序,"关贸总协定"与世界贸易组织并存了 1 年。2001 年 12 月 11 日,中国正式加入 WTO,标志着中国的产业对外开放进入一个全新的阶段。2016 年 7 月,阿富汗在经过 12 年的"入世"谈判之后于 7 月 29 日正式成为 WTO 成员,也是 WTO 成立以来加入该组织的第 9 个最不发达成员(LDC)。截至 2017 年年底,世界贸易组织的正式成员已经由 GATT 最初的 23 个增加到 164 个,这些成员中有发达国家,也有不少发展中国家,世界

贸易组织成员的贸易总额占据了全球贸易总额的 97%。

二、GATT 的宗旨和职能

(一) GATT 的宗旨

GATT 正式文本的序言中,明确地提出了 GATT 的宗旨:缔约各国政府在处理它们的贸易和经济事务的关系方面,应以提高生活水平、保证充分就业、保证实际收入和有效需求的巨大持续增长、扩大世界资源的充分利用以及发展商品生产与交换为目的,希望达成互惠互利协议,大幅度地削减关税和其他贸易障碍,取消国际贸易中的歧视待遇。

从这段文字规定来看,GATT 希望通过降低关税和取消非关税壁垒,实现贸易自由化,建立一个完整的、公正的、开放的、有活力的和持久的多边贸易体系,进而促进世界经济的繁荣和福利的提高。但实际上,世界各国经济发展不平衡,决定了各国在世界贸易中的不同地位,关贸总协定在很大程度上被美国所控制,成为经济大国争夺世界市场和霸权的场所。只要世界还存在不公平贸易秩序,GATT 的宗旨就不可能得到全面实现。

(二) GATT 的职能

1. 谈判职能

GATT 为成员方多边贸易谈判搭建谈判平台,组织多边贸易谈判。GATT 成立以来,先后组织了 8 轮谈判。

2. 制定贸易规则职能

GATT 形成了一套国际贸易政策和措施的规章,是成员方制定和修改对外贸易政策与措施的主要法律依据。同时,GATT 还确定了有关国际贸易政策的各项基本原则,在多边谈判中又达成了一系列协议,这些原则和协议对各成员方具有一定约束力,在一定程度上促进了国际贸易行为的规范化。

3. 协调和解决贸易争端职能

GATT 通过组织多边贸易谈判,采取磋商、调节的方法,达成协议,解决贸易争端。争端的解决,有利于缓解成员方之间的矛盾和摩擦,对于促进成员方之间的贸易和友好关系的发展具有重要作用。

三、GATT 的组织机构

GATT 只是一个"协定",本无组织机构。但随着贸易形势的发展和需要,在 GATT 的基础上逐渐形成了一个临时性的准国际贸易组织。其最高权力机构是缔约成员大会,一般每年召开一次会议,讨论和决定有关重大事项,在休会期间,由理事会负责处理日常和紧急事务。理事会下设各种委员会,如国际收支委员会、关税减让委员会、补贴和反补贴委员会、反倾销委员会、进口许可证手续委员会、海关估价委员会、技术贸易委员会、政府采购委员会、民用航空交易委员会等。GATT 常设机构是秘书处,秘书处负责上述各项会议的准备、记录和报告的编写工作,负责进行 GATT 需要的各项调查,并负责与各缔约方联络。

四、GATT 的主要内容和基本原则

(一) GATT 的主要内容

1. 序言部分

序言内容包括：发起国(地区)23 个(按英文字母顺序排列)；总协定的宗旨及其实现手段——削减关税；申明各方代表经过谈判达成各项协议，指明 GATT 是政府行为，区别于非官方文件。

2. 正文分四部分

第一部分，包括第 1 条、第 2 条，最惠国待遇和减让表是核心部分。第二部分，包括第 3~23 条，主要是国民待遇、过境自由、反倾销、反补贴、海关估价、原产地标记、一般例外外汇安排、补贴等具体原则和内容。第三部分，包括第 24~35 条，主要包括适用的领土范围，有关过境贸易、关税联盟和自由贸易区的规定，缔约方联合行动的规定，有关决策原则的规定，加入和退出的规定等内容。第四部分，第 36~38 条，主要是对经济落后国家优惠的规定。

3. 附件和暂时适用议定书

附件主要是对条款作出一些解释、说明和补充。暂时适用议定书主要规定了各缔约方应全面实施第一部分和第三部分，并在各国现行法律许可的范围内实施第二部分。

在第 8 轮的乌拉圭回合谈判中，根据形势发展的需要，对 GATT 的有关内容进行了修改，修改后的协定称为《1994 年关税与贸易总协定》。

(二) GATT 的基本原则

1. 非歧视原则

非歧视原则是 GATT 最重要的原则，是关贸总协定的基石。这一原则的含义是：任一缔约方在实施某种限制性或某种禁止性措施时，不得对其他缔约方实行歧视性差别待遇。这一原则主要体现在最惠国待遇条款和国民待遇条款上。

1) 最惠国待遇条款

最惠国待遇条款规定，每一个缔约方在进出口方面，必须以相同的方式对待所有的其他成员方，而不应采取歧视待遇。也就是说，一个缔约方给予任何一方的贸易优惠，同时应无条件地适用于所有其他成员方，不得实行歧视性差别待遇。GATT 第 1 条规定："缔约方对来自或运往其他国家的产品所给予的利益、优待、特权或豁免，应当立即无条件地给予来自或运往所有其他缔约方的相同产品。"显然，这一条款的实行是无条件的。

2) 国民待遇条款

国民待遇条款规定，每一个缔约方对进口任一缔约方的产品，无论是在国内税收方面，还是在销售、购买、运输等方面，都应享有与国内产品同等待遇，不应受到歧视。也就是说，其他成员方的商品进入本国市场后，应与本国商品适用同样的法律、法规，实行公平竞争，不得对外国同类商品增加各种费用和实施限制性措施。GATT 第 3 条规定："一缔约方领土的产品输入另一缔约方领土时，不应对它直接或间接征收高于相同的国内产品所直接或间接征收的国内税或其他国内费用。"这一条款保证了进口产品与国内产品在国内市场上

享受同等待遇。

2. 关税保护与关税减让原则

关税保护原则是指以关税作为唯一保护手段的原则。1994年的GATT规定,允许对国内工业进行保护,但保护的手段主要是通过关税的方式进行,而不能采取数量限制、行政手段等非关税手段来进行。GATT规定:只能通过关税来保护本国工业;缔约方有义务实行关税减让。关税减让是GATT的主要宗旨,多边贸易谈判是实现关税减让的主要途径。关税减让原则是缔约方之间相互约束关税减让水平,即各缔约方彼此作出互惠与平等的让步,达成关税减让表协议的原则。关税减让表规定的税率的减让,任何缔约方无权单方面予以改变,3年内不得随意提高。如要提高,必须与当初进行对等谈判的国家协商,而且要用其他产品税率减让来补偿。

GATT还对实施上述原则作出灵活的规定:如果有关产品进口剧增,使进口国的同类产品受到重大损害或重大威胁,该进口国可与有关缔约方重新谈判,在给予对方适当补偿后,可修改或撤销其原来的关税减让承诺;发展中国家为了保护其国内工业和农业,如果税率的减让不利于它们的国际收支平衡,可在关税保护方面免除上述原则的使用。但是,只能是暂时的,如果滥用,其他缔约方可以采取报复措施。

3. 透明度原则

透明度原则要求,缔约方应对一切涉及贸易的政策和规则在全国统一实施并做到透明。也就是说,缔约方所有与进口贸易和服务贸易有关的政策法规,除违反公共利益和损害正当商业利益的机密之外,原则上都应当提前公布,以使其他缔约方有一定时间来熟悉它。GATT第10条规定,缔约方有效实施的关于海关对产品的分类或估价,关于税捐或其他费用的征收率,关于对进口货物及其支付转账的规定、限制和禁止,以及关于影响进出口货物的销售、分配、运输、保险、仓储、检验、展览、加工、混合或使用的法令、条例与一般援用的司法判决及行政决定,都应迅速公布,以使其他缔约方政府及贸易商熟悉它们。一缔约方政府或政府机构与另一缔约方政府或政府机构之间的影响国际贸易政策的规定,也必须公布。

4. 磋商调节原则

磋商调节(negotiation and coordination)原则要求,缔约方之间如果发生贸易冲突或贸易摩擦,各方应本着磋商一致的原则达成协议,解决它们之间的贸易争端。为此,GATT规定了磋商调节和解决贸易争端的程序与办法。这项原则并不要求贸易争端的当事方严格按照GATT的规定来解决贸易争端,而是在于寻求当事各方均能接受的解决争端的办法,目的是通过磋商、调节,保持缔约方之间的权利与利益的平衡。

5. 其他原则

除了上述四项主要原则以外,GATT还规定了一些其他原则。

1) 一般取消数量限制原则

GATT规定,任何缔约方除征收税捐或其他费用外,不得通过设立或维持配额、进出口许可证或其他措施来限制或禁止其他缔约方领土的产品输入,或向其他缔约方领土输出或销售出口产品。

2）禁止倾销和限制出口补贴的公平贸易原则

GATT 规定，禁止缔约方在出口方面实行倾销，并授权缔约方在某项工业由于倾销受到重大损害或重大威胁时，可实行反倾销，征收反倾销税。GATT 对出口补贴作出某些限制，同时授权缔约方在因对方出口补贴而对国内工业造成重大损害或重大威胁时，可实行反补贴，征收反补贴税。

扩展资料

3）对发展中国家特殊优惠待遇原则

GATT 规定，对发展中国家的贸易与经济，尽量给予关税和其他方面的特殊优惠待遇。这些规定主要体现在 GATT 的第18条、第36～38条以及"东京回合"通过的"授权条款"，包括普遍优惠制、优惠的关税安排和对最不发达国家的特殊待遇等。

五、乌拉圭回合多边贸易谈判

（一）乌拉圭回合背景

GATT 第7轮"东京回合"谈判之后，为了发动新一轮多边贸易谈判，GATT 于 1985 年 9 月召开特别缔约方大会，与会代表认为，新一轮谈判的宗旨应该是遏制和消除贸易保护主义，维护和加强国际多边贸易体制，改善国际贸易环境，促进贸易自由化的发展。会议的中心议题集中在是否应将服务贸易纳入国际多边贸易体制以及服务贸易与传统贸易的关系上。经过各方反复协商并达成了协议，宣告新一轮谈判筹备工作开始。

1985 年 11 月底，GATT 召开第 41 届缔约方大会，正式成立新一轮谈判筹备委员会。筹委会用了 4 个月时间完成了对新一轮谈判可能涉及的 30 多个议题的审议工作，草拟了《乌拉圭回合部长会议宣言》。

1986 年 9 月 15 日，在乌拉圭的埃斯特角举行关贸总协定缔约方部长级会议，会议决定发动第 8 轮多边贸易谈判，即乌拉圭回合多边贸易谈判，简称"乌拉圭回合"。

（二）乌拉圭回合概况

乌拉圭回合规模最大，有 123 个成员参加；时间最长（1986 年 9 月—1993 年 12 月），历时 7 年半。谈判原定于 1990 年 12 月结束，后来因为美国与欧共体之间在农产品补贴上的分歧，发达国家与发展中国家在纺织品谈判和保证条款方面的矛盾，以及各缔约方在知识产权方面的不同意见，使谈判延长至 1993 年年底结束。1986 年 9 月 15—20 日，在乌拉圭的埃斯特角举行的关贸总协定缔约方部长级会议上，通过了《乌拉圭回合部长宣言》。该宣言提出的乌拉圭回合的目标是：制止和扭转保护主义，消除贸易扭曲现象；维护 GATT 的基本原则和促进实现 GATT 的目标——建立一个更加开放的、具有生命力和持久的多边贸易体制。为了实现这一目标，要求各缔约方进一步放宽和扩大世界贸易，减少和取消关税，限制和降低非关税壁垒；加强 GATT 的作用，把更大范围的世界贸易置于统一的、有效的和可实施的多边规则之下；增强关贸总协定体制的适宜性，加强 GATT 与有关国际组织的联系；促进国内和国际合作行动，努力改善国际货币体制的职能，促进金融和实际投资资源向发展中国家流动等。

该宣言提出的主要议题共 15 个，分"货物贸易"和"服务贸易"两个谈判组对这些议题进行谈判。主要内容包括货物贸易部分和服务贸易部分。

1. 货物贸易部分

本部分包括14个议题：①关税；②非关税措施；③热带产品；④自然资源产品；⑤纺织品与服装；⑥农产品；⑦关贸总协定条款；⑧保障条款；⑨多边贸易谈判协议和安排；⑩补贴与反补贴；⑪争端解决；⑫与贸易有关的知识产权问题；⑬与贸易有关的投资措施；⑭关贸总协定体制的作用。

2. 服务贸易部分

通过谈判制定服务贸易的多边谈判原则和规则的框架，包括各个部门制定可能的规则，并把扩大服务贸易作为促进贸易伙伴经济发展和发展中国家经济发展的手段。

六、"最后文件"的主要内容

通过谈判，包括中国在内的117个国家和地区的代表在日内瓦一致通过了乌拉圭回合"最后文件"。1994年4月15日，各参加方在摩洛哥马拉喀什举行部长级会议，签署了"最后文件"，形成《乌拉圭回合多边贸易谈判成果的最后文件》，即《1994年关税与贸易总协定》。该文件涉及21个领域、28个协议，从内容上可以分为三类：第一类是对原有的关贸总协定和货物贸易规则的修改；第二类是新制定的规则、规范和贸易有关的新问题；第三类是体制建设问题，最重要的是建立世界贸易组织取代关贸总协定。具体内容包括以下几个方面。

（一）市场准入方面

市场准入问题的核心是关税问题。关税减让是历来多边贸易谈判的主要议题。乌拉圭回合谈判在关税减让方面取得了更大进展。各缔约方平均降低关税近40%，涉及的商品贸易额达1.2万亿美元，并在20个产品部门实行了零关税。发达国家的关税税目约束比例由乌拉圭回合前的8%扩大到97%，发展中国家同期的税目约束比例由21%增加到65%。

所有参加方农产品的非关税措施全部予以关税化，并进行约束和削减。2002年以前对现行关税应削减36%，发展中国家可削减24%。对于需要关税化的农产品必须承诺相当于国内消费量3%～5%的最低市场准入量。对农产品产生影响的国内支持措施减少20%。出口补贴削减36%，发展中国家可削减24%。出口补贴的承诺应适用特定的产品，如小麦和面粉、粗粮、油籽、脱脂奶粉、食糖等。

（二）服务贸易方面

乌拉圭回合达成了《服务贸易总协定》（GATS）。《服务贸易总协定》由框架协议条款、部门协议和附录、各国市场准入承诺单三部分组成。其内容涉及150多种服务。框架协议条款规定了适用于所有成员方的基本义务；各国市场准入承诺单规定了各国具体承担的义务及履行的时间表；附录中阐述了各个服务部门的特点情况。

该协定允许各缔约方根据本国情况逐步地开放服务部门，允许发展中国家有更大的灵活性。

（三）知识产权方面

乌拉圭回合达成了《知识产权协定》。世界各国在保护和实施知识产权方面存在很大差别，缺乏一个国际统一的、有效的保护知识产权的规定。为此，《知识产权协定》在GATT和有关的知识产权规定原则基础上提出了更为完整的保护措施，并规定了各类缔约方过渡的时间表。

《知识产权协定》的主要内容包括序言和7个部分，共73条。第1部分为总则和基本原则；第2部分为知识产权适用范围和标准；第3部分为知识产权的实施；第4部分为获取和维持知识产权及其有关程序；第5部分为争端的防止和解决；第6部分为过渡性安排；第7部分为机构设置和最后条款。该协定规定的目标是：为了减少国际贸易中的不公平和障碍，考虑到有必要加强对知识产权的充分有效保护，确保实施知识产权的措施及程序对合理贸易不造成任何障碍。该协定的基本原则包括最低保护标准原则、国民待遇原则和最惠国待遇原则、透明度原则等；保护的范围和标准包括版权及相关权利、商标、原产地标志、工业品外观设计、专利、集成电路的设计、商业秘密和许可合同中限制性条款的控制；知识产权实施的具体措施主要有民事和行政程序措施、司法当局有权采取的临时措施、海关实施的边境措施、刑事程序等；知识产权的获得和维持程序规定知识产权的获得以授予或注册为准，并规定了授予和注册程序；争端的防止和解决要求缔约方按照GATT透明度原则及时公布涉及知识产权保护的有关法律、条例、司法规定、行政规定，遵守GATT的有关规定解决争端；过渡性安排规定了本协定实施的过渡期；机构设置和最后条款规定建立知识产权委员会，对本协定的实施进行监督，缔约方应在国内设立联系处。

（四）投资措施方面

乌拉圭回合达成了《与贸易相关的投资措施协定》。该协定主要是规范各成员方的投资措施，使之符合关贸总协定自由贸易精神。鉴于各成员方的投资环境及由此引起的投资措施的差异，该协定附有一个不符合关贸总协定投资措施的说明目录，符合目录要求的被视为允许。

（五）争端解决方面

"最后文件"改进和完善了GATT原有的争端解决机制，要求建立一个统一的争端解决机制，以防止各成员方采取与GATT不相符的、单方面贸易报复的做法。

（六）组织机构方面

"最后文件"决定建立一个具有法人资格的世界贸易组织，以取代GATT。

（七）《原产地规则协定》方面

对于商品产地的衡量，主要分两类：一类是完全的原产地产品，另一类是非完全原产地产品。随着国际分工的不断深化，越来越多的企业将产业链延伸到海外，对于含有进口成分的产品"国籍"的确定，原产地规则中只是笼统地讲对产品进行了最后的实质性加工的国家为该产品的原产地。各国在具体执行中主要采用两种标准：加工标准和百分比标准。欧盟、日本等国家和地区采取的是加工标准，即只要加工后的制成品与原来进口的原料和零部件的税号不同，就可以认定为发生了实质性变化，该产品的产地就被认定为是加工地。我国目前也采用这一标准。美国、加拿大、澳大利亚等国采取的是百分比标准。通过使用进口成分(或本国成分)占成品价值的百分比来确定其是否达到实质性变化的标准,各国具体确定的百分比是不相同的,美国规定本地成分不得低于出口商品价值的35％。

第二节 WTO 概述

一、世界贸易组织产生的背景

世界贸易组织,是根据乌拉圭回合多边贸易谈判达成的《建立世界贸易组织协定》而建立的正式国际经济组织。

世界贸易组织的前身是 GATT。GATT 由于在法律地位、职能范围、管辖内容和运行机制等方面的局限性,越来越不适应国际贸易形势的发展。因此早在 20 世纪 50 年代后期,联合国经社理事会就曾提出在联合国主持下建立国际贸易组织的构想,20 世纪 60—80年代,建立世界贸易组织的呼声从未停止过。乌拉圭回合多边贸易谈判以来,建立国际贸易组织问题更加引起普遍关注。乌拉圭回合谈判后期,许多实质性重要议题已基本达成协议,如何执行这些协议、采取何种组织框架是成员方更加关心的议题。欧共体、加拿大、瑞士、美国等先后提出方案,经过多次谈判,1991 年 12 月 20 日在乌拉圭回合谈判中正式形成建立"多边贸易组织"的决定。1994 年 4 月,马拉喀什部长会议签署了乌拉圭回合文件和《建立世界贸易组织协定》,并决定于 1995 年 1 月 1 日正式生效,世界贸易组织就这样诞生了。

二、《建立世界贸易组织协定》的主要内容与基本原则

《建立世界贸易组织协定》由序言、条款和附件组成,主要规定了 WTO 的宗旨和目标、职能、组织机构和法律地位等内容。

(一) 宗旨和目标

在序言中,对 WTO 的宗旨作出明确规定:各成员方在发展贸易和经济时,应力求提高生活水平,保证充分就业,大幅度提高实际收入和有效需求,扩大货物和服务的生产与贸易;为了实现可持续发展,扩大对世界资源的充分利用,保护和维持环境,并以符合不同经济发展水平下各自需要的方式采取相应措施,进一步作出积极的努力,保证发展中国家的利益;建立开放的、有活力的和持久的多边贸易体系,进而促进经济发展和福利进步。其目标是建立一个完整的、更具有活力的和永久性的多边贸易体系来巩固关贸总协定以往为贸易自由化所做的努力和乌拉圭回合多边贸易谈判的所有成果。

(二) 职能

1. 管理监督职能

管理和监督各成员方对达成的协议与安排的贯彻和实施,并为执行上述各项协议提供统一的体制框架,以保证世界贸易组织宗旨和目标的实现。

2．谈判职能

为多边谈判提供场所和论坛，并为多边谈判的结果提供框架。

3．解决贸易争端职能

按有关诉讼程序提起诉讼，解决贸易争端。

4．监督和审议职能

监督和审议成员的贸易政策与规章，促进贸易体制一体化。

5．协调职能

协调WTO与其他世界组织的关系，以保证全球经济决策的一致性。

（三）组织机构和法律地位

WTO不同于GATT，它是一个世界性的法人组织，有一整套的组织机构。

1．部长会议

部长会议是最高权力机构，它由各成员代表组成，至少每2年召开一次会议，其职责是履行WTO的职能并为此采取必要的行动。

2．总理事会

总理事会是部长会议下设机构，由各成员方代表组成，在部长会议休会期间代行其职能。总理事会下设争端解决机构、贸易政策机构、评审机构及其他附属机构，如货物贸易理事会、服务贸易理事会、知识产权理事会。

3．理事会

理事会是总理事会附属机构，包括货物贸易理事会、服务贸易理事会和知识产权理事会。货物贸易理事会负责各项货物贸易协议的执行；服务贸易理事会监督服务贸易协议的执行；知识产权理事会监督与贸易有关的知识产权协议的执行。

扩展资料

三、WTO改革思路

世界贸易组织改革是当前国际经济关系博弈的焦点之一。国际贸易是促进全球经济增长的重要引擎，以WTO为核心的多边贸易体制是经济全球化和自由贸易的基石。当前，单边主义和保护主义做法日益严重，多边主义和自由贸易体制受到冲击，WTO谈判功能和决策效率日渐低下，其规则体系已不适应新的国际经济关系，WTO改革势在必行。

目前，WTO各成员方提出的改革方案和推进策略主要涉及三大范畴：一是如何改进争端解决制度和解决上诉机构法官任命僵局的问题；二是如何加强世贸组织常设机构和委员会的工作，以改善和强化WTO的监督功能和透明度问题；三是贸易规则现代化问题。

2019年5月13日，中国向世界贸易组织正式提交了《中国关于世界贸易组织改革的建议文件》，提出了中国推进WTO改革的原则、立场、政策建议和主张，为WTO的进一步改革贡献了中国智慧。中国认为，世贸组织改革应主要包括如下四个领域：一是解决危及世贸组织生存的关键和紧迫性问题；二是增加世贸组织在全球经济治理中的相关性；三是提高世贸组织的运行效率；四是增强多边贸易体制的包容性。

第三节　多哈回合

2001年11月,国际贸易谈判第九回合谈判在卡塔尔首都多哈召开,又称为多哈回合谈判。与前几个回合一样,多哈回合也是一个充满艰辛的谈判。与以往的多边谈判相比,这是包括议题范围最广、参加成员最多的一轮谈判。到2007年,多哈回合谈判出现了新情况:自从GATT创建以来,多哈回合贸易谈判第一次没有签订任何协定而宣告失败。

一、多哈谈判的宗旨和议题

多哈回合谈判的宗旨是促进世贸组织成员削减贸易壁垒,通过更公平的贸易环境来促进全球,特别是较贫穷国家的经济发展。谈判包括农业、非农产品市场准入、服务贸易、规则谈判、争端解决、知识产权、贸易与发展以及贸易与环境8个主要议题。多哈回合谈判是由全体世贸组织成员共同参与的多边谈判,但真正的谈判主角是美国、欧盟以及由发展中国家组成的"20国协调组"。

二、多哈回合的进程

2001年11月,世界贸易组织第四次部长级会议在多哈召开,多哈回合开始。2003年9月,在墨西哥坎昆举行的世界贸易组织第五次部长级会议上,各成员方在农业等问题上无法达成共识,令多哈回合谈判陷入僵局。由于在主要谈判议题特别是农业议题上分歧巨大,各方未能在2006年7月底之前就2004年的"协议初稿"达成协议,谈判再次陷入僵局。2006年7月27日,世界贸易组织总理事会正式批准暂停多哈回合贸易谈判。

2006年11月16日,世界贸易组织贸易谈判委员会召开全体会议,与会代表一致同意恢复多哈回合谈判的技术性讨论,并为谈判最终全面恢复做好准备。2007年1月31日,在世界贸易组织全体成员大使参加的会议上,与会大使一致同意全面恢复多哈回合各个议题的谈判。2008年7月29日,基于印度、中国与美国在"特别防卫机制"(special safeguard mechanisms)上的歧见,多哈回合谈判正式宣告破局。

三、多哈回合的主要分歧

多哈回合谈判中,农业和非农产品市场准入是最关键也是世界贸易组织成员分歧最集中的两个议题。农业和非农产品市场准入议题非常复杂,基本上归为三大方面,即农业补贴、农产品关税和工业品关税。此回合谈判的主要分歧是发达成员和发展中成员之间在农业补贴、农产品关税和工业品关税的削减幅度、削减公式和削减方法上的分歧:美欧等发达成员力求进一步打开发展中成员的工业品和服务市场,而发展中成员则希望美欧降低农业补贴并开放农业市场。如何达成一项平衡的协议,使各方均得到好处而又尽量避免损失就成了谈判中的最大难题。

世界银行估计了"完全自由化"的福利收益,也就是完全废除贸易壁垒和出口补贴的来源以及它如何在各国(地区)进行分配。在当今世界上,农产品贸易额不到整个世界贸易额的10%,但根据世界银行的估计,农产品自由贸易可以为世界带来63%的自由贸易收益。然而这些自由贸易收益很难获得。分析如表6-1所示。

表6-1 自由贸易潜在收益的百分比   %

经济体	完全自由化			
	农产品和食品	纺织品和服装	其他商品	所有商品
发达经济体	46	6	3	55
发展经济体	17	8	20	45
所有经济体	63	14	23	100

资料来源：Andersonk, Martinw. Agricultural Trade Reform and the Doha Development Agenda[M]. World Bank,2005.

在多哈回合中,有可能被接受的提议事实上缺乏完全自由化的空间,因为这次回合中的可能收益已经相当少。表6-2中显示世界银行估计在多哈回合两种方案的情况下福利收益的百分比。一种"激进"的方案很难通过,而另一种一般方案不包括敏感部门的自由化。即使在"激进"的方案中,整个世界的收益也许只有GDP的0.18%;在一种更可行的方案中,收益也会少于0.3%。这些收益对于中等收入经济体和低收入经济体就更少。为什么中国是负收益呢? 正如表6-2所说明的那样,因为中国最终将为进口的农产品支付更高的价格。

表6-2 多哈回合方案中福利收益占收入的百分比   %

经济体	激进	一般
高收入经济体	0.20	0.05
中等收入经济体	0.10	0.00
中国	−0.02	−0.05
低收入经济体	0.05	0.01
世界	0.18	0.04

资料来源：Andersonk, Martinw. Agricultural Trade Reform and the Doha Development Agenda[M]. World Bank,2005.

表6-2中的数字揭示了多哈回合失败的原因。低收入经济体看到提议中它们的利益太少,所以它们要求高收入经济体作出更多让步;高收入经济体反而也拒绝作出政治冒险去触犯一些有权威的利益团体,特别是农民。由于没有得到相应的回报,低收入经济体也不愿意大幅度削减剩余的较高关税,双方都固守己方利益而不愿作出让步最终导致了谈判的破裂。例如,在德国波茨坦会议上,美国和欧盟谴责巴西与印度不愿对制造产品开放市场,而巴西和印度指责美国与欧盟在农业开放与降低农产品补贴上做得太少。

四、多哈回合谈判的进展

2013年12月7日,世界贸易组织第九届部长级会议在印度尼西亚巴厘岛闭幕。会议发表《巴厘部长宣言》,达成"巴厘一揽子协定",多哈回合谈判12年僵局终获历史性突破。"巴厘一揽子协定"也被称为多哈回合谈判的"早期收获",包括10份文件,内容涵盖简化海关及口岸通关程序、允许发展中国家在粮食安全问题上具有更多选择权、协助最不发达国家发展贸易等内容。世贸组织总干事阿泽维多更是认为这是"世贸组织历史上首次迎来真正的成果"。

在贸易便利化方面,协定决定尽快成立筹备委员会,就协定文本进行法律审查,确保相关条款在2015年7月31日前正式生效。各方在声明中同意尽力建立"单一窗口"以简化清关手续。

在农业方面,协定同意为发展中国家提供一系列与农业相关的服务,并在一定条件下同意发展中国家为保障粮食安全进行公共储粮。

在棉花贸易方面,协定同意对最不发达国家进一步开放市场,并为这些国家提高棉花产量提供协助。

在发展议题方面,协定同意对最不发达国家出口到富裕国家的商品实现免税免配额制;进一步简化最不发达国家出口产品的认定程序;允许最不发达国家的服务优先进入富裕国家市场;同意建立监督机制,对最不发达国家享受的优先待遇进行监督。

本章小结与思考题

试一试

第七章

国际贸易术语

教学目的和要求

本章介绍国际贸易术语的含义、作用和理论基础,介绍有关贸易术语的国际贸易惯例。本章的目的是使学生了解国际贸易法律、规则与惯例的主要区别,理解主要贸易术语的含义及相互区别,熟练掌握主要贸易术语的用法。

关键概念

国际条约	贸易术语	FOB	CFR
CIF	FCA	CPT	CIP
DAT	DAP	DDP	装运合同
国际贸易惯例	象征性交货	特定化商品	交货

章首案例

案情:我国某进出口公司向新加坡某贸易有限公司出口香料15吨,对外报价为每吨2 500美元FOB湛江,装运期(time of shipment)为10月,集装箱装运。我方10月16日收到买方的装运通知,为及时装船,公司业务员于10月17日将货物存于湛江码头仓库。不料货物因当夜仓库发生火灾而全部灭失,货物损失由我方承担。

问:在该笔业务中,我方的做法有何不当之处?

分析:我方的做法不当之处在于,不应选择FOB术语成交,而应选择FCA术语成交。本案采用集装箱运输,若采用FCA术语成交,比采用FOB术语成交多以下好处:①可以提前转移风险;②可以提早取得运输单据;③可以提早交单结汇,提高资金的周转率;④可以减少卖方的风险责任。这样,我方不但不用承担案中的风险,还可以提早取得运输单据,提早交单结汇。所以,本案以FCA术语成交为宜。

那么,什么是FOB和FCA,国际贸易中贸易术语(trade terms)的国际惯例有哪些? 常用的国际贸易术语有哪些?

第一节 国际贸易法律、规则与惯例概述

国际贸易的当事人一般身处不同的国家和地区，而各国或地区具有不同的法律和制度，因此，国际贸易所适用的法律、法规有较大不同。概括起来，国际贸易所适用的法律、法规与惯例主要有国际条约、国内法和国际贸易惯例等。

一、国际条约

（一）国际条约的含义及作用

国际条约是指两个或两个以上的主权国家为确定彼此的政治、经济、贸易、文化、军事等方面的关系、权利和义务缔结的诸如公约、协定和议定书等各种协议的总称。

（二）国际商事中的主要国际公约

1. 关于国际货物买卖的公约

(1)《国际货物买卖统一法公约》(海牙，1964)。

(2)《联合国国际货物销售合同公约》(维也纳，1980)。

(3)《联合国国际货物买卖时效期限公约》(纽约，1974)。

2. 关于国际货物运输的公约

(1)《统一提单的若干法律规则的国际公约》(简称《海牙规则》，1924)。

(2)《修改统一提单的若干法律规则的国际公约的议定书》(简称《维斯比规则》，1968)。

(3)《联合国海上货物运输公约》(简称《汉堡规则》，1978)。

(4)《统一国际航空运输某些规则的公约》(简称《华沙公约》，1929)。

(5)《修改华沙公约议定书》(简称《海牙议定书》，1955)。

(6)《国际铁路货物联运协定》(简称《国际货协》，1951)。

(7)《关于铁路货物运输的国际公约》(简称《国际货约》，1961)。

(8)《联合国国际货物多式联运公约》(1980)。

3. 关于国际支付的公约

(1)《统一汇票本票法公约》(日内瓦，1930)。

(2)《解决汇票及本票若干法律冲突公约》(日内瓦，1930)。

(3)《统一支票法公约》(日内瓦，1931)。

(4)《解决支票法律冲突公约》(日内瓦，1933)。

(5)《联合国国际汇票国际本票公约》(日内瓦，1988)。

4. 关于对外贸易管理的公约

《世界贸易组织协定》(马拉喀什，1994)。

5. 关于贸易争端解决的公约

(1)《承认及执行外国仲裁裁决公约》(纽约，1958)。

（2）《关于争端解决规则与程序的谅解》（马拉喀什,1994）。

6. 关于国际投资的公约

（1）《解决国家与他国国民投资争议公约》（简称《华盛顿公约》,1965）。

（2）《多边投资担保机构公约》（简称《汉城公约》,1985）。

7. 关于知识产权的公约

（1）《保护工业产权巴黎公约》（巴黎,1979）。

（2）《商标国际注册马德里协定》（马德里,1979 年）。

（3）《保护文学艺术作品伯尔尼公约》（伯尔尼,1971 年）。

（4）《世界版权公约》（日内瓦,1971）。

二、国内法

由于国际条约和国际贸易惯例并不能包括国际贸易各个领域的一切问题,因此,国内法在国际贸易活动中仍占有重要地位。

国内法是指由某一国家制定或认可,并在本国主权管辖内生效的法律。从事国际贸易当事人地处不同的国家或地区,具有不同的法律制度,因此订立合同时,经常会涉及适用哪国法律作为争议处理依据的问题。

目前我国的国内法所涉及的有关国际贸易的法律主要有以下各项。

（一）关于适用于国际贸易买卖的国内立法

《中华人民共和国民法典》（2020 年 5 月 28 日通过,2021 年 1 月 1 日生效）。

（二）关于适用于国际货物运输与保险的国内立法

《中华人民共和国海商法》（以下简称《海商法》）（1992 年 11 月 7 日通过,1993 年 7 月 1 日生效）。

（三）关于适用于国际货款收付的国内立法

《中华人民共和国票据法》（以下简称《票据法》）（1995 年 5 月 10 日通过,1996 年 1 月 1 日生效）。

（四）关于适用于对外贸易管理的国内立法

《中华人民共和国对外贸易法》（1994 年 5 月 12 日通过,1994 年 7 月 1 日生效）

《中华人民共和国海关法》（1987 年 1 月 22 日通过,1987 年 7 月 1 日生效）

《中华人民共和国进出口商品检验法》（1989 年 2 月 21 日通过,1989 年 8 月 1 日生效）

（五）关于适用于国际商事仲裁的国内立法

《中华人民共和国仲裁法》（1994 年 8 月 31 日通过,1995 年 9 月 1 日生效）

三、国际贸易惯例

（一）国际贸易惯例的含义

国际贸易惯例一般是指在国际贸易业务中,经过长期反复实践形成的,并经过国际组织加以解释和编纂的一些行为规范或习惯做法。《联合国国际货物销售合同公约》第9条对国际贸易惯例的解释为:"在国际贸易上已经为有关特定贸易所涉同类合同的当事人所广泛知道并为他们所经常遵守。"

从上述定义中,可以得出构成国际贸易惯例一般应具备以下三个条件。

(1) 国际贸易惯例应是一定范围内的人们经长期反复实践而形成的某种商业方法或通例或行为规范。

(2) 国际贸易惯例的内容必须是明确肯定的,并被许多国家和地区所认可。

(3) 国际贸易惯例必须是在一定范围内众所周知的,从事该行业的人认为是具有普遍约束力的。

(二) 国际贸易惯例的作用

国际贸易惯例的作用包括以下几点。

(1) 国际贸易惯例有利于买卖合同的顺利磋商和订立。使用国际贸易惯例,可以简化进出口交易的相关手续,节省费用支出,缩短商务谈判时间。

(2) 国际贸易惯例有利于解决履行合同中的争议与纠纷。订立国际贸易合同时,有时会出现措辞不严谨、法律适用不明确的情形,当出现争议与纠纷时,当事人可以援引国际贸易惯例来解决。

(3) 通过运用国际贸易惯例,有利于国际贸易中各个环节的相互衔接,有效解决银行、船公司、保险公司、海关、商检机构等处理进出口业务中所遇到的各种问题。

(4) 国际贸易惯例是国际贸易法律的重要渊源之一,在国际经济与贸易领域,不仅可以弥补国际公约、国内法的不足,而且一旦当事人在合同中援引国际贸易惯例,则该惯例即拥有法律的效力。

(三) 国际贸易惯例的使用

法律与国际贸易惯例是有本质不同的。国际贸易惯例本身不是法律,其适用是以当事人的意思自治为基础的。因此,国际贸易惯例对贸易当事人来说不具有强制约束力。但采用国际贸易惯例已经成为国际范围内的一种趋势。

在国际贸易实践中,运用国际贸易惯例,一般应遵循以下原则。

(1) 国际贸易惯例不能与有关的法律和社会公共利益相冲突,在运用时应对国际贸易惯例成立的事实进行必要的审查。

(2) 国际贸易惯例不宜与合同明确规定的条款相冲突。

(3) 当事人未明确主张适用国际贸易惯例时,法官或仲裁员有权主动适用有关的国际贸易惯例。如果对于同一争议有几个不同的惯例存在,则应考虑适用与具体交易有密切联系的国际贸易惯例。

(四) 常用的国际贸易惯例

1. 国际贸易术语方面

(1) 国际商会制定的《国际贸易术语解释通则》(*International Rules for the*

Interpretation of Trade Terms）。

（2）国际法协会制定的《1932 年华沙—牛津规则》。

（3）美国全国对外贸易协会制定的《1990 年美国对外贸易定义修订本》。

2．国际货款收付方面

（1）国际商会制定的《跟单信用证统一惯例》2007 年修订本，国际商会第 600 号出版物。

（2）国际商会制定的《关于审核跟单信用证项下单据的国际标准银行实务》（ISBP），国际商会第 681 号出版物。

（3）国际商会制定的《托收统一规则》1995 年修订本，国际商会第 522 号出版物。

3．运输与保险方面

（1）英国伦敦保险协会制定的《伦敦保险协会保险条款》。

（2）中国人民保险公司制定的《国际货物运输保险条款》。

（3）国际海事委员会制定的《约克—安特卫普规则》。

4．国际仲裁方面

联合国国际贸易法委员会制定的《联合国国际贸易法委员会仲裁规则》。

第二节　有关贸易术语的国际贸易惯例

一、贸易术语的定义

贸易术语是在长期的国际贸易实践中产生的，它是用来表示商品的价格构成，说明交货地点，确定风险、责任、费用划分等问题的专门用语。

贸易术语的作用主要有：①有利于买卖双方洽谈交易和订立合同；②有利于买卖双方核算价格和成本；③有利于解决履约当中的争议。

二、常见有关贸易术语惯例规则

（一）《1932 年华沙—牛津规则》

该惯例由国际法协会制定，只对 CIF 一种价格术语进行了解释。

（二）《1990 年美国对外贸易定义修订本》

该惯例由美国的 9 个商业团体共同制定，对 6 种贸易术语，即 Ex（point of origin）、FOB、FAS、C&F、CIF、Ex（named port of importation）进行了解释。

（三）《2000 年国际贸易术语解释通则》

该通则简称《2000 年通则》（《Incoterms 2000》）。在《2000 年通则》中，国际商会根据卖方承担义务的不同，将 13 种贸易术语分为 E、F、C、D 四组。它们分别是 E 组：EXW；F 组：FAS、FOB、FCA；C 组：CFR、CIF、CPT、CIP；D 组：DAF、DES、DEQ、DDU、DDP。13 种贸易术语中买卖双方的基本义务比较如表 7-1 所示。

表 7-1　《Incoterms 2000》的贸易术语中买卖双方各自应承担的责任、风险和费用对照表

术语	中文含义	交货地点	运输手续办理	保险手续办理	风险转移界限	出口报关责任、费用承担	进口报关责任、费用承担	适用的运输方式	交货性质
EXW	工厂交货	指定商品生产或储存地	无义务	无义务	在指定商品生产或储存地交给买方处置时起	买方	买方	任何运输方式	实际性交货
FAS	装运港船边交货	买方指定装运港、指定装货地点、指定船边	买方	无义务	在买方指定装运港、指定装货地点，将货物交至买方指定船边时起	卖方	买方	海运及内河航运	实际性交货
FOB	装运港船上交货	指定装运港船上	买方	无义务	货物在指定装运港越过船舷时起	卖方	买方	海运及内河航运	象征性交货
FCA	货交承运人	指定的交货地点	买方	无义务	在指定交货地点货交买方指定承运人或其他人起	卖方	买方	任何运输方式	象征性交货
CFR	成本加运费	指定装运港船上	卖方	无义务	货物在指定装运港越过船舷时起	卖方	买方	海运及内河航运	象征性交货
CIF	成本加运费、保险费	指定装运港船上	卖方	卖方	货物在指定装运港越过船舷时起	卖方	买方	海运及内河航运	象征性交货
CPT	运费付至目的地	指定的交货地点	卖方	无义务	在指定交货地点货交承运人处置时起	卖方	买方	任何运输方式	象征性交货
CIP	运费、保险费付至目的地	指定的交货地点	卖方	卖方	在指定交货地点货交承运人处置时起	卖方	买方	任何运输方式	象征性交货
DAF	边境交货	两国边境指定地点	卖方	无义务	在边境指定地点将货物交给买方处置时起	卖方	买方	任何运输方式	实际性交货
DES	目的港船上交货	指定目的港船上	卖方	无义务	在指定的目的港将货物于船上交给买方处置时起	卖方	买方	海运及内河航运	实际性交货
DEQ	目的港码头交货	指定目的港码头	卖方	无义务	在指定的目的港码头上将货物交给买方处置时起	卖方	买方	海运及内河航运	实际性交货
DDU	未完税交货	指定目的地	卖方	无义务	在指定的目的地货交买方或买方指定的其他人处置时起	卖方	买方	任何运输方式	实际性交货

续表

术语	中文含义	交货地点	运输手续办理	保险手续办理	风险转移界限	出口报关责任、费用承担	进口报关责任、费用承担	适用的运输方式	交货性质
DDP	完税后交货	指定目的地	卖方	无义务	在指定的目的地货交买方或买方指定的其他人处置时起	卖方	卖方	任何运输方式	实际性交货

（四）《2010 年国际贸易术语解释通则》

该通则简称《2010 年通则》(Incoterms 2010)。在《2010 年通则》中,国际贸易术语由原来的 13 个减至 11 个。新增了两个术语 DAT(运输终端交货)和 DAP(目的地交货),并取代了《2000 年通则》中的 DAF(边境交货)、DES(目的港船上交货)、DEQ(目的港码头交货)和 DDU(未完税交货)。

（五）《2020 年国际贸易术语解释通则》

该通则简称《2020 年通则》(Incoterms 2020)。《Incoterms 2020》的下列内容更值得关注。

(1) 已装船批注提单和 FCA 术语。FCA 术语项下可以要卖方提交已经装船提单,以满足如信用证项下银行对于已装船提单(on board B/L)的需要。在一般情况下,FCA 合同项下卖方在交货之后是无法获得提单的,规则的这一变通满足了实务中的一些情形。

(2) 费用问题:一站式费用清单。在 A9/B9(ALLOCATION OF COSTS)栏位增加关于单独罗列费用条款的规定,使得买卖双方对各个术语项下各自应承担的费用更加清晰明了,以减少费用方面的争议,如 CFR 项下在卸货港的卸货费用,如果运输合同没有特别规定,则应由买方承担。

(3) CIF 与 CIP 中保险险别的不同层级。《Incoterms 2010》项下,CIF 和 CIP 术语下投保的基本险种为协会货物保险条款里的 ICC(C)险,类似于我国海洋运输保险中主险中的平安险(free from particular average,FPA),是一种列明风险方式的保险条款,要求较低。《Incoterms 2020》将其做了修订,将 CIP 合同下的默认险种规定为 ICC(A)险,类似于一切险(all risks,AR),这对于买方而言是一个好事,但会增加卖方的保费支出。

(4) 在 FCA、DAP、DPU、DDP 中使用卖方或买方自己的运输工具安排运输。允许这四个术语项下的买卖双方使用自有的运输工具进行货物运送,以符合实务的做法。在自有运输工具的情况下,负有运输一方的义务就由原来的签订运输合同变成了根据合同做好相应的运输安排。

(5) 将 DAT 三个首字母缩写改为 DPU。《Incoterms 2010》中的 DAT 术语变更为 DPU(delivered at place unloaded)(卸货地交货,指定目的地),同时将 DPU 的顺序按照运输的逻辑关系放在后面(《Incoterms 2010》项下 DAP 术语的顺序是放在 DAT 的后面)。从本质来看,该术语的变更对买卖双方在术语下的权利、义务等方面没有太大的改变,但是从表述上来看，DPU 的交货地点比 DAT 的表述要宽泛一些，不完全限制于码头、集装箱堆场（container yard，CY）、航空货站或铁路仓库等交货终端，而是买卖双方根据合同约定的任意一个交货终点，当然这个交货地是约定得越具体越好。

（6）在运输义务和费用中加入与安全有关的要求。如在 A4 条款项下，在买方安排运输的情况下，一般会要求卖方向买方提供有关运输安全的信息，以确保买方可以顺利地签订运输合同安排运输事宜；在卖方负责运输的情况下，卖方必须遵守有关运输安全的规定，保证运输的顺利进行。

（7）《Incoterms 2020》在每个术语前增加了一个专门的"用户解释"（explanatory notes for users），而《Incoterms 2010》项下是'指引'（guidance notes）。用户解释的主要目的为：帮助用户准确理解和使用适当的价格术语，在争议的情况下为相关方提供必要的指导。用户解释的主要内容包括：关于该术语下的交货和风险、运输方式、交货地点的尽量明确、进出口清关、卸货费用等。

扩展资料

第三节 《Incoterms 2010》对主要贸易术语的解释

一、对 FOB 贸易术语的解释

（一）船上交货术语的概念

FOB 即 free on board 的英文缩写，其中文含义为"船上交货（……指定装运港）"（以下称作"船上交货"），是指卖方以在指定装运港（port of shipment）将货物装到买方指定的船上或取得已交付至船上货物的方式交货。

（二）用法上应注意事项

1. 运输费用问题

按《Incoterms 2010》规定，在 FOB 术语下，"卖方对买方无订立运输合同的义务。但若买方要求，或是按商业实践，而买方未适时做出相反指示，卖方可以按照通常条件签订运输合同，由买方负担风险和费用。哪种情况，卖方都可以拒绝签订运输合同，如予拒绝，卖方应立即通知买方。"而对于买方，除卖方按照上述要求签订运输合同的情形外，"买方必须自付费用签订自指定的装运港起运货物的运输合同。"

2. 货物风险转移时间、地点的问题

《Incoterms 2010》将 FOB 术语项下的交货转移点从"越过船舷"变更为"船上交货"，相应的风险转移点也从"船舷"改为"船上"。在"船舶上交货"与"越过船舷"，就卖方责任而言，两者的确有所不同。例如，在装船过程中，货物从吊钩上掉落下来受损，如卖方能及时以同类货物替换，当然不成问题；如没有同类货物替代，情况就不一样了。假如买卖合同采用以船舷分界来划分风险，则只要货物不是掉落在码头、驳船或海中，而是掉落在船舶甲

板上或是在船舱里受损的,那么卖方就可免予承担"不交货"的责任;但如果采用的是以"在船舶上交货"来划分风险,则卖方就要承担"不交货"的责任,并对买方由此而遭受的损害负责赔偿。

3. 装载费用的承担问题

在FOB术语下,一方面卖方必须承担有关货物的一切费用,直至其在装运港越过买方所指定船舶的船舷为止;另一方面卖方又必须按港口习惯方法,在装运港买方所指定的船舶上交货。一个是以船舷为界,一个是要求把货物交到船上,那么装载费用究竟应由何方承担呢?按实际装船操作,货物从码头或驳船起吊直至船舱(如买卖合同允许,也可放置于船的甲板上),是一个连续的作业过程,不可能把船舷前的费用与船舷后的费用做明确的划分。为解决此项装载费用承担的问题,可能的方法有三种:第一,如果货物是以班轮条件发送,由于班轮运费中一般都包括装卸费用,而运费又是由买方支付,所以装载费用也就应由买方负担。第二,如果货物是以租船条件来发送,货物以"装货船方免责条件(FI Term)"装运时,意味着运费并不包含装载费用。在此情况下,装载费用就须由卖方负担了。第三,装载费用也可按照港口习惯,由买卖双方分担,即买卖双方各自负担装载费用的一部分。至于货物在船舱的理舱费用,本来应由买方负担,但按港口习惯,也许将向卖方收取。因此,卖方为配合港口习惯,可以FOB Stowed术语与买方订约,指包含积载费用在内的费用由卖方负担,并已计入货价之内。但是在FOB后面附加Stowed之后,货物灭失或损坏风险的分界点是否也由船舷移转到船舱的问题,值得研究。若当事人无意改变货物风险的分界点,则应以"stowage costs for seller's account"(理舱费用由卖方负担)替代stowed较为妥当。若拟将装船与积载的费用与风险均由卖方负担,则应以"FOB Stowed, costs and risks in connection with loading on the seller"(装运港船上交货,含理舱费用,与装船有关的费用与风险由卖方承担)术语订约较为严密。

(三) FOB 术语的变形

1. FOB Liner Terms(FOB 班轮条件)
该术语的变形卖方不必承担装货费用。

2. FOB Under Tackle(FOB 吊钩下交货)
该术语的变形卖方不必承担装货费用。

3. FOB Stowed(FOB 包括理舱)
该术语的变形卖方必须承担装货费用和理舱费用。

4. FOB Trimmed(FOB 包括平舱)
该术语的变形卖方必须承担装货费用和平舱费用。

5. FOB Stowed and Trimmed(FOB 包括平舱和理舱)
该术语的变形卖方必须承担装货费用、平舱和理舱费用。

二、对 CFR 贸易术语的解释

(一) 成本加运费术语的概念

"成本加运费(……指定目的港)"术语(以下称作"成本加运费")的英文为 cost and

freight（…named port of destination），国际代号为CFR。CFR术语是指卖方在船上交货或以取得已经这样交付的货物方式交货。货物灭失或损坏的风险在货物交到船上时转移。卖方必须签订合同，并支付必要的成本和运费，将货物运至指定的目的港（port of destination）。

在CFR术语下，货物的风险，如同FOB，从货物越过出口装运港船舷时起，转移至买方，卖方应负责适时通知买方有关货物的装船起航事宜，否则由此造成买方未能及时投保险，其运输途中货物的风险，仍应由卖方承担。

（二）用法上应注意事项

1. CFR是装运地合同

CFR是装运地合同术语，而非目的地合同术语。卖方将货物运至装船港，货物越过船舷时，货物的灭失或损坏风险，即转由买方承担。也就是说，货物在海上运输中的风险，卖方不负责任。这点与DES或DEQ等目的地合同术语截然不同。

2. CFR费用及风险分担的关键点

在CFR下，卖方虽然必须承担沿通常航路并以习惯方式将货物运至指定目的港的正常运费，但货物灭失及货物装上船之后因意外事故（accident）而发生的额外费用（extra charges），则由买方承担。

因此，CFR术语与其他C组术语一样，以具有两个关键点（费用分担关键点和风险分担关键点）而与所有其他类型的贸易术语有所不同。基于此，增加卖方在本术语有关上述风险分担关键点以后的义务时，要非常谨慎。本术语的本质是只要卖方订立运输契约，将货物装上船，履行合同后，卖方就免除了进一步的风险及费用。

3. 交货方式

CFR术语的交货方式是象征性交付，而不是EXW、FAS或DAF等术语的实际性交付。买方从卖方取得运输单据后，即有权向承运人请求交货，如货物发生灭失或损坏，买方可按运输单据所载条款向承运人索赔，或按保险单规定向保险人索赔。

4. 卖方的装船通知义务

以CFR术语交易时，卖方对于装船通知义务的履行应特别注意，如卖方未按CFR术语A7的规定向买方发出充分的通知，则货物在运输中的风险，须由卖方承担，而不是由买方承担。

（三）CFR的变形(卸货费用的承担)

1. CFR Liner Terms(CFR班轮条件)
该术语的变形卖方需要承担卸货费用。

2. CFR Landed(CFR卸至岸上)
该术语的变形卖方需要承担卸货费用。

3. CFR under Ex Tackle(CFR吊钩下交货)
该术语的变形卖方需要承担卸货费用。

4. CFR Ex Ship's Hold(CFR舱底交货)
该术语的变形卖方不需要承担卸货费用。

三、对 CIF 贸易术语的解释

CIF 即 cost insurance and freight 的英文缩写,其中文含义为"成本、保险费加运费(……指定目的港)"(以下称作"成本、保险费加运费"),国际代号为 CIF,是指卖方在船上交货或以取得已经这样交付的货物方式交货。货物灭失或损坏的风险在货物交到船上时转移。卖方必须签订合同,并支付必要的成本和运费,以将货物运至指定的目的港。

卖方还要为买方在运输途中货物的灭失或损坏风险办理保险。买方应注意到,在 CIF 下,卖方仅需投保最低险别。如买方需要更多保险保护的话,则需与卖方明确达成协议,或者自行作出额外的保险安排。当使用该术语时,卖方将货物交付给承运人时,即完成其交货任务,而不是货物到达目的地之时。

(一) CIF 术语的特性

1. CIF 合同是装运地合同

在 CIF 术语下,买卖双方对于货物风险的负担以装运港船舷为分界点,其与 FOB、CFR 同属装运地合同术语。在 CIF 术语下,卖方负有三大义务。

(1) 安排船舶。

(2) 将合同项下货物装上船,取得运费付讫的提单,并将其提供给买方。

(3) 投保海上运输险,取得保险单并向买方提供。

从法律观点看,CIF 基本上是由买卖合同、运输契约及保险契约三个契约所构成。卖方安排船运、购买保险、取得提单及保险单后,将其交付买方,货物所有权即转移至买方。如货物在运输途中发生灭失或损坏,则由买方向有关方面索赔。卖方的责任并不因其负有缔结运输契约及保险契约的义务而延伸到目的港。换言之,货物装上船以后的风险及运费、保险费以外的一切费用由买方负担,这点与后面的 DES 等 D 组术语完全不同。

2. CIF 合同是凭单据交货的买卖合同

在 CIF 术语下,卖方是以提供约定的货运单据作为履行交货的义务,买方在收到货运单据时,即必须按合同规定支付货款。

(1) 在 CIF 术语下,买方的付款义务不以交运的货物是否尚存为前提。

卖方装运货物,取得提单后,不论货物是否存在(甚至可能在运输途中已灭失),不管买方是否已知悉货物已不存在,只要卖方将约定的运输单据向买方提供,买方即有按合同支付货款的义务。如果货物损毁的原因是属于保险公司承保范围之内或属于船方的责任,买方在取得运输单据后,可根据提单或保险单的有关规定向保险公司或船方索赔。

(2) CIF 术语在本质上是专用于海运或内河航运运输的贸易术语。

货物由水上承运人承运,并由其签发可转让提单,而此种提单是表明货物的物权凭证。由于其具有物权凭证性质,才出现凭单据交付的买卖。在空运贸易的情形中,因航空承运人所签发的航空运单,不但不具有可转让性,也非物权凭证,因此,不适用凭单据交付为前提的 CIF 术语。至于陆上贸易,承运人所签发的货运单,也如同航空运单,既不具有可转让性,也不代表货物所有权,所以也不宜使用 CIF 术语。

（二）用法上应注意事项

1. 附有与 CIF 本质相违的条件时，则不是 CIF 合同

例如，合同虽名义上以 CIF 为术语，但却附有类如：①货物实际交付买方之前，其风险由卖方承担；②货物虽已装船，但如有部分未运抵目的港，则该部分的合同无效；③货物在受损状态运达时，必须扣减货款等条件，与 CIF 术语的"货物在越过装运港船舷时起，其风险即归买方承担"的本质相背离，故不是 CIF 合同。

2. 象征性交货的问题

象征性交货（symbolic delivery）是针对实际性交货（physical delivery）而言的，指卖方只要按期在约定地点完成装运，并向买方提交合同规定的，包括物权凭证在内的有关单据，就算完成了交货义务，而无须保证到货。

象征性交货的特点是：卖方凭单交货，买方凭单付款，即只要卖方如期向买方提交合同规定的全套合格单据，即使货物在运输途中损坏或灭失，买方也必须履行付款义务。

（三）用法举例

以 CIF 术语交易时，如范例所示，应在 CIF 后面加上指定目的港。

举例：

We offer to sell bulp beet pellets 10 000 t US $150.00 per t CIF Pussan, prompt shipment.

（谨报价出售甜菜粕 10 000 吨，每吨 150 美元，包括至釜山运费及保险费在内，尽快交运。）

（四）CIF 的变形

1. CIF Liner Terms（CIF 班轮条件）

该术语的变形卖方必须承担卸货费用。

2. CIF Landed（CIF 卸至岸上）

该术语的变形卖方必须承担卸货费用，包括驳运费。

3. CIF Under Ex Tackle（CIF 吊钩下交货）

该术语的变形卖方必须承担卸货费用。

4. CIF Ex ship's Hold（CIF 舱底交货）

该术语的变形卖方不必承担卸货费用。

必须注意，FOB、CFR、CIF 贸易术语的变形只是为了解决装卸费用由何方负担的问题而产生的，并不改变买卖双方交货的地点和风险划分的界限。

四、对 FCA、CPT、CIP 贸易术语的解释

（一）FCA 贸易术语

FCA 即 free carrier 的英文缩写，其中文含义是"货交承运人（……指定交货地点）"。此术语是指卖方在卖方所在地或其他指定地点将货物交给买方指定的承运人或其他人。

由于风险在交货地点转移至买方,特别建议双方尽可能清楚地写明指定交货地内的交付点。

该术语可适用于任何运输方式,也可适用于多种运输方式。如果买卖双方希望在卖方所在地交货,则应当将卖方所在地地址明确为指定交货地。如果双方希望在其他地点交货,则必须确定不同的特定交货地点。如适用,FCA 要求卖方办理货物出口清关手续。但卖方无义务办理进口清关、支付任何进口税或办理进口的任何海关手续。

(二) CPT 贸易术语

CPT 即 carriage paid to 的英文缩写,其中文含义为"运费付至(……指定目的地)"。此术语是指卖方将货物在双方约定地点(如果双方已经约定了地点)交给卖方指定的承运人或其他人。卖方必须签订运输合同并支付将货物运至指定目的地所需费用。

(三) CIP 贸易术语

CIP 即 carriage insurance paid to 的英文缩写,其中文含义为"运费和保险费付至(……指定目的地)"。此术语是指卖方将货物在双方约定地点(如双方已经约定了地点)交给其指定的承运人或其他人。卖方必须签订运输合同并支付将货物运至指定目的地的所需费用。卖方还必须为买方在运输途中货物的灭失或损坏风险签订保险合同。买方应注意到,CIP 只要求卖方投保最低险别。如果买方需要更多保险保护的话,则需与卖方就此达成协议,或者自行作出额外的保险安排。

在使用 CPT 和 CIP 术语时,当卖方将货物交付给承运人时,而不是当货物到达目的地时,即完成交货。由于风险转移和费用转移的地点不同,该术语有两个关键点。特别建议双方尽可能确切地在合同中约定交货地点,风险在这里转移至买方,以及指定目的地(卖方必须签订运输合同将货物运到该目的地)。如果运输到约定目的地,涉及多个承运人,且双方不能就特定的交货点达成一致,可以推定:当卖方在某个完全由其选择,且买方不能控制的地点将货物交付给第一个承运人时,风险转移至买方。如双方希望风险晚些转移的话(例如在某海港或机场转移),则需要在其买卖合同中订明。由于卖方需承担将货物运至目的地该点的费用,特别建议双方尽可能确切地订明约定的目的地内的该点。建议卖方签订的运输合同应能与所做选择确切吻合。如果卖方按照运输合同在指定的目的地卸货发生了费用,除非双方另有约定,卖方无权向买方要求偿付。如适用,CPT 和 CIP 要求卖方办理货物的出口清关手续。但是卖方无义务办理进口清关、支付任何进口税或办理进口相关的任何海关手续。

五、对 DAT、DAP、DDP 贸易术语的解释

(一) DAT 贸易术语

DAT 即 delivered at terminal(… named terminal at port or place of destination),其中文含义为"运输终端交货(……指定港口或目的地的运输终端)"。DAT 术语是指当卖方在指定港口或目的地的指定运输终端将货物从抵达的载货工具上卸下,交给买方处置时,即为交货。"运输终端"意味着任何地点,而不论该地点是否有遮盖,如码头、仓库、集装

箱堆积场或公路、铁路、空运货站。卖方承担将货物送至指定港口或目的地的运输终端并将其卸下期间的一切风险。

由于卖方承担在特定地点交货前的风险，特别建议双方尽可能确切地约定运输终端，或如果可能的话，再约定港口或目的地的运输终端内的特定点。建议卖方取得的运输合同应尽可能与所做选择确切吻合。如适用，DAT 要求卖方办理出口清关手续。但卖方无义务办理进口清关、支付任何进口税或办理任何进口海关手续。

按 DAT 术语交易时，卖方必须承担货物出口所需海关手续费用，出口应缴纳的一切关税、税款和其他费用，以及货物从他国过境运输的费用，但卖方对买方无订立保险合同的义务；买方对卖方无订立运输合同和保险合同的义务，如适用，买方必须自负风险和费用，取得所有进口许可或其他官方授权，承担办理货物进口海关手续的费用，以及进口需缴纳的所有关税、税款和其他费用。

（二）DAP 贸易术语

DAP 即 delivered at place（...named place of destination），其中文含义为"目的地交货（......指定目的地）"。DAP 术语是指当卖方在指定目的地将还在运抵运输工具上可供卸载的货物交由买方处置时，即为交货。卖方承担将货物运送到指定地点的一切风险。按 DAP 术语交易时，卖方必须承担货物出口所需的海关手续费用，出口应缴纳的一切关税、税款和其他费用，以及货物从他国过境运输的费用，但卖方对买方无订立保险合同的义务，如应买方要求并由其承担风险和费用（如有的话），卖方必须向买方提供后者取得保险所需的信息；买方对卖方无订立运输合同和保险合同的义务，如适用，买方必须承担办理进口海关手续的费用，以及进口需缴纳的所有关税、税款和其他费用。

新术语取代旧术语示意图如图 7-1 所示。

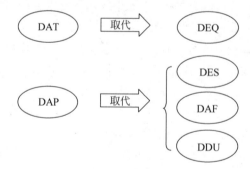

图 7-1 《Incoterms 2010》中两个新术语取代《Incoterms 2000》的四个旧术语

（三）DDP 贸易术语

DDP 即 delivered duty paid（...named place of destination），其中文含义为"完税后交货（......指定目的地）"，是指当卖方在指定目的地将仍处于抵达的运输工具上，但已完成进口清关，且可供卸载的货物交由买方处置时，即为交货。卖方必须承担将货物运至目的地的一切费用及风险，包括在需要办理海关手续时在目的地应缴纳的任何进口"税费"。"税费"一词包括办理通关手续的义务和风险，以及支付通关手续费用、关税、税款和其他费用。

买方则必须承担货物交由其处置时起的一切风险与费用,并按买卖合同支付货款。因此,按本术语成交的贸易如同在进口国境内的国内贸易。在各种贸易术语中,以 Ex Works 术语交易时,卖方的责任最小;相反,以 DDP 术语交易时,卖方的责任最大。在 DDP 术语下,由于卖方必须负责在进口国指定地点,将货物实际地交予买方,因此,其属于目的地合同术语的一种。

按性质的不同,将 11 种贸易术语归纳为 E、F、C 及 D 四组基本类型,详见二维码 7-2。

扩展资料

第四节 《Incoterms 2020》对主要贸易术语的解释

一、对 FOB 贸易术语的解释

(一) 船上交货术语的概念

FOB 即 free on board 的英文缩写,其中文含义为"船上交货(……指定装运港)"(以下称作"船上交货"),是指卖方以在指定装运港将货物装到买方指定的船上或取得已交付至船上货物的方式交货。

(二) 用法上应注意事项

1. 运输费用问题

按《Incoterms 2020》规定,在 FOB 术语下,"卖方对买方无订立运输合同的义务。但若买方要求,或是按商业实践,而买方未适时做出相反指示,卖方可以按照通常条件签订运输合同,由买方负担风险和费用。无论哪种情况,卖方都可以拒绝签订运输合同,如予拒绝,卖方应立即通知买方"。而对于买方,除卖方按照上述要求签订运输合同的情形外,"买方必须自付费用签订自指定的装运港起运货物的运输合同"。

2. 货物风险转移时间、地点的问题

FOB 术语规定卖方在指定港口码头将货物装运越过船舷,卖方的风险、责任和费用均以此为界限,以后运输的风险和费用均由买方承担,如果涉及国际贸易,由出口方负责出口清关手续,且《Incoterms 2020》进一步明确了交货的日期。

FCA/FAS/FOB 运输合同的条款的变化,在《Incoterms 2020》中,卖方由 may(可以)转变成必须(must)订立运输合同,变成"如果合意,卖方必须订立运输合同且向买方提供掌握的安排运输所需要的任何信息"。

3. 装载费用的承担问题

在 FOB 术语下,一方面卖方必须承担有关货物的一切费用,直至在装运港越过买方所指定船舶的船舷为止;另一方面卖方又必须按港口习惯方法,在装运港买方所指定的船舶上交货。一个是以船舷为界,一个是要求把货物交到船上,那么装载费用究竟应由何方承担呢？按实际装船操作，货物从码头或驳船起吊直至船舱（如买卖合同允许，也可放置于船的甲板上），是一个连续的作业过程，不可能把船舷前的费用与船舷后的费用做明确的划分。为解决此项装载费用承担的问题，可能的方法有三种：第一，如果货物是以班轮条件发送，由于班轮运费中一般都包括装卸费用，而运费又是由买方支付，所以装载费用也就应由买方负担。第二，如果货物是以租船条件来发送，货物以"装货船方免责条件（FI Term）"装运时，意味着运费并不包含装载费用。在此情况下，装载费用就须由卖方负担了。第三，装载费用也可按照港口习惯，由买卖双方分担，即买卖双方各自负担装载费用的一部分。至于货物在船舱的理舱费用，本来应由买方负担，但按港口习惯，也许将向卖方收取。因此，卖方为配合港口习惯，可以 FOB Stowed 术语与买方订约，指包含积载费用在内的费用由卖方负担，并已计入货价之内。但是在 FOB 后面附加 Stowed 之后，货物灭失或损坏风险的分界点是否也由船舷移转到船舱的问题，值得研究。若当事人无意改变货物风险的分界点，则应以"stowage costs for seller's account（理舱费用由卖方负担）"替代 stowed 较为妥当。若拟将装船与积载的费用与风险均由卖方负担，则应以"FOB Stowed, costs and risks in connection with loading on the seller"（装运港船上交货，含理舱费用，与装船有关的费用与风险由卖方承担）术语订约较为严密。

扩展资料

二、对 CFR 贸易术语的解释

（一）成本加运费术语的概念

"成本加运费（……指定目的港）"（以下称作"成本加运费"）术语的英文为 cost and freight （…named port of destination），国际代号为 CFR。CFR 术语是指卖方在船上交货或以取得已经这样交付的货物方式交货。货物灭失或损坏的风险在货物交到船上时转移。卖方必须签订合同，并支付必要的成本和运费，将货物运至指定的目的港。

在 CFR 术语下，货物的风险，如同 FOB，从货物越过出口装运港船舷时起，转移至买方承担，卖方应负责适时通知买方有关货物的装船起航事宜，否则由此造成买方未能及时投保，其运输途中货物的风险，仍应由卖方承担。

（二）用法上应注意事项

1. CFR 是装运地合同

CFR 术语是装运地合同的一种，而非目的地合同。卖方将货物运至装船港，越过船舷时，货物的灭失或损坏风险，即转由买方承担。也就是说，货物在海上运输中的风险，卖方不负责。这点与属于目的地合同的 DES 或 DEQ 等术语截然不同。

2. CFR 费用及风险分担的关键点

在 CFR 下，卖方虽然必须承担沿通常航路并以习惯方式将货物运至指定目的港的正常运费，但货物灭失及货物装上船之后因意外事故而发生的额外费用，则由买方承担。与 FOB 一样，CFR 术语项下的交货转移点为"船上交货"，相应的风险转移点也从"船舷"改为"船上"。

3．交货方式

CFR 术语的交货方式是象征性交货，而不是 EXW、FAS 或 DAF 等术语的实际性交货。买方从卖方取得运输单据后，即有权向承运人请求交货，如货物发生灭失或损坏，买方可按运输单据所载条款向承运人索赔，或按保险单规定向保险人索赔。

4．卖方的装船通知义务

以 CFR 术语交易时，卖方对于装船通知义务的履行应特别注意，如卖方未按 CFR 术语 A7 的规定向买方发出充分的通知，则货物在运输中的风险，须由卖方承担，而不是由买方承担。

扩展资料

三、对 CIF 贸易术语的解释

CIF 即 cost insurance and freight 的英文缩写，其中文含义为"成本、保险费加运费（……指定目的港）"（以下称作"成本、保险费加运费"），国际代号为 CIF，是指卖方在船上交货或以取得已经这样交付的货物方式交货。货物灭失或损坏的风险在货物交到船上时转移。卖方必须签订合同，并支付必要的成本和运费，以将货物运至指定的目的港。

在《2010 年通则》中，CIF 和 CIP 的 A3 规定：卖方有义务"自费购买货物保险，至少符合协会货物保险条款（C）（劳埃德市场协会/国际承保协会'LMA/IUA'）或任何类似条款"。

协会货物保险条款（C）一般指的是货物运输条款，即只需负担货物运输险，协会货物保险条款（A）规定的是"一切险"。

新版本的《Incoterms 2020》对 CIF 和 CIP 中的保险条款分别进行了规定，CIF 默认使用协会货物保险条款（C），即卖家只需要承担运输险，但是买卖双方可以规定较高的保额；而 CIP 使用协会货物保险条款（A），即卖家需要承担一切险，相应的保费也会更高。也就是说，在《Incoterms 2020》中，使用 CIP 术语，卖方承担的保险义务变大，而买方的利益会得到更多保障。

（一）CIF 术语的特性

1．CIF 合同是装运地合同

在 CIF 术语下，买卖双方对于货物风险的负担以装运港船舷为分界点，与 FOB、CFR 同属装运地合同。在 CIF 术语下，卖方负有三大义务。

（1）安排船舶。

（2）将合同项下货物装上船，取得运费付讫的提单，并将其提供给买方。与 FOB 和 CFR 一样，CIF 术语项下的交货转移点为"船上交货"，相应的风险转移点也从"船舷"改为"船上"。

（3）投保海上运输险，取得保险单并向买方提供。

从法律观点看，CIF 基本上是由买卖合同、运输契约和保险契约三个契约所构成。卖方安排船运、购买保险、取得提单及保险单后，将其交付买方，货物所有权即转移至买方。如货物在运输途中发生灭失或损坏，则由买方向有关方面索赔。卖方的责任并不因其负有缔结运输契约及保险契约的义务而延伸到目的港。换言之,货物装上船以后的风险及运费、保险费以外的一切费用由买方负担,这点与后面的 DES 等 D 组术语完全不同。

2. CIF 合同是凭单据交货的买卖合同

在 CIF 术语下,卖方是以提供约定的货运单据作为履行交货的义务,买方在收到货运单据时,即必须按合同规定支付货款。

(1) 在 CIF 术语下,买方的付款义务不以交运的货物是否尚存为前提。

卖方装运货物,取得提单后,不论货物是否存在(甚至可能在运输途中已灭失),不管买方是否已知悉货物已不存在,只要卖方将约定的运输单据向买方提供,买方即有按合同支付货款的义务。如果货物损毁的原因属于保险公司承保范围之内或属于船方的责任,买方在取得运输单据后,可根据提单或保险单的有关规定向保险公司或船方索赔。

(2) CIF 术语在本质上是专用于海运或内河航运运输的贸易术语。

货物由水上承运人承运,并由其签发可转让提单,而此种提单是表明货物的物权凭证。由于其具有物权凭证性质,才出现凭单据交付的买卖。在空运贸易的情形中,因航空承运人所签发的航空运,不但不具有可转让性,也非物权凭证,因此,不适用以单据交付为前提的 CIF 术语。至于陆上贸易,承运人所签发的货运单,也如同航空运单,既不具有可转让性,也不代表货物所有权,所以也不宜使用 CIF 术语。

(二) 用法上应注意事项

1. 附有与 CIF 本质相违的条件时,则不是 CIF 合同

例如,合同虽名义上以 CIF 为术语,但却附有类如:①货物实际交付买方之前,其风险由卖方承担;②货物虽已装船,但如有部分未运抵目的港,则该部分的合同无效;③货物在受损状态运达时,必须扣减货款等条件时。与 CIF 术语的"货物在越过装运港船舷时起,其风险即归买方承担"的本质相背离,故不是 CIF 合同。

2. 象征性交货的问题

象征性交货是针对实际性交货而言的,指卖方只要按期在约定地点完成装运,并向买方提交合同规定的,包括物权凭证在内的有关单据,就算完成了交货义务,而无须保证到货。

象征性交货的特点是:卖方凭单交货,买方凭单付款,即只要卖方如期向买方提交合同规定的全套合格单据,即使货物在运输途中损坏或灭失,买方也必须履行付款义务。

(三) 用法举例

以 CIF 术语交易时,如范例所示,应在 CIF 后面加上指定目的港。

范例:We offer to sell bulp beet pellets 10 000 Mt US $ 150.00 per Mt CIF Pussan,prompt shipment.

谨报价出售甜菜粕 10 000 吨,每吨 150 美元,包括至釜山运费及保险费在内,尽快交运。

扩展资料

四、对 FCA、CPT、CIP 贸易术语的解释

（一）FCA 贸易术语

FCA 即 free carrier 的英文缩写，其中文含义是"货交承运人（……指定交货地点）"。此术语是指卖方在卖方所在地或其他指定地点将货物交给买方指定的承运人或其他人。由于风险在交货地点转移至买方，特别建议双方尽可能清楚地写明指定交货地内的交付点。

该术语可适用于任何运输方式，也可适用于多种运输方式。如果买卖双方希望在卖方所在地交货，则应当将卖方所在地地址明确为指定交货地。如果双方希望在其他地点交货，则必须确定不同的特定交货地点。

FCA 术语下，卖方通过以下两种方式之一向买方完成交货。

（1）如指定地点是卖方所在地，当货物装上了买方的运输工具（卖方负责装车费）之时，卖方完成货物交付。

（2）如果指定地点是另一地点，则货物完成交付的条件是：货物已装上卖方的运输工具；或者货物已抵达该指定的另一地点，且已做好从卖方的运输工具上卸载的准备（买方负责卸货费），并交由买方指定的承运人或其他人处置。

无论选择了二者之中的哪一个地点作为交货地点，该地点即是确定风险转移给买方且买方开始承担费用的地点。

以 FCA 进行的货物销售可以仅指定交货地为卖方所在地或其他地方，而不具体说明在该指定地点内的详细交货点。但是，特别建议双方在合同中明确指定地方范围内的详细交货地点（风险与费用的划分点）。详细的交货点会让双方清楚货物交付的时间、风险转移至买方的时间以及买方承担费用的地点。如果合同中未指明详细的交货地点，卖方有权选择"最适合卖方目的"的交货地点，而风险和费用从该地点开始转移至买方，若货物恰好在该交货点发生灭失或损坏，买方将承担风险。

FCA 术语适用于单一或多种运输方式。如果货物在拉斯维加斯由买方的公路运输车接载，此时若要求承运人出具在拉斯维加斯装运的已装船批注提单，则不切实际，因为拉斯维加斯不是港口，船舶无法抵达该地运输货物。但是，若卖方用"FCA 拉斯维加斯"销售货物，且根据合同需要提供已装船批注的提单（通常为托收或信用证结算方式下），提单需注明货物在拉斯维加斯收妥代运且在洛杉矶已装船。

总之，若 FCA 术语项下要求卖方提供已装船提单一事，《Incoterms 2020》规定，买方必须指示承运人出具已装船批注提单给卖方。实务中，只有货物在洛杉矶装船后，承运人才有义务且有权出具该装船提单。而且，在买方承担费用与风险情况下，卖方必须及时将该单据提供给买方，以便买方用该提单从承运人处提取货物。需要注意的是，信用证结算方式下要求提交这种已装船提单时，内陆交货时间与装船日期可能不同，卖方应关注合同中约定的交货时间和交单时间，以规避迟交货或迟交单。

扩展资料

FCA 术语要求卖方办理货物出口清关。但是,卖方没有义务办理货物进口清关或经由第三国过境的清关、支付任何进口关税或办理任何进口海关手续。

(二) CPT 贸易术语

CPT 即 carriage paid to 的英文缩写,其中文含义为"运费付至(……指定目的地)"。此术语是指卖方将货物在双方约定地点(如果双方已经约定了地点)交给卖方指定的承运人或其他人。卖方必须签订运输合同并支付将货物运至指定目的地所需费用。CPT 术语下,卖方通过以下方式向买方完成交货及风险转移:将货物交付给承运人且该承运人已与卖方签约;取得已经如此交付的货物;卖方根据运输方式和交货地点让承运人实际占有货物。

卖方负责与承运人签订从交货地至目的地的运输合同,一旦将货物交付承运人,风险从卖方转移至买方。《Incoterms 2020》对 CPT 的修改较少,CPT 是一种卖方责任义务多于买方的贸易术语,因此适合象征性交货的装运合同,它的风险费用划分和 CFR 呈现相互对应的关系,都是由卖方承担办理运输的责任,由此而产生的操作注意事项,也是相类似的,但是二者适用的运输方式不同,CFR 只适合海运和内河运输,CPT 适合任何运输方式,更加灵活,也可以说 CPT 是 CFR 从海运到各种运输方式的延伸。

在 CPT 规则中,交货地(或交货点)和目的地(或目的点)很重要,货物的交货地或交货点(如有)主要用于确定风险转移点,而目的地或目的点则为卖方承诺签订运输合同的终点。特别建议买卖双方在销售合同中尽可能精准地确定交货地(或交货点)和目的地(或目的点)。尤其是全程运输由多个承运人负责且每个承运人各自负责其中一段路程时,明确交货地(或交货点)和目的地(或目的点)尤为重要。

若双方没有约定具体的交货地或交货点,则依据惯例,卖方可自由选择交货地,卖方在该交货地交付货物后,风险即从卖方转移至买方,买方处于被动位置。因此,明确交货地或交货点的关键在于其是风险转移点。若双方希望风险转移发生在稍晚阶段(如在某海港、河港或者机场),或者发生在稍早阶段(如在某个与海港或河港有一段距离的内陆地点),则需要在销售合同中明确约定,并谨慎考虑在货物灭失或损坏时可能产生的后果。

同样,特别建议双方在销售合同中尽可能精准地确定目的地内的具体地点,因为该地点是卖方必须签订运输合同运至的地点,并且是卖方承担运费直到该地点为止的地点。

如果卖方在其运输合同项下承担了在指定目的地的相关装卸费用,除非双方另有约定,否则卖方无权另行向买方追偿该费用。

CPT 术语要求卖方办理货物出口清关。但是,卖方没有义务办理货物进口清关或经由第三国过境的清关,或支付任何进口关税或办理任何进口海关手续。

扩展资料

(三) CIP 贸易术语

CIP 即 carriage insurance paid to 的英文缩写,其中文含义为"运费和保险费付至(……指定目的地)"。此术语是指卖方将货物在双方约定地点(如双方已经约定了地点)交给其指定的承运人或其他人。卖方必须签订运输合同并支付将货物运至指定目的地的所需费用。卖方还必须为买方在运输途中货物的灭失或损坏风险签订保险合同。买方应注意到,CIP只要求卖方投保最低险别。如果买方需要更多保险保护的话,则需与卖方就此达成协议,或者自行作出额外的保险安排。

在使用 CPT 和 CIP 术语时,当卖方将货物交付给承运人,而不是当货物到达目的地时,即完成交货。由于风险转移和费用转移的地点不同,该术语有两个关键点。特别建议双方尽可能确切地在合同中明确交货地点,风险在这里转移至买方,以及制定指定的目的地(卖方必须签订运输合同运到该目的地)。如果运输到约定目的地,涉及多个承运人,且双方不能就特定的交货点达成一致,可以推定:当卖方在某个完全由其选择,且买方不能控制的点将货物交付给第一个承运人时,风险转移至买方。如双方希望风险晚些转移的话(例如在某海港或机场转移),则需要在其买卖合同中订明。由于卖方需承担将货物运至目的地该点的费用,特别建议双方尽可能确切地订明约定的目的地内的该点。建议卖方签订的运输合同应能与所做选择确切吻合。如果卖方按照运输合同在指定的目的地卸货发生了费用,除非双方另有约定,否则卖方无权向买方要求偿付。如适用,CPT 和 CIP 要求卖方办理货物的出口清关手续。但是卖方无义务办理进口清关、支付任何进口税或办理进口相关的任何海关手续。

扩展资料

五、对 DPU、DAP、DDP 贸易术语的解释

在《Incoterms 2020》中,贸易术语调整的内容是,将 DAT 改成 DPU。在《Incoterms 2010》中,DAT 与 DAP 的唯一区别在于:在 DAT 中,在货物运达之后,卖方需要将货物从运输工具卸至目的地;而在 DAP 中,只要载有货物的交通工具抵达目的地,卖方即完成交货。在《Incoterms 2010》中,"目的地"一词的定义大致包括"任何地方,无论是否覆盖……",较为模糊。

因此,国际商会决定对 DAT 和 DAP 进行两处修改。第一,调整 DAP 与 DAT 的位置,将 DAP 调至 DAT 之前。第二,将 DAT 改为 DPU,这样做的目的是强调目的地可以是任何地点,而不仅仅是"终点站",如果该地点不在终点站,卖方应确保其打算交付货物的地点是能够顺利卸货的地点。

(一) DPU 贸易术语

DPU 即 delivered at place unloaded,汉译为卸货地交货,是指卖方在指定的目的地卸货后完成交货。卖方承担将货物运至指定的目的地的运输风险和费用。DPU 适用于铁路、公路、空运、海运、内河航运或者多式联运等任何形式的贸易运输方式。DPU 术语强调了目的地可以是任何地方,而不仅仅是"运输终端"的现实,但是如果该地点不在运输终端,卖方应确保其打算交付货物的地点是能够卸货的地点。DPU 是《Incoterms 2020》新增术语,旨在替代 Incoterms 2010 中的 DAT 术语。

"DPU 是指卖方通过以下方式向买方完成交货及风险转移:当货物已从抵达的运输工

具上卸载,在指定目的地或者在该指定目的地内的约定交货点(如已约定)已交由买方处置。

在 DPU 术语下,卖方承担将货物运送到指定目的地以及卸载货物的一切风险。因此交货和到达的目的地是相同的。在《Incoterms 2020》中,DPU 是唯一要求卖方在目的地卸货的贸易术语。因此,卖方应当确保其可以在指定地组织卸货。如果双方不希望卖方承担卸货的风险和费用,则不应适用 DPU 规则,而是适用 DAP 规则。建议买卖双方在合同中精准确定交货地或交货点/目的地或目的点,原因与 DAP 相同。

DPU 要求卖方办理出口清关。但是,卖方没有义务办理进口清关或交货后经由第三国过境的清关、支付任何进口关税或办理任何进口海关手续。因此,如果买方没有安排进口清关,货物将被滞留在目的地国家的港口或内陆运输终端,尽管此时货物交付尚未完成,货物在重新起运至指定内陆地点之前一旦发生灭失或损坏,风险仍将由买方承担。因此,如果想要避免此种情况,双方希望卖方办理货物进口清关、支付任何进口关税或税款并办理任何进口海关手续,双方可以考虑使用 DDP。

扩展资料

(二) DAP 贸易术语

DAP 即 delivered at place (…named place of destination),其中文含义为"目的地交货(……指定目的地)"。DAP 术语是指当卖方在指定目的地将还在运抵运输工具上可供卸载的货物交由买方处置时,即为交货。卖方承担将货物运送到指定地点的一切风险。按 DAP 术语交易时,卖方必须承担货物出口所需海关手续费用,出口应缴纳的一切关税、税款和其他费用,以及货物从他国过境运输的费用,但卖方对买方无订立保险合同的义务,如应买方要求并由其承担风险和费用(如有的话),卖方必须向买方提供后者取得保险所需的信息;买方对卖方无订立运输合同和保险合同的义务,如适用,买方必须承担办理进口海关手续的费用,以及进口需缴纳的所有关税、税款和其他费用。

DAP 术语适用于任何运输方式,也适用于多种运输方式。卖方承担将货物运送到指定目的地或该指定目的地内的约定交货点的一切风险,因此,在 DAP 术语中,交货和到货的目的地是相同的。特别建议双方尽可能清楚地约定目的地或目的点,因为:第一,货物灭失或损失的风险在交货点(目的点)转移至买方,因此买卖双方应清楚地知晓该转移发生的地点;第二,该交货地或交货点之前的费用由卖方承担,该地点或地点之后的费用则由买方承担;第三,卖方必须签订运输合同或安排货物运输到约定的交货地或交货点。例如,卖方将负责承担承运人因额外的续运而向买方收取的任何额外费用。

卖方对买方没有订立保险合同的义务,但由于整个运输过程的风险要由卖方承担,卖方通常会通过投保规避货物运输风险。

卖方不需要将货物从抵达的运输工具上卸载,但是如果卖方按照运输合同在交货地发生了卸货相关的费用,除非双方另有约定,否则卖方无权另行向买方追偿该费用。

扩展资料

（三）DDP 贸易术语

DDP 即 delivered duty paid（…named place of destination），其中文含义为"完税后交货（……指定目的地）"，是指当卖方在指定目的地将仍处于抵达的运输工具上，但已完成进口清关，且可供卸载的货物交由买方处置时，即为交货。卖方必须承担将货物运至目的地的一切费用及风险，包括在需要办理海关手续时在目的地应缴纳的任何进口"税费"。"税费"一词包括办理通关手续的义务和风险，以及支付通关手续费用、关税、税款和其他费用。买方则必须承担货物交由其处置时起的一切风险与费用，并按买卖合同支付货款。因此，按本术语成交的贸易如同在进口国境内的国内贸易。在各种贸易术语中，以 Ex Works 术语交易时，卖方的责任最小；相反，以 DDP 术语交易时，卖方的责任最大。在 DDP 术语下，由于卖方必须负责在进口国指定地点，将货物实际地交与买方，因此，其属于目的地合同的一种。

DDP 和 DPU 术语最大区别在于：DDP 是出口方负责进口清关手续，DPU 是进口方负责进口清关手续；DDP 是买方负责卸货费用和风险，DPU 是卖方负责卸货费用和风险。

扩展资料

六、对 FAS 贸易术语的解释

FAS 是"free alongside ship"的英文缩写，其中文含义是"船边交货至（……指定装运港）"。FAS 术语下，卖方通过以下方式向买方完成交货：货物被交到指定装运港的船边（例如置于码头或泊船上），该船只由买方指定；或者当卖方取得已经如此交付的货物。货物灭失或损坏的风险在货物交到船边时发生转移，同时，买方承担自那时起的一切费用。

FAS 术语适用于海运或内河水运运输方式下买卖双方意在将货物交到船边即完成交货的情形。因此，FAS 规则不适用于货物在交到船边之前已经交给承运人的情形，如货物在集装箱堆场交给承运人。在此种情况下，双方应当考虑 FCA 规则，而非 FAS 规则。

由于卖方承担在特定地点交货前的费用和风险，而且这些费用和相关作业费可能因各港口惯例的不同而发生变化，特别建议买卖双方尽可能清楚地约定指定装运港内的装货点（货物将在此装货点从码头或驳船装上船舶）。FAS 要求卖方办理货物出口清关。但是卖方没有义务办理货物进口清关或经由第三国过境的清关、支付任何进口关税或办理任何进口海关手续。

扩展资料

七、对 EXW 贸易术语的解释

EXW 是"EX works（…named place）"的英文缩写，其中文含义是"工厂交货……（指定交货地点）"。在 EXW 术语下，当卖方在其所在地或其他指定的地点将货物交给买方处置时，即完成交货，卖方不办理出口清关手续或将货物装上任何运输工具。EXW 是卖方承担责任最小的术语。买方必须承担在卖方所在地受领货物的全部费用和风险。从买方角度来看，考虑到装载风险和出口清关等方面因素，应该谨慎使用该规则。

EXW 可适用于所选择的任一或多种运输方式。在 EXW 术语下，指定交货地点（如工厂或仓库），可以是卖方所在地，也可以不是卖方所在地。如果是交货地点为卖方所在地，卖方无须送货，只需要等买方来取走货物，较为简单。但若此地不是卖方所在地，卖方则需送货至指定地点，在这种情况下，卖方有义务将货物在交货地点卸下，卖方还要承担完成交货前货物灭失或损坏的一切风险。

扩展资料

因为卖方无须办理出口清关手续，所以 EXW 应该更适用于完全无意出口货物的国内贸易。

第五节　贸易术语的理论基础

一、交货的意义

在各种贸易术语之中，"交货"是核心问题，因为交货地点不同，买卖双方对于费用和风险的承担，以及货物价格的计算也随之不同。因此先从"交货"说起。

贸易是以转移货物所有权为目的。卖方有义务将交易标的物（subject matter）交付给买方，使买方能自由使用、收益或处置。所谓交货，就是将买卖标的物交付之意。从法律上看，交货就是标的物占有权的转移。

占有权可以由本人自行取得或委托他人代为取得。在出口地交货的贸易术语，如 FAS、FOB 等，卖方将货物交给承运人之后，即可认为承运人已代买方接受了卖方的交货，但买方保留查验货物的权利。承运人除代买方占有货物外，同时负有运输的责任，货物在运输途中发生灭失、损坏时，应由承运人或买方负责。

二、交货与所有权的转移

交易虽然以转移所有权为最终目的，但根据英美法，所有权转移的时间因其为特定化商品贸易或非特定化商品贸易而有所不同。在特定化商品或经特定化的货物交易中，所有权在双方协议转移时间（双方有意转移的时间）发生转移；在非特定化商品贸易中，货物未特定化以前，所有权不能转移给买方。一般而言，不特定货物在交货时才特定化。因此，原则上（除非卖方以某种方式保留所有权），货物在交付买方时，其所有权即转移至买方。国际贸易大部分是不特定物交易，因此，除非卖方以某种方式（如掌握海运提单）保留所有权，原则上所有权因交货而由卖方转移至买方。

三、费用与风险的承担原则

国际货物买卖必然会发生包装、检验、搬运等费用。在运输途中，也有货物灭失或损坏的风险。凡此费用与风险,原则上应由所有权人承担。费用与风险在交货之前原则上由卖方承担,交货之后原则上由买方承担。

四、计算价格的基础与价格条件

卖方计算售价时,除货物成本及利润外,也将所应负担的费用计算在内,按售价出售其商品,收回其所负担的费用。买方也相当关心货物的价格,因此卖方报价时,应同时将价格的计算基础说明,此种计算价格的基础就是价格条件。

价格条件的用语与贸易术语的用语相同。例如,US＄50.00 per set FOB上海,一方面说明每套价格50.00美元,另一方面说明以上海港船上交货为条件。可见,贸易术语与价格条件在实务上有密切关系,贸易术语如何,也就是价格条件如何,因此,常常将贸易术语称为价格条件(价格术语)。

根据以上说明,在指定地点交货的贸易术语具有下列要点。

(1) 以在特定地点交货为条件,交货地点因贸易术语而异。

(2) 货物的所有权原则上因交货而由卖方转移到买方,有关货物的费用与风险,在交货之前由卖方承担,交货之后则由买方承担,故买方所负担的费用与风险因贸易术语而异。

(3) 不同的贸易术语,必然产生不同的价格。

案例

本章小结与思考题

试一试

附录　Incoterms 2020 和 Incoterms 2010 的差异

第八章

国际服务贸易

教学目的和要求

　　本章介绍国际服务贸易的概念、国际服务贸易的分类,说明《服务贸易总协定》的主要内容,介绍我国服务贸易发展的现状及对策。目的是使学生了解国际服务贸易与国际货物贸易的差异,掌握国际服务贸易的内涵与基本研究方法。

关键概念

服务贸易	跨境交付	境外消费
商业存在	自然人流动	《服务贸易总协定》

章首案例

　　前全国人大常委会副委员长成思危曾经说过以下一番话:"所有从中国到美国的船都是满的,而回来的船却是空的,因为美国卖给我们的是金融、服务、软件、技术专利等,这些不用船运回来,而是由专业人士带到中国来。"

　　世界银行根据钱纳里的多国模型,在 1985 年第一个中国经济发展报告中开宗明义地指出,中国经济结构扭曲的首要表现在于服务业发展滞后;服务业增加值在中国国民收入中所占份额不但远远低于当时典型中等收入大国的平均水平,甚至低于低收入大国的平均水平。

　　国际服务贸易的迅速发展是第二次世界大战后世界经济发展的主要特点之一。服务贸易水平的高低成为衡量国家经济发展水平的标志之一。一般来说,经济越发达的国家,服务贸易也越发达。由于服务贸易的特殊性和复杂性,我国服务业的总体发展水平与发达国家相比还存在很大差距,因此,如何利用《服务贸易总协定》中的有关条款来保护和促进我国服务业的发展,是一个非常紧迫的问题。

　　我国历年服务进出口数据统计如表 8-1 所示。

表 8-1 我国历年服务进出口数据统计

时间	中国进出口额		中国出口额		中国进口额		差额
	金额/亿元人民币	同比/%	金额/亿元人民币	同比/%	金额/亿元人民币	同比/%	
2019 年	54 153	3.3	19 564	10.8	34 589	−0.4	−15 025
2018 年	52 402	11.5	17 658	14.6	34 744	10.0	−17 086
2017 年	46 991	6.9	15 407	10.7	31 584	5.2	−16 177
2016 年	43 947	7.9	13 918	2.2	30 030	10.7	−16 112
2015 年	40 745	1.7	13 617	1.2	27 127	2.0	−13 510
2014 年	40 053	18.5	13 461	3.4	26 591	27.9	−13 130
2013 年	33 814	11.2	13 020	2.5	20 794	17.3	−7 774
2012 年	30 422	5.4	12 699	−1.8	17 722	11.2	−5 023
2011 年	28 875	15.4	12 936	7.7	15 939	22.5	−3 002
2010 年	25 022	21.8	12 008	23.3	13 014	20.5	−1 006

第一节 国际服务贸易概述

一、国际服务贸易的概念

乌拉圭回合达成的《服务贸易总协定》第 1 条第 2 款规定,服务贸易是指服务提供者从一国境内,通过商业现场或自然人现场向消费者提供服务,并获取外汇收入的过程。具体来说,包括以下四项内容。

(一) 跨境交付

跨境交付(cross-border supply)是指从一成员方境内向境外任何一成员方境内提供服务,这是典型的跨国界服务贸易,其特点是服务提供者和消费者分别处于不同的国家。其中的"跨境"是指"服务"的过境,至于资金或人员在现代科技环境下则一般无过境,如通过国际电信、卫星电视、计算机网络等为对方服务。这类服务贸易充分体现了国际贸易的一般特征,是国际服务贸易的基本方式。

(二) 境外消费

境外消费(consumption abroad)是指在一成员方境内向任何其他成员方的服务消费者提供服务,如提供涉外旅游服务、为外国病人提供医疗服务等。

(三) 商业存在

商业存在(commercial presence)是《服务贸易总协定》中最重要的一种服务提供方式,是指一成员国的服务提供者在任何其他成员国境内建立商业机构,为所在国和其他成员国的消费者提供服务,以获取报酬。例如,外国公司到中国开设银行、保险公司、律师事务所等。这种服务贸易往往与对外直接投资联系在一起,规模大,范围广,发展潜力大,对服务消费国,特别是发展中国家的冲击力较强,是国际服务贸易中最敏感、最活跃、最主要的形式。

(四) 自然人流动

自然人流动(movement of personnel)是指一成员方的自然人在其他任何成员方境内提供服务。这类贸易规模较小,时间有限。自然人流动也是生产要素流动的主要内容,发展中国家要求把劳工流动纳入服务贸易框架之中。自然人流动中的自然人在他国境内的存在是暂时的,且不能取得其他成员方永久公民的资格,不能永久居留和就业。这里需要指出的是,商业存在和自然人流动有着本质差别。商业存在是指允许外国企业和经济实体到一国境内开业,提供服务,包括设立合资、合作和独资企业。自然人流动则是允许外国单独的个人入境来提供服务,以自然人流动方式提供的服务具有个体性和暂时性。

二、国际服务贸易的特征

与货物贸易相比较,国际服务贸易具有如下特征。

(一) 国际服务贸易主要是无形贸易

与国际货物贸易的有形性相比,国际服务贸易所提供的服务如金融、保险、运输、广告、律师、会计师等服务,均为无形交易。

(二) 国际服务贸易的不可储存性

国际货物贸易中的商品一般可以存储、运输,并通过进出口商批发、零售,最后到消费,因而具有非常分明的生产领域、流通领域和消费领域;而国际服务贸易所提供的服务是一种特殊商品,往往是生产、销售与消费同时进行。

(三) 国际服务贸易的统计数字的显示特点

国际服务贸易的统计数字无法在国家海关的进出口统计表中显示出来,一般显示于各国的国际收支平衡表上。

(四) 国际服务贸易的国家保护性

国际服务贸易是一种不平衡的发展,发达国家之间的服务贸易占据绝对优势,发展中国家处于从属地位。以美国为首的发达国家要扩张市场,而发展中国家为了保护民族经济的利益不得不对本国的服务贸易实施保护。即使是发达国家也对某些服务领域实施保护。因此,国际服务贸易的国家保护程度比货物贸易的保护程度要高得多。

(五) 国际服务贸易与国际货物贸易在监管方式上的不同

对于货物贸易,一国政府总是以进出口关税、进出口许可证、进出口配额等非关税措施作为保护贸易或贸易自由化的手段;而服务贸易不通过海关,以上管理货物的手段无法对其进行监督,一般只能通过国内相关立法和制定行政法规来达到目的,如采取对提供服务的主体资格限制、股权的限制、经营的限制、税收歧视或补贴歧视等手段。

三、国际服务贸易的分类

就其实际效用而言,国际服务贸易可以划分为追加服务与核心服务两大类。

(一) 追加服务

追加服务通常是指伴随商品生产和交易所提供的补充服务。在这种服务中对消费者来说,有形商品的实体本身才是核心效用,而服务只是提供了某种追加效用。国际追加服务贸易与货物的国际贸易和国际投资有着密切的联系。实际上随着科技的迅速发展,这种追加服务已成为商品在国际市场上进行非价格竞争的重要因素。

追加服务表现在商品生产的上游、中游和下游三个阶段。在上游阶段,追加服务的投入包括可行性研究、研究与开发、市场调研和资本筹措等。在中游阶段,既需要有与有形商品的生产和加工融为一体的附加服务投入,如质量控制和检验、设备租赁和维修等,又需要有与有形商品生产平行的追加服务投入,如财务和人事管理、信息的收集和整理、保险、卫生安全保障和不动产管理等。在下游阶段,追加服务的投入包括产品的广告宣传、储存运输、安装维修、使用指导和提供信贷等方面。

(二) 核心服务

核心服务通常是指与商品的生产和交易无关的、作为消费者单独购买的、能为消费者提供核心效用的服务。从服务贸易的核心效用上看,服务贸易与货物贸易有明显的差别,上述的国际服务贸易的特征就是从核心服务贸易角度而言的。

核心服务包括面对面型核心服务和远距离型核心服务两类。

(1) 面对面型核心服务。面对面型核心服务是指服务必须通过服务提供者和接受者的实际接触来实现。这种实际接触可以是消费者流向提供者,如留学和就医等;也可以是提供者流向消费者,如作为家庭服务员的劳务出口和行医等;还可以是提供者和消费者的双向流动。不管接触方式如何,都会伴随着生产要素的跨国界流动。面对面型核心服务的主流项目是银行服务、国际旅游和劳务服务。

(2) 远距离型核心服务。远距离型核心服务是指不需要服务提供者和接受者的实际接触,而通过一定的媒介实现的跨国界服务。例如,借助卫星作为媒介传递的国际视听服务、借助通信媒介传递合同开展的国际金融和保险服务等。电子计算机和网络技术的发展,大大丰富了人们的生活,扩大了远距离型核心服务,使信息查询、电子数据交换、文件传输协议等产生了更为深远的影响,使网络营销和网络购买更为方便地服务于企业的运营与个人生活。

乌拉圭回合服务贸易谈判小组在对以商品为中心的服务贸易分类的基础上,结合服务贸易统计和服务贸易部门开放的要求,在征求各谈判方的提案和意见的基础上,提出了以部门为中心的国际服务贸易分类方法,将国际服务贸易分为十二大类。

(1) 商业性服务,指在商业活动中涉及的服务交换活动,既包括个人消费的服务,也包括企业和政府消费的服务。

(2) 通信服务,指所有有关信息产品、操作、储存设备和软件功能等服务。

(3) 建筑服务,指工程建筑从设计、选址到施工的整个服务过程。

(4) 销售服务,指产品销售过程中的服务。

(5) 教育服务,指各国间在高等教育、中等教育、初等教育、学前教育、继续教育、特殊教育和其他教育中的服务。

(6) 环境服务,指污水处理、废物处理、卫生以及相关的服务等。

(7) 金融服务,指银行业和保险业及相关的金融服务活动。

(8) 健康及社会服务,指医疗服务、其他与人类健康相关的服务、社会服务等。

(9) 旅游及相关服务,指旅馆、饭店提供的住宿服务、餐饮服务及相关的服务,旅行社提供的导游服务等。

(10) 文化、娱乐及体育服务,指不包括广播、电影、电视在内的一切有关文化、娱乐、新闻、图书馆、体育服务等。

(11) 交通运输服务,主要包括货物运输服务、客运服务、船舶服务等。

(12) 其他服务,指以上 11 类服务以外的服务。

四、国际服务贸易的发展趋势及原因

(一) 国际服务贸易的发展趋势

1. 国际服务贸易发展迅速,国际服务的重要性日益增强

2014 年至 2019 年,我国服务贸易额由 37 120.9 亿元增长至 54 153.0 亿元;服务贸易占我国外贸总额的比重由 12.3% 提高至 14.6%,提高 2.3 个百分点;据已有数据计算,同期服务贸易额年均增长 7.8%,是货物贸易增速的 2.2 倍,是外贸整体增速的 1.9 倍。服务业和服务贸易在一国经济活动中的地位日益重要。服务业成为各国国民收入和创造就业机会的重要来源,对经济的发展起着巨大的推动作用。20 世纪 80 年代,在世界经济活动中,服务业已经超过第一、第二产业,成为经济中最有活力的部分。20 世纪 90 年代初,服务业在世界生产总额中所占比重已达到 60% 左右,为大多数国家中最大的组成部分。服务业发展对增加就业意义重大。从全球范围看,服务业容纳的就业人数占总就业人数的比例是:发达国家为 70% 或更高,中等收入国家为 60% 左右,低收入国家为 40% 左右。服务业已经成为国际直接投资的重点领域。由于服务业中许多专业化的服务要求服务提供者贴近客户,而商业存在是向客户提供服务的必要条件。因此,服务业成为跨国投资的重点领域。

2. 国际服务贸易结构进一步优化,领域进一步扩大

传统的国际服务贸易主要集中在运输、旅游和劳务输出与输入领域。随着科技的发展,技术、知识密集型的服务行业发展迅速,增长最快的是电信、金融、保险等服务,其发展速度大大超过了运输、旅游等传统服务行业。信息技术不仅大大提高了服务的可贸易性,同时也促进了服务生产的产业化,越来越多的会计、广告、营销、咨询、策划等各种专业服务公司应运而生,从而使服务贸易从运输、工程建筑等传统领域拓展到知识技术和数据处理等新兴领域。近年来,与先进科技和物质生产结合最紧密的服务贸易(如金融、保险、通信、数据处理、技术、咨询、广告等)发展迅速,且远远快于传统的服务贸易。这意味着服务贸易的产业结构已从以劳动密集型的服务行业(如旅游、售后服务等)为主,转向以资本密集型的服务行业(如运输、电信、金融等)以及知识密集型服务行业(如专业服务、计算机软件、数据处理等)为主。生产型服务在国际服务贸易中上升为主体,已经成为国际化大生产的必要条件。

3. 国际服务贸易发展不平衡,发达国家仍居主导地位

服务贸易基于服务经济的发展,而服务经济的高度发展又离不开技术进步。因此,服务贸易的相对优势也如同货物贸易的相对优势一样,是由经济的发展和技术的进步而决定的。由于发展中国家经济基础和技术水平比发达国家弱,因此,发展中国家在国际服务贸易中的地位处于相对的劣势。在全球服务贸易中,发达国家占较大比重。从整体上来看,发达国家具有巨额的服务贸易顺差。尽管近年来,发展中国家的服务贸易也有了较快发展,但是,发展中国家国际服务贸易额在世界服务贸易中所占比例仍然很小。例如,占发展中国家服务贸易比例最高的旅游业,也仅占该项目世界总额的 18%。而"其他"服务和运输项目则分别只占世界总额的 13% 和 14%。

4. 国际服务贸易自由化步伐将进一步加快

目前,国际服务产品多达150种以上。国际服务业的发展壮大,必然要求其产品在全球范围内实现自由贸易,要求各国开放服务贸易市场。1994年4月15日通过的《服务贸易总协定》及1995年7月26日世界贸易组织达成的《全球多边金融服务贸易协议》为国际服务贸易实现进一步自由化奠定了坚实的基础。随着世界经济一体化的进一步发展,服务贸易自由化也必将得到进一步的发展。

5. 国际服务贸易壁垒与货物贸易壁垒明显不同

在国际服务贸易自由化发展的同时,由于各国经济发展水平与阶段的不同,加之开放服务市场意味着大量要素的跨国流动,一些敏感性领域,如金融、保险、通信以及航空运输等,往往关系到服务贸易输入国的主权和安全,各国必然对相应的服务业进口进行限制。

由于服务贸易的特殊性,关税保护方式并不适用于对服务贸易的保护,但为了保护本国的服务业,各国纷纷采取非关税壁垒措施,主要表现在以下几个方面。

1) 政府对服务贸易的管理加强

一是政府通过制定法律、规则、标准、制度等对外国服务的进入设置障碍。二是政府对外国服务提供者在本国境内从事服务活动设置障碍。

2) 政府采购和补贴

政府在安排服务支出的时候,一般对本国优先考虑。同时,政府对本国服务出口实行财政补贴、减免税等,使本国的服务业在国际服务市场竞争中处于有利的地位。

3) 国际服务贸易壁垒的常见类型

其他常见的服务贸易壁垒还有:①数量限制;②进口许可证制度;③限制资金、技术、信息的国际流动;④实行外汇管制措施。

(二) 国际服务贸易迅速发展的原因

当代国际服务贸易迅速发展的根本原因在于世界经济结构发生了历史性的变化。20世纪60年代兴起的新科技革命加速了这种历史演变的进程,从而导致世界贸易结构和人们社会生活方式的改变。具体说来,当代国际服务贸易的发展主要是由于以下几点。

1. 世界产业结构升级的驱动

按照发展经济学的经济增长阶段论,随着国家经济能力的增长,该国的产业结构将依次提升,逐步由农业经济过渡到工业经济,再由工业经济发展到服务经济。

20世纪60年代初,主要西方国家都已完成了本国的工业化进程,开始步入后工业化发展阶段,即国内经济重心向服务业偏移。由各国经济能力增长所带动的产业升级使世界产业结构发生大规模的调整。在这一过程中所形成的新的世界经济结构不平衡,导致了对国际服务更大规模的需求,使全球服务性产业的贸易总额有了高速增长的潜力。

2. 国际货物贸易和国际投资增长的带动

2013年至2020年,我国服务业实际使用外资从614.5亿美元增至1 122.9亿美元,占外资总额的份额大幅提升,年均增速高于同期全国外资平均增速。在货物贸易高速增长的带动下,同货物进出口直接相关联的传统服务贸易项目,如国际运输服务、国际货物保险、国际结算服务等,都相应地在规模上、数量上成倍增长。而国际投资的迅速扩大和向服务业倾斜，不仅带动了国际货物贸易的增长，而且带动了国际服务贸易的迅猛增长，特别是以国际投资收益作为要素的服务项目，其迅速扩张本身就构成海外服务贸易流量的扩大。

3. 高新技术的有力推动

国际服务贸易自第二次世界大战以来在越来越大的范围内得以迅速发展，主要是建立在高新技术迅速发展与应用的基础上。以信息技术为主的高新技术不仅大大地促进了传统服务贸易的发展，而且扩大了服务贸易的领域，改变了传统服务贸易的提供方式。现代化信息和传输技术使服务的不可储存性及服务的生产与消费必须同时、同地、面对面进行的特性发生了改变，从而使许多生产和消费原本需要同时进行的服务可以实现生产与消费的分离。近年来，与先进科技和物质生产结合最紧密的服务贸易（如金融、保险、通信、数据处理、技术、咨询、广告等）发展迅速，且远远快于传统的服务贸易。

4. 跨国公司发展的带动

随着信息技术的迅猛发展，跨国公司通过在全世界范围内提供产品和服务来满足其不断扩张的需要。它们作为金融、信息和专业服务等方面的重要供应者，向全球出售服务，这些都促进了国际服务贸易量大幅度增加。少数跨国服务公司也在各种兼并活动中诞生，它们有能力向几个市场提供各种服务，或把商品和服务结合起来。这些活动都加快了服务国际化的速度。

第二节　国际服务贸易协议

关贸总协定第 8 轮"乌拉圭回合"首次将服务贸易谈判提上日程，通过谈判最后达成了服务贸易的国际性协议，即《服务贸易总协定》。

一、《服务贸易总协定》的产生

(一)《服务贸易总协定》产生的背景

美国主张服务贸易自由化，是服务贸易谈判的积极倡导者。其原因在于美国的服务贸易在世界处于领先优势地位，实行服务贸易自由化，有利于美国打开其他国家的服务贸易市场。所以早在"东京回合"谈判期间，美国政府就对服务业和服务贸易加以研究，并专门成立了服务贸易咨询委员会。随后，美国在不同场合多次主张将 GATT 原则适用于服务贸易。虽然这一主张遭到大多数发展中国家的反对，但发达国家几乎都支持美国关于进行服务贸易谈判的动议。经过一系列准备后，1986 年 9 月，埃斯特角部长宣言将服务贸易作为三项新议题之一列入"乌拉圭回合"多边贸易谈判。

(二)"乌拉圭回合"关于服务贸易的谈判概况

1. 美国的 5 点主张

"乌拉圭回合"谈判中，美国提出了服务贸易全面自由化的具体意见，主要内容包括以下几点。

（1）确定关贸总协定的基本原则适用于服务贸易。

（2）采用单轨制方式，将商品贸易与服务贸易综合在一起谈判。

（3）拓宽服务贸易谈判的项目和范围。

（4）根据 WTO 有关原则及达成的部分协议，逐步实现服务贸易自由化。

（5）为推进服务贸易自由化，主张发达国家在商品贸易谈判中作出某些让步，以换取发展中国家在服务贸易自由化问题上的让步。

2. 发展中国家的妥协

发展中国家的服务业和服务贸易都比较落后，在国际服务贸易领域大都实行贸易保护主义，为了维护国家和民族利益，短期内做到服务贸易自由化是不可能的。美国关于服务贸易自由化的主张自然遭到发展中国家的反对，有些发展中国家明确表示，反对将服务贸易纳入 GATT 体制。但是，随着谈判的进行，发展中国家为了换取发达国家在商品贸易上的让步，在服务贸易谈判中作出一定程度的妥协，在双轨制方式下，将服务贸易和商品贸易作为并列的议题进行谈判。

3. 《服务贸易总协定》的产生

"乌拉圭回合"关于服务贸易谈判的议题集中在以下几个方面。

（1）关于服务贸易的定义、范围、与服务贸易有关的国际规则和协议。美国等发达国家主张较为宽泛的定义，发展中国家则主张较为狭窄的定义，欧共体提出折中意见。最后多边谈判基本上采纳了欧共体的意见。

（2）关于 GATT 的有关基本原则在服务贸易中的适用问题。例如，透明度、逐步自由化、最惠国待遇、国民待遇、市场准入、发展中国家更多参与、例外和保障条款以及国内规章在服务部门的运用等。就上述问题各国分别提出了自己的方案，中国等 7 个亚非国家提交了"服务贸易多边框架原则与规则"的提案，被后来的《服务贸易总协定》采纳，反映了发展中国家的利益和要求。

（3）关于开放和不开放服务部门的列表方式问题。发达国家提出"否定列表"方式，即要求各国列出不能开放部门清单，主张清单一经列出，便不能再增加，并应逐步减少；发展中国家则提出"肯定列表"方式，即各国列出能够开放的部门清单，之后可随时增加开放部门的数量。后来采纳了发展中国家的主张。

上述三个方面的问题，表现出发达国家和发展中国家之间利益上的矛盾与冲突，经过谈判，终于取得了一定成果。在此基础上，经过进一步深入谈判，各谈判方终于在1994 年 4 月 15 日于马拉喀什正式签署了《服务贸易总协定》。该协定作为"乌拉圭回合"一揽子协议的组成部分和世界贸易组织对国际贸易秩序的管辖依据之一，于 1995 年1 月 1 日生效。

二、《服务贸易总协定》的主要内容

（一）序言

阐明了 WTO 全体成员对服务贸易的认识，即"认识到服务贸易对世界经济的增长和发展日益重要"，"认识到所有成员方为了符合国内政策的目标，有权对其境内提供的服务制定和实施新的规定,并考虑在制定服务贸易法规时,不同国家存在着不同的发展程度,发展中国家可根据其特殊需要实施该项权力"。

序言提出以下两点希望。

(1) 希望通过连续不断的深入谈判,促使成员方在互利的基础上获得利益,并将服务贸易自由化推向更高层次,从而早日获得成功。

(2) 希望发展中国家通过提高其国内服务的能力、效率和竞争力,在国际服务贸易中更多地参与和扩大服务贸易的出口。

(二) 文本的主要内容

《服务贸易总协定》的文本包括6个部分。

1. 第1部分：范围和定义

1) 范围

限定于"适用于成员方为影响服务贸易所采取的各项措施"。《服务贸易总协定》所指的"服务",是除政府服务外的一切服务,是指非政府团体(如商会)在其境内履行职责而采取的措施。

2) 定义

"乌拉圭回合"对服务贸易的定义可概括为：通过跨境交付、境外消费、商业存在和自然人流动四种方式提供服务。

2. 第2部分：一般责任和纪律

一般责任和纪律包括最惠国待遇、透明度、发展中国家进一步参与、经济一体化、国内规定、对服务提供者资格的承认、垄断与专营服务、商业惯例、保障措施、支付与转移、政府采购、协定一般纪律与责任的例外、补贴等条目。

3. 第3部分：承担特定义务

承担特定义务包括第16条"市场准入"、第17条"国民待遇"和第18条"附加承担义务"。其规定了参加方在承担具体的服务市场开放义务时所遵循的一些原则。

4. 第4部分：逐步自由化

在服务领域逐步实现自由化对于发展中国家是至关重要的。《服务贸易总协定》第19条第2款体现了第4条(发展中国家的更多参与)的精神。允许发展中国家根据自己的竞争能力和服务出口实际水平来开放市场,逐步实现自由化。主张在确立今后可谈判准则之前应根据总协定的目标,对国际服务贸易的情况进行评估。评估应采用恰当的资料,特别是在全球范围和部门水平上确定服务贸易在国际经济、国家集团、各个国家中的重要性。对于最不发达国家,只要求它们承担与其自身发展、金融和贸易需要或管理和机构能力相适应的义务。

5. 第5部分：制度条款

制度条款主要阐述争端解决问题。此内容与《商品贸易总协定》的争端解决程序规定基本一致。

6. 第6部分：最终条款

最终条款主要规定了加入和接受规则,并指出了协定的不适用状况、利益的否定和协定的退出。

（三）附录

附录是协定的组成部分,充实和补充了协定的若干重要内容,具体如下。

（1）关于免除第2条义务的附录。

（2）自然人提供服务活动的附录。

（3）空中运输服务的附录。

（4）金融服务的附录一。

（5）金融服务的附录二。

（6）海运服务谈判的附录。

（7）电信服务的附录。

（8）基础电信谈判的附录。

扩展资料

三、金融服务贸易协议

金融服务是由一成员方的金融服务提供者所提供的任何有关在金融方面的服务,包括所有保险与保险有关的服务,以及所有银行和其他金融服务。

（一）市场准入

要求各缔约方应在条件待遇等方面给予国外服务和服务提供者其承诺义务计划安排表中列明的同等待遇。

（二）国民待遇

按照乌拉圭回合最终协议,各成员方承诺义务协议的附件规定,每一参加方应该允许在其境内已设立机构的其他参与方的金融服务供应商,进入该国的由公共机构经营的支付和清算系统或部门,利用正常的商业途径参与官方的资本供给和再筹集。

（三）透明度

根据《服务贸易总协定》的要求,任何一谈判签字方都必须把影响服务贸易措施的有关法律、法规、行政命令及其他决定、规则和习惯做法(无论是中央政府或地方政府作出的,还是由非政府的有权制定规章的机构作出的)在生效之前予以公布。

（四）最惠国待遇

《服务贸易总协定》提出:每一签约方给予另一签约方服务或服务提供者的待遇,也应立即无条件地给予其他任何签约方的业务供应商。

四、基础电信协议

电信服务是指传送和接收任何电磁信号的服务。它可以分为基础电信和增值电信两大部分。基础电信的内容包括电话、电报、电传和传真等。

2002年全球电信服务总收入为1万亿美元,北美以5％的全球人口占了全球44％的电信收入,而占全球人口20％的中国电信收入仅占5％。

1997年2月15日,WTO的69个成员(55个谈判方,欧盟15国作为一个谈判方)达成了全球电信自由化协议,即《基础电信协议》,正式名称为《服务贸易总协定第四议定书》。到1998年2月5日《基础电信协议》正式生效,缔约方达到72个。

(一) 最惠国待遇原则

缔约一方现在和将来给予任何第三方的一切特权、优惠和豁免,也同样给予缔约对方。其基本要求是使缔约一方在缔约另一方享有不低于任何第三方享有或可能享有的待遇。"一成员可以维持与第1条不一致的措施,只要该措施已列入第2条豁免附件并符合该附件的条件。"但是,根据豁免条款,申请的豁免不能超过10年。

(二) 透明度原则

除非在紧急情况下,各成员应迅速并最迟于生效之时,公布具有普遍适用的有关或影响本协定实施的措施,涉及或影响服务贸易的国际协定也应予以公布。对现行法律、法规或行政规定,如有新的规定或有所改变,应立即或每年向服务贸易理事会作出报告。

(三) 国民待遇原则

各成员在提交的具体承诺的范围内,应依照承诺表中的条件和资格,给予其他成员相应的待遇,而且应该与给予本国的待遇相同,否则即认为对其他成员不利。

(四) 市场准入原则

市场准入原则要求每一成员给予其他成员的服务和服务提供者的待遇,应不低于提交的承诺表中所同意的规定期限、限制和条件。除非在承诺表中明确规定,各成员不可以用数量配额、垄断和专营服务提供者的方式,或要求经济需求测试的方式,限制服务提供者的数量;不得采用数量配额或要求经济需求测试的方式,限制服务交易或资产的总金额;不得以配额或要求经济需求测试的方式,限制服务业务的总量或以指定的数量单位表示的服务产出总量;不得以数量配额或要求经济需求测试的方式,限制某一特定服务部门可雇用的或一服务提供者可雇用的、对一具体服务的提供所必需或直接有关的自然人的总数;不得限制或要求一服务提供者通过特定的法律实体或合营企业提供服务;不得通过对外国持股的最高比例或单个或总体外国投资总额的限制来限制外国资本的参与。

五、与贸易有关的知识产权协议

知识产权,是指基于人们智力的创造性活动所产生的权利。它包括工业产权和版权两大组成部分。工业产权又包括专利权、商标权以及外观设计、服务标记、厂商名称等权利。版权也称著作权,是指自然科学、社会科学以及文学、艺术等方面作品的著作人对其著作或创作所享有的权利。

(一) 专有性

专有性,也称排他性或独占性,是指除权利人同意或法律规定者外,任何人不得随意使用该项权利,否则就构成侵权行为。侵权者须承担由此而引起的法律责任,依法赔偿权利人所遭受的损失,情节严重者甚至可追究刑事责任。

（二）地域性

一国所授予的权利只在该国国内受到法律保护。权利人如要在其他国家维护其独占权,就必须再向其他国家申请,经批准后才能在有关国家得到法律上的保护。

（三）时间性

在规定的期限内,权利人可享有独占权,期满后就成为公众的财产,任何人均可自由使用。

六、《服务贸易总协定》的意义

（一）促进国际服务贸易的自由化

GATT 对于国际贸易自由化的推进和努力主要集中在商品贸易领域,对服务贸易一直未能进行统一规范。《服务贸易总协定》第一次为国际服务贸易自由化提供了体制上的安排和保障,对于促进各国服务市场的开放、促进国际服务贸易自由化具有重大作用。

（二）促进各国在服务贸易领域的合作与交流

《服务贸易总协定》主张各国通过谈判、对话逐步开放服务市场,以代替市场保护和对立。主张各成员方在服务领域加强信息交流,规定建立联系点,提供不断磋商和对话的机制与机会。这些主张和规定有利于促进各国的合作与交流。

（三）对发展中国家给予适当的照顾

《服务贸易总协定》在国民待遇、最惠国待遇、透明度、市场准入、逐步自由化以及其他许多条款中都对发展中国家作出了特殊规定。这些规定有利于发展中国家根据自己的国情确立服务贸易发展的方针政策。

本章小结与思考题

试一试

扩展资料

第九章

国际贸易合同的签订

教学目的和要求

本章的目的是使学生了解国际贸易合同的磋商过程,掌握发盘、接受与合同成立的条件,了解不同法律文本对发盘、接受的主要分歧,掌握合同的主要内容与格式。

关键概念

询盘	发盘	还盘
接受	有条件接受	逾期接受
发盘的撤销	发盘的撤回	接受的撤回

章首案例

案情: 我某进出口公司向国外某商人询购某商品。不久,我方收到对方 8 月 5 日的发盘(offer),发盘有效期至 8 月 22 日。我方于 8 月 20 日向对方复电:"若价格能降至 56 美元/件,我方可以接受。"对方未做答复。8 月 21 日我方得知国际市场行情有变,于当日又向对方去电表示完全接受对方 8 月 5 日的发盘。

问: 我方的接受能否使合同成立?为什么?

分析: 我方的接受不能使合同成立。因为我方在 8 月 20 日曾向对方复电:"若价格能降至 56 美元/件,我方可以接受。"该复电已构成了还盘(counter-offer)。该还盘一经作出,原发盘即告失效。所以,当我方 8 月 21 日得知国际市场行情有变,向对方表示的接受已不具有接受效力。因此,我方的接受不能使合同成立。

第一节　国际贸易的交易磋商

在国际贸易中,交易磋商是指贸易双方为买卖某种商品通过面谈,或通过信函、传真或电子数据交换等方式,就交易的各项条件进行的国际商务谈判。交易磋商的程序依次有四个环节:询盘(inquiry)、发盘、还盘、接受(acceptance)。其中,发盘与接受是构成进出口有效合同的基本环节。

一、询盘

询盘,又称询价,是指买方为了购进货物或卖方为了销售货物而向对方提出有关交易条件的询问。在国际贸易的实际业务中,一般多由买方主动向卖方发出询盘。其内容可以只是询问价格,也可以询问其他某些交易条件,如品名、数量和交货日期等,也可以要求对方向自己作出发盘。询盘对于询盘人和被询盘人均无法律上的约束力,而且不是交易磋商的必要步骤。但是它往往是一笔交易的起点,所以作为被询盘的一方,应对接到的询盘给予重视,并做及时和适当的处理。

二、发盘

发盘,又称报盘,在法律上称为要约,是买方或卖方向对方提出各种交易条件,并愿意按照这些条件达成交易、订立合同的一种肯定的表示。在实际业务中,发盘通常是一方在收到对方的询盘后作出的,但也可不经过对方询盘而直接向对方发盘。

《联合国国际货物销售合同公约》(以下简称《公约》)第14条第1款对发盘的解释为:"向一个或一个以上特定人提出的订立合同的建议,如果十分确定并且表明发盘人在得到接受时承受约束的意旨,即构成发盘。一个建议如果写明货物并且明示或暗示地规定数量和价格或规定如何确定数量和价格,即为十分确定。"

发盘一般可采用书面和口头两种方式。书面发盘包括书信、电报、电传、传真和电子邮件(E-mail)等。口头发盘一般是指电话报价。发盘人可以是买方,也可以是卖方。卖方发盘称为售货发盘(selling offer);买方发盘称为购货发盘(buying offer),习惯称为"递盘"(bid)。

根据《公约》的规定,构成一项有效的发盘必须具备下列四个条件。

(1) 发盘要有特定的受盘人,受盘人可以是一个,也可以指定多个。

(2) 发盘内容必须十分确定。

(3) 必须表明发盘对发盘人有约束力。

(4) 发盘必须送达受盘人才能生效。

在发盘有效期内,发盘人不得任意撤销或更改其内容。发盘在有效期内一经对方表示无条件接受,发盘人将受其约束,并承担按发盘条件与对方订立合同的法律责任,这种发盘称为实盘(offer with engagement)。不符合上述条件的发盘是没有约束力的发盘,这种发盘称为虚盘(offer without engagement)。

关于实盘,应注意以下几点。

1. 构成有效实盘的基本条件

(1)一方愿意与另一方达成交易的肯定表示,即一项发盘必须清楚表明订约意图(contractual intent)。

(2)实盘的内容必须明确、完整和无保留。明确,是指实盘的内容清楚、确切,没有含糊不清或模棱两可的词语。完整,是指买卖商品的主要交易条件是完整的。一项交易条件完整的发盘通常应包括货物的品种、品质、数量、包装、价格、交货和支付等主要交易条件。但在实际业务中,一项发盘往往不是以上述所订主要交易条件完整形式出现的。有时发盘条件表面上不完整,而实际上是完整的。例如,双方一般事先订有一般交易条件的协议,援引来往函电、先前合同和买卖双方的先前业务中已形成的习惯做法等。无保留,是指发盘人愿按所提各项交易条件,同受盘人订立合同,除此以外没有任何其他保留条件。

(3)实盘必须送达受盘人。即使受盘人事先知道发盘的内容,发盘没有到达受盘人,受盘人也不能接受。

(4)向特定人提出。

2. 实盘的有效期限

作为一项发盘,都有一个有效期限。一种是在实盘中明确具体地规定受盘人接受的有效期限;另一种是在实盘中没有规定明确具体的有效期限,则根据惯例在合理时间内有效。

(1)如果发盘中明确规定了有效期限,受盘人必须在规定的期限内接受才有效。但是各国法律对这个问题有不同解释。由于交易双方的国家处于不同的地理位置,同一日期还存在时差,因此在做进出口业务时,为了避免纠纷,一般规定具体的有效期限,发盘人往往采用以接受通知送达发盘人为准的规定办法。

(2)凡在发盘中未明确规定具体的有效期限,可参照国际贸易的习惯,理解为受盘人在"合理时间"内接受有效。但由于对合理时间的解释各国法律并不明确,而且这些解释具有很大的不确定性,容易导致纠纷。因此,进出口业务中一般较少采用这种形式的发盘。

(3)口头发盘必须立即接受。《公约》第18条第2款规定:"……对口头发盘必须立即接受。但情况特别者不在此限。"

3. 发盘的撤销与撤回

《公约》第15条对发盘生效时间做了明确规定:"发盘在送达受盘人时生效。"那么,发盘在未被送达受盘人之前,如发盘人改变主意,或情况发生变化,就会产生发盘的撤回(revocation)和撤销的问题。在法律上,"撤回"和"撤销"属于两个不同概念。撤回是指发盘尚未生效,发盘人采取行动,阻止它的生效。而撤销是指在发盘已生效后,发盘人以一定方式解除发盘的效力。

《公约》第15条第2款规定:"一项发盘,即使是不可撤销的,也可以撤回,如果撤回的通知在发盘到达受盘人之前或同时到达受盘人。"

根据《公约》的规定,发盘也可以撤销。其条件是:发盘人撤销的通知必须在受盘人发出接受通知之前传达到发盘人。但是,在下列情况下发盘不能撤销。

（1）发盘人注明了有效期，或以其他方式表示发盘是不可撤销的。

（2）受盘人有理由信赖该发盘是不可撤销的，并且已本着对该盘的信赖作出行动。

课堂讨论 9-1：在法律上，撤销与撤回的概念有什么区别？

4．实盘失效

按照国际贸易的习惯和规则，一项实盘遇有下列情况之一，则立即失效，发盘人不再受该项发盘的约束。

（1）过期。如果一项实盘已过有效期，该盘即失效。

（2）拒绝。如果受盘人对一项发盘明确表示拒绝，该项实盘立即失效。

（3）还盘。如果受盘人对发盘作出某些更改的还盘表示，便构成对原发盘实质上的拒绝，原发盘也随之失效。

（4）法律实施。如果发盘人或受盘人丧失行为能力（如精神失常、死亡等），或标的物灭失，发盘便告失效。

（5）人力不可抗拒的意外事故造成发盘的失效。

5．虚盘的特点

1）内容不明确肯定

发盘内容含混不清，没有订立合同的肯定表示。例如，在发盘的时候加上"以现阶段国际市场价为参考""参考价"等。

2）主要交易条件不完整

发盘中未列出必须具备的主要交易条件，除非双方对未列明的条件事前已经约定或有习惯做法，否则属于虚盘性质。

3）有保留条件

发盘列明保留条件，如"本报盘以我方最后确认为准""报盘以我方货未出售为准""本报盘以我方申请到出口许可证为准"等。这种发盘对发盘人没有约束力，在受盘人表示接受后，仍需发盘人表示确认才有效，否则合同不能成立。

三、还盘

还盘，又称还价，是受盘人对发盘内容不完全同意而提出修改或变更的表示。还盘既是受盘人对发盘的拒绝，也是受盘人以发盘人的地位所作出的新发盘。一方的发盘经对方还盘以后即失去约束力，除非得到原发盘人同意，受盘人不得在还盘后反悔，再接受原发盘。对还盘做再还盘，实际上是对新发盘的还盘，称为"反发盘"。

在国际贸易实务中，一方发盘，另一方如对其内容不同意，可以进行还盘。同样，一方还盘后，另一方如对其内容不同意也可以进行还盘或再还盘，直至双方同意达成协议或无法达成协议而放弃。还盘不是一笔交易达成协议所必须经过的步骤，有些交易有时不经过还盘即可达成协议，有些交易则要经过往返多次还盘才能达成协议。

另外，还盘不仅可以对商品价格，也可以对交易的其他条件提出意见。在还盘时，对双方已经同意的条件一般没必要列出，仅对不同意部分或条件的内容进行改动，并通知对方，即意味着已作出还盘。

课堂讨论 9-2：还盘有什么法律后果？

四、接受

接受,在法律上称"承诺",是买方或卖方无条件地同意对方在发盘中提出的各种交易条件,并愿意按照这些条件与对方达成交易、订立合同的一种肯定的表示。一方的发盘经另一方接受,交易即告完成,双方就应分别履行其所承担的合同义务。

(一) 有效接受

一项有效的接受,必须具备以下三个条件。

(1) 接受必须由受盘人作出。

(2) 接受的内容必须与发盘相符。

(3) 接受必须在发盘有效期内作出并送达发盘人,受盘人表示接受要以口头、书面或行动的声明形式向发盘人明确表示出来。

(二) 接受应注意的问题

根据国际惯例,接受一般要注意以下几点。

1. 接受必须是无条件的

无条件是指受盘人对一项实盘无保留的同意,即接受的内容必须同对方的实盘的各项条件严格一致。否则,在法律上不能构成一项有效接受。

关于接受必须是无条件的原则,这是各国商法所共同承认的首要原则。但是在贸易实践中,在受盘人表示接受时,往往不能做到完全同意,而要对原发盘做某些添加或更改或限制。为此,《公约》第 19 条规定："(1)对发盘表示接受但载有添加、限制或其他更改的答复,即为拒绝,并构成还盘。(2)但是,对发盘表示接受,但附有添加或不同条件的答复,如所载的添加或不同条件在实质上并不变更该项发盘的条件,除发盘人在不过分迟延的期间内以口头或书面通知反对其间的差异外,仍构成接受。如果发盘人不做出这种反对,合同的条件就以该项发盘的条件以及接受通知所载的更改为准。有关货物价格、付款、货物质量和数量、交货地点和时间,一方当事人对另一方当事人赔偿的责任范围或解决争端等的添加或不同条件,均视为实质变更发盘的条件。"

[案例 9-1] 接受的无条件性

案情：某进出口公司欲进口一批包装机,对方发盘的内容为："兹可供普通包装机 200 台,每台 500 美元 CIF 青岛,6 月至 7 月装运,限本月 21 日复到我方有效。"我方收到对方发盘后,在发盘规定的有效期内复电："你方发盘接受,请内用泡沫,外加木条包装。"

问：我方的接受是否可使合同成立？为什么？

分析：我方的接受可使合同成立。根据《公约》的规定,受盘人对货物的价格、付款、品质、数量、交货时间与地点、一方当事人对另一方当事人的赔偿责任范围或解决争端的办法等条件提出的添加或更改,均视作实质性变更发盘条件。受盘人在接受中的添加或更改,如果在实质上变更了发盘条件,就构成了对原发盘的拒绝,其法律后果是否定了原发盘,原发盘即告失效,原发盘人就不再受其约束。本案我方在接受通知中,表示对包装条件的添加,并不构成实质性变更发盘条件,不属于还盘性质,除非发盘人在合理的时间内及时地表示不同意受盘人的添加,否则,该接受仍具有接受的效力。因此,我方的接受可使合同成立。

2. 接受必须在一项发盘的有效期限以内表示

假使一项实盘规定了明确的、具体的有效期限,受盘人只有在此期限内表示接受才有效。假使一项实盘未规定具体的有效期限,根据国际贸易习惯,也应在"合理时间"内表示接受才有效。关于上述内容在《公约》中均做了相应的规定。除此以外,如果有逾期接受的情况,还应注意以下几点。

(1) 对于一项逾期接受,按上述规定应为失效。如果发盘人认为该项逾期接受可以同意,这项逾期接受仍然可有效,但是发盘人必须毫无迟疑地以口头或书面形式将此种意见通知受盘人。《公约》第21条有上述内容的规定。

(2) 如到接受期限的最后一天,由于是发盘人所在地的正式假日或非营业日,对方的接受不能送达发盘人的地址,只要事后证明上述情况属实,该项接受的最后期限应顺延至下一个营业日继续有效。《公约》第21条第2款有此规定。

(3) 如收到一项逾期接受,它发出的信件或其他书面文件表明,在传递正常的情况下,本应及时送达发盘人,但由于出现传递不正常的情况而造成了延误,则此逾期的接受仍可以有效,除非发盘人毫不迟疑地以口头或书面形式通知受盘人:"我认为你的发盘已经失效。"《公约》第21条第2款有此规定。

在接受函电生效日期方面,不同国家的法律规定也不尽相同。普通法国家规定,受盘人只要在规定期限内,接受函电一经投邮发出,即书信投入邮局信箱、电报交到邮电局发出就有效,这叫投邮主义。大陆法国家规定,受盘人必须在规定期限内,将接受函电送达发盘人支配范围为有效,接受可以不一定送达发盘人手中,这叫到达主义。由于国际上存在这两种不同的规定,为避免发生纠纷,发盘一般应明确规定以收到接受函电的时间为准。另外,由于国际时差的影响,对大宗商品或价格波动较大的商品的发盘,要明确规定以发盘人当地时间为准,即"以我国时间"为准。

一项接受只有送达发盘人才能生效。因此,在它生效之前,一项接受也是可以撤回的,但是此项撤回通知必须在接受通知之前或同时送达发盘人,否则接受是不能撤回的。例如,《公约》第21条规定:"接受得以撤回,如果撤回通知于接受原应生效之前或同时,送达发盘人。"

[案例 9-2]　接受是否有效?

案情: 我某进出口公司向国外某客商询售某商品,不久我方接到外商发盘,有效期至7月22日。我方于7月24日用传真表示接受对方发盘,对方一直没有音讯。因该商品供求关系发生变化,市价上涨,8月26日对方突然来电要求我方必须在8月28日前将货发出,否则,我方将要承担违约的法律责任。

问: 我方是否应该发货? 为什么?

分析: 我方不应发货。因为我方7月24日用电传表示的接受,已经超过了发盘规定的有效期,不具有接受的效力,仅相当于一项新的发盘,买卖双方之间无合同关系,所以,我方不应发货。因该商品的市场行情上涨,我方应寻找出价较高的买方将货物销售出去。

3. 接受必须由合法的受盘人表示

通常情况下,一项实盘都明确地规定受盘人,即特定的个人或团体,对于这样的实盘,必须由该盘指定的受盘人表示接受才有效。任何第三者针对该项实盘表示的接受均无法律效力,发盘人不受约束。但在个别情况下,有的实盘没有规定特定的受盘人,而是一项公开的发盘。对这种公开发盘,任何人都可以凭发盘通知并按其规定的程序和办法表示接受,建立起有效的合同关系。

[案例 9-3] 接受只认特定受盘人

案情:香港某中间商 A,就某商品以电传方式邀请我方发盘。我方于 6 月 8 日向 A 方发盘并限 6 月 15 日复到有效。12 日我方收到美国商人 B 按我方发盘规定的各项交易条件开来的信用证,同时收到中间商 A 的来电称:"你 8 日发盘已转美国商人 B。"经查该商品的国际市场价格猛涨,于是我方将信用证退回开证行,再按新价直接向美商 B 发盘,而美商 B 以信用证于发盘有效期内到达为由,拒绝接受新价,并要求我方按原价发货,否则将追究我方的责任。

问:对方的要求是否合理? 为什么?

分析:对方的要求不合理。根据《公约》的规定,构成一项接受应具备的条件是:①接受由特定的受盘人作出;②接受的内容必须与发盘相符;③必须在有效期内表示接受;④接受方式必须符合发盘的要求。本案中,我方发盘中特定的受盘人是香港某中间商 A,其发出的接受通知才具有接受效力。因而,12 日我方收到美国商人 B 开来的信用证可视作一项发盘,该发盘必须得到我方的接受,合同才成立。在合同未成立的情况下,美商 B 就要求我方发货是不合理的。

4. 接受必须用一定方式表示出来

接受应由受盘人采用声明或作出实际行动的方式表示,并且这种表示传达给发盘人才能生效;默认或没有作出实际行动本身不构成接受。声明是指用口头或书面文字表达接受的意思。作出实际行动是指根据该项发盘的意思或依照当事人之间已经确立的习惯做法或惯例所作出的行动。例如,卖方发运货物或买方已开出信用证或买方用支付部分货款等行为来表示同意。因此,采用作出某种实际行动的方法来表示接受,这种行动并不是任意的行为,而是必须符合上述限制条件的行动。

第二节 国际贸易合同的签订与审核

经过交易磋商,一方发盘经另一方接受后,买卖双方就构成了合同关系。双方在交易磋商过程中的函件,就是合同的书面证明。根据国际有关规定和贸易习惯,买卖双方还要签订书面的正式合同或成交确认书。《中华人民共和国民法典》对涉外经济合同也作出了具体规定。

一、合同的成立

（一）合同成立的时间

根据《公约》的规定,受盘人接受发盘并在发盘有效期内将接受送达发盘人,合同即告成立。但在实际业务中,合同成立的时间以订约时合同上写明或以收到对方确认书的日期为准,即在签订书面合同时买卖双方的合同关系确立。

（二）合同有效成立的条件

一项有法律约束力的合同应具备下列条件。

1. 合同当事人必须具有签订合同的行为能力

签订买卖合同的当事人应是自然人或法人。自然人必须是精神正常的成年人,未成年人、精神病人等订立合同必须受到限制。如果当事人是法人,各国法律一般认为,必须通过其代理人,在法人的经营范围内签订合同,越权的合同无效。

2. 合同必须有对价或约因

对价(consideration)是指当事人为了取得合同利益所付出的代价。约因(cause)是指当事人签订合同所追求的直接目的。按照英美法和大陆法的规定,合同只有在有对价或约因时,才是法律上有效的合同。

3. 合同的标的或内容必须合法

标的合法是指合同涉及的货物和货款必须合法。合同内容合法包括不得违反法律、不得违反公共秩序和公共政策、不得违反善良的风俗习惯或道德三个方面。

4. 合同必须符合法律规定的形式

《公约》原则上对国际货物买卖合同的形式不加以限制。但《公约》允许缔约方对此提出声明予以保留。

5. 合同当事人的意思表达必须真实

在国际贸易中,买卖双方必须在自愿和真实的基础上达成协议。任何一方通过采取欺诈、威胁或暴力行为与对方订立的合同无效。

扩展资料

二、书面合同的签订

（一）书面合同的作用

签订书面合同不是合同有效成立的必要条件。但是交易达成后,签订书面合同有如下三个方面的意义。

1. 作为合同成立的证据

根据法律的要求,合同是否成立必须有证明,包括人证和物证。尤其是口头磋商达成的协议,签订一份书面合同是必不可少的。否则一旦双方发生争议,需要提交仲裁或诉讼时,如果没有充足的证据,协议就难以得到法律的保护,甚至在法律上成为无效协议。

2. 作为履行合同的依据

交易磋商达成后,必须将双方协商一致的交易条件全面、清楚地列明在一份具有一定格式的书面合同中,明确双方的权利和义务,便于买卖双方准确地履行合同。

3. 作为合同生效的条件

如果买卖双方任何一方在发盘或接受中声明以签订书面合同为准,即使双方已对交易条件全部协商一致,也必须在正式签订书面合同后,合同才能成立。

(二) 书面合同的形式

《公约》对货物买卖合同的书面形式没有特定的限制。买卖双方可以采取正式合同、销售确认书、协议书、备忘录、订单和委托书等形式。在我国对外贸易中,主要使用合同和销售确认书两种形式。

(三) 书面合同的内容

书面合同的内容通常包括约首、基本条款和约尾三个组成部分。

1. 约首

约首是合同的序言部分,一般包括合同名称、合同编号、缔约双方的名称和地址、电报挂号、电话号码、传真号码等内容。此外,在合同序言部分还常常写明双方订立合同的意愿和执行合同的保证,对买卖双方都具有约束力。

2. 基本条款

基本条款是合同的正文部分,具体列明各项交易条件,其中包括品名、品质、规格、数量、包装、价格、交货时间与地点、运输、保险、支付、检验、索赔、不可抗力和仲裁等条款。这些条款也是交易磋商的主要内容,体现了买卖双方的权利和义务。

扩展资料

3. 约尾

约尾一般包括合同的份数、使用的文字及其效力、订约时间和地点、合同生效的时间及双方当事人的签字盖章等内容。

三、对进出口贸易合同的审核要点

对进出口贸易合同的审核要点有以下几个方面。

(1) 进出口贸易合同的形式和格式如果是由外商提供的,则必须逐项审查其政治性、合法性、真实性和可操作性。

(2) 对外签订合同,经办人必须取得公司法定代表人的"签约授权书",否则无效。"签约授权书"须明确授权范围和工作责任。

(3) 审核合同的主要内容,包括品种、规格、单价(unit price)、数量、总金额及贸易术语、装运时间、装运港和目的港、包装、保险、付款方式、码头及其他双方约定的条款、仲裁条款等。

(4) 进出口贸易合同采用书面合同形式,经买卖双方签字、盖章有效。

[案例 9-4] 合同的有效性

案情:买卖双方订有长期贸易协议,协议规定:"卖方必须在收到买方订单后 15 天内答复,若未答复则视为已接受订单。"11 月 1 日卖方收到买方订购 2 000 件服装的订单,但直到 12 月 25 日卖方才通知买方不能供应 2 000 件服装。买方认为合同已经成立，要求供货。

问：双方的合同是否成立？为什么？

分析：双方的合同已经成立。因为，在国际货物买卖中，买卖双方之间订立的长期贸易协议对双方具有约束力。本案中，双方订立的长期协议规定："卖方必须在收到买方订单后 15 天内答复，若未答复则视为已接受订单。"本案中，卖方于 11 月 1 日收到了买方订购 2 000 件服装的订单，但直到 12 月 25 日卖方才通知买方不能供应 2 000 件服装，其答复已超过了双方长期协议中规定的收到订单后 15 天，其行为可视作已接受了订单。所以，双方的合同已经成立。

本章小结与思考题

试一试

第十章
商品的品名、品质、数量和包装

教学目的和要求

　　本章介绍商品的品名、品质、数量和包装条款的基本概念与法律意义。让学生了解凭样品买卖的概念与分类,了解《联合国国际货物销售合同公约》与《跟单信用证统一惯例》(《UCP600》)的有关规定。目的是使学生掌握国际贸易合同中品名、品质、数量和包装条款的订立方法与注意事项。

关键概念

样品	对等样品	品质机动幅度	品质公差
以毛作净	定牌	溢短装条款	唛头
中性包装	条形码	OEM	

章首案例

　　案情:中国某进出口公司与德国某贸易有限公司订立一份出口龙口粉丝的合同,凭样品买卖(sale by sample),支付方式为货到目的港验收后付款。到货经买方验收后发现货物品质与样品不符,德商即决定退货并拒绝提货。后来,货物因保管不妥完全变质,且德国海关向我方收取仓储费及变质商品处理费共3万欧元。

　　问:我方公司应如何处理此事?

　　分析:按合同规定的品质条件提交货物是卖方的基本义务之一,本案买卖双方凭样品买卖,卖方的交货应与样品完全一致,卖方应承担交货品质不符的责任。但《联合国国际货物销售合同公约》第86条第1款规定:"如果买方已收到货物,如打算行使合同或本公约的任何权利,把货物退回,他必须按情况采取合理措施,以保全货物,直至卖方把他所付的合理费用偿还给他为止。"即买方在决定退货后,应采取合理措施妥善保管货物。而本案中的买方却未这样做,导致货物变质。我方可就货物的损失及进口国海关向中方收取的费用与买方进行交涉,尽可能挽回损失。

　　本案表明,在国际贸易中,交易的商品都有其具体的名称,并表现为一定的品质、数量,而大部分商品都需要一定的包装。即国际贸易的标的物具体表现为以上几大要素,在贸易合同中的地位与作用非常显著,需要引起同学们的重视。

第一节　商品的品名

商品的品名(name of commodity)或名称是指能使某一种商品区别于其他商品的一种称呼。从法律角度看,在合同中明确规定买卖标的物的具体名称,关系到交易双方在买卖货物方面的权利与义务。

一、品名条款的意义

根据《公约》的规定,对交易标的物的具体描述,是构成货物描述的主要组成部分,是双方交接货物的一项基本依据,若卖方交付的货物不符合约定的品名或说明,买方有权提出损害赔偿要求,直至拒收货物或撤销合同。

二、品名条款的内容

国际货物买卖中交易的标的物都是具体的商品。由于进入国际贸易领域的商品种类繁多,即使是同一种商品,亦可能因品种、品质、产地、花色、外形设计、型号等不同而千差万别。

国际贸易中的标的物,是指用于换取对价的货物。一般来说,要构成买卖中的标的物必须具备三个条件:①必须是被卖方所占有的;②必须是合法的;③必须是双方当事人一致同意的。

按照我国和国际上的通常做法,合同中的标的物的品名条款一般比较简单,一般是在"商品名称"或"品名"的标题下予以限定,列明交易双方同意成交商品的名称。有时为了省略起见,也可不加标题,只在合同的开头部分列明交易双方同意买卖的某种商品的文句。例如,计算机、移动通信设备等。但由于成交商品的品种、型号、等级(class)和特点不同,因此,为明确起见,可把有关品种或品质、产地、型号的概括性描述包括进去,做进一步限定。

总之,合同中有关品名的规定并没有统一的、固定不变的格式。如何规定,可根据双方当事人的意思予以确定。

[案例 10-1]　附带产地名称的品名条款导致的纠纷案

案情: 韩国 KM 公司向我方 BR 土畜产公司订购大蒜 650 吨,双方当事人几经磋商最终达成了交易。在缮制合同时,由于山东胶东半岛地区是大蒜的主要产区,通常我方公司都以此为大蒜货源基地,所以 BR 公司就按惯例在合同品名条款打上了"山东大蒜"。可是在临近履行合同时,胶东半岛由于自然灾害(natural calamity)导致大蒜歉收,货源紧张。BR 公司紧急从其他省份征购,最终按时交货。但 KM 公司来电称,所交货物与合同规定不符,要求 BR 公司作出选择,要么提供山东大蒜,要么降价,否则将撤销合同并提出贸易赔偿。

问: KM 公司的要求是否合理? 并评述此案。

分析: 本案是由于商品品名条款所引发的争议。KM 公司的要求合理。品名和品质条款是合同中的重要条件,一旦签订合同,卖方必须按合同的约定交货。另外,在表示商品品质的方法中,有一种是凭产地名称买卖,产地名称代表着商品的品质(quality of goods)。不同产地的同种货物品质可能存在着很大的差别,因此 KM 公司要求提供山东大蒜是合理的。其实,遇上这种情况,BR 公司可以援引不可抗力条款,及时通知买方,要求变更合同或解除合同。

三、规定品名条款的注意事项

国际货物买卖合同中的品名条款,是合同中的主要条件。因此,在规定此项条款时,应注意下列事项。

(一) 商品的品名必须做到内容明确、具体

用文字来描述和表达商品的名称,应能确切地反映商品的用途、性能和特点,切忌空泛、笼统或含糊,以免给合同的履行带来不应有的困难,从而埋下纠纷的隐患。

(二) 商品的品名必须实事求是,切实反映商品的实际情况

从卖方而言,品名必须是卖方所能生产或供应的品种和型号;就买方而言,品名必须是买方所需要进口的商品。凡做不到或不必要的描述性词句,都不应列入,以免给履行合同带来困难。

(三) 商品的品名要尽可能使用国际上通用的名称

目前,一部分商品的名称并不完全一致,在不同的地区可以有不同的叫法。为了避免误解,在签订合同中应尽可能使用国际上通行的名称。如果必须使用地方性的名称,交易双方应事先就其名称达成共识。对于一些新商品的定名及其译名,应力求准确、易懂,并符合国际上的习惯。

(四) 确定品名时应恰当地选用合适的名称

如果商品具有不同的名称,则在确定品名时,必须注意有关国家的海关税则和进口限制的有关规定,在不影响外贸政策的前提下,从中选择有利于降低关税和方便进口的名称作为合同的品名。

(五) 确定品名时还应考虑其与运费的关系

目前通行的运送货物的班轮运费是按照商品名称规定收费标准的,但由于商品的名称不统一,存在着同一商品因名称不同而收取的费率迥异的现象。从这个角度来看,选择合适的品名,是节省运费和降低成本的一个重要方面,应予以重视。

第二节　商品的品质

商品的品质是指商品外观形态和内在质量的综合,是反映商品满足用户明确和隐含需要的能力的特性总和,包括商品的适合性和符合性两个层次的内容。

根据《公约》的规定,若卖方的交货不符合约定的品质条件,买方有权要求损害赔偿,也可要求修理或交付替代货物,甚至拒收货物和撤销合同。

表示商品品质的方法有以实物表示品质和凭说明表示品质两大类。以实物表示品质可分为看货买卖和凭样品买卖两种。凭说明表示品质可分为凭规格买卖、凭等级买卖、凭标准买卖、凭说明书和图样买卖、凭商标或牌号买卖和凭产地名称买卖六种。

凭样品买卖是指以样品表示商品品质并以此作为交货依据的买卖,又称为凭样品交货。凭样品买卖的种类有凭卖方样品买卖(sale by seller's sample)、凭买方样品买卖(sale by buyer's sample)、凭对等样品买卖(sale by counter sample)。

《公约》第 35 条规定,如合同中有条款明示或默示地说明凭样品买卖,该合同即为凭样品买卖合同。交付样品即为标准样品。

课堂讨论 10-1: 在出口贸易中,有些非洲国家经常很轻易下订单,但要求我国出口企业提供卖方样品,并表示在收到样品后订立正式合同,你如何理解?

对于难以标准化的农副产品,往往采用以下两种标准:①良好平均品质(fair average quality,FAQ),该品质指一定时间内某地出口货物的平均品质水平;②上好可销品质(good commodity quality,GCQ),指卖方交货品质只需保证是上好的,适合于市场销售,无须说明具体品质。

规定品质条款应注意的问题有:①对某些商品的质量指标可规定一定的灵活性,用品质公差(quality tolerance)和品质机动幅度(quality latitude)表示。品质公差用于工业制成品,而品质机动幅度用于农副产品等初级产品。品质公差是指国际上公认的产品品质误差。凡在品质公差范围内的货物,买方不得拒收或要求调整价格。品质机动幅度是指允许卖方货物的品质指标在一定幅度内上下波动。②正确运用各种表示品质的方法。在实际业务中,应视商品的特性,选用表示商品品质的方法。③对一种商品同时采用多种表示品质的方法应谨慎。凡能用一种方法表示品质的,一般不宜同时采用两种或两种以上的表示方法,特别是同时采用凭规格和凭样品成交时,会给履约造成困难。

技术含量高的商品,表示品质的内容比较复杂,而初级产品及初加工产品的品质表示往往比较简单。

如鱼粉的品质表示方法有以下 5 个指标。

(1) 35% min Fish Meal Protein(蛋白质含量 35%以上)。

(2) 55% min Fat(脂肪含量 55%以上)。

(3) 9% max Moisture (水分含量 9%以下)。

(4) 11% max Salt(盐分含量 11%以下)。

(5) 4% max Sand (沙物质含量 4%以下)。

而手机的品质表示方法要复杂得多。

如华为推出的 5G 手机具有 6.58 英寸 OLED 屏幕,分辨率为 2 640×1 200,支持 90 Hz 刷新率、DCI-P3 HDR 广色域高动态范围,支持 IP68 防尘防水,采用后置之摄方案,具有 5 000 万像素 RYYB 超感知广角摄像头 IMX700。支持制式包含移动 5G(NR)、联通 5G(NR)、电信 5G(NR),以及 4G、3G 和 2G。

对不符合合同规定的交付货物,当产品的使用价值未受重大影响时,可以通过协商或仲裁要求卖方折价或要求换货、修理及损坏赔偿。

课堂讨论 10-2:青岛某公司向日本出口一批苹果。合同及来证上均写的是三级品,但发货时才发现三级苹果库存不足,于是该公司改以二级品交货,并在发票上加注:"二级苹果仍按三级计价。"货抵买方后,遭买方拒绝。请问:在上述情况下,买方有无拒付的权利?为什么?

第三节　商品的数量

商品的数量是指以一定的度量衡单位表示的货物重量、个数、长度、面积、体积或成分百分比等。从内容看,数量可分为数和量两部分。数指绝对数,量指计量单位。

《公约》规定,按约定的数量交付货物是卖方的一项基本义务。如卖方交货数量大于约定的数量,买方可以拒收多交的部分,也可以收取多交部分当中的一部分或全部,但应按合同价格付款。如卖方交货数量少于约定的数量,卖方应在规定的交货期内届满前补交,但不得使买方遭受不合理的不便或承担不合理的开支,即使如此,买方也有保留要求损害赔偿的权利。

在国际贸易中通常采用的度量衡制度有公制、英制、美制、国际单位制。我国现行的法定计量单位是国际单位制。

在国际贸易中,常见的计量方法有重量、个数、容积、长度、面积、体积。国际贸易中常见的计量方法如表 10-1 所示。

表 10-1　国际贸易中常见的计量方法

计量单位	应用情形	常见单位
重量单位	主要适用于羊毛、棉花、谷物、矿产品、盐、油类等天然矿产品,农副产品及矿砂、钢铁等部分工业制品	克(G)、千克(KG)、盎司(OZ)、磅(LB)、公吨(MT)、长吨(LT)、短吨(ST)、公担(Q)、英担(BWT)、美担(CWT)等
个数单位	适用于成衣、文具、纸张、玩具、车辆、拖拉机、活牲畜、机器零件等杂货类商品及一般制成品	只(PC)、件(PKG)、双(PR)、台/套/架(ST)、打(DZ)、罗(GR)、大罗(GGR)、令(RM)、卷(ROLL OR COLL)、辆(UNIT)、头(HEAD)、箱(C/S)、捆(BALE OR BDL)、桶(BARREL OR DR)、袋(B)、盒(BX)、听(TIN OR CAN)等
容积单位	主要适用于小麦、玉米、汽油、天然瓦斯、化学气体、煤油、酒精、啤酒、过氧化氢等谷物类及部分流体、气体物品	公升(L)、加仑(GAL)、蒲式耳(BU)等

续表

计量单位	应用情形	常见单位
长度单位	主要适用于布匹、塑料布、电线电缆、绳索、纺织品等	码（YD）、米（M）、英尺（FT）、厘米（CM）等
面积单位	主要适用于木材、玻璃、地毯、铁丝网、纺织品、塑料板、皮革等板型材料、皮质商品和塑料制品	平方米（SQ M）、平方英尺（SQ FT）、平方码（SQ YD）、平方英寸（SQ INCH）等
体积单位	主要适用于化学气体、木材等	立方码（CU YD）、立方米（CU M）、立方英尺（CU FT）、立方英寸（CU INCH）等

常见的重量计算方法有毛重、净重、公量、理论重量、法定重量/实物净重五种。

（1）毛重。毛重是指商品本身的重量加包装物的重量。

（2）净重。净重是指产品本身的重量，即除包装后的商品实际重量。有时候采用以毛作净的方法。以毛作净是指按毛重来计算商品的重量。

（3）公量。公量是以商品的干净重加上国际公定的回潮率与干净重的乘积所得出的重量。即

$$公量＝商品干净重×（1＋公定回潮率）$$

或

$$公量＝商品实际重量×（1＋公定回潮率）/（1＋实际回潮率）$$

回潮率是指水分与干量之比。公定回潮率是交易双方商定的商品中的水分与干量之百分比，如生丝、羊毛在国际上公认的标准回潮率为11％。实际回潮率是指商品中的实际水分与干量之百分比。

例如，某公司出口羊毛10吨，买卖双方约定的标准回潮率为11％，其实际回潮率则从10吨货物中抽取部分样品进行测算。假设抽取10千克，然后用科学方法去掉10千克羊毛中的水分，若净剩8千克干羊毛，则实际回潮率为25％。将两种不同的回潮率代入上述公式，则

$$公量＝10×（1＋11％）/（1＋25％）＝8.88（吨）$$

（4）理论重量。对于一些按固定规格形状和尺寸所生产与买卖的货物，只要其规格和重量一致、尺寸大小一致，则每件商品的重量大体是相同的，按该方法得出的重量称为理论重量。

（5）法定重量/实物净重。法定重量是商品重量加上直接接触商品的包装物料的重量。而除去这部分重量所表示出来的纯商品重量，则称为实物净重。此计重方法大多用于海关计税。

买卖合同中数量条款的内容主要包括成交商品的数量和计量单位。规定数量条款应注意合理规定数量的机动幅度——溢短装条款（more or less clause）。溢短装条款是指允许卖方在交货时根据合同的规定多交或少交一定的百分比。《UCP600》第30条a款规定：凡"约""大概""大约"或类似词语，用于信用证金额、数量或单价时，应解释为有关金额、数量或单价有不超过10％的增加幅度。若合同和信用证中未明确规定可否溢短装，则对于

散装,可根据《UCP600》第 30 条 b 款"除非信用证规定货物的数量不得有增减外,在所支付款项不超过信用证金额的条件下,货物数量准许有 5% 的增减幅度,但是,当信用证规定数量以单位或个数计数时,此项增减幅度则不适用"的规定处理。

也可以在合同中明确规定货物的溢短装条款。

规定溢短装条款应注意的问题是:①数量机动幅度的大小要适当。②机动幅度选择的规定要合理。数量机动幅度根据实际情况可由卖方选择,也可由买方选择,还可由船方选择。③溢短装数量的计价方法要公平合理。溢短装数量有按合同价格作价和按市场价格作价两种作价方法,如买卖双方未规定溢短装数量按何种作价方法计价,按惯例应按合同价格作价。④数量条款必须明确、具体、完整。按重量成交的应说明是按净重还是按毛重计算,如不说明,根据《公约》第 56 条规定,应按净重计算。

课堂讨论 10-3:合同中数量条款规定"10 000 MT 5% more or less at the seller's option",卖方正待交货时,该货国际市场价格大幅度下跌。问:

(1)如果你是卖方,拟实际交货多少数量?

(2)如果你是买方,在磋商合同条款时,有何注意事项?

第四节　商品的包装

按照某些国家法律规定,如卖方交付的货物未按约定的条件包装,或者货物的包装与行业习惯不符,买方有权拒收货物。如果货物虽按约定的方式包装,但却与其他货物混杂一起,买方可以拒收违反约定包装的那部分货物,甚至可以拒收整批货物。

按照包装所起的作用,包装可分为运输包装(transport package)和销售包装(sales package)。运输包装的标志可分为运输标志(shipping marks)、指示标志和警告性标志。其中运输标志在业务中使用较多。

运输标志又称唛头,是指书写、压印或刷制在外包装的图形、文字和数字。它通常由一个简单的几何图形和一些字母、数字及简单的文字组成,其主要内容包括:①收、发货人代号;②目的地;③件号、批号。

《国际标准银行实务》(ISBP)第 36 条指出,使用唛头的目的在于能够标识箱、袋及包装,如果信用证对唛头的细节做了规定,则载有唛头的单据必须显示这些细节,但额外信息是可以接受的,只要它与信用证的条款不矛盾。

根据国际标准化组织制定的"标准运输标志"的规定,运输标志使用的是带△号的四行文字,每行不超过 17 个字母,其中,目的港(地)名称与件号是必不可少的。

指示标志又称保护标志,由辅以英文说明的一些国际通用图形组成,用以说明与搬运易碎、易损、易变质的商品有关的操作事项。如 HANDLE WITH CARE(小心轻放);USE NO HOOK(请勿用钩);THIS SIDE UP(此端朝上);KEEP DRY(保持干燥);SLING HERE(由此吊起)等。

警告性标志属于法定标志，主要用于说明易燃、易爆、有毒、有放射性、腐蚀性、氧化性等危险品的性质，以提醒操作人员注意。我国在出口危险品时，外包装上一般既要刷写我国规定的危险品标志，也要刷写联合国组织制定的配有英文说明的标准图案。

课堂讨论 10-4：说明制唛时应注意什么？

商品条形码（product code）标志，已被公认是国际通用的"身份证"，是国际市场的"入场券"。它是一种利用光电扫描阅读设备识读并实现数据输入计算机的特殊代号，是一组由粗细不同、黑白色彩相间的条及间隔不等的空与对应的数字，按规定的编码规则组合起来的，用以表示一定信息的图形，这些信息包括商品的品名、规格、价格、制造商等。

目前，国际上通用的商品上的条形码有两种：一种是通用于北美地区的 UPC 条码，它被应用于食品、出版物、音像磁带、金属制品等物品上，常用于包装、销售、记账和数据处理等方面。另一种是世界广泛采用的 EAN 条码，由国际物品编码协会统一分配和管理。1991 年 4 月我国正式加入该协会，并被分配以 690 表示我国的国别号。因此，标有 690 为前缀的条形码的商品，即表示是中国出产的商品。

定牌是指买方要求出口商品或包装上使用买方指定的商标或品牌。中性包装是指包装上没有标明生产国别和制造厂商标志及商品原有的商标与品牌的一种特殊包装。它有定牌中性和无牌中性之分。前者是指商品或包装上使用买方指定的商标或牌号，但不注明制造商名称；后者是指商品或包装上均不注明任何标记。

OEM 是英文 original equipment manufacturer 的缩写，按照字面意思，应翻译成"原始设备制造商"，指一家厂商根据另一家厂商的要求，为其生产产品和产品配件，亦称为定牌生产或授权贴牌生产。其既可代表外委加工，也可代表转包合同加工。国内习惯称其为协作生产、三来加工，俗称加工贸易。

包装条款一般包括包装材料、包装方式、包装规格和包装标志等内容。

规定包装条款应注意的问题有以下几个。

(1) 要考虑商品的特点和不同的运输方式。

(2) 对包装的规定要明确具体。

(3) 明确包装由谁供应和包装费用由谁负担。包装费用一般包括在货价之内，不另行计收。

本章小结与思考题

试一试

第十一章

国际货物运输

教学目的和要求

　　本章介绍各种运输方式及运输单据的概念和特点,目的是使学生掌握各种运输单据的法律意义,掌握海运提单的相关概念、分类、制作方法,掌握《UCP600》的有关规定,掌握国际贸易合同中国际贸易运输条款的订立方法与注意事项。

关键概念

班轮运输	租船运输	海运提单	不可转让海运单
清洁已装船提单	指示提单	国际多式联合运输	大陆桥运输
OCP 运输	集装箱运输	装运通知	滞期费
装卸率	分批装运	转运	欧洲基本港

章首案例

　　案情:我方某出口公司于 9 月 30 日接到澳大利亚客商来电洽购茶叶 50 吨。正好该公司有现货存放在装运港仓库,并查悉 10 月有班轮直驶澳大利亚。我方于 10 月 1 日用电传向对方发盘:"茶叶现货即装 50 吨,每吨 1 500 美元 CIF 悉尼,即期不可撤销信用证付款,限 10 月 5 日复到有效。"对方 10 月 3 日复电称:"你 10 月 1 日电接受,即开信用证。"接电后,我方立即组织装运,取得 10 月 5 日的清洁已装船提单,但对方的信用证一直未到,几经催促,终于 11 月 2 日收到对方 10 月 29 日电开的信用证,证中规定:装运期不得迟于11 月 16 日,信用证有效期为 11 月 30 日。

　　问:根据该证的规定,我方可否顺利结汇,为什么?

　　分析:根据该证的规定,我方可以顺利结汇。《UCP600》第 14 条 i 款规定:"单据日期可以早于信用证的开立日期,但不得晚于交单日期。"本案中,我方于 10 月 5 日取得清洁已装船提单,信用证于 10 月 29 日开立,符合《UCP600》第 14 条 i 款的规定。我方只要在信用证规定的有效期内提交单据,即可顺利结汇。

　　从本案可见,国际贸易运输代表货权的转移,运输单据是国际贸易单证的核心,对于买卖双方意义重大。

　　通过国际贸易运输交付货物是卖方的主要义务之一,而在象征性交货中,卖方义务的完成主要体现在装运货物和交付单据两个环节。本章在介绍国际贸易运输方式的同时,将注重阐述各种运输单据的法律意义与作用。

第一节 海洋运输

国际贸易的运输方式主要包括海洋运输、铁路运输、航空运输、邮政运输、管道运输等。海洋运输是国际贸易运输中历史最悠久而又最重要的运输方式，占当前世界贸易量的 2/3 以上。按照船舶的经营方式不同，海洋运输可分为班轮运输和租船运输（shipping by chartering）两大类。

一、班轮运输

班轮运输又称定期船或邮船运输，是指船舶按照固定的船期表、沿着固定的航线和港口并按相对固定的运费费率收取运费的运输方式。

（一）班轮运输的特点

班轮运输的特点有以下几个方面。

（1）有固定的港口、固定的航线、固定的船期和相对固定的运费费率，即"四定"。

（2）货物由班轮公司负责配载和装卸，在班轮运费中包括装卸费，故班轮公司和托运人双方不计滞期费（demurrage）与速遣费（dispatch money），即"一负责"。

（3）运费相对稳定。

（4）承运人和托运人之间处理纠纷所依据的是班轮提单。

（二）班轮运费的计算标准

班轮运费是指班轮公司为运输货物而向货主收取的费用。班轮运费由基本运费和附加运费两部分组成。基本运费是指货物从装运港到目的港所应收取的费用，其中包括货物在港口的装卸费用，它是全程运费的主要组成部分。其计算标准主要有以下八种。

（1）按货物的毛重计收。按此种方法计费者，在班轮运价表中商品名称后面注有 W 字样。

（2）按货物的体积计收。按此种方法计费者，在班轮运价表中商品名称后面注有 M 字样。

（3）按货物的价格计收。即以有关货物的 FOB 总价值按一定的百分比收取。按此方法计费者，在班轮运价表中商品名称后面注有 A.V 或 Ad.Val 字样，也称从价运费。

（4）按收费较高者计收。即在重量吨、尺码吨（W/M）两者或在重量吨、尺码吨、货物的价格（W/M 或 A.V）三者中，选择较高者收费。此外，还有在重量吨、尺码吨两者中选择较高者收费后，另加收一定百分比的从价运费。

（5）按货物的件数计收。

（6）大宗商品交易下，由船、货双方议定。

（7）按每件货物作为一个计量单位计收运费，如牲畜、运输机械等。

（8）由货主与船公司临时议定价格。

（三） 班轮运费中的附加费

附加费是指班轮公司为了保持在一定时期内基本费率的稳定，又能正确反映出各港的各种货物的航运成本，在基本运费率之外，又规定的各种额外加收的费用，主要有以下几种。

（1）转船附加费（transshipment surcharge），是指凡运往非基本港的货物，需转船运往目的港，船方因此收取的附加费。

（2）直航附加费（direct additional），是指当运往非基本港的货物达到一定的货量，船公司可安排直航该港而不转船时所加收的附加费。

（3）超重附加费（heavy lift additional）、超长附加费（long length additional）和超大附加费（surcharge of bulky cargo），是指当一件货物的毛重、长度或体积超过一定限度时所加收的附加费。

（4）港口附加费（port additional 或 port surcharge），是指由于有些港口设备条件差或装卸效率低以及其他原因，船公司加收的附加费。

（5）港口拥挤附加费（port congestion surcharge），是指由于有些港口拥挤，船舶停泊时间增加而加收的附加费。

（6）选港附加费（optional surcharge），是指托运人托运货物时不能确定具体卸货港，要求在预先提出的两个或两个以上港口中选择其中一个港口卸货，船方加收的附加费。

（7）变更卸货港附加费（alternational of destination charge），是指货主要求改变货物原来规定的目的港，在得到有关当局（如海关）准许，船方又同意的情况下所加收的附加费。

（8）燃油附加费（bunker surcharge 或 bunker adjustment factor），是指在燃油价格突然上涨时加收的费用。

（9）货币贬值附加费（devaluation surcharge 或 currency adjustment factor），是指在货币贬值时，船方为使实际收入不致减少，按基本运价的一定百分比加收的附加费。

（10）绕航附加费（deviation surcharge），是指由于正常航道受阻不能通行，船舶必须绕道才能将货物运至目的港时，船方所加收的附加费。

（四） 班轮运费的计算步骤

班轮运费的计算步骤如下。

（1）选择相关的船公司价格表。

（2）根据货物名称，在货物分级表中查出相应的运费计算标准和等级。

（3）在等级费率表的基本部分，找到相应的航线、起运港和目的港，按等级查到基本运价。

（4）从附加费部分查出所有应收（付）的附加费项目和数额（或百分比）及货币种类。

（5）根据基本运价和附加费算出实际运价。

（6）总运费＝实际运价×运费吨。

根据上述步骤，总结出班轮运费的计算公式为

$$F = F_b \cdot \left(1 + \sum s\right) \cdot Q$$

式中,F 为班轮运费;F_b 为基本运费率;$\sum s$ 为附加费率之和;Q 为总货运量,选择 W/M 比较后较大的一个作为总货运量。

举例:

广东 A 公司与法国 B 公司签订某商品出口合同。商品总量 10 吨,400 箱装,每箱毛重 25 千克,体积 20 厘米×30 厘米×30 厘米,单价 CFR 马赛(Marseille)每箱 55 美元。查表知该货为 8 级,计费标准为 W/M,每吨运费 80 美元,另征收转船附加费 20%,燃油附加费 10%。试计算应收总运费。

本例主要涉及班轮运费的计算。由于计费标准为 W/M,根据已知条件,可求出积载系数大于 1,故按重量计算运费。

该货物的总运费＝80×(1＋20%＋10%)×0.025×400＝1 040(美元)

二、租船运输

(一) 租船运输的定义

租船运输又称不定期船运输。和班轮运输不同,租船没有固定的船期表、航线及挂靠港口,而是根据船东与租船人双方签订的租船合同(charter party),按贸易需求安排船期、航线和港口。租船运输通常适用于大宗货物的运输。

目前,国际租船运输包括航次租船(voyage charter)、定期租船(time charter)和光船租船(bare boat charter)。

1. 航次租船

航次租船,一般指定程租船,简称程租船,是指由船舶所有人负责提供船舶,在指定港口之间进行一个航次或数个航次的对承运人指定货物的租船运输。

航次租船的特点有以下几个。

(1) 船舶的经营管理由船方负责。

(2) 规定一定的航线和转运的货物汇总类、名称、数量以及装卸港口。

(3) 船方除对船舶航行、驾驶、管理负责外,还应对货物运输负责。

(4) 在多数情况下,运费按所运货物数量计算。

(5) 规定一定的装卸期限或装卸率,并计算滞期费、速遣费。

(6) 船租双方的责任、义务,以航次租船合同为准。

2. 定期租船

定期租船,简称期租船,是指由船舶所有人将船舶出租给承租人,供其使用一定时期的租船运输,并在规定的期限内由租船人自行调度和经营管理。

定期租船具有以下特点。

(1) 租赁期间,船舶的经营管理由租船人负责。

(2) 不规定船舶航线和装卸港口,只规定船舶航行区域。

(3) 除特别规定外,还可以装运各种合法货物。

(4) 船方负责船舶的维护、修理和机器的正常运转。

（5）不规定装卸期限或装卸率，不计算滞期费、速遣费。

（6）租金按租期每月每吨若干金额计算。

（7）船租双方的权利与义务，以定期租船合同为准。

3．光船租船

光船租船实际上是定期租船的一种特殊方式，与一般定期租船不同的是，船东不负责提供船员，只是将空船交给租方使用，由租方自行配备船员，负责船舶的经营管理和航行各项事宜。

（二）租船运输的运费

在此只对航次租船运费进行介绍。航次租船运费的计算方法有两种：一种是按规定运费率，即按每单位重量或单位体积规定的运费额计算；另一种规定整船包价，费率的高低主要决定于租船市场的供求关系，但也与运输距离、货物种类、装卸率、港口使用、装卸费用划分和佣金（commission）高低有关。运费是按照装船重量（in taken quantity）还是卸船重量（delivered quantity）计算，运费是预付还是到付，需要在合同中订明。要特别注意的是，应付运费时间是指船主收到运费的日期，而不是租船人付出运费的日期。

扩展资料

第二节　铁路运输、公路运输、内河运输、航空运输、邮政运输

随着集装箱运输的迅速发展，除海洋运输外，通过铁路、公路、内河、航空、邮政等运输方式进行货物的运送已经在国际运输中越来越普遍。

一、铁路运输

我国对外贸易货物使用的铁路运输可分为国内铁路运输和国际铁路联运两个部分。

国际铁路货物联运是指两个或两个以上不同国家的铁路当局联合起来，使用一份统一的国际货运单据，以连带责任的方式办理货物的全程运送。

我国的国际铁路货物联运主要是通过铁路合作组织在1951年缔结的《国际铁路货物联运协定》来进行的。铁路运单全称是国际铁路货物联运单据（international through waybill），它是国际联运中铁路承运人与托运人之间的运输契约。

铁路运单和运单副本是国际铁路联运中铁路与货主之间的运输契约，是明确双方权利义务关系的书面凭证，对收、发货人和铁路部门都具有法律约束力。铁路运单正本随货物自始发站运至终点站，最后在终点站由收货人付清应由收货人负担的运杂费用后，连同货物由终点站交给收货人。运单副本由铁路始发站签发给发货人作为货物已经交运的凭证和凭以向银行办理货款结算的主要单据。由于收货人向铁路提取货物时无须提交运单，因此,铁路运单并非物权凭证,不能通过背书进行转让和作为抵押品向银行融通资金。

铁路运单收货人只能做成具名收货人,不应做成"To order"(凭指示)或"To order of ×××"(凭某具名人指示)。铁路运单须交具名收货人。如果收货人是银行,则凭银行签发给运输公司的提货单(delivery order)放货。

二、公路运输

国际公路货运是以卡车或汽车作为工具,完成国与国之间的短途货运。国际公路货物运输依据《国际公路货物运输合同公约》(CMR)进行。

《国际公路货物运输合同公约》中对公路运输单据所下的定义是：公路运输单据是运输合同,是承运人收到货物的初步证据和交货凭证。公路运输单据有三种：CMR 国际内陆运输协会运单、公路运单(road waybill)和汽车运输公司提单(truck company's bill of lading)。

一般情况下,公路运输单据不是物权凭证,不可流通转让。

公路运输单据的性质、作用与铁路运单相似,是运输合同,是承运人收到货物的初步证据,是承运人向收货人交付货物的凭证。

公路运输单据收货人只能做成具名收货人,不应做成"To order"(凭指示)或"To order of ×××"(凭某具名人指示)。公路运输单据须交具名收货人。如果收货人是银行,则凭银行签发给运输公司的提货单放货。

三、内河运输

内河运输是利用内河货船、拖船、驳船等船只进行国际水上运送的运输方式,多用于内陆驳船与海洋运输的连接。

内河运输单据是指一种以出具提单、运单或任何其他内河运输贸易中使用的单据的形式证明内河运输合同和货物已经由承运人接管或者装船的运输单据。

一般情况下,内河运输单据不是物权凭证,不可流通转让。

内河运输单据的性质、作用与铁路运单相似,是运输合同的证明,是承运人收到货物的初步证据,是承运人向收货人交付货物的凭证。

内河运输单据收货人只能做成具名收货人,不应做成"To order"(凭指示)或"To order of ×××"(凭某具名人指示)。内河运输单据须交具名收货人。如果收货人是银行,则凭银行签发给运输公司的提货单放货。

四、航空运输

航空运输是一种现代化的运输方式,一般有班机运输、包机运输、集中托运和航空快递四种。班机运输方式是利用定期的航班运送货物;包机运输方式是一个发货人或几个发货人包租整架飞机来运送货物;集中托运是指航空货运代理接受委托,将多个发货人单独的货物拼装后组成一个整批,集中向航空公司托运;航空快递是指航空快递经营业者将出口货物从发件人所在地通过自身或代理的网络送达国外收件人的快运方式。

空运运单(air waybill,AWB)是在航空运输方式下,由作为承运人的航空公司或其代理人接受托运人委托,以飞机装载货物进行运输而签发的货运单据。货物到达目的地后,承运人向收货人发出到货通知,收货人凭到货通知和身份证明提取货物。所以,航空运单并非物权凭证,不能通过背书进行转让和作为抵押品向银行融通资金。但它是证明发货人业已交运货物的正式凭证,是承运人和托运人之间缔结运输合同的证明,是承运人向托运人出具的货物收据。

如果持有运单正本,可以防止托运人改变目的地或收货人,从而在一定程度上控制货权。

空运运单按其签发人的不同,可分为航空主运单(master air waybill)和航空分运单(house air waybill)。

(一) 航空主运单

由航空公司或其代理人签发的空运单据是航空主运单,也就是一般意义上的空运单据。在航空主运单的 AIR WAYBILL NO 一栏中,字首为国际空运协会(IATA)统一编列的公司代号,一般为 3 位阿拉伯数字,如地中海航空公司为 270,中国国际航空公司为 999;其后为不超过 8 位数字的流水码,为航空公司自编的货号。

(二) 航空分运单

由货运承揽人签发的空运单据就是航空分运单。在航空分运单的 AIR WAYBILL NO 一栏中,字首为货运承揽人的英文代号,或者是起运的城市或机场代号,其后为该公司自编的流水码。

空运运单必须表明货物已收妥待运,有的空运运单上预先印就了"It is agreed that the goods described herein are accepted in apparent good order and condition (except as noted) for carriage"的字样,有的空运运单上未预先印就,应该另行注明。

空运运单的正本一式三份,第一份正本注明"Original-For the Consignor/Shipper",应交给托运人;第二份正本注明"Original-For the Issuing Carrier",由航空公司留存;第三份正本注明"Original-For the Consignee",由航空公司随机带交收货人,供货物运抵后收货人提货时签收。虽然正本空运运单不是物权凭证,收货人仅凭航空公司到货通知书和有关证明即可提货,但托运人可凭正本运单指示承运人行使停运权或变更收货人。

单证

空运运单收货人只能做成具名收货人,不应做成"To order"(凭指示)或"To order of ×××"(凭某具名人指示)。空运运单须交具名收货人。如果收货人是银行,则凭银行签发给运输公司的提货单放货。

五、邮政运输

邮政运输是一种门到门的运输方式,并具有广泛的国际性。需要在国际运送的小件物品,可以通过国际邮政运输方式运送,并相应出具专递收据或邮寄收据。

专递收据是由空运公司或快件公司签发给托运人表明收到货物并将按约定向指定的收货人交付货物的运输单据。专递收据应在表面注明专递或快递机构的名称,由该机构盖章、签字或以其他形式证实,并注明取货或收货日期,该日期便视作装运日期或发运日期。

邮寄收据是盖有邮戳,邮局在收受对外寄发的货物后签发给寄件人的单据。

采用邮政运输的货物到达目的地后,承运人向收货人发出到件通知,收货人凭到件通知和身份证明提取邮件。所以,专递收据或邮寄收据并非物权凭证,不能通过背书进行转让和作为抵押品向银行融通资金。国际邮政运输实属国际多式联合运输性质。专递收据或邮寄收据是邮政部门或国际信使专递公司收到由其负责邮递的信函、样品或包裹等邮件后向寄件人出具的注有签发日期的货物收据,也是邮件发生灭失或损坏事故后寄件人或收件人向邮政部门或国际信使专递公司索赔的凭证。但是,邮政收据不代表货物所有权,既不能转让,也不能凭收据提货。邮政运输由邮局到件通知指定人提货。

第三节 集装箱运输与国际多式联运

一、集装箱运输

集装箱运输是以集装箱为运输单位进行运输的一种现代化的先进的运输方式,它可适用于各种运输方式的单独运输和不同运输方式的联合运输。

(一) 集装箱的定义

集装箱是一种大型的装货容器,是一种流动性货舱。按国际标准化组织(ISO)第104技术委员会(专营集装箱运输)的定义,集装箱是具备下列条件的运输容器。

(1)具有足够的强度,可反复使用。

(2)有特殊的设计,能适用于多种运输方式。途中转运无须倒载,不动容器内的货物即可换装。

(3)有适当装置进行快速装卸,并能从一种运输工具直接迅速地换装到另一种运输工具。

（4）便于货物的装满和卸空。

（5）具有 1 立方米以上的容积。

集装箱的规格习惯上是以长度为标准的。ISO 研究制定了三个系列 13 种类型的通用集装箱标准规格[①]。其中第一系列主要是大型集装箱，适于洲际运输；1A～1F 型 6 种集装箱高、宽均为 8 英尺，长分别为 10～68 英尺。目前国际上通用的集装箱多为 1A 型（长 40 英尺，简称 40'柜）和 1C 型（长 20 英尺，简称 20'柜）。20'柜容积为 31～35 立方米，可载重 20 吨左右。40'柜容积为 63～68 立方米，可载重 30 吨左右。因此，选择箱型时，实重货应选装 20'柜，轻泡货应选装 40'柜。为便于统计和计算，目前国际上均以 20'柜为衡量单位，称为"相当于 20 英尺单位"，以 TEU（twenty-foot equivalent unit）来表示，不同型号的集装箱，一律折算成 TEU 加以计算。

（二）集装箱的特点

集装箱是实现货物成组化的最佳方式。其优点在于以下几个方面。

（1）无须开箱。

（2）受天气限制小。

（3）减少货损货差。

（4）节省了包装材料，减少了经营费用。

（5）简化货运手续。

（6）节约劳动力，改善劳动条件。

11-5

视频资料

猜 一 猜

集装箱是安全可靠的运输器皿，但有时也会连箱带货被盗。故事发生在美国洛杉矶，当时盗贼把卡车偷偷开进集装箱场地，砸开集装箱后发现装的是售价为 180 美元一双的运动鞋。他们把集装箱挂在卡车上，满载而归。

但是笑到最后的却是警察。一周后，他们找到了被抛弃的集装箱，里面的货物完好无损。聪明的你猜一猜，为什么集装箱里的鞋子一只也没有少？

（三）集装箱的货物交接方式

集装箱运输与传统的货物运输有许多不同之处。其装箱和拆箱的方式主要有两种：整箱（full container load，FCL）和拼箱（less container load，LCL）。

由于集装箱货运有整箱和拼箱之分，因此货物的交接方式也有所不同。

（1）整装整交（FCL/FCL），交货地点为门到门（door to door）。

（2）拼箱拆交（LCL/LCL），交货地点为站到站（cfs to cfs）。

（3）整装拆交（FCL/LCL），交货地点为门到站（door to cfs）。

（4）拼装整交（LCL/FCL），交货地点为站到门（cfs to door）。

课堂讨论 11-1：在国际货物运输中，对需要进行拼箱处理的货物，一般需要由承运人

---

① https://wenku.baidu.com/view/8a447d44bceb19e8b9f6ba51.html.

在何处负责将不同发货人的货物拼装在一个集装箱内？

A. 集装箱堆场

B. 集装箱货运站（CFS）

C. 发货人仓库

D. 码头

二、国际多式联运

国际多式联运是指按照多式联运合同，以至少两种不同的运输方式，由多式联运经营人（multimodal transport operator，MTO）将货物从一国境内接收货物的地点运往另一国境内指定交付货物的地点的运输方式。国际多式联运经营人的责任期间从接受货物之时到交货之时为止，对货物负全程运输责任。

根据《联合国国际货物多式联运公约》的解释，国际多式联运方式需同时具备六个条件。

（1）必须有一份多式联运合同。

（2）使用一份包括全程的多式联运单据（multimodal transport document，MTD）。

单证

（3）由一个多式联运经营人对全程运输负责。

（4）必须是至少两种不同运输方式的连贯运输。

（5）必须是国际的货物运输。

（6）必须是全程单一的运费费率。

[案例 11-1]　正确识别装运条件术语

案情： 我方某公司按 CFR 条件、凭不可撤销即期信用证以集装箱出口成衣 350 箱，装运条件是 CY BY CY。货物交运后，我方取得清洁已装船提单，提单上标明："Shippers load and count"。在信用证规定的有效期内，我方及时办理了议付结汇手续。20 天后，我方接对方来函称：经有关船方、海关、保险公司、公证行会共同对到货开箱检验，发现其中有 20 箱包装严重破损，每箱均有短少，共缺成衣 512 件。各有关方均证明集装箱完好无损。为此，对方要求我方赔偿短缺的损失，并承担全部检验费 2 500 美元。

问： 试分析对方的要求是否合理，为什么？

分析： 对方的要求是合理的。本案中，装运条件为：CY BY CY，指整箱装运、整箱交货，即货物由出口方自行装箱、自行封箱后将整箱货物运至集装箱堆场。箱内货物的情况如何，船方概不负责。货物运抵目的港后，由集装箱堆场负责将整箱货物交给收货人，并由收货人开箱验货。本案中，经有关船方、海关、保险公司、公证行会共同对到货开箱检验，发现其中有 20 箱包装严重破损，每箱均有短少，共缺成衣 512 件，各有关方均证明集装箱完好无损，说明货物包装破损和数量的短少是由于装箱时的疏忽造成的，因而，我方不能推卸责任。

单证

第四节　大陆桥运输

一、大陆桥运输的定义

大陆桥运输(land bridge transport)，是指以横贯大陆的铁路、公路运输系统为中间桥梁，把大陆两端的海洋连接起来的运输方式。从形式上看，是海—陆—海的连贯运输，但实际做法已在世界集装箱运输和多式联运的实践中发展成多种多样(表11-1)。

表11-1　大陆桥运输与海运的数据对比(目的地为西欧)

运输途径	运距/千米	运费/美元	在途时间/天	日均运行/千米
新亚欧大陆桥	10 870	3 000	30	363
西伯利亚大陆桥	11 880	2 000	20	594
海运	20 000	1 500	30	667

资料来源：李时民. 出口贸易[M]. 北京：北京大学出版社，2005：106.

大陆桥运输一般都是以集装箱为媒介，因为采用大陆桥运输，中途要经过多次装卸，如果采用传统的海陆联运，不仅增加运输时间，而且大大增加装卸费用和货损货差。以集装箱为运输单位，则可大大简化理货、搬运、储存、保管和装卸等操作环节，同时集装箱是经海关铝封的，中途不用开箱检验，而且可以迅速直接转换运输工具，故采用集装箱是开展大陆桥运输的最佳方式。

二、大陆桥运输产生的历史背景

大陆桥运输是集装箱运输开展以后的产物。大陆桥出现于1967年，当时苏伊士运河封闭，航运中断，而巴拿马运河又堵塞，远东与欧洲之间的海上货运船舶不得不改道绕航非洲好望角或南美，致使航程距离和运输时间倍增，加上油价上涨，航运成本猛增，而当时正值集装箱运输兴起。在这种历史背景下，大陆桥运输应运而生。从远东港口至欧洲的货运，于1967年年底首次开辟了使用美国大陆桥运输路线，把原来全程海运，改为海—陆—海运输方式，试办取得了较好的经济效果，达到了缩短运输里程、降低运输成本、加速货物运输的目的。

三、西伯利亚大陆桥

(一) 西伯利亚大陆桥的定义

西伯利亚大陆桥是利用俄罗斯西伯利亚铁路作为陆地桥梁，把太平洋远东地区与波罗的海和黑海沿岸以及西欧大西洋口岸连起来。此条大陆桥运输线东自海参崴的纳霍特卡港口起，横贯欧亚大陆，至莫斯科，然后分三路：一路自莫斯科至波罗的海沿岸的圣彼得堡港,转船往西欧、北欧港口;一路从莫斯科至俄罗斯西部国境站,转欧洲其他国家铁路(公路)直运欧洲各国;另一路从莫斯科至黑海沿岸,转船往中东、地中海沿岸。所以,从远东地区至欧洲,通过西伯利亚大陆桥有海—铁—海、海—铁—公路和海—铁—铁三种运送方式。

(二) 西伯利亚大陆桥的营运情况及主要问题

20世纪70年代初以来,西伯利亚大陆桥运输发展很快。它已成为远东地区往返西欧的一条重要运输路线。日本是利用此条大陆桥的最大顾主。整个20世纪80年代,其利用此大陆桥运输的货物数量每年都在10万个集装箱以上。为了缓解运力紧张情况,苏联又建成了第二条西伯利亚铁路。但是,西伯利亚大陆桥也存在三个主要问题:①运输能力易受冬季严寒影响,港口有数月冰封期;②货运量西向大于东向约2倍,来回运量不平衡,集装箱回空成本较高,影响了运输效益;③运力仍很紧张,铁路设备陈旧。随着新亚欧大陆桥的正式营运,这条大陆桥的地位正在下降。

四、北美大陆桥

(一) 北美大陆桥的定义

北美的加拿大和美国都有一条横贯东西的铁路、公路大陆桥,它们的线路基本相似,其中美国大陆桥的作用更为突出。

(二) 美国的两条大陆桥运输线

美国有两条大陆桥运输线。一条是从西部太平洋口岸至东部大西洋口岸的铁路(公路),运输系统全长约3 200千米;另一条是从西部太平洋口岸至南部墨西哥湾口岸的铁路(公路)运输系统,长500~1 000千米。

(三) 美国的小陆桥与微型陆桥

美国的大陆桥运输由于东部港口拥挤等原因处于停顿状态,但在大陆桥运输的运用过程中,派生并形成小陆桥(mini land bridge)和微型陆桥(micro land bridge)运输方式。

小陆桥运输,也就是比大陆桥的海—陆—海形式缩短一段海上运输,成为海—陆或陆—海形式。例如,远东至美国东部大西洋口岸或美国南部墨西哥湾口岸的货运,由原来全程海运,改为由远东装船运至美国西部太平洋口岸,转装铁路(公路)专用车运至东部大西洋口岸或南部墨西哥湾口岸,以陆上铁路(公路)作为桥梁,把美国西海岸同东海岸和墨西哥湾连起来。

微型陆桥运输,也就是比小陆桥更短一段。由于没有通过整条陆桥,而只利用了部分陆桥,故又称半陆桥运输,是指海运加一段从海港到内陆城乡的陆上运输或相反方向的运输形式。微型陆桥运输近年来发展非常迅速。

(四) 关于美国OCP运输条款

OCP是overland common points的简写,意即内陆公共点地区,简称内陆地区。其含义是:根据美国费率规定,以美国西部九个州为界,也就是以落基山脉为界,其以东地区,均为内陆地区范围。这个范围很广,约占美国全国2/3的地区。从远东至美国西岸港口,而后再向东运往 OCP 地区的货物,不仅其海运运费可享受优惠的 OCP Rate(每吨运费低3~4 美元),而且进口方支付从西岸至最终目的地的铁路(或公路)运费也较其本地运输费率低 3%~5%。

采用 OCP 运输条款时必须满足以下条件。

(1)货物最终目的地必须属于 OCP 地区范围内,这是签订运输条款的前提。

(2)货物必须经由美国西海岸港口中转。因此,在签订贸易合同时,有关货物的目的港应规定为美国西海岸港口,即为 CFR 或 CIF 美国西海岸港口条件。

(3)在提单备注栏内及货物唛头上应注明最终目的地 OCP×××(城市名)。

例如,我国出口至美国一批货物,卸货港为美国西雅图,最终目的地是芝加哥。西雅图是美国西海岸港口之一,芝加哥属于美国内陆地区城市,此笔交易就符合 OCP 规定。经双方同意,就可采用 OCP 运输条款。在贸易合同和信用证内的目的港可填写"西雅图(内陆地区)",即"CIF Seattle(OCP)"。除在提单上填写目的港西雅图外,还必须在备注栏内注明"内陆地区芝加哥"字样,即"OCP Chicago"。

五、"一带一路"与新亚欧大陆桥

1990 年 9 月 11 日,我国陇海—兰新铁路的最西段乌鲁木齐至阿拉山口的北疆铁路与苏联土西铁路接轨,第二条亚欧大陆桥运输线全线贯通,并于 1992 年 9 月正式通车。此条运输线东起我国连云港,西至荷兰鹿特丹,跨亚欧两大洲,连接太平洋和大西洋,穿越中国、哈萨克,在俄罗斯与第一条运输线重合,再经白俄罗斯、波兰、德国到荷兰,辐射 20 多个国家和地区,全长 1.08 万千米,在我国境内全长 4 134 千米。这条运输线与第一条运输线相比,总运距缩短 2 000~2 500 千米,可缩短运输时间 5 天,减少运费 10%以上。

"一带一路"秉持和平合作、开放包容、互学互鉴、互利共赢的理念,遵循共商、共建、共享的原则,以"五通",即政策沟通、设施联通、贸易畅通、资金融通、民心相通为主要内容,旨在借用古代丝绸之路的历史符号,高举和平发展的旗帜,积极发展与沿线国家的经济合作伙伴关系,共同打造政治互信、经济融合、文化包容的利益共同体、命运共同体和责任共同体。同时,"一带一路"还肩负着三大使命,即探寻后危机时代全球经济增长之道、实现全球化再平衡、开创 21 世纪地区合作新模式。

此外,《共建"一带一路":理念、实践与中国的贡献》白皮书中指出,共建"一带一路"有五大方向。"一带",即丝绸之路经济带有三大走向:一是从中国西北、东北经中亚、俄罗斯至欧洲、波罗的海;二是从中国西北经中亚、西亚至波斯湾、地中海;三是从中国西南经中南半岛至印度洋。"一路",即 21 世纪海上丝绸之路有两大走向:一是从中国沿海港口过南海,经马六甲海峡到印度洋,延伸至欧洲;二是从中国沿海港口过南海,向南太平洋延伸。

根据上述五大方向,按照共建"一带一路"的合作重点和空间布局,中国提出了"六廊六路多国多港"的主体框架,为各国参与"一带一路"合作提供了清晰的导向。"六廊"是指新亚欧大陆桥、中蒙俄、中国—中亚—西亚、中国—中南半岛、中巴和孟中印缅六大国际经济合作走廊,从地理上充分契合了这五大方向,并将"一带一路"联系成一个有机整体;"六路"指铁路、公路、航运、航空、管道和空间综合信息网络,是基础设施互联互通的主要内容;

"多国"是指一批先期合作国家；"多港"是指若干保障海上运输大通道安全畅通的合作港口。

第五节 海 运 提 单

一、海运提单的定义、性质和作用

海运提单（bill of lading，B/L）简称提单，它是由船长或船公司或其代理人签发的证明已收到特定货物，允诺将货物运至特定的目的地，并交付给收货人的凭证。海运提单是收货人在目的港据以向船公司或其代理提取货物的凭证。

海运提单的性质与作用可以概括为三个方面。

（1）海运提单是承运人或其代理人出具的货物收据。提单是承运人或其代理人应托运人的要求向其签发的收据，证明承运人已收到或接管提单上所列的货物，并将按提单所载事项向收货人交付货物。

（2）海运提单是代表货物所有权的凭证。提单代表着货物所有权，可以经背书转让给他人。提单的转移代表着货物所有权的转移，谁持有提单，谁就掌握了货物所有权，就可以要求承运人交货。承运人一般是凭提单交货，只要承运人善意地将货物交给提单持有人，即使提单持有人实际无权占有货物，承运人也可以免责。

（3）海运提单是承运人与托运人之间订立的运输契约的证明。提单规定了承运人与托运人之间的责任、义务、权利和豁免条款，但提单本身并不是运输合约，而只是承运人与托运人之间订立的运输契约的证明。因为一般情况下，托运人根据船公司事先公布的船期、费用、运输条件等，向班轮公司或其代理洽订舱位，舱位订妥之后，双方之间的运输合约即告成立。也就是说，运输合约在签发提单之前即已成立，而提单是在执行运输合约过程中签发的，因此，提单是已经存在的运输合约的证明。

单证

二、海运提单的缮制要点

（一）托运人栏

当贸易合同是以 CIF、CFR、DES 以及 DEQ 等贸易术语成交时，由于是卖方负责签订运输合同，故托运人栏（shipper）一般均会填写为卖方。值得注意的是，当采用 F 组术语成交时，尽管是由买方负责签订运输合同，但在提单的托运人栏仍应填写为卖方，以保证卖方在收妥货款之前能合法拥有提单项下的货物所有权，避免买方在付款之前就以提单托运人的合法身份提取货物，而在卖方结算货款时却百般刁难，造成卖方货、款两空的局面。

（二）收货人栏

收货人是指有权提取货物的人，提单的收货人又称提单的抬头。

一般只有在以汇付或托收方式结算,并且买方又是最终收货人时,收货人栏(consignee)才具体填写为买方。由此形成的提单为记名提单(straight B/L),只能由提单中指定的收货人提货,而不论其是否是提单持有人。因此,如果以信用证方式结算也采用这种记名提单的形式,那么一旦出现进口商破产、倒闭,无力支付货款或有意欺诈的情形,作为提单合法持有人的银行的权益就无法得到保障。所以,采用信用证方式结算时,银行一般都会在信用证中要求将该栏填写为"To order"(凭指示)或"To order of ××"(凭某具名人指示)的形式,即做成指示提单,以有效保护银行作为提单的合法持有人的正当权益。提单的收货人栏内不写明具体收货人的名称,只写明"To bearer"(货交提单持有人),称作来人抬头。来人抬头因无须背书即可转让,风险很大,在国际贸易中极少使用。

(三) 到货通知人栏

到货通知人不是提单的关系人,而是为了便于收货人提货,承运人在货物到港后通知的对象。到货通知人栏(notify party)一般填写为贸易合同中的买方或买方代理人,务必详细准确,以确保货物抵达目的港时能被及时通知办理提货手续。

(四) 运费费率及金额的填写

通常在业务实践中,托运人和船方出于各自的考虑,都不愿意注明此项,而代之以"Freight Prepaid""Freight Paid"或"Freight to Collect"等方式表述。但无论如何,缮制提单时都必须做到与信用证要求严格相符,以确保安全收汇。

(五) 采用信用证结算

采用信用证结算时,对于提单中启运港、目的港、货物名称、规格、件数、重量、唛头等项目的填写务必严格按照信用证中所采用的词句及拼法,以确保符合信用证审单时所要求的表面一致的原则。

(六) 关于正本提单的份数及认定

承运人在签发提单时,通常会签发几份正本提单。需要注意的是,许多船公司在其正本提单上事先印有"Original""Duplicate""Triplicate"等字样,容易在银行审单时被误解为副本提单而导致结算困难。因此,最稳妥的做法是在所有的正本提单上全部标注"Original"字样,以确保安全收汇。

(七) 关于提单签发日期与装船日的异同

提单签发日期与装船日的异同有以下几点。

(1) 若签发提单时,货物已经装上具名的船只,则提单签发日即为装船日。

(2) 若签发的提单是备运提单(received for shipment B/L),则提单签发日不能被视为装船日,真正的装船日将以提单上日后所批注的装船日为准。

(3) 如签发的提单上有"预期船"字样或类似的字句,则提单签发日也不能被视为装船日,真正的装船日也以提单上日后所批注的装船日为准。

在采用信用证方式结算时,装船日期的确定直接关系到是否做到单证相符。因此,对于提单上的各种批注日期要格外谨慎。

课堂讨论 11-2：提单的"Port of discharge"和"Final destination"两栏有哪些区别？

三、海运提单的分类

依据划分角度的不同,海运提单主要划分如下种类。

(一) 按照货物是否装船分类

按照货物是否装船,海运提单可分为已装船提单和备运提单。

已装船提单是承运人已将货物装上指定的船舶后所签发的提单;备运提单则是承运人在已收到货物,等待装船期间所签发的提单。

已装船提单上会标明船名和装船日期(装船日期通常指已装船完毕的日期),而备运提单上则没有船名和装船日期。在国际贸易中,进口商和银行一般只接受已装船提单。

课堂讨论 11-3：什么时候银行才会认为,运输单据上所包括的"clean on board"的条件已经满足?

(二) 按照提单上有无对货物或货物外包装的不良批注分类

按照提单上有无对货物或货物外包装的不良批注,海运提单可分为清洁提单(clean B/L)和不清洁提单(unclean B/L)。

清洁提单是指在提单上没有货物或货物外包装有缺陷的条款或不良批注。不清洁提单是指在提单上标注有对货物或货物外包装的不良批注。例如,"Insufficiently Packed"(包装不牢固)、"Packaging in Damaged Condition"(包装有破损)、"One Case in Damaged Condition"(一箱有破损)。

根据《UCP600》第 27 条 c 款,银行只接受清洁运输单据。"清洁"一词并不需要在运输单据上出现,即使信用证要求运输单据为"清洁单据"。

(三) 按照提单收货人栏的填写方式分类

按照提单收货人栏填写方式的不同,海运提单可分为记名提单和指示提单。

记名提单是指在提单的收货人栏填有指定的收货人,这种提单只能由提单上注明的收货人提货,不能转让。

指示提单又称空白提单(blank B/L 或 open B/L),是指在提单的收货人栏填有"凭指定"(To order)或"凭××指定"(To order of ××)。这种提单可以通过背书转让给第三者,是可以流通的提单,在国际贸易中运用得相当广泛。

指示提单的背书方式有两种:一种是记名背书,即提单转让人除在提单背面签字盖章外,还注明提单的受让人。另一种是空白背书(endorsement in blank),即提单转让人只在提单背面签字盖章,不做其他标注。"凭指定"并经空白背书的提单,习惯上被称为"空白抬头、空白背书"提单。

(四) 按照运输方式分类

按照运输方式的不同,海运提单可分为直运提单(direct B/L)、转运提单(transshipment B/L)和联运提单(through B/L)。

直运提单是指货物于装运港装船后,中途不再换船而直接运抵目的港所签发的提单。

转运提单指货物于装运港装船后,中途还需卸载换交其他船只继续运往目的地所签发的提单。

联运提单是指采用两种或两种以上的运输方式运送货物时由第一承运人所签发的包括全程运输的提单。需要注意的是,尽管联运提单包括了全程运输,但联运提单的签发人只对第一程运输负责。

(五) 按照提单内容的繁简分类

按照提单内容的繁简,海运提单可分为全式提单和略式提单。

全式提单又称繁式提单,是指除在提单正面注明承运货物的基本情况外,还在提单的背面详细注明承运人和托运人的各项权利与义务的提单。

略式提单则只在提单正面注明所承运货物的基本情况,略去了背面条款。

(六) 其他种类的提单

其他种类的提单有倒签提单(anti-dated B/L)、顺签提单(post-date B/L)、预借提单(advanced B/L)和甲板提单(on deck bill of lading)。

1. 倒签提单

倒签提单指承运人或其代理人,在货物装船后签发提单时,应托运人的请求,将提单记载的装运日期提前,以符合信用证规定的装运日期的提单。这种提单因装船日期倒签而得名。

一般来说,倒签提单属于诈欺行为,船公司不会签出倒签提单。但若托运人的诚信度高,倒签日期在 5 天之内,船公司会予以考虑。

课堂讨论 11-4: 开证行收到提单后发现提单日期倒签,并有根据证实倒签的事实,开证行以伪造单据为由提出拒付,是否成立?

2. 顺签提单

顺签提单指承运人或其代理人,在货物装船后签发提单时,应托运人的请求,将提单记载的装运日期延后,以符合信用证规定的装运日期的提单。这种提单因装船日期延后而得名。

一般来说,顺签提单的欺诈程度高于倒签提单,船公司不会签出顺签提单。

3. 预借提单

预借提单指在货物尚未全部装船,或货物虽已由承运人接管,但尚未开始装船的情况下签发的已装船提单。此种提单通常是已经超过信用证规定的装运日期和交单日期时,或托运人希望提前得到已装船提单以向银行议付货款时,应托运人的要求而签发的。

倒签提单与预借提单都是将提单的签发日期提前,因而使得实际日期与提单记载日期不符,以致构成虚假,所以法律上一般对两者做类似处理。目前普遍的做法是:首先从保护善意第三者的利益和商业流通性出发,承认提单仍然有效;其次把承运人的这种不实记载行为视为违法行为,要求承运人对由此产生的损害负责,同时免除承运人享受免责的权利,而且还应对欺诈行为负责。倒签提单与预借提单是一种欺骗提单持有人的行为。提单持有人一旦发现这一现象,有权拒绝收货,并可就造成的损失向承运人索赔。如此可以有效地制止承运人滥签这类提单。这一点对与信用证有关的各方当事人仍然是相当重要的。

课堂讨论 11-5：倒签提单、顺签提单、预借提单的主要区别是什么？分别在什么情形下使用？

[**案例 11-2**] 信用证有效期与过期提单

案情：国外开来不可撤销信用证,证中规定最迟装运期为 2016 年 12 月 31 日,议付有效期为 2017 年 1 月 15 日。我方按证中规定的装运期完成装运,并取得签发日为 12 月 10 日的提单。当我方备齐议付单据于 1 月 4 日向银行交单议付时,银行以我方单据已过期为由拒付货款。

问：银行的拒付是否有理,为什么？

分析：银行的拒付是有理的。因为,本案中,我方取得了签发日期为 12 月 10 日的提单,于 1 月 4 日到银行交单议付。尽管我方未超过信用证规定的有效期到银行议付,但我方提交的提单已构成了过期提单。根据《UCP600》第 14 条的规定,受益人或其代理人或其代表应在不迟于发运日期后的 21 个日历日内交单,但在任何情况下都不得迟于信用证的截止日。因此,我方提交的过期提单银行是有权拒付的。

4. 甲板提单

甲板提单又称舱面提单,是指承运人签发的、表明货物已装具名船只甲板(舱面)的提单。

一般情况下,由于货装甲板(舱面)时的风险较大,银行将拒绝接受货装甲板(舱面)提单。如果运输单据内有货物可能装于甲板(舱面)的规定,但未特别注明货物已装或将装甲板(舱面),除非信用证另有规定,银行将对此种单据予以接受。

第六节　不可转让海洋运单

不可转让海洋运单(sea waybill)是证明海上运输合同和货物由承运人接管或装船,以及承运人保证据以将货物交给海运单所载明的实际收货人的一种不可流通的海上货运单据(non-negotiable sea waybill)。由于海运单能方便进口商及时提货、简化手续、节省费用、提高效率,越来越多的国家和地区倾向于使用此种海运单。特别是 EDI(电子数据交换)技术在国际贸易中被广泛使用的情况下,海运单更适用于电子数据交换信息,不可转让海运单于 1977 年在北大西洋的海洋运输中出现了。

一、不可转让海洋运单的产生原因

(一) 适应贸易新环境的需要

第二次世界大战后科技革命促进了社会生产力的发展,使国际分工进一步深化,世界市场空前扩大,世界经济一体化趋势空前加强,贸易主体的交易控制能力大大加强,交易的物权风险明显下降,对合约履行的速度、效率、效益的要求越来越高,企业从侧重风险管理开始转向注重效率管理。同时,第二次世界大战后国际贸易商品结构发生较大变化。在货物贸易方面,大宗的农产品、原料和燃料等初级产品的贸易比重大幅度缩减,工业制成品比重不断上升,尤其是最终产品、特定化中间品、资本品的贸易比重上升显著,国际贸易中销售路货的比例下降,提单物权凭证的作用明显下降。另外,激烈的国际竞争使利润的平均化进程大大加快,导致微利时代的到来,空间层次的国际贸易利益逐步缩小,时间层次、产业链层次的贸易利益成为贸易商追逐的主要目标,大多数企业在信息高度发达的市场经济条件下,通过长期、稳定的国际合作,谋求贸易的稳定和持久。

(二) 开展近洋贸易的需要

在近洋贸易中,装运港与目的港之间运距较近,交单时间慢于交货时间。在信用证付款方式下,海运提单经议付行、保兑行、开证行等多环节的异地交单,才能到达进口商手中。而根据《UCP600》,银行仅有 5 个工作日的审单时间,再加上邮寄在途时间,单据到达进口商手中时,货物往往先期到达卸货港,造成滞港;进口商如果凭开证行的担保提货,又要支付一定费用,这种现象在近洋运输中尤为突出。运用海运单作为结算单据,卖方即使对银行交单结汇,也有权变更收货人名称,即卖方始终拥有货物的控制权,风险较小。

(三) 跨国公司开展公司内贸易的需要

跨国公司迅速发展与生产要素的跨国移动,使产业内贸易、公司内贸易的比重日益提高。跨国公司是经济全球化的主要驱动者、组织者和载体。第二次世界大战后,跨国公司一直处于持续的扩张之中,其数量不断增加,规模也日益扩大。跨国公司以世界市场为舞台,利用和重组世界各地的自然资源、资金、技术、人才、劳动力等生产要素,组织全球性的生产和销售,使国际贸易方式从产业间贸易、产业内贸易向企业内贸易转化。在结算单据方面,海运单为跨国公司开展公司内贸易提供了方便,便于总公司与子公司之间、子公司与子公司之间高效率地进行国际贸易结算。

二、不可转让海洋运单的性质、作用

不可转让海洋运单的性质、作用有以下两点。

(1) 不可转让海洋运单是承运人和托运人之间海上运输合同的证明。

(2) 不可转让海洋运单是出运货物的收据。不可转让海洋运单不被视为传统的可转让提单或物权凭证,所以不能背书转让。因为货物的托运或交付是给指定收货人的,该收货人只需证明其身份而不必提交正本海洋运单。

单证

三、不可转让海洋运单的特点

不可转让海洋运单的特点有以下两个方面。

(1) 不可转让海洋运单不可转让,不是物权凭证。

（2）不可转让海洋运单是发货人与承运人之间运输合同的证明，而不是收货人与承运人之间基于合约的承诺，因此，货物在运输途中遭到损失时，收货人无权索赔。此外，发货人可以要求承运人改变货物目的地。

第七节　租船合约提单

租船合约提单（charter party bill of lading）是利用租船方式进行海上运输时签发的并受租船合约约束的提单。租船合约提单通常是简式提单，内容基本上与海运提单相同，有时只列明货名、数量、装船港、目的港等内容，其他一切条件依照租船合约办理。

鉴于租船运输中，不可能在运送过程中将货物卸下，再运往目的港，因此，租船合约提单不可显示转船。

一、租船合约提单的种类

租船合约提单有以下两种。

（1）出租船舶的船公司即船东与承租人订立租船合约，相当于承运人的承租人（往往是运输公司或另一家船公司）或其授权人向发货人（shipper/consigner）签发运输单据，即租船合约提单。

（2）船方根据货方与之订立的租船合同而出具的提单。由于该类提单受租船合同的制约，所以它被称为租船合约提单。

租船合约提单有些使用专门设计的格式，简称租船提单；有些则使用本公司一般海运提单格式签发租船提单。所以，根据《UCP600》，无论该提单使用何种名称，只要含有以租船合约为准的声明，即为租船合约提单。

二、租船合约提单的性质、作用

租船合约提单的性质、作用有以下两点。

（1）当租船人与托运人是同一人时，由承运人签发的提单仅是物权凭证和货物收据，在提单中往往有"根据×××租船合约出立"等字句。显然，它受到租船合约的约束，这种提单不成为一个完整的独立文件，承运人和托运人双方权利与义务的划分均以租船合约为准，而不以提单为准。

（2）当租船人是承运人时，如托运人将租船合约提单背书转让给第三者，并且所签发的提单未列明"根据×××租船合约出立"等字句时，租船合约的权利与义务仍只对船东和租船人而不对第三者具有约束力。

三、租船合约提单的特点

租船合约提单有以下几个特点。

（1）提单的转让受租船合约的约束。

（2）提单是否代表货权取决于租船合约。

（3）货物的交付方式取决于租船合约。

（4）适用于海洋运输、内河运输及多式联运。

第八节　多式联运单据

多式联运单据，是指证明多式联运合同以及证明多式联运经营人[①]接管货物并负责按照合同条款交付货物的单据。其是为适应广泛开展的集装箱运输的需要而产生的，涵盖至少两种不同运输方式的运输单据。[②]

一、多式联运单据的性质、作用

多式联运单据的性质、作用有以下几点。

（1）多式联运单据是多式联运经营人和托运人之间签订的多式联运合同的证明。在多式联运方式下，多式联运经营人和托运人之间的权利、义务以多式联运合同为依据，多式联运单据就是由多式联运经营人签订的、确认双方之间多式联运合同的证明。

（2）多式联运单据是多式联运经营人接管货物的收据。承运人或多式联运经营人或其代理人在内陆地点接收、监管货物时即签发单据，证明已收到货物，承诺所有方式下的全程运输。

（3）在特定情况下，多式联运单据是货权凭证。当多式运输的最后一程为海运，且多式联运单据以可转让的方式签发，即将收货人做成凭指示交付时，即为货权凭证。

二、多式联运单据的特点

多式联运单据有以下几个特点。

（1）多式联运单据至少包含两种不同的运输方式，运输过程至少包含海运、空运、公路、铁路、内河运输中的两种。同一种运输方式、不同运输工具的联结，如海—海、空—空联运不能视作多式联运。

（2）如果最后一程是海运，则单据可背书转让，且是物权凭证；如果最后一程运输不是海运，则单据不可背书转让，且无物权凭证性质。

---

　　①　联合国贸易与发展会议，国际商会共同制定的多式联运单据规则对多式联运经营人的解释是，"以承运人身份签订多式联运合同并承担相应责任者"。多式联运经营人是一种运输商，他与托运人签订运输合同，采用至少两种不同的运输方式，将货物从接管地运至交货地。他签发的这种运输单据叫 MTD。多式联运经营人可以是船公司、船长或其代理人，也可以是自身无船或无其他运输工具的运输行。

　　②　根据《UCP600》第 19 条 a 款。

（3）在多式联运单据可背书转让，且是物权凭证的情况下，凭正本提单交付货物；在多式联运单据不可背书转让，不是物权凭证的情况下，则只能货交指定收货人。

（4）即使信用证禁止转运，注明将要或者可能发生转运的运输单据仍可接受。

三、多式联运单据与联运提单的主要区别

多式联运单据与联运提单的主要区别有以下几点。

（1）使用的范围不同。联运提单限于由海运与其他运输方式所组成的联合运输时使用。多式联运单据使用的范围较广，它既可用于海运与其他运输方式的联运，也可用于不包括海运的其他运输方式的联运，但仍必须是至少两种不同的运输方式的联运。

（2）签发人不同。联运提单由承运人、船长或承运人的代理签发。多式联运单据则由多式联运经营人或多式联运经营人的代理签发。

（3）签发人对运输责任的范围不同。联运提单的签发人仅对第一程运输负责，而多式联运单据的签发人要对全程运输负责。

（4）运费费率不同。联运提单全程采用不同的运费费率，多式联运单据必须是全程单一的运费费率。

单证

第九节　合同中的装运条款

合同中的装运条款主要包括装运期、装运地、目的地、运输方式、运输线路，以及能否分批装运（partial shipment）和转船、转运等方面的内容。明确、合理地规定装运条款，是保证进出口合同顺利履行的重要条件。

一、装运期

装运期是指卖方在合同指定地点将货物交付装运的时间期限，是国际贸易合同中的交易要件。卖方推迟或提前装运都属于违约，买方有权撤销合同，并要求相应的损害赔偿。

根据《Incoterms 2020》的规定，当合同以 FOB、CFR、CIF、FCA、CPT、CIP 术语成交时，卖方只要在合同规定的装运地或装运港，将货物装到船上或交付承运人监管，就算完成了交货任务。因此，在这类合同中，装运时间实际就等同于交货时间。而当采用 EXW 和 D组术语成交时，卖方则必须将货物实际地置于买方控制之下才算完成交货义务。因此，以这类术语成交时，交货时间与装运时间是两个不同的概念，交货时间是指买卖双方实际交接货物的时间。

装运时间的具体规定方法有以下几种。

（1）确定最迟装运期限，如 SHIPMENT ON OR BEFORE THE END OF JAN。

（2）规定一段装运时间，如 SHIPMENT DURING JAN/FEB 2006。

（3）规定签订合同或收到信用证后若干天装运,如 SHIPMENT WITHIN 30 DAYS AFTER RECEIPT OF LC。

课堂讨论 11-6：在装运时间的规定中,应注意的问题有哪些? 什么是双到期?

由于我国的进出口合同大部分以 FOB、CIF 和 CFR 成交,而且大部分是采用海洋运输方式,因此,根据《Incoterms 2020》的规定,卖方只要在合同规定的装运期内在装运港办妥出口报关手续,将货物装上指定的船只,取得清洁的装船单据,之后再通过合同约定的程序向买方递交单据,就算完成交货任务。在上述情形下,合同中的装运条款主要包括装运时间、装运港、目的港以及是否允许转船与分批装运等内容。在采用定程租船的方式下,则还要对滞期费和速遣费条款等作出规定。

课堂讨论 11-7：信用证规定装运期为 During the end of May,2006,应如何理解?

二、装运港和目的港

装运港是指货物起始装运的港口。目的港是指最终卸货的港口。在合同中规定装运港和目的港时应该注意下述问题。

（1）在一般情形下,应明确规定一个或若干个港口作为装运港或目的港。在出口业务中,对于装运港的规定以靠近货源地为宜;在进口业务中,对于目的港的规定以靠近最终用户为宜。

（2）当明确规定装运港或目的港存在困难时,也可采用选择港口(optional ports)的规定方法。例如,"CIF Main European Ports"。但必须注意:选择港一般不超过 3 个,且应为同一航线、运费相当的港口;应明确买方宣布卸货港的时间,选港附加费应由买方负担;核定运费应按选择港中最高的费率和附加费计算。

（3）原则上不能接受内陆城市作为装运港或目的港,否则,进口商或出口商还要承担从内陆城市到港口或从港口到内陆城市的运费和风险。

（4）在规定装运港和目的港时应该注意有无重名的问题。例如,名为 Victoria 的港口在世界上有 12 个之多,因此,必须注明港口所在国家的名称,以免混淆。

（5）必须综合考虑港口水域的深浅、码头长度、费用水平、装卸速度、是否拥挤、有无冰冻以及港口的装卸条件等。

（6）货物运往无直达船停靠或虽有直达船而船期不稳定、航次少的目的港,应规定允许转船。

三、分批装运和转运

（一）分批装运

分批装运是指一笔成交的货物分若干批交付装运。在合同的分批装运条款中,既可笼统规定允许卖方分批装运,也可明确规定各批次的具体装运时间和相应的装运数量。后一种情形实际对卖方在装运环节的操作做了严格的限制。按照国际商会《UCP600》第 32 条的规定："如信用证规定在指定的时间段内分期支款或分期发运，任何一期未按信用证规定支取或发运时，信用证对该期及以后各期均告失效。"

《UCP600》中与分批装运有关的重要条款还包括以下两点。

（1）第 31 条 a 款，允许分批支款或分批装运。

（2）第 31 条 b 款，表明使用同一运输工具并经由同次航程运输的数套运输单据在同一次提交时，只要显示相同目的地，将不被视为部分发运，即使运输单据上表明的发运日期不同或装货港、接管地或发货地点不同。如果交单由数套运输单据构成，其中最晚的一个发运日将被视为发运日。含有一套或数套运输单据的交单，如果表明在同一种运输方式下经由数件运输工具运输，即使运输工具在同一天出发运往同一目的地，仍将被视为部分发运。

如果信用证规定"in several shipments""in several consignment"或"in several lots"，货物应分三批（或三批以上）出运，如果信用证规定"in two lots"，分两批出运即可。

课堂讨论 11-8：信用证装运总量为 500 吨，规定从 6 月开始每月装 100 吨。在实际装运时，6 月装 100 吨，7 月装 100 吨，8 月未装，而卖方要求 9 月一起补交，是否可以？

（二）转运

转运（transshipment）是指货物在运输过程中的转船、转机以及从一种运输工具上卸下再装上另一种运输工具的行为。如果在合同的启运地和目的地之间没有直达的运输工具，就应在合同中订明允许转运。

根据国际商会《UCP600》第 20 条 b 款的规定，转运系指在信用证规定的装货港到卸货港之间的运输过程中，将货物从一船卸下并再装上另一船的行为。

除非信用证禁止转运，只要同一提单包括了海运全过程，银行将接受注明货物转运的提单。

凡目的港无直达船或无固定船期，或航次稀少、间隔时间长，或成交量大而港口拥挤，作业条件差，均应允许转船。

课堂讨论 11-9：若合同与信用证中规定：SHIPMENT FROM HONGKONG TO LONDON，TRNSHIPMENT PROHIBITED. 如果你是卖方，是否会接受该条款？

四、装船通知

卖方在将货物装上船后，应及时向买方发出已装船通知（shipping advice），以确保买方能及时安排接船接货以及在必要的时候及时投保。

装船通知的内容通常包括以下几点。

（1）合同号或订单号或信用证号以及相应日期、发票金额等。

（2）货物的名称、规格、重量、数量、唛头等。

（3）装货港名称、船公司名称、船名、预计开航日期以及预计抵达日期（ETA）等。

（4）提单号或装运单据号等。

装船指示示例：

(1) Please deliver our order No. 7816 for chemical fertilizer per s. s. "Wuxi" ETA on May 19,2020 at Rotterdam and confirm by return that the goods will be ready in time. For detailed delivery instructions,please approach Messers. Lombard Bros. Co. ,London.

(请将我方7816号订单项下化肥装上"无锡"轮,该轮预计于2020年5月19日抵达鹿特丹。请立即确认该货将按时备妥。有关交货的详情请与伦敦伦拜兄弟公司联络。)

(2) We are pleased to inform you that we have booked freight for our order No. 123 of chemical fertilizer on s. s. "Huanghe"with ETA on May 15. For delivery instructions, please contact Messers. Lombard Bros. Co. ,London.

(兹通知你方,我们已经在"黄河"轮为我方123号订单订妥舱位,该轮预计5月15日抵达。有关交货的详情请与伦敦伦拜兄弟公司联络。)

装船通知示例:

(1) We wish to inform you that the goods under S/C No. 56565 went forward per steamer"Yunnan"on July 5,to be transhipped in Copenhagen and are expected to reach your port in early September.

(兹通知你方,第56565号销售合同项下货物已于7月5日装"云南"轮运出,在哥本哈根装船,预计9月初运抵你港。)

(2) We are pleased to inform you that the goods under your order NO. 4589 were shipped per direct steamer"Rongchang"on August 31 and the relative shipping samples had been dispatched to you by air before the steamer sailed.

(现欣然奉告,你方4589号订单项下货物已于8月31日装上直达轮"荣昌"号,有关装船样品已在该轮离港前航寄你方。)

五、装卸费用、装卸时间、装卸率

大宗货物的运输常常采用定程租船运输。在此情形下,合同中的装运条款还需对装卸费用、装卸时间和装卸率等作出相应规定。

(一) 装卸费用

装卸费用条款是定程租船运输合同中规定装卸费用由谁承担的条款。其主要规定方法有以下几种。

(1) FIO,即装、卸费用均由货方承担。有时还规定理舱费和平舱费的分担,即 FIOS (船方不承担装货费、卸货费和理舱费)、FIOT(船方不承担装货费、卸货费和平舱费)和 FIOST(船方不承担装货费、卸货费、平舱费和理舱费)。

(2) FI,即船方承担卸货费,货方承担装货费。

(3) FO,即货方承担卸货费,船方承担装货费。

(4) BERTH TERMS (或 LINER TERMS),即船方承担装卸费。

(二) 装卸时间

装卸时间是指承租人在港口完成装卸任务的时间期限,它一般以天数或小时数来表示。一旦超出装卸时间期限,承租人将向船方支付滞期费,用以弥补船方因超期滞留港口所发生的额外开支。

装卸时间的常用规定方法包括以下几种。

（1）连续日,指从午夜零点至24点日复一日的所有天数。

（2）工作日,即按照港口习惯,扣除法定假日,属于正常工作日的天数。

（3）晴天工作日,即天气良好可以进行装卸作业的工作日。

（4）连续24小时晴天工作日,即天气晴好时钟连续走24小时即算一个工作日,在此期间如有几个小时是坏天气不能作业,则予以扣除。这种方法比较公平,船、货双方均愿接受。

（三）装卸率

装卸率是指每日装卸货物的数量。对于装卸率的具体确定,一般应遵循港口惯常的装卸速度,规定得过高或过低都不合适。如果装卸率规定得过高,一旦完不成装卸任务,承租人就要承担滞期费的损失;相反,如果装卸率规定得过低,虽能因提前完成装卸任务而得到船方的速遣费,但因船方在预先核算运费时已因较低的装卸率而规定了较高的运费,所以对承租人而言,也同样得不偿失。因此,装卸率的规定应本着实事求是的原则合理约定。

课堂讨论 11-10：租船应注意的问题是什么?

本章小结与思考题

试一试

第十二章

国际货物运输保险

教学目的和要求

本章介绍国际贸易运输保险的基本原则、海上风险与费用的概念。本章的目的是使学生掌握中国人民财产保险股份有限公司的基本险别,了解协会货物保险条款,了解仓至仓条款的含义,掌握保险金额、保险费的计算方法,掌握我国进出口货物保险的基本做法。

关键 概念

单独海损	共同海损	推定全损	仓至仓条款
保险金额	投保加成	施救费用	平安险
水渍险	一切险	保险单	保险凭证
保险费			

章首案例

案情: 某远洋运输公司的"东风"轮在 6 月 28 日满载货物起航,出公海后由于风浪过大偏离航线而触礁(grounded),船底划破长 2 米的裂缝,海水不断渗入。为了船货的共同安全,船长下令抛掉 A 舱的所有钢材并及时组织人员堵塞裂缝,但无效果。为使船舶能继续航行,船长请来拯救队施救,共支出 5 万美元施救费。船的裂缝补好后继续航行,不久又遇恶劣气候(heavy weather),入侵海水使 B 舱的底层货物严重受损,放在甲板上的 2 000 箱货物也被风浪卷入海里。

问: 以上的损失,各属什么性质的损失? 投保什么险别的情况下,保险公司给予赔偿?

分析: ①船底划破长 2 米的裂缝属于单独海损(particular average);②船长下令抛掉 A 舱的所有钢材,因无效果,不属于共同海损(general average);③船长请来拯救队施救,花费 5 万美元属于共同海损;④海水的渗入使 B 舱的底层货物严重受损属于单独海损;⑤2 000 箱放在甲板上被风浪卷入海里的货物属于实际全损。本案例的各货主若投保了平安险,保险公司将对以上①、③、④、⑤的损失给予赔偿。

从本案例看,同学们应充分理解本章的概念,弄清单独海损与共同海损的区别、施救费用(sue and labor charges)的性质、平安险等险别的承保范围等核心知识,因此,本章是本书的难点之一。

第一节　保险的基本原则

保险的基本原则是投保人(被保险人)和保险人签订保险合同、履行各自义务,以及办理索赔和理赔工作所必须遵守的原则。保险的基本原则主要有可保利益(insurable interest)原则、最大诚信(utmost good faith)原则、补偿原则(principle of indemnity)、代位追偿(subrogation)原则、重复保险(double insurance)的分摊原则及近因(proximate cause)原则等。

一、可保利益原则

(一) 可保利益

可保利益又称保险利益,是指投保人或被保险人对于保险标的因有利害关系而产生的为法律所承认、可以投保的经济利益。可保利益是保险合同生效的先决条件,也是向保险公司索赔的必备条件。

(二) 可保利益原则的含义

可保利益原则,是指投保人或被保险人必须对保险标的具有可保利益,才能同保险人订立有效的合同,如果投保人或被保险人对保险标的没有可保利益,则他们与保险人所签订的保险合同是非法的、无效的合同。

(三) 可保利益原则必备的条件

作为保险合同客体的可保利益必须具有以下三个条件。

(1)可保利益必须是合法的利益,而不应是违反法律规定、通过不正当的手段获得的。如果是属于违法行为所获得的利益,如海上走私,或者是属于违反国家利益或社会公共利益所产生的利益,都不能作为可保利益而订立保险合同。

(2)可保利益必须是一种确定的、可实现的利益,而不是仅仅凭主观臆断、推断可能获得的利益。若是预期利益,虽在签合同时尚不存在,但是只要它是客观上可以实现的,并且在保险事故发生前或发生时是可以确定的,那么就可以成为可保利益。

(3)可保利益必须是可以用货币计算的经济利益,而不是恢复原样或物质补偿。当保险事故发生造成损失时,需要保险人保障的是投保人或被保险人在经济利益上的损失。

[案例 12-1]　正确认定可保利益

案情:有一份 FOB 合同,货物在装船后,卖方向买方发出装船通知,买方向保险公司投保了"仓对仓条款一切险"(all risks with warehouse to warehouse clause),但货物在从卖方仓库运往码头的途中,被暴风雨淋湿了 10%。事后卖方以保险单含有仓对仓条款为由,要求保险公司赔偿此项损失,但遭到保险公司拒绝。后来卖方又请求买方以投保人名义凭保险单向保险公司索赔,也遭到保险公司拒绝。

问：在上述情况下，保险公司能否拒赔？为什么？

分析：本案例考查了保险中的可保利益原则。在 FOB 条件下，买方投保的海运保险是自货物在装运港有效越过船舷之后才生效的；在货物越过船舷之前买方尚未承担风险，因此，对货物没有可保利益。本案中，保险公司拒赔是有道理的。

二、最大诚信原则

最大诚信原则也称最高诚信原则，是投保人和保险人在签订保险合同时以及在保险合同有效期内必须遵守的一项原则。在各种保险业务中，保险合同的签订都必须以双方当事人的最大诚信为基础；当事人中的一方如果以欺骗或隐瞒的手段诱使他人签订合同，一旦被发现，他方即有权解除合同，如有损害，可要求给予补偿。

对被保险人来说，坚持最大诚信原则主要涉及以下三方面的内容。

（一）告知

告知（disclosure）是指被保险人在投保时把其所知道的有关保险标的的重要事项告诉保险人。若投保时被保险人对重要事项故意隐瞒，即构成不告知（non-disclosure）。对于不告知的法律后果，《海商法》规定：①如果被保险人的不告知是故意所为，保险人有权解除合同，并且不退还保险费，合同解除前发生的保险事故，造成损失的，保险人不负赔偿责任。②如果被保险人的不告知不是故意所为，保险人有权解除合同或者要求相应增加保险费。保险人解除合同的，对于合同解除前发生的保险事故造成的损失，保险人应当负赔偿责任。

（二）陈述

陈述（representation）是指被保险人在磋商保险合同或在合同订立前对其所知道的有关保险的情况，向保险人所做的说明。如果所做的陈述不真实，即为错误陈述（misrepresentation）。陈述有下列三种类型。

1. 对重要事实的陈述

按照国际保险市场的习惯做法，被保险人对重要事实所做陈述必须真实；如果不真实，保险人可以因为被保险人违反最大诚信原则而解除合同。

2. 对一般事实的陈述

被保险人对一般事实所做的陈述，只要基本正确，即视为真实。换言之，凡被保险人所做陈述与实际情况之间的差异，从谨慎的保险人的角度上看认为出入不大，即视为真实的陈述，保险合同便不得解除。

3. 对希望或相信发生的事实的陈述

被保险人对此类事实所做的陈述，只要出于诚信，即为真实的陈述。这种陈述，即使与事实有出入，保险人也不能解除合同。

（三）保证

保证（warranty），也称担保，一般是指被保险人在保险合同中所做的保证要做或不做某种事情；保证某种情况的存在或不存在；或保证履行某一项条件等。对于保险合同中的保证条件,不论其重要性如何,被保险人均须严格遵守,如有违反,保险人可以自保证被违反之日起解除合同;而且,被保险人即使在损失发生之前已对违反的保证作出了弥补,也不能以此为由为其违反保证的事实提出辩护,保险人仍可按违反保证处理。值得指出的是,被保险人违反保证,保险人虽可按规定自被保险人违反保证之日起解除业务,但对违反保证之前所发生的保险事故,仍须承担赔偿责任。

[案例 12-2]　保险公司因最大诚信原则拒付

案情: 内地 A 公司向香港出口罐头一批共 500 箱,按照 CIF 香港向保险公司投保一切险。但是因为海洋运单上只写明进口商的名称,没有详细注明其地址,货物抵达香港后,船公司无法通知进口商来货场提货,又未与 A 公司的货运代理联系,自行决定将该批货物运回起运港天津新港。在运回途中因为轮船渗水,有 229 箱罐头受到海水浸泡。货物运回新港后,A 公司没有将货物卸下,只是在海运提单上写上进口商详细地址后,又运回香港。进口商提货时发现部分罐头已经生锈,所以只提取了未生锈的 271 箱罐头,其余的罐头又运回新港。A 公司发现货物有锈蚀后,凭保险单向保险公司提起索赔,要求赔偿 229 箱罐头的锈损。保险公司经过调查发现,生锈发生在第二航次,而不是第一航次。

问: 保险公司是否应该对该批货物的损失负责?

分析: 本案例涉及了保险的最大诚信原则。保险公司有权拒绝赔付,原因如下:其一,保险事故不属于保险单的承保范围,因为本案中被保险人只对货物运输的第一航次投了保险,但是货物是在由香港至新港的第二航次中发生风险损失的,即使该项损失属于一切险的承保范围,保险人对此也不予负责。其二,被保险人向保险人提出索赔时明知是不属于投保范围的航次造成的损失,其目的是想利用保险人的疏忽将货物损失转嫁给保险人,这违反"最大诚信原则"。

三、补偿原则

保险的补偿原则是指当保险标的物发生保险责任范围内的损失时,保险人应按照合同条款的规定履行赔偿责任。但保险人的赔偿金额不能超过保单上的保险金额(insured amount)或被保险人遭受的实际损失。保险人的赔偿不应使被保险人因保险赔偿而获得额外利益。

当保险标的发生保险责任范围内的损失,保险人在对被保险人进行理赔时,对赔偿原则主要掌握如下几个方面。

1. 赔偿金额既不能超过保险金额,也不能超过实际损失

在订立海上货物保险合同时,根据保险金额与保险价值的关系,保险可分为足额保险(full insurance)、不足额保险(under insurance)和超额保险(over insurance)。足额保险是指保险金额等于保险价值的保险;不足额保险是指保险金额低于保险价值的保险;超额保险是指保险金额高于保险价值的保险。对于不定值保单,超额保险的保险赔偿不超过实际价值;不足额保险的保险赔偿不超过保险金额;足额保险按实际损失赔偿。对于定值保单,在保险金额限度内按实际损失赔偿,最高赔偿金额不超过双方约定的保险价值。

2. 被保险人必须对保险标的具有可保利益

保险人承担经济赔偿责任,是以被保险人对保险标的具有可保利益为前提条件的。同时,赔偿金额也以被保险人在保险标的中所具有的可保利益金额为限度。

3. 被保险人不能通过保险赔偿而得到额外利益

保险的赔偿是对被保险人遭受的实际损失进行补偿,使其恢复到受损前的经济状态,而不应使被保险人通过保险补偿获得额外利益。

四、代位追偿原则

代位追偿是指当保险标的物发生了保险责任范围内的由第三者责任造成的损失,保险人向被保险人履行了损失赔偿的责任后,有权在其已赔付的金额限度内取得被保险人在该项损失中向第三责任方要求索赔的权利。保险人取得该权利后,即可站在被保险人的地位上向责任方进行追偿。

若从被保险人的角度看,这种做法又称为权益转让,即被保险人因其保险标的遭受损失而取得保险人的赔偿后,应将其享有的向第三者责任方索赔的权利转让给保险人,以便保险人进行代位追偿。

代位追偿构成的条件有以下几个。

(1) 损失必须是第三者因疏忽或过失产生的侵权行为或违法行为所造成的,而且第三者对这种损失,根据法律的规定或双方在合同中的约定负有赔偿责任。

(2) 第三者的这种损害或违约行为又是保险合同中订明的保险责任。如果第三者的损害或违约行为与保险无关,就构不成保险上的代位追偿。

(3) 保险人向第三者行使代位权所获得的补偿不能超过其赔付给被保险人的损失金额。

五、重复保险的分摊原则

重复保险亦称双重保险,是指被保险人以同一保险标的物向两家或两家以上的保险公司投保了相同的保险,在保险期限相同的情况下,其保险金额的总额超过了该保险标的的价值。

重复保险分摊原则是保险补偿原则派生出来的一项原则。在出现重复保险的情况下,当保险标的发生损失时,按照保险补偿原则,被保险人是不能从保险人那里获得超过保险标的受损价值的补偿的。为了防止被保险人所受损失获得双重赔偿,把保险标的的损失赔偿责任在各保险人之间进行分摊,这便是重复保险的分摊原则。对重复保险分摊金额的计算,最常使用的方法是比例分摊责任,即在保险标的发生损失时,各保险人按各自保险单中所承担的保险金额与总保险金额的比例来承担保险赔偿责任。

举例:

某保险标的的实际价值是 120 万元,投保人分别向甲保险公司投保 40 万元、乙保险公司投保 60 万元、丙保险公司投保 20 万元。若保险事故发生后,该保险标的的实际损失为 60 万元,则三个保险人的分担金额应该分别为多少?

该例涉及了重复保险分摊原则及其金额计算。按照比例分摊责任法,在保险标的发生损失时,各保险人按各自保险单中所承担的保险金额与总保险金额的比例来承担保险赔偿责任,因此计算过程如下。

甲保险公司的赔偿金额＝40÷120×60＝20(万元)

乙保险公司的赔偿金额＝60÷120×60＝30(万元)

丙保险公司的赔偿金额＝20÷120×60＝10(万元)

六、近因原则

近因,是指在效果上对损失最有影响的原因,而不是在时间上或空间上最近的原因。在损失发生时,应考虑造成损失的有效的和有支配力的原因,将远因排除在外。

寻找近因和近因原则的应用是复杂的,因为造成损失的原因多种多样。下面分三种情况分析该原则的应用。

(一) 只有一个单独的损失原因

这是最简单的一种情况。如果损失的发生没有其他的原因,这唯一的原因就是损失的近因。如果它属于保险单承保的风险,保险人对损失应予以赔偿。相反,如果不是保险单承保的风险,保险人就不必赔偿。

(二) 多种损失原因组成了因果链

有时多种原因都作用于损失,但这些原因之间存在着因果链,即在时间上的前因是后因的原因。在这种因果关系中,最先发生的原因就是损失的近因。如果它属于承保责任,保险人就应对保险标的的损失进行赔偿。否则,保险人就不负赔偿责任。

(三) 多种独立的原因共同存在的情况

这是海上损失最常见的情况。这种情况下,多种原因都似乎对损失有作用,它们之间不存在明显的因果关系,此时寻找近因的关键仍然要从这些原因对损失的效果上的影响入手,那些在效果上对损失起主导支配作用的原因就是近因。

[案例 12-3] 保险公司赔偿认定

案情:美国内战期间,有一批6 500包咖啡的货物从里约热内卢运到纽约,保险单不承保"敌对原因引起的损失"。当载货船舶航行至 Hatteras 时,灯塔因军事原因被南部的军队破坏,船长由于没有瞭望充分而发生了计算错误,结果船舶触礁。约有120包咖啡被救了上来,后被南部军队没收;另外还有1 000包本来可以救出来但由于军事干预没有实施。剩下的货物留在船中,后发生全损。

问:哪些损失应由保险公司负责赔偿?哪些损失应由货主自己承担?

分析:本案例考查了保险近因原则的应用。近因应该是效果上对损失最有影响的原因,发生损失时,应考虑造成损失的有效的和有支配力的原因。120包咖啡的损失是没收造成的,1 000包咖啡的损失是由保险单不承保的"敌对行为"引起的。因而这1 120包咖啡的损失是保险人不必赔偿的。而剩下的5 380包咖啡损失是承保风险造成的,损失的近因是船长的疏忽引起的船舶触礁,而战争引起的灯塔熄灭在这项损失中要作为损失的原因显然太遥远了,因此,保险公司应对这5 380包咖啡的损失负赔偿责任。

第二节　海洋运输货物保险条款

一、海洋运输货物保险保障的风险

一般将海洋运输货物保险保障的风险分为海上风险(perils of sea)和外来风险(extraneous risks)两大类。

(一) 海上风险

海上风险也称海难,是指海上航行中发生以及海上与陆上、内河或驳船相连接的地方所发生的自然灾害或意外事故。

1. 自然灾害

自然灾害是指自然界的力量所造成的灾害,它一般是人力无法抗拒的。在中国《海洋运输货物保险条款》(*Ocean Marine Cargo Clauses*)中把恶劣气候、雷电(lightning)、海啸(tsunami)、地震(earthquake)和洪水(flood)作为可保的自然灾害;伦敦保险协会的《协会货物条款》中承保的自然灾害包括地震、雷电、火山爆发(volcanic eruption)、浪击落海(washing over board)及海水、湖水或河水进入船舱、驳船、运输工具、集装箱、大型海运箱或储存处所。

2. 意外事故

意外事故是指由于外来的、偶然的、非意料中的原因所造成的事故。海上保险所承保的意外事故并非包括所有的意外事故。中国《海洋运输货物保险条款》中所承保的意外事故包括运输工具遭受的搁浅(stranded)、触礁、沉没(sunk)、倾覆(capsized)、碰撞(collision)、失火(fire)和爆炸(explosion)等;伦敦保险业协会的《协会货物条款》中所承保的意外事故除了包含以上风险外,还包括陆上运输工具的倾覆或出轨(overtuming or derailment of land conveyance)以及抛弃(jettison)等。

(二) 外来风险

外来风险是指海上风险以外的其他外来原因所造成的风险。外来风险必须是意外的、偶然的、难以预防的,而且必须是外部因素导致的。

外来风险可分为一般外来风险和特殊外来风险。海运货物保险承保的一般外来风险是指一般外来的意外因素所致的货物损失,通常包括偷窃、短量、提货不着、淡水雨淋、混杂、沾污、渗漏、碰损、破碎、串味、受潮受热、钩损、包装破裂和锈损风险等。特殊外来风险是指除一般外来风险以外的其他外来因素所致的货物损失,它往往是与政治、军事、社会动荡以及国际行政措施、政策法令等有关的风险。常见的特殊外来风险主要有战争、罢工、进口国有关当局拒绝进口或没收等。

二、海洋运输货物保险保障的损失

按照损失的程度,海运保险货物的损失可分为全部损失(total loss)和部分损失

(particular total loss)两大类。

(一) 全部损失

全部损失简称全损,是指整批或不可分割的一批保险货物全部灭失或可视同全部灭失的损害。关于整批或不可分割的一批保险货物的全损,一般包括以下四种情况。

(1) 一张保险单所载明的货物的全损。

(2) 一张保险单中包括数类货物,每一类货物分别列明数量和保险金额时,其中每一类货物的全损。

(3) 在装卸过程中一整件货物的全损。

(4) 在使用驳船装运货物时,一条驳船所装运货物的全损。

全部损失可进一步分为实际全损(actual total loss)和推定全损(constructive total loss)。

1. 实际全损

实际全损也称绝对全损(absolute total loss),是指保险标的发生保险事故后灭失,或者受到严重损坏完全失去原有形体、效用,或者不能再归被保险人所有。构成实际全损一般有以下几种情况。

(1) 保险标的灭失。例如,保险货物被大火焚烧,全部烧成灰烬。

(2) 保险标的受损严重,已完全丧失原有的形态和使用价值。例如,水泥被海水浸湿后结成硬块而失去原有的属性和用途。

(3) 保险标的的丧失已无法挽回,即被保险人无可弥补地失去对保险标的的实际占有、使用、受益和处分等权利。例如,战时货物被敌对国捕获并作为战利品分发。

(4) 船舶航行失踪,相当时间内杳无音信。

2. 推定全损

保险标的物发生事故后,虽然没有完全毁灭,但对其进行救助或修理的费用估计要超过保险价值,于是对此货推定为全损。

发生推定全损的情况有下列几种。

(1) 保险货物受损后,修理费用估计要超过货物修复后的价值。

(2) 保险货物受损后,整理和发运到目的地的费用,将超过货物到达目的地的价值。

(3) 保险货物的实际全损已经无法避免,或者为了避免实际全损需要施救等所花费用,将超过获救后的标的价值。

(4) 保险标的遭受保险责任范围内的事故,使被保险人失去标的所有权,而收回这一所有权所需花的费用,将超过收回后的标的价值。

在发生推定全损时,被保险人可以要求保险公司按部分损失赔偿,也可要求按全部损失赔偿。要想保险公司能按全损赔偿,必须经过委付(abandonment)。

委付是指被保险标的物在发生推定全损时,由被保险人将保险标的物的一切权利转让给保险人,而要求保险人按全损给予补偿。委付成立,要满足以下几个条件。

(1) 委付通知书必须及时发出。

(2) 委付必须经过保险人明示或默示地承诺才能生效。

(3) 必须是对全部标的物进行委付。

（4）不能附带任何保留条件。

（二）部分损失

凡保险标的物的损失没有达到全部损失的程度，即为部分损失。按照损失的性质，部分损失可分为共同海损和单独海损。

1. 共同海损

运载货物的船舶在运途中遭到危险，为了船、货的共同安全，人为地采取合理牺牲措施挽救船、货，这种牺牲和额外开支叫共同海损。共同海损行为是一种非常措施，这种措施在正常航行中是不会采用的。例如，正常航行中船方有保管货物的责任，应谨慎地使货物处于安全状态。然而，在特殊的危险状态中，为了船舶和货物的共同安全，船长可以下令把货物部分抛入海中以减轻船舶载重，这种行为所致的货物牺牲就是共同海损。共同海损的成立必须具备以下几个条件。

（1）必须确有危及船、货共同安全的危险存在。

（2）所采取的挽救措施是有意的、合理的。

（3）发生的损失和支出的费用是特殊的、非常的，是因共同海损措施直接造成的。

（4）共同海损的挽救措施最后一定要有效果。

共同海损的基本赔偿原则是：以实际遭受的合理损失和额外支出费用为准，经过补偿后使遭受共同海损损失或支付共同海损费用的一方同没有遭受共同海损损失或没有支出费用的其他利害关系方处于均等的地位。

课堂讨论 12-1：为什么共同海损属于部分损失？

2. 单独海损

单独海损是指保险标的物即船舶或货物在运输途中，纯粹由海上灾害事故造成的，而且无共同海损性质的部分损失。单独海损可能是船舶的单独海损，也可能是货物的单独海损，还可能是运费的单独海损。这种损失只能由被保险人单独承担。如果被保险人投保了相应的险种，且在保险单上载明保险人承担单独海损责任，那么不论是船舶、货物或运费，在受损后均可向保险人要求赔偿。

共同海损与单独海损均属于部分损失，但两者的性质和起因完全不同，补偿的方法也显著不同：共同海损是人为有意识造成的，而单独海损是承保风险所直接导致的损失；共同海损要由受损方按照受损大小的比例共同分摊，而单独海损由受损方自行承担。

三、海洋运输货物保险保障的费用

发生海上危险事故时，往往需要采取一定的措施以避免损失的发生或扩大，由此会引起费用的支出，对这些费用，保险人根据其性质规定了不同的赔付原则。在海运货物保险中，保险人负责赔偿的费用主要有以下几种。

（一）施救费用

施救费用是指保险货物遭遇保险责任范围内的事故时，被保险人或其代理人、雇佣人员和受让人为避免或减少损失而采取各种抢救、保护、整理措施而产生的合理费用。例如，船舶在航行中因意外触礁,致使海水从船底进入船舱,舱内服装部分被浸湿,船长下令将服装搬离该舱,并对已浸湿的服装进行整理和烘干,由此而支出的费用就是施救费用。

施救费用的构成必须符合以下三个条件。

(1) 施救行为必须是由被保险人或其代理人、雇佣人或受让人所采取的。

(2) 施救费用的支出受保险责任范围的限制,如果保险货物的损失不属于保险责任,被保险人为此而支出的抢救费用不能作为施救费用得到补偿。

(3) 施救费用应该是必要的、合理的费用,如果施救行为不当,因此而支付的费用不能作为施救费用,保险人不予赔偿。

通过对保险货物进行施救,不仅可以减少国家物质财富的损失,还可以减少保险赔款的支付,所以保险人对这种行为是予以鼓励和支持的。《海商法》规定,被保险人为防止或减少根据合同可以得到赔偿的损失而支出的必要的合理费用,应当由保险人在保险标的的损失赔偿之外另行支付,保险人对上述费用的支付,以相当于保险金额的数额为限。此外,即使施救行为没有效果,保险人在支付保险标的赔款后,还应赔偿被保险人支付的合理的施救费用。

(二) 救助费用

救助费用(salvage charges)是指当船舶遇到海难,虽然经船上人员尽力采取办法亦不能使船舶脱离危险时,必须由他人来救助,由此支付的报酬就是救助费用。确定救助费用时,不仅要考虑救助效果,还要综合考虑救助工作的时间、危险程度、救助采取的技术措施和投入的工具、被救助财产的价值、救助的开支和所受的损失等事实,通过协商或由仲裁确定,但救助费用最高不得超过获救财产的价值。

(三) 额外费用

额外费用包括保险标的受损后,对其进行查勘、公证、理算或拍卖(auction)等支付的费用以及运输在中途终止时所支付的货物卸下、存仓及续运至目的地的费用等。如果保险标的遭遇保险责任范围内的事故,额外费用可由保险人负责赔偿;相反,如果保险标的的损失的索赔不能成立,额外费用也不能获赔。

第三节 我国海洋运输货物保险条款

我国现行的《海洋运输货物保险条款》于1981年1月1日修订实施,主要包括保险责任范围、除外责任、保险期限、被保险人的义务及索赔时效等内容。

一、保险责任范围

(一) 基本险的责任范围

我国海运货物保险条款包括基本险和附加险两部分。基本险又称主险,可以单独投保,被保险人必须投保基本险,才能获得保险保障。附加险则是不能单独投保的险别,它必须在投保基本险的基础上才可以投保。

基本险有平安险、水渍险(with particular average/with average,WPA/WA)和一切险三种。

1.平安险

平安险也称单独海损不赔险,它的承保责任范围有8项。

(1)货物在海运途中,遇到的自然灾害或意外事故,造成被保险货物的全部损失和推定全损。

(2)货物在海运途中,运输工具遇到搁浅等意外事故造成的被保险货物的部分损失。

(3)运输工具遇到意外事故,意外事故前后又遇到自然灾害导致被保险货物的部分损失。

(4)保险标的物在装卸转船过程中,一件或数件落海所造成的全部或部分损失。

(5)被保险人在保险标的物遭受承保责任范围内的风险时,对其进行抢救所发生的合理费用,但不能超过保险标的物的保险金额。

(6)运输工具遭受自然灾害或意外事故,在中途港或遇难港停靠而引起的装卸、存仓等特别费用损失。

(7)发生共同海损引起的牺牲、分摊费用和救助费用。

(8)运输契约订有"船舶互撞责任"条款,按规定,应由货方偿还船方的损失。

2.水渍险

水渍险与平安险的名称是我国保险业务中的一种习惯叫法,其承保责任范围与平安险基本一致,只是多了一部分责任,即对由于海上自然灾害导致货物的部分损失也给予赔偿。

3.一切险

一切险承保责任范围是在水渍险的基础上再加上货物在运途中由于一般外来风险所导致的全损或部分损失。

(二) 附加险的责任范围

附加险是基本险的扩展,它不能单独投保,而必须在投保主险的基础上加保,承保的是外来风险引起的损失。按照承保风险的不同,附加险可分为一般附加险(general additional risks)、特别附加险(special additional risks)以及特殊附加险(specific additional risks)。

1.一般附加险

一般附加险负责赔偿一般外来风险所致的损失。在我国《海洋运输货物保险条款》中,一般附加险有11种,其条款内容非常简单,一般只规定承保的责任范围。这11种是指偷窃及提货不着险(theft,pilferage and non-delivery clause)、淡水雨淋险(fresh water &/or rain damage clause)、短量险(shortage clause)、混杂、沾污险(intermixture & contamination clause)、渗漏险(leakage clause)、碰损及破碎险(clash & breakage clause)、串味险(taint of odour clause)、受潮受热险(sweat & heating clause)、钩损险(hook damage clause)、包装破裂险(breakage of packing clause)、锈损险(rust clause)。

2.特别附加险

特别附加险所承保的风险大多与国家的行政措施、政策法令、航海贸易习惯有关,其险别主要有交货不到险(failure to deliver clause)、进口关税险(import duty clause)、舱面险(on deck clause)、拒收险(rejection clause)、黄曲霉素险(aflatoxin clause)、出口货物到中国香港(包括九龙)或中国澳门存仓火险责任扩展条款(fire risks extension clause for storage of cargo at destination HongKong,including Kowloon or Macao)。

3. 特殊附加险

特殊附加险主要承保战争和罢工的风险。

海运货物战争险(ocean marine cargo war risks clause)承保直接由于战争、类似战争行为和敌对行为、武装冲突或海盗行为所致的损失以及由此引起的捕获、拘留、扣留、禁制、扣押所造成的损失；各种常规武器,包括水雷、鱼雷、炸弹所致的损失；战争险责任范围内的共同海损的牺牲、分摊和救助费用。

罢工险(cargo strike clause)承保货物由于罢工者、被迫停工工人或参加工潮、暴动、民众斗争的人员的行为,或任何人的恶意行为所造成的直接损失和上述行动与行为引起的共同海损的牺牲、分摊及救助费用。

二、除外责任

(一) 基本险的除外责任

基本险的除外责任包括以下几点。

(1) 被保险人的故意行为或过失所造成的损失。

(2) 属于发货人的责任所引起的损失。

(3) 在保险责任开始前,被保险货物已经存在的品质不良或数量短差所造成的损失。

(4) 被保险货物自然途耗、本质缺陷、市价跌落和运输延迟所引起的损失或费用。

(5) 属于海洋运输货物战争险和罢工险条款规定的责任范围与除外责任。

(二) 特殊险的除外责任

特殊险的除外责任包括以下两种。

1. 海运货物战争险的除外责任

对由于敌对行为使用原子或热核武器所致的损失和费用不负责任；对根据执政者、当权者或其他武装集团的扣押、拘留引起的承保航程的丧失和挫折而提出的索赔也不负责。

2. 罢工险的除外责任

因罢工造成劳动力不足或无法使用劳动力而使货物无法正常运输、装卸以致损失,属于间接损失,保险人不负责任。

三、保险期限

(一) 基本险的保险期限

保险期限在我国《海洋运输货物保险条款》中被称为"责任起讫",即保险人对运输货物承担保险责任的责任期限。保险人仅对发生在保险期限内的保险事故造成的货物损失负责。海运货物保险承保运输过程中的风险,其责任期限以运输过程为限,在保险实务中通常被称为仓至仓条款(warehouse to warehouse clause,W/W clause)。其具体指被保险货物运离保险单所载明的启运地仓库或储存处所开始运输时生效,包括正常运输过程中的海上、陆上、内河和驳船运输在内,直至该项货物到达保险单所载明目的地收货人的最后仓库或储存处所或被保险人用作分配、分派或非正常运输的其他储存处所为止。如被保险货物未抵达上述仓库或储存处所,则以被保险货物在最后卸载港全部卸离海轮满60天为止。如在上述60天内被保险货物需转运至非保险单所载明的目的地,则以该项货物开始转运时终止。

(二) 战争险的保险期限

海运战争险的保险期限从货物装上海轮开始,到卸离海轮为止。如果被保险货物不卸离海轮或驳船,保险责任最长期限以海轮到达目的港当日午夜起算,满15天保险责任自动终止。

四、被保险人的义务

在保险期限内,被保险人必须履行保险合同中规定的有关义务,否则,保险事故发生时,保险人可以拒赔损失。被保险人在投保时,应如实告知保险货物的情况及相关事实,不得隐瞒或虚报。合同订立后,被保险人如果发现航程有所变动或保险单所载明的货物数量、船舶名称等有误,应立即通知保险人,并在必要时加缴保险费。

如果在订立合同时,被保险人做了保证,就应自始至终遵循该项保证。这里所谓的保证,是指在保险合同中被保险人明确承诺要做或不做某事、保证某种情况的存在等。例如,某一海运保险合同中有这样一个条款,被保险人保证载货船舶的船龄不超过15年,被保险人应始终保证做到这一条。被保险人如果违反其所做的保证,不管后果如何,保险人都有权解除保险合同,但对在违反保证之前的损失保险人应予赔偿。

货物到达目的地后,被保险人应及时提货。如果发现货损,被保险人应及时索赔,其中包括立即通知保险人的检验代理人,向有关方索取货损货差证明,向责任方提出书面索赔,采取措施防止损失扩大以及提交索赔单证等。

五、索赔时效

我国《海洋货物运输保险条款》规定,海运货物保险的索赔时效为两年,自被保险货物全部卸离海轮起算。一旦过了索赔时效,被保险人就丧失了向保险人请求赔偿的权利。

第四节　伦敦保险协会海洋运输货物保险条款

目前采用的伦敦保险协会货物新条款是自1993年4月1日开始实施的,与我国现行的中国人民保险公司的保险条款不一样。在伦敦新条款中,将险别分成六种,即协会货物(A)险、(B)险、(C)险、战争险、罢工险和恶意损害险。前三种是主险,可单独投保;后三种是附加险,一般不能单独投保。在需要时,战争险、罢工险可独立投保。六种新的险别条款中,除恶意损害险之外,其他都按条文性质统一划分为八个部分,即承保风险、除外责任、保险期限、索赔期限、保险利益、减少损失、防止延迟和法律惯例。本节主要介绍承保风险和除外责任、保险期限。

一、承保风险和除外责任

(一) 协会货物(A)险的承保风险和除外责任

1. 承保风险

协会货物(A)险承保范围较广,采用"一切风险减除外责任"的规定方式,其承保风险包括以下几个方面。

(1)承保除"除外责任"各条款规定以外的一切风险所造成的保险标的的损失。

(2)承保共同海损和救助费用。

(3)根据运输契约订有"船舶互撞责任"条款应由货方偿还船方的损失。

2. 除外责任

除外责任包含以下四类。

(1)一般除外责任。例如,被保险人故意的不法行为造成的损失或费用;保险标的内在缺陷或特征造成的损失或费用;直接由于延迟所引起的损失或费用;由于使用原子或热核武器造成的损失或费用;等等。

(2)不适航、不适货除外责任。其主要指被保险人在保险标的装船时已知船舶不适航,以及船舶、运输工具、集装箱等的不适货。

(3)战争险除外责任。

(4)罢工险除外责任。

(二) 协会货物(B)险的承保风险和除外责任

1. 承保风险

协会货物(B)险的承保风险采用"列明风险"的方式,具体列有以下几种。

(1)归因于火灾、爆炸所造成的灭失和损害。

(2)归因于船舶或驳船触礁、搁浅、沉没或倾覆所造成的灭失和损害。

(3)陆上运输工具倾覆或出轨。

(4)船舶、驳船或运输工具同水以外的任何外界物体碰撞。

(5)在避难港卸货所致损失。

(6)地震、火山爆发、雷电所致损失。

(7)共同海损的牺牲。

(8)抛货或浪击入海所致损失。

(9)海水、潮水或河水进入船舶、驳船、运输工具、集装箱、大型海运或储存处所。

(10)货物在装卸时落海或跌落造成整件的全损。

2. 除外责任

在(A)险除外责任上加上(A)险承保的"海盗行为"与"恶意损害险"都是(B)险的除外责任。

(三) 协会货物(C)险的承保风险和除外责任

(C)险承保得比(B)险少,只承保"重大意外事故"的风险,采用列明风险的方式,具体列出承保风险,即由于下列原因造成的灭失或损害都属于该承保范围内。

(1) 火灾、爆炸。

(2) 船舶或驳船触礁、搁浅、沉没或倾覆。

(3) 陆上运输工具倾覆或出轨。

(4) 在避难港卸货。

(5) 共同海损的牺牲。

(6) 抛货。

(C)险的除外责任与(B)险完全相同。

(四) 战争险的承保风险和除外责任

战争险主要承保由于下列原因造成的保险标的的损失。

(1) 战争、内战、革命、叛乱、造反或由此引起的内乱或交战国或针对交战国的任何敌对行为。

(2) 捕获、拘留、扣留、管制或扣押,以及这些行动的后果或这方面的企图。

(3) 遗弃的水雷、鱼雷、炸弹或其他遗弃的战争武器。

(4) 共同海损和救助费用。

战争险的除外责任与(A)险的除外责任基本相同。

(五) 罢工险的承保风险和除外责任

罢工险主要承保保险标的的下列损失。

(1) 罢工者、被迫停工工人或参与工潮、暴动或民变的人所致的损失。

(2) 恐怖主义者或任何出于政治目的采取行动的人所致的损失。

罢工险的除外责任也与(A)险的除外责任基本相同。

(六) 恶意损害险的承保风险

恶意损害险是新增加的附加险别,它所承保的是被保险人以外的其他人(如船长、船员)的故意破坏行为所致被保险货物的灭失或损害。但是,恶意损害如系出于政治动机的人的行动,便不属于该险别的承保风险,而属罢工险的承保风险。恶意损害的风险除了在(A)险中被列为承保风险外,在(B)险及(C)险中都被列为除外责任。因此,在投保(B)险和(C)险时,如果被保险人需要对这种风险取得保障,就需另行加保恶意损害险。

二、保险期限

协会海运货物保险期限与中国人民保险公司的仓至仓保险条款规定的保险期限基本相同,但做了以下补充规定。

(1) 货物在运抵保险单上所载明目的地收货人仓库之前,被保险人如果要求将货物存储于其他地点,则该地应视为最后目的地点,保险责任在货物运抵该地点时即告终止。

(2) 一批货物如需运往若干目的地,且货物在卸货港卸货之后,需先运往某一地点进行分配或分派,则除非被保险人与保险人事先另有协议,货物在运抵分配地点时,保险责任即告终止,货物在分配或分派期间以及其后的风险均不在保险人承保责任范围之内。

(3) 如果被保险货物在卸离海轮 60 天以内,需转运到非保险单所载明目的地,则保险责任在该项货物开始转运时终止。以上都要受被保险货物卸离海轮 60 天的限制。

第五节　陆、空、邮货物运输保险

在对外贸易运输中,绝大部分货运是通过海洋运输完成的。此外,陆上运输、航空运输和邮政运输在外贸中也有很大作用。由于现代的陆上、航空、邮政等运输保险业务均脱胎于海上运输货物保险,因而它们在很多方面都与海运货物保险有相同或近似之处。

一、我国陆上运输货物保险险别与条款

根据 1981 年 1 月 1 日修订的我国《陆上运输货物保险条款》的规定,陆上运输货物保险的基本险别分为陆运险和陆运一切险两种。前者的承保范围与海上运输货物保险条款的水渍险相似;后者的承保范围与海洋运输货物保险条款的一切险相似。此外,还有适用于陆运冷藏货物的专门保险——陆上运输冷藏货物险(属于基本险性质),以及陆上运输货物战争险(火车)等附加险。

二、我国航空运输货物保险险别与条款

根据 1981 年 1 月 1 日修订的我国《航空运输货物保险条款》的规定,航空运输货物保险的基本险别分为航空运输险和航空运输一切险两种。前者的承保范围与海洋运输货物保险条款的水渍险相似;后者的承保范围与海洋运输货物保险条款的一切险相似。此外,还有航空运输货物战争险等附加险。

三、我国邮政运输货物保险险别与条款

根据 1981 年 1 月 1 日修订的我国《邮政运输货物保险条款》的规定,邮政运输货物保险的基本险别分为邮包险和邮包一切险两种。前者的承保范围与海洋运输货物保险条款的水渍险相似;后者的承保范围与海洋运输货物保险条款的一切险相似。此外,还有邮包运输货物战争险等附加险。

以上三种运输方式下的基本险别,保险公司的承保责任起讫都适用于仓至仓条款,附加险的办理都与海运货物保险的办理方法一致,即不能单独投保,投保人在投保了战争险的基础上加保罢工险,保险公司都不另外加收保险费。

第六节　出口信用保险

在国际贸易中,买方不能按时付款的风险时有发生:既有买方存心不肯按时付款或资金周转不灵无力付款的情况,又有出于诸如战争、政治动乱、政治法令变更等原因买方无法付款的情况。对此,如果出口商投保了出口信用保险,承保机构可对保险责任范围内的损失给予赔偿。这样一来,对该项出口,出口商不但收取货款得到保证,而且更容易获得银行的资金融通。

一、出口信用保险概述

(一) 出口信用保险的特点

出口信用保险是对出口商按信贷条款出口商品,在买方不能按期付款时,保险人负担赔付贷款责任的一种保险。它是政府为了鼓励出口而实行出口信贷担保,保证贷款不受或少受损失的保障措施。

出口信用保险承保的是被保险人在国际贸易中因境外原因不能出口或者货物发运后不能收回货款的风险,包括商业性风险和政治性风险。这些风险一般是商业性保险公司不愿或无力承保的风险。此外,出口信用保险与出口贸易融资是结合在一起的,是出口信贷的重要组成部分,是出口商获得信贷资金的条件之一。

(二) 出口信用保险承担的风险

出口信用保险主要承担被保险人在经营出口业务过程中遭受的来自进口国或地区的商业风险和政治风险。

1. 商业风险

商业风险,又称买家风险,具体表现为:买方被宣告破产或实际丧失偿付能力;卖方拖欠贷款超过一定时间(通常是 4~6 个月);买方在发货前无理终止合同或在发货后不按合同规定赎单提货等。

2. 政治风险

政治风险,又称国家风险,具体表现为:卖方所在国实行汇兑限制;买方所在国实行贸易禁运或吊销进口商有关进口许可证;买方所在国颁布延迟对外付款令;买方所在国发生战争、动乱等;发生致使合同无法履行的非常事件,如巨灾。

二、出口信用保险的类型

目前,中国出口信用保险公司开办的出口信用保险的种类主要有短期出口信用保险和中长期出口信用保险,下面分别加以介绍。

（一）短期出口信用保险

1. 短期出口信用保险的主要种类

短期出口信用保险是指相关出口合同的信用期限最长不超过一年的保险。该类保险一般采用总括方式进行承保，即要求出口企业投保其保单使用范围内的全部出口产品，不得仅选择其中一部分客户或一部分业务投保，又称短期出口总和保险，主要产品有以下几类。

1）综合保险

综合保险是承保出口企业以非信用证支付方式和以信用证支付方式出口的收汇风险。补偿出口企业按照合同或信用证规定出口货物或提交单据后，因政治风险或商业风险发生而导致的出口收汇损失。其特点是保险金额高，承保范围大，保险费率低。

2）统保保险

统保保险是承保出口企业所有以非信用证支付方式出口的收汇风险。统保保险的适保条件有：货物、技术或服务从中国出口或转口；支付方式为 D/P、D/A 或 O/A；付款期限一般在 180 天以内；有明确、规范的出口贸易合同。

3）信用证保险

信用证保险是承保出口企业以信用证支付方式出口的收汇风险。补偿出口企业作为信用证受益人按照信用证要求提交了单证相符、单单相符的单据后，因为政治风险或商业风险的发生而导致不能如期收汇的损失。信用证保险的费率较低。

4）特定买方保险

特定买方保险是承保出口企业对一个或几个特定买方以非信用证支付方式出口的收汇风险，其适保条件与统保保险相同。但由于出口企业是选择性投保，保险金额少，费率相对较高。

5）特定合同保险

特定合同保险是承保出口企业在某一特定出口合同项下的应收账款收汇风险，适用于较大金额的机电产品和成套设备等产品出口。其适保条件有：货物、技术或服务从中国出口或转口；出口产品为机电产品或成套设备；合同金额在 200 万美元以上；支付方式为 D/P、D/A 或 O/A 等；付款期限一般为 180 天以内；有明确、规范的出口贸易合同。

6）农产品出口特别保险

农产品出口特别保险是 2004 年我国禽肉类产品出口因禽流感疫情遭遇众多国家封关以后，中国出口信用保险公司开发的新产品。其主要承保农产品在出口以后，买方办理通关手续之前，因买方国家和地区颁布禁止进口令、提高检验检疫标准、增加检验检疫项目或突然变更许可文件等，致使我国农产品无法出口，对我国出口企业遭受的损失予以补偿。

2. 短期出口信用保险的承保风险及除外责任

短期出口信用保险的承保风险包括买方或国外开证行或保兑行出现信用问题所造成的信用风险及其所在国家或地区因政治或经济环境变化所引起的政治风险。

短期出口信用保险的除外责任主要有以下几个方面。

（1）汇率变更引起的损失；由货运险或其他保险所承保的损失；银行擅自放单、运输代理人或承运人擅自放货所引起的损失。

（2）被保险人或其代理人违约、欺诈以及其他违法行为所引起的损失，或者被保险人的代理人破产所引起的损失；买方代理人破产、违约、欺诈或其他违反法律的行为所引起的损失；被保险人或者买方未能及时获得各种许可证，致使销售合同无法履行引起的损失。

（3）被保险人未获得有效信用限额且不适用自行掌握信用限额而向买方出口所发生的损失；被保险人已知风险出运所造成的损失；被保险人向关联公司出口，由于商业风险引起的损失。

（4）信用证支付方式下虚假或者无效信用证造成的损失；因单据不符点或单据在传递过程中迟延、遗失、残缺不全或者误邮所造成的损失。

（5）非信用证支付方式下在货物出口前发生的一切损失；信用证支付方式下在被保险人提交单据前的一切损失。

3. **短期出口信用保险的索赔**

（1）被保险人或损失已经发生或引起损失的事件已经发生后，应在保险单规定的时间内向保险人填报可能损失通知书，告知保险人已经发生可能引起其损失的事件、造成损失的原因、被保险人已经采取或准备采取的减少损失的措施等。但是被保险人填报可能损失通知书并不代表索赔开始。

（2）被保险人出险报损后，经过减损努力，确定损失发生不可挽回即可向保险人提出索赔要求，在保险单规定期限内填报索赔申请书及索赔单证明细表，并提供其他相应单证和文件。索赔单证和文件包括报损索赔文件、有关保险证明、相关贸易单证和贸易双方往来函电、未收汇证明、被保险人已经履行保单义务的证明、采取了减损措施的文件以及其他损失证明文件等。

（二）中长期出口信用保险

中长期出口信用保险指相关出口合同的信用期限超过一年的保险，主要适用于资本性货物的出口，如机电产品、成套设备以及飞机、船舶等，这些资本性货物出口往往伴随着技术和劳务的出口，表现为工程项目的承保。这类货物出口合同金额较大，买方通常要求延期付款，由于延期付款时间长，出口商存在着较大的出口收汇风险。按照融资方式不同，中长期出口信用保险可分为出口买方信贷保险和出口卖方信贷保险。

1. **出口买方信贷保险**

出口买方信贷保险是指在买方信贷融资方式下，出口信用机构向贷款银行提供还款风险保障的一项政策性保险。在买方信贷保险中，贷款银行是被保险人，投保人可以是出口商、贷款银行或借款人，一般要求贷款银行直接投保。

出口买方信贷保险承保的范围主要包括政治风险和商业风险。

政治风险包括：债务人所在国家政府或地区颁布法律、法令、命令、条例或采取行政措施，禁止或限制债务人以贷款协议规定的货币向被保险人偿还债务；债务人所在国家或地区颁布延期付款令，致使债务人无法履行其在贷款协议项下的还款义务；债务人所在国家发生战争、革命、政变、暴乱或保险人认定的其他政治事件。

商业风险包括：债务人违约，拖欠贷款协议项下应付的本金和利息；债务人破产、倒闭、解散和被清算。

出口买方信贷保险的承保要求主要体现在对承保项目的选择上。在承保项目的选择上主要考虑以下因素：出口项目符合双方国家法律，且不损害我国国家利益；出口商是在我国注册的具有出口经营权的法人，财务状况良好，对于大型工程承保项目，出口商应具有相关资质和项目经验；出口的商品主要为我国生产的资本性货物，出口的成套设备或机电产品的国产化部分应占产品的70％以上，船舶及车辆类产品的国产化部分不低于50％；商务合同金额在200万美元以上；对于进口商现汇支付比例，船舶产品在交船前不低于合同金额的20％，成套设备和其他机电产品一般不低于合同金额的15％；还款期一般在1年以上，一般机电产品还款期不超过12年；进口国政局稳定，经济状况良好；贷款人和担保人（guarantor）资信在中国出口信用保险公司可接受范围之内；项目的技术和经济利益可行并符合我国的有关政策。

2．出口卖方信贷保险

出口卖方信贷保险是指在卖方信贷融资方式下，出口信用机构向出口商提供的用于保障出口商收汇风险的一种政策性保险，对因政治风险和商业风险引起的出口方在商务合同项下应收的延付款项的损失承担赔偿责任。中国出口信用保险公司的承保要求包括：合同金额在100万美元以上，还款期在1年以上10年以内且以延期付款方式进行的出口贸易；出口货物属于我国生产的资本性或半资本性货物或者带资承包海外工程；等等。

出口卖方信贷保险所承保的政治风险和商业风险与前述出口卖方信贷保险的承保风险大致相同，此处不再赘述。出口卖方信贷保险的除外责任包括：企业不履行商务合同或违反法律所引起的损失；汇率变更引起的损失；对进口方的罚款或惩罚性赔偿；等等。

第七节　海运货物保险投保实务

一、选择保险险别

前面已经介绍了货运保险的基本险和附加险，如何合理地选择险别以保全货运的安全，则应考虑诸多因素。

（1）根据货物的性质、特点选择相应的险别。例如，对价值不高的货物可投保平安险；如果此货属易碎物品，可再加保破碎险。

（2）根据运途中可能遭受的风险和损失而定。

（3）根据船舶所走的航线和停靠的港口不同而定。

（4）根据国际形势的变化而定。对于政局不稳定，有发生战争可能的，就要考虑加保战争险。

（5）根据以往的经验而定。商人可以根据自己的从商经验和保险公司每年总结的货损资料确定应选择何种险别投保。

课堂讨论12-2：不同贸易术语下，投保责任分别由哪一方承担？

二、确定保险金额

保险金额是被保险人向保险公司申报的保险标的价额,是保险公司赔偿的最高限额,也是计算保险费的基础。

(一) 出口业务中保险金额的确定

在出口业务中,海运保险的保险金额以 CIF 价为基础,并适当加成以补偿贸易过程中支付的各项费用(手续费、利息、往来函电费)及利润损失。故保险金额为 CIF ×(1+保险加成率)。由此可见,投保海运保险后,一旦货物遭遇保险事故损失,被保险人不但可以收回货款、运费、保险费及其他开支,还能获得正常的预期利润的补偿,得到较充分的保障。在实际业务中,保险加成率通常最低为 CIF 价的 10%。但如果有的交易贸易利润比较高,进口商所提出的保险加成率大于 CIF 价的 10%,比如为 CIF 价的 30%。经过保险双方的协商,保险人综合考虑货物在当地的价格、进口商的资信和其所在地区等情况后,如果认为风险较小,一般同意接受投保人提出的高于 10% 的加成率。在具体业务中,为防止被动,如国外进口商要求较高的保险加成率,出口方应事先征求保险人意见,保险人表示同意后才能接受买方的保险条件。保险金额的确定以 CIF 价或 CIP 价为基础。若进口方报的是 CFR 价或 CPT 价,却要求出口方代为办理货运保险,或是要求改报 CIF 价或 CIP 价,应先把 CFR 价或 CPT 价转化为 CIF 价或 CIP 价,然后再计算保险金额。计算公式为

$$CIF 或 CIP = CFR 或 CPT/[1-保险费率×(1+保险加成率)]$$
$$保险金额 = CIF 或 CIP ×(1+保险加成率)$$

例如,某公司出口一批纺织品到欧洲某港口,原定价为欧洲港口每打 CFR105 美元,保险费率为 0.8%,按加成 10% 作为保险金额。改报成 CIF 价格后的保险金额计算方法为

$$CIF = 105/[1-0.8\% ×(1+10\%)] \approx 105.93(美元)$$
$$保险金额 = 105.93 ×(1+10\%) = 117(美元)(取整)$$

(二) 进口业务中保险金额的确定

在进口业务中,如果以 FOB、CFR 条件成交,则需由买方自行投保,此时保险金额同样以 CIF 价为基础。如果客户要求按 CIF 价的一定比例加成,保险金额为 CIF×(1+保险加成率);如果客户没有提出保险加成,CIF 价即为保险金额。

进口业务中关于 CIF 的计算公式与出口中有所不同。目前有两种计算方法,一种是以货价加上实际运费和保险费为 CIF,保险金额需逐笔计算;另一种适用于与保险公司订有预约保险合同、享有优惠的保险费率的外贸企业,计算 CIF 时用平均运费率与特约保险费率代替实际运费率和保险费率。在实际业务中并不需要逐笔计算保险金额,而是定期确定总的保险金额,这样可极大地简化计算过程。此时,CIF=FOB×(1+平均运费率+特约保险费率)+CFR×(1+特约保险费率)。

例如,我国某外贸公司与中保财产保险公司订有进口预约保险合同,约定保险费率为 0.27%,平均运费率为 10%,该外贸公司 2010 年 1 月以 FOB 价进口的货物折合人民币 832 700 元,以 CFR 价进口的货物折合人民币 568 300 元。问:此月该外贸公司的进口商

品的总保险金额为多少？

计算方法如下：

$$CIF = 832\,700 \times (1 + 10\% + 0.27\%) + 568\,300 \times (1 + 0.27\%)$$
$$= 1\,488\,052.7(元)$$

$$保险金额 = 1\,488\,052.7 \times (1 + 10\%) = 1\,636\,858(元)(取整)$$

三、填写投保单

在进出口业务中，投保海运保险时，投保人均需填写进出口货运投保单，作为其对保险标的及其他相关事实的告知和陈述。保险人则根据投保单所填写的内容决定是否接受保险。保险人如果接受保险，即以投保单为依据，出立保险单，确定其所承担的保险责任，并由此确定保险费率，计算投保人应缴纳的保险费。

（一）海运出口货物投保单填制要求

1. 被保险人

被保险人是受保险合同保障的一方。如果以 CIF 条件成交，由卖方办理保险，一般均以卖方本人为被保险人。当卖方在保险单背面签章背书后，保险单即可转让。若信用证要求以进口商为被保险人或指明要过户给某一银行或第三者，应在投保单上填明。如果以 FOB 或 CFR 条件成交，由买方自行投保，直接以其本人为被保险人，一般不存在过户问题。

2. 发票号码和合同号码

此项确定保险保障的贸易货物的具体批号，以便发生索赔时进行核对。若为出口货物，只需填写该批货物的发票号码；若为进口货物，则填写贸易合同号码。

3. 标记

此项应填写商品的运输标志，或写明按发票规定（as invoice）。

4. 包装数量

此项写明包装方式以及包装数量。如果一次投保有数种不同包装，可以件（packages）为单位。散装货应填写散装重量。如果采用集装箱运输，那么应予注明（in container）。

5. 保险货物项目

此项应填写保险货物的名称，按发票或信用证填写，不必过于具体。

6. 保险金额

此项填写按照贸易合同或信用证规定的加成计算得出的保险金额数值。计算时一般按发票的金额加成。保险金额货币名称要与发票一致。

7. 装载运输工具

海运时此项应写明具体的船名。如果中途需转船，已知第二程船时应打上船名；如果第二程船名未知，则只需打上转船字样。集装箱运输应打明用集装箱。

8. 开航日期

此项一般应注明"按照提单"或注明船舶的大致开航日期。

9．运输路线

此项填写起始地和目的地名称。中途如需转船,则应注明转船地。若到目的地后需转运内陆,应注明内陆地名称。如果到达目的地路线不止一条,要填写经过的中途港(站)的名称。

10．承保险别

此项具体写明险别以及按什么保险条款执行。

11．赔款地

通常在目的地支付赔款。如果被保险人要求在目的地以外的地方赔款,应予注明。

12．投保人签章及公司名称、电话、地址

此项应如实填写。

13．投保日期

投保日期应在船舶开航日期或货物起运日期之前。在出口投保时,有时为简化手续,投保人不单独填写投保单,而以现成的公司发票副本代替投保单,并将下列内容在发票上逐一列明:承保险别、投保金额、运输工具、开航日期、赔款地点、保单份数、投保日期、其他要求等。在进口投保时,经常有进口业务的外贸企业,如果与保险公司订有海运进口货物运输预约保险合同,则凡属保险合同规定的货物,保险人均予负责,被保险人只需在接到国外出口商装船通知后,填写国际运输预约保险启运通知书,将装运情况,包括装货的船名、货物名称、数量、价值、保险金额等事项通知保险人,即履行了投保手续。

办理投保手续后,投保人如果发现填写内容有错误、遗漏,或实际情况发生变化,应及时书面通知保险人,申请变更有关内容,以免因重要事实陈述不实而致保险人解除保险合同或拒付保险赔款。

课堂讨论 12-3:保险单大部分需要背书,为什么? 保险单的背书与提单背书有什么联系?

(二) 出口投保中的有关注意事项

出口投保时,投保人应注意以下几点。

(1) 如果以信用证方式付款,投保险别、币制及其他条件要与信用证所列保险条款一致,以免银行拒收保险单或拒付货款。

(2) 投保险别及其他条件还应与贸易合同一致,以免因违反合同而致对方索赔。

(3) 如果目的地在内陆,保险时应尽量保到内陆目的地,而不应只保到目的港,以保证货物在整个运输过程中的损失均能得到保险保障,避免贸易双方因货损产生纠纷。

(4) 对方有特殊要求时,投保人应事先同保险公司商量是否接受,还应事先问清保险费,以便向买方收取。

第八节 海运货物保险承保实务

一、计算保险费

保险费是由投保人向保险人缴纳的,它是保险人经营业务的基本收入,也是保险人支付保险赔款的资金来源。被保险人要想得到保险人对有关险别的承保,必须缴纳保险费,这是保险合同生效的前提条件。

(一) 出口保险费计算

$$保险费＝保险金额×出口保险费率$$

出口保险费率可以通过查表得知。费率表分四部分:一是"一般货物费率",规定所有自我国出口至世界各地货物的费率;二是"指明货物加费费率",凡在其中列明的货物,在投保一切险时,需在一般货物费率基础上再加上指明货物费率来计算保险费;三是"货物运输战争、罢工险费率";四是"其他规定",包括一般附加险收费、特别附加险收费和其他特殊条款的收费。

例如,有一批服装出口至伦敦,发票金额为 20 000 美元,按发票金额加成 10％投保海运一切险和战争险,试计算保险费(一切险和战争险的保险费率分别为 0.5％和 0.03％)。

保险费计算过程如下:

$$保险金额＝20\,000×110\%＝22\,000(美元)$$
$$保险费＝22\,000×(0.5\%＋0.03\%)＝116.6(美元)$$

(二) 进口保险费计算

$$保险费＝保险金额×进口保险费率$$

进口保险费率可按《进口货物费率表》和《特约费率表》查出。

《进口货物费率表》分一般货物费率和特价费率两项。一般货物费率是按照不同的运输方式,分地区、险别制定的,它不分商品,除特价费率中列出的商品外,适用于其他一切货物。特价费率是对一些指定的商品投保一切险时采用的费率。

《特约费率表》仅适用于与中国人民保险公司签订有预约保险合同的各外贸企业,它不分国别、地区,对某一大类商品只订一个费率,有的也不分货物和险别,实际上是一种优惠的平均费率。

保险费的收取方式上,在采用预约保险合同时,由承保公司每月一次计算保险费后向有关外贸进出口公司收取;在采用逐笔保险时,由投保人直接付给承保公司的银行账户内。除协定国家贸易项下进口保险货物用人民币结算外,其余均用外汇结算。

课堂讨论 12-4:信用证对保险金额的规定为"Cover 110％ over invoice value",实际发票金额为 USD40 000.00,于是受益人根据惯例按发票金额的 110％投保,即保险金额为 USD44 000.00。结果遭开证行拒付,拒付理由是什么?

二、缮制保险单

保险公司接收投保人的投保申请后,认为可以接受的,便根据投保单的内容缮制保险单,作为保险合同成立的书面凭证。投保人则需参照信用证、贸易合同及发票等单据对保险单进行审核,以保证单证一致、单单一致,并和合同的规定相符。保险单一式若干份,保险公司留存一份,其余交给投保人,作为其议付的单据之一,同时保险单也是被保险人向保险人索赔的依据。

（一）保险单样本

保险单样本如表 12-1 所示。

表 12-1　中国人民保险公司南京市分公司

PICC

出口货物运输保险投保单

发票号码		投保条款和险别	
被保险人	客户抬头	（　）PICC CLAUSE	
	过户	（　）ICC CLAUSE	
		（　）ALL RISKS	
保险金额	USD（　　）	（　）W. P. A. /W. A.	
	HKD（　　）	（　）F. P. A.	
	（　）（　　）	（　）WAR RISKS	
		（　）S. R. C. C.	
启运港	（　）SHANGHAI	（　）STRIKE	
		（　）ICC CLAUSE A	
	（　）NANJING	（　）ICC CLAUSE B	
	（　）（　　）	（　）ICC CLAUSE C	
目的港		（　）AIR TPT ALL RISKS	
转内陆		（　）AIR TPT RISKS	
		（　）O/L TPT ALL RISKS	
开航日期		（　）O/L TPT RISKS	
船名航次		（　）TRANSHIPMENT RISKS	
赔款地点		（　）W TO W	
		（　）T. P. N. D.	
赔付币别		（　）F. R. E. C.	
		（　）R. F. W. D.	
正本份数		（　）RISKS OF BREAKAGE	
		（　）I. O. P.	
其他特别条款			
以下由保险公司填写			
保单号码		费率	
签单日期		保费	

投保日期：　　　　　　　　　　　　　　　　　投保人签章：

（二）保险单的内容和填写要求

保险单的内容和填写要求如下。

（1）保险公司名称。保险单最上方均有印就的保险公司名称，如"中国人民保险公司"
（The People's Insurance Company of China）。

（2）保险单名称。海运保险单的名称为"海洋货物运输保险单"（marine cargo
insurance policy）。

（3）保险单号次（policy No. ）。保险单号次是保险公司按出单顺序对每张保险单进行
的编号。

(4) 被保险人名称(the insured)。被保险人名称也称抬头。在 FOB、CFR 价格下,由买方投保,以买方为抬头;在 CIF 价格下,如果以信用证方式付款,被保险人应为受益人,保险单可通过背书转让。

(5) 发票号或唛头(invoice Nos. or marks)。填写发票号码,一般还应将发票上所标的唛头打上。如果唛头较复杂,可只填写发票号码"As Per Invoice No. ×××"。

(6) 包装及数量(quantity)。按投保单或出口货物明细单打制。包装货物应打上包装方式,如"Bags""Cases"等。有两种或两种以上包装方式时,应打上"Packages"。

(7) 保险货物项目(description of goods)。一般按投保单打制,应与发票相符。如果一张保险单不止一种商品,当货物名称很多时,可只打大类货物名称。

(8) 保险金额。根据投保单中金额填制,小数点后的尾数一律进为整数,大小写金额必须一致,货币名称必须和信用证一致。

(9) 保险费和费率(premium and rate)。一般只打"As Arranged",但若信用证中规定要标明保险费和费率,则应打上具体保险费金额和保险费率。

(10) 装载运输工具(per conveyance S. S.)。打上船名和航次,如船名未知,则打上"To Be Declared"。

(11) 开航日期(sailing on or Abt.)。一般打上"As Per B/L",表明以提单为准,或打上具体时间。

(12) 运输起讫地(from…to…)。按投保单填写,如"From Fuzhou to New York"。

(13) 承保险别(conditions)。此栏具体载明保险公司承担的保险责任,要求全面、详细而准确,根据上述拟订的保险条件填写。

(14) 保险公司在目的地的检验、理赔代理人名称及详细地址、电话号码等资料。

(15) 赔款偿付地点(claim payment at/in)。一般以目的地为赔款偿付地,不能把国家作为赔付地点。若来证要求在目的地以外的某一具体地点付款,如属于贸易需要或商人的正当要求,一般应予接受。赔付货币一般为信用证所规定的货币。

(16) 保险单签发日期(date)。应不迟于运输单据日期,因为银行不接受迟于运输单据日期的保险单。实务中一般以投保单上的日期为保险单签发日期。

(17) 保险公司代表签名(general manager)。

[案例 12-4]

案情: 出口货物从仓库或工厂运往码头途中出险,在 CIF 条件下出口商品已办保险,可根据 W/W(仓至仓)条款要求保险公司赔偿损失。

问: 在 CFR 条件下,可否由进口商出面要求保险公司赔偿?

分析: 不可以。

第一种意见:就保险条款中的仓至仓条款而言,保险公司对所保险的货物承担的保险责任范围是,从保险单所载明的起运港(地)发货人仓库开始,一直到货物到达保险单所载明的目的港(地)收货人的仓库时为止。那么,不论是什么价格术语条款项下的货物,只要投了保,就可以从保险公司获得赔偿。但这里是货物在从仓库或工厂运往码头途中出险,如果是 CIF 条款,那么要看卖方是否已经提前做了投保;若已经投保,那么可以从保险公司那里获得赔偿。

如果是 CFR 条款,那么买方实际上都还没有实施价格条款中约定的投保这一环节。

因为买方投保是要在货物已装运，接到卖方提供的提单、发票、装箱单等副本和装船通知后才能向保险公司投保。这时货物还没有装船，所以这个责任仍在卖方，还是要看卖方是否投保，而与买方无关。

第二种意见：因为在CFR术语下，货物的风险是在货物越过船舷后才转移到买方的，该货物的出险地点在装船之前，索赔事宜与进口商无关。

[案例12-5]　货物不确定性引发的补交货责任

案情：某笔业务的A方向B方以CFR条件出口散装货物共2 000吨。A方同时也以相同条件向C方出口同种货物1 500吨。货物出运时，A方将B、C两方的货物装运在同一艘货运船只上，并与船公司联系好，在货物运抵目的港后，由船公司负责分拨。A方在货物装船后及时向B、C两方发出了装运通知。不巧，受载船舶在运输途中遇到风险，使该批货物当中的1 500吨货物全部灭失。事件发生以后，A方致电C方，告知其所进口的1 500吨货物已在运输途中全部灭失，且风险在CFR条件下由C方承担。

问：在上述情况下，A方对这1 500吨的货物有无交货责任？为什么？

分析：根据本案的案情，A方将3 500吨货物一并装在同一艘货运船只上，并没有划分哪2 000吨属于B公司，哪1 500吨属于C公司。因为货物的不确定性，不能确定损失的1 500吨即为C公司购进的货物，因此，A方不可免除补交货的责任。

[案例12-6]　CIF与风险划分

案情：我方某出口企业与外商按CIF迪拜港、即期信用证付款条件达成交易，出口合同和收到的信用证均规定了不准转运。我方在信用证有效期内将货物装上直达目的港的班轮，并以直达提单办理了议付手续。国外开证行也凭议付行提交的直运提单付了款。承运船只驶离我国途经某港口时，船公司为接载其他货物，擅自将我方托运的货物卸下，换装其他船舶继续运往目的港，在换装的过程中造成部分货物损失。由于中途耽搁，加上换装的船舶设备陈旧，抵达目的港的时间比正常直达船的抵达时间晚了两个月，影响了买方对该批货物的使用。为此，买方向我方出口企业提出索赔，理由是我方提交的是直运提单，而实际上是转船运输，是弄虚作假行为。我方有关业务员认为，合同用的是CIF价格，船舶的仓位是我方租订的，船方擅自转船的风险理应由我方承担，因此，遂按对方的要求进行理赔。

问：我方这样做是否合理？为什么？

分析：不合理。因为以CIF条件成交属于象征性交货，买卖双方风险划分以船舷为界，只要卖方在装船后，向买方提交符合合同规定的包括物权凭证在内的有关单据，就算完成了交货义务。本案中，风险已于货物越过船舷时转移至买方。因而，船方擅自转运货物的风险应由买方承担。

单证

本章小结与思考题

试一试

第十三章

进出口商品的价格

教学目的和要求

本章介绍影响进出口商品作价的主要因素、计价货币的选择、国际定价方法、佣金及折扣的概念。本章的目的是使学生掌握价格成本的核算方法,掌握不同贸易术语价格的换算,掌握签订合同价格条款的技巧。

关键概念

佣金　　折扣　　单价　　出口总成本　　出口销售人民币净收入

章首案例一　因合同中计价货币的选择不当而受损

案情:中国某省一家外贸公司(以下简称中方外贸公司)同西班牙某有限责任公司(以下简称西班牙公司)签订了一份国际货物买卖合同。在双方磋商买卖合同的计价货币条款时,中方外贸公司的业务人员按照以往贸易的习惯做法,主张以美元计价;而西班牙公司的代表则主张以欧元作为计价货币。中方外贸公司的业务员对欧元汇率的变化前景未做任何预测,同意了西班牙公司的意见。谁知在买卖合同的履行过程中,美元与欧元的比价发生变化,欧元兑美元从1.08一路跌至0.82,造成中方外贸公司少收了100多万美元。

分析:本案例给我们的教训有以下两点。

1. 合同中保值条款的重要性

保值条款又称外汇保值条款,是在各国货币大多实行浮动汇率、货币的上浮与下降直接影响合同当事人利益的情况下,作为抵消或减少汇率风险的一种措施。其主要是指选择合适的货币作为合同的计价或支付货币。制定保值条款的方法主要有:①债权国货币条款;②债务国货币条款;③第三国货币条款;④选择货币条款。而本案的焦点在于如何对待"软货币"或"硬货币"。软货币一般是指在国际金融市场上表现疲软的货币,即币值下降的货币。硬货币一般是指在国际市场上呈现坚挺趋势的货币,即币值上浮的货币。

在制定合同中的保值条款时,原则上出口宜采用硬货币计值和支付,进口宜用软货币计值和支付,以减少汇率变动的损失。

2. 对计价货币的选择

1) 货币是否可以自由兑换

国际贸易在客观上需要自由兑换的货币作为支付工具,所以货物的支付一般以可自由

兑换的货币来完成。

2) 货币的币值是否稳定

币值的上涨或下降对买卖双方的损益是不同的,如果支付时的币值高于买卖合同签订时的币值,则卖方受益,买方受损;反之则卖方受损,买方受益。虽然谈判双方力量的差异有时会使支付货币的选择有利于力量占优势的一方,但外汇市场变化无常,无法预测,因此,买卖双方一般会选择币值相对稳定的货币。

3) 政治风险

所约定货币的发行国或支付地所在国不会对买方或卖方所属国采取冻结资产等使支付不能进行或不能顺利进行的措施。

4) 行业习惯

在国际贸易中,某些商品的买卖习惯上以某种货币报价、计价和支付,买卖双方一般会遵循这样的习惯。

为了使双方利益平衡协调,应付将来难以预料的汇率变动和通货膨胀给合同价款带来的影响,双方在谈判中还可以加上汇率变动条款和通货膨胀条款,使买卖双方平等互利。当然,货币因素变幻莫测,买卖双方也可在合同中约定价金待定(open price),或在合同上注明价金涨落条款(rise and fall clause)。

章首案例二

案情:我方某公司出口某商品1 000箱,对外报价为每箱22美元FOBC3%广州,外商要求将价格改报为每箱CIFC5%汉堡。已知运费为每箱1美元,保险费为FOB价的0.8%,请问要维持出口销售外汇净收入不变,CIFC5%应改报为多少?已知进货成本为160元/箱,每箱的商品流通费为进货成本的3%,出口退税为30元/箱,该商品的出口销售盈亏率及换汇成本是多少?(设此时为2011年10月31日,人民币与美元的汇率中间价为6.323元。)

分析:

(1) 已知公式

$$含佣价 = 净价 / (1 - 佣金率)$$

则

$$FOBC3\% = FOB / (1 - 3\%)$$
$$FOB = 22 \times (1 - 3\%) = 21.34(美元)$$

(2) 已知公式

$$含佣价 = 净价 / (1 - 佣金率)$$

则

$$CIFC5\% = (FOB + 运费 + 保险费) / (1 - 5\%)$$
$$= (21.34 + 1 + 21.34 \times 0.8\%) / (1 - 5\%) \approx 23.7(美元)$$

(3) 已知公式

出口商品盈亏率 = (出口销售人民币净收入 - 出口总成本) / 出口总成本 × 100%

代入公式得

$$出口商品盈亏率 = \frac{21.34 \times 6.323 - (160 + 160 \times 3\% - 30)}{160 + 160 \times 3\% - 30}$$

$$\approx 0.10\%$$

（4）已知公式

$$出口商品换汇成本 = 出口总成本 / 出口销售外汇净收入$$

代入公式得

$$出口商品换汇成本 = (160 + 160 \times 3\% - 30)/21.34 \approx 6.32(元 / 美元)$$

答：该笔业务CIFC5%价为23.7美元；出口商品盈亏率为0.10%；出口商品换汇成本为6.32元/美元。

第一节　进出口商品作价的基本方法

在国际贸易中,如何确定进出口商品价格和规定合同中的价格条款,是交易双方最为关心的一个重要问题。因此,讨价还价往往成为交易磋商的焦点,价格条款便成为进出口合同的核心条款。合同中的价格条款与其他条款有着密切的联系,价格条款的内容与其他条款的约定相互产生一定的影响。在实际业务中,正确掌握进出口商品价格,合理采用各种作价办法,选用有利的计价货币,适当运用与价格有关的佣金和折扣(discount),并订好合同中的价格条款,对提高外贸经济效益有着十分重要的意义。

我国进出口商品的作价原则如下:在贯彻平等互利的原则下,根据国际市场价格水平,结合国别(地区)政策,并按照我们的购销意图确定适当的价格。国际贸易中商品价格的确定受多种因素的影响。

一、影响进出口商品价格的因素

在确定进出口商品价格时,必须充分考虑影响价格的各种因素,并注意同一商品在不同情况下应有合理的差价,防止全球同一价格的错误做法。影响进出口商品价格的因素主要有以下几点。

(一) 商品的质量和档次

国际市场价格严格遵循按质论价的原则,好货好价,次货次价,名牌高价。产品档次的高低、包装装潢的好坏、款式的新旧、商标和品牌的知名度,都影响商品的价格。

(二) 运输距离

在国际贸易实务中,全部运输成本平均占产品价格的 10%～15%。在我国的出口贸易中,采用 CFR、CIF 价格术语报价的情况较多,因此报价时必须考虑运输成本,尽可能节约运输成本。对于能够采用拆装运输的商品,如家具、机器设备等,最好采用拆装运输,这样可大大节约运费。

(三) 成交数量

按国际贸易的习惯做法,成交量大时给予一定的数量折扣。所以,成交量的大小影响商品的价格,即成交量大时,对价格给予适当的优惠,或者采用数量折扣的办法;相反,如果成交量过少,甚至低于起订量时,也可以适当提高出售价格。那种不管成交量大小,都采用同一价格的做法是不妥当的。我们应巧妙地利用成交数量,合理地掌握价格。

(四) 支付条件和汇率风险

在进出口贸易中,一项交易从贸易磋商报价到收取货款需要较长的时间,造成汇率风险,而且支付条件不同,收汇的安全度也不同。所以,报价时,支付条款不同,报价应有所差别。

（五）市场需求

一般说来，货物价格由供需两方面决定。在当前国际市场供大于求的态势下，价格的高低最终取决于市场需求。在市场需求方面，收入水平、货物的价格弹性、对货物需求的迫切程度、消费习惯与偏好和消费心理等都对价格产生一定影响。

（六）季节性需求的变化

在国际市场中，某些时令性商品，如在节令前到货，抢先应市，即能卖上好价。过了时令的商品，其售价往往很低，甚至以低于成本的"跳楼价"销售。因此，应充分利用季节需求的变化，切实掌握好季节性差价，争取卖上好价。

（七）贸易术语的不同

不同的贸易术语由于其风险、手续、费用负担的不同，其价格的组成不同，报价也应不同。同一运输距离内，按 CIF 报价应比 FOB 报价高。

（八）国际市场价格动态

国际市场活跃，商品价格有向上的趋势；国际市场疲软，商品价格有向下的趋势。

（九）进出口商的类型

作价与进出口商的类型密切相关。生产厂家的报价一般低于中间贸易商的报价，处于较长分销链条上的进口商往往要为更多的下家留足利润空间，价格一般压得较低。

（十）自由贸易区或自由贸易协定

货物进入自由贸易区或自由港可以免交关税，在自由贸易区发生的劳务成本和间接费用也可以免税，同时，贸易国间签订的自由贸易协议或安排可以为进出口商节省费用，对进出口贸易作价产生影响。

二、进出口商品作价的方法及计价货币的选择

（一）进出口商品作价的方法

货物的价格，通常是指货物的单价，简称单价。在机电产品交易中，有时也有一笔交易含有多种产品或多种不同规格的产品而只规定一个总价的。国际贸易的单价远比国内贸易的单价复杂，一般由计量单位、货币金额、计价货币和贸易术语四项内容组成。

1. 固定价格

国际货物买卖的作价方法，一般均采用固定价格，即在交易磋商过程中把价格确定下来，在合同执行过程中不论发生什么情况均按确定的价格结算应付货款。如买卖双方无明确约定，应理解为固定价格，即订约后买卖双方按此价格结算货款，即使在订约后市价有重大变化，任何一方不得要求变更原定价格。

2. 非固定价格

在实际业务中，有时也采用暂不固定价格、暂定价格和滑动价格等作价方法，统称非固定价格。

1) 暂不固定价格

某些货物因其国际市场价格变动频繁、幅度较大,或交货期较长,买卖双方对市场趋势难以预测,但又确有订约的意旨,则可约定有关货物的品质、数量、包装、交货和支付等条件,对价格暂不固定,而约定将来如何确定价格。例如,在合同中规定,以某月某日某地的有关商品交易所该商品的收盘价为基础再加(或减)若干美元作为商品价格。按此作价方法,买卖双方都不承担市价变动的风险。

2) 暂定价格

买卖双方在洽谈某些价格变化较大、交货期较长的货物的价格时,可先在合同中规定一个暂定价格,待日后交货期前的一定时间,再由双方按照当时市价商定最后价格。在我国出口业务中,有时在与信用可靠、业务关系密切的客户洽商大宗货物的远期交易时,偶尔也有采用这种暂定价格的做法。例如,在合同中规定: CIF USD500/MT KOBE 上列价格为暂定价格,于装运月份 15 天前由买卖双方另行协商确定价格。这种做法,因缺乏明确的定价依据,双方在商定最后价格时可能各持己见,不能取得一致而导致无法履行合同。所以,订有"暂定价格"的合同有较大的不稳定性,一般不采用。

3) 滑动价格

对于某些货物,如成套设备、大型机械等,从合同成立到履行完毕需时较长,为了避免因原材料、工资等变动而承担风险,可采用滑动价格。滑动价格,是指在合同中规定一个基础价格(basic price),交货时或交货前一定时间,按工资、原材料价格变动的指数做相应调整,以确定最后价格。在合同中对调整价格的办法,则一并具体订明。

(二) 计价货币的选择

1. 计价货币

在国际货物买卖合同价格条款中,必须对货币作出明确的规定。通常情况下,计价货币与支付货币为同一种货币,但有时也有不一致的。货币可以使用出口国的货币,可以使用进口国的货币,也可以使用第三国的货币,由双方协商决定。作为交易的双方,在决定采用计价货币时,除必须结合经营意图、国际市场的供求情况、国际市场的价格水平外,还必须考虑货币可否自由兑换、货币汇率升降的风险。使用可自由兑换货币,有助于转移货币汇率风险。在出口业务中,一般尽可能多地使用在成交期内汇率比较稳定且有上升趋势的货币,即"硬币",或称"强币"。而在进口业务中,则应争取多使用在成交期内汇率比较疲软且有下降趋势的货币,即"软币",或称"弱币"。

为降低外汇风险,除采用软、硬货币外,还可采用以下两种方法。

(1) 压低进口价格或提高出口价格。如果在进口合同中,卖方坚持要使用当时所谓的"硬币",在确定价格时,可要求压低价格,将汇率可能上浮的因素考虑进去。相反,如果在出口合同中,买方坚持要使用当时所谓的"软币",可适当要求提高价格。这一方法通常较多适用于成交后至进口付汇或出口收汇间隔时期较短的交易。

(2) 软、硬币结合使用。在不同的合同中,交替使用"软币"和"硬币",也可起到降低外汇风险的作用。因为在国际金融市场上,两种货币"软""硬"会经常发生变化。例如,今日之"软币"可能是明日之"硬币"。

2. 订立外汇保值条款

(1) 计价货币和支付货币均为同一"软币",确定订约时这一货币与另一"硬币"的汇率,折算成"硬币",支付时再按当日汇率折算成原货币支付。

(2) 按"软币"计价,"硬币"支付。即将商品的价格按照计价货币与支付货币当时的汇率折合成另一种"硬币",按这种"硬币"支付。

(3) 按"软币"计价,"软币"支付。确定这一货币与另外几种货币的算术平均汇率或用其他方式计算的汇率,按支付当日汇率的变化做相应的调整,折算成原货币支付。这种保值可称为一揽子汇率保值。几种货币的综合汇率的计算方法,可采用简单的算术平均法、加权平均法等,这主要由双方协商决定。在一揽子汇率保值中,最值得一提的是采用特别提款权的办法,该办法在目前的国际贸易中被广泛使用。

课堂讨论 13-1: 合同上所列的价格,正确的写法由哪几部分组成?

三、佣金与折扣

(一) 佣金

佣金是中间商为买卖双方介绍交易或代买代卖的报酬。根据交易的性质,佣金可分为销售佣金(selling commission)和采购佣金(purchasing commission)。

1. 表示方式

佣金的表示方式是在其价格术语后面用文字说明,如"每码 200 美元 CFR 香港,包括 2.5%佣金",即"USD200 Per Yard CFR Hong Kong Including 2.5% Commission"。也可以在价格术语后加注英文字母 C,如"每打 2 000 美元 CIF 新加坡,包括 5%佣金",即"USD2 000 Per dozen CIFC 5% Singapore"。价格中所包含的佣金也可以用绝对数表示,如"每吨付佣金 25 美元",即"USD25.00 Commission Per m/t"。凡是价格中含有佣金的称为含佣价。佣金在合同中有明确规定的,称为明佣;佣金没有在合同中明确规定出来的,称为暗佣。

价格中不含佣金或折扣,则称为净价(net price)。有时为明确说明成交价格是净价,可在贸易术语后加注"Net"字样。例如,"USD10.00 Per Set CIF Tokyo Net"。

2. 佣金计算

按照国际贸易的习惯做法,佣金可以按实际成交数量一定的百分比进行计算。如按金额,则涉及用什么价格条件作为计算基础。在规定佣金的条件下,不但佣金的高低会影响买卖双方的实际利益,而且以什么价格基数来计算佣金,对双方的经济利益也会产生直接影响。佣金计算有以下两种方法。

(1) 不管买卖双方以何种价格成交,均按 FOB 价计算佣金。理由是:运费、保险费是卖方固定支付的,而不是卖方销售收入,因此不应支付佣金。

举例:

CIF 价格为 1 000 美元,运费为 100 美元,保险费为 10 美元,佣金率 2.5%,则

$$佣金 = (1\ 000 - 100 - 10) \times 2.5\% = 22.25(美元)$$

这种方法在实际业务中很少采用,因为对卖方和中间商均无好处。对卖方来说,在计算佣金时虽然事先扣除了运费和保险费,可以少支付一点儿佣金,但由于佣金直接从原来的成交价格中扣除,减少了卖方的外汇收入。对中间商来说,按 FOB 价格计算佣金,中间商所得的佣金较少,挫伤了中间商的积极性。

(2) 按成交价格计算佣金。例如,CIFC2.5%的价格为 1 000 美元,则

$$佣金 = 含佣价 \times 佣金率 = 1\,000 \times 2.5\% = 25.00(美元)$$
$$净价 = 1\,000 - 25 = 975(美元)$$

这种方法是最为常用的一种。它是按含佣价来计算佣金的,然后从含佣价中扣除佣金,即可得出净价。净价是指在进出口合同中订立的不包括佣金和折扣的价格,如“每吨 1 000 美元 FOB 净价广州”。这是在不降低出口商净收入的基础上给予中间商一定比率的佣金,应根据下列公式计算含佣价。

$$含佣价 = 净价 / (1 - 佣金率)$$

则

$$佣金 = 含佣价 \times 佣金率$$

举例:

已知某出口商品每计算单位 CIF 净价为 1 000 美元,佣金率为 5%,要求按 CIF 价格计算佣金。

$$CIF 含佣价 = CIF 净价 / (1 - 佣金率)$$
$$= 1\,000/(1 - 5\%) \approx 1\,052.63(美元)$$
$$佣金 = 含佣价 \times 佣金率,即 1\,052.63 \times 5\% \approx 52.63(美元)$$

或

$$佣金 = 含佣价 - 净价,即 1\,052.63 - 1\,000 = 52.63(美元)$$

3. 支付方法

佣金一般在出口方收到全部货款后再另行支付给中间商。但为了防止误解,对佣金在全部货款收妥后才予以支付的做法,出口企业与中间商应予以明确,并达成书面协议。否则,中间商可能在买卖双方交易达成后即要求支付佣金。这样,以后合同能否顺利履行,货款能否按时支付,就缺乏中间商的保证。

(二) 折扣

折扣是指卖方按照原价给予买方一定的价格减让,或称价格优惠。折扣的高低可根据具体成交条件及买卖双方关系而定。

1. 表示方法

折扣一般用文字表示,如“每打 200 美元 CIF 纽约减 1.5%折扣”,即“USD200 Per Dozen CIF New York Vess1.5% Discount”。

此外,折扣也可以用绝对数表示,如“每打折扣 3 美元”,即“USD3.00 Discount Per Dozen”;“CIF 香港每打 24.00 美元,折扣 2%”,即“USD 24.00 Per Dozen CIF R2 HongKong”。其中 R 为折扣 Rebate 的缩写,R2 为 Rebate 2%。

2．种类

贸易中通常使用的折扣种类包括以下几种。

（1）数量折扣，即卖方在买方采购达到一定数量或金额时给予的折扣。

（2）交易折扣，即卖方根据中间商不同的推销能力及对其推销要求所给予的折扣，又称特别折扣（special discount）。

（3）现金折扣，即卖方为鼓励买方尽早付款而给予的折扣。

（4）促销折扣，即卖方对中间商的各种营业推广活动给予一定折扣作为报酬或补贴。

3．计算公式

折扣的计算较为简单，不存在按 FOB 价值还是按 CIF 价值计算的问题。一般将实际发票金额乘以约定的折扣百分率作为应减去的折扣金额，即

$$折扣金额＝发票金额×折扣百分率$$

此外，也可以按商品数量计算折扣金额。例如，每件商品折扣 5 美元，共 500 件商品，则折扣金额为 $5×500＝2\,500$（美元）。

4．支付方法

折扣的支付方法与佣金不同，它由买方预先主动从货款中扣除。

课堂讨论 13-2：缮制发票时，佣金与折扣是否可以同等对待？为什么？

四、不同贸易术语价格换算的进出口报价

在国际贸易中，不同的贸易术语表示其价格构成因素不同，即包括不同的从属费用。

FOB 价＝进货成本价＋国内费用＋净利润

CFR 价＝进货成本价＋国内费用＋正常海运费＋净利润

CIF 价＝进货成本价＋国内费用＋正常海运费＋国外保险费＋净利润

国内费用包括加工整理费用、包装费用、保管费、国内运输费用（仓至码头）、证件费用（商检费、公证费、产地证费、许可证费、领事签证费）、装船费、银行费用（议付费、贴现费、手续费）、损耗、邮电费（电话、传真、邮递费）等。

买卖双方在洽谈交易时，经常会根据对方要求改变原报价的贸易术语，如按 FOB 报价，对方要求改为 CIF 价或 CFR 价，这就涉及价格换算问题。现将最常用的 FOB、CFR、CIF 三种价格的换算方法及公式介绍如下。

（一）FOB、CFR、CIF 三种价格的换算

1．FOB 价换算为其他价

CFR 价＝FOB 价＋正常海运费

CIF 价＝（FOB 价＋正常海运费）/（1－投保加成×保险费率）

2．CFR 价换算为其他价

FOB 价＝CFR 价－正常海运费

CIF 价＝CFR 价 /（1－投保加成×保险费率）

3. CIF 价换算为其他价

　　FOB 价 ＝ CIF 价 ×（1 － 投保加成 × 保险费率）－ 正常海运费

　　CFR 价 ＝ CIF 价 ×（1 － 投保加成 × 保险费率）

（二）FCA、CPT、CIP 三种价格的换算

1. FCA 价换算为其他价

　　CPT 价 ＝ FCA 价 ＋ 运至指定目的地运费

　　CIP 价 ＝（FCA 价 ＋ 运至指定目的地运费）/（1 － 投保加成 × 保险费率）

2. CPT 价换算为其他价

　　　　　FCA 价 ＝ CPT 价 － 运至指定目的地运费

3. CIP 价换算为其他价

　　FCA 价 ＝ CIP 价 ×（1 － 投保加成 × 保险费率）－ 运至指定目的地运费

　　CPT 价 ＝ CIP 价 ×（1 － 投保加成 × 保险费率）

五、出口商品成本和效益的核算

（一）成本核算

　　出口成本包括出口商品进价和出口流通费用两个部分。出口商品进价是指购进用于出口商品的价格。在我国，由于实行增值税制度，购买商品除了商品本身价格外，还要缴纳产品的增值税。不过，为了鼓励出口，商品出口后出口商可以办理出口退税。出口流通费用在业务中又被称作定额费用，它是指出口企业就某一商品的出口，从与国外进口商进行交易磋商起，一直到商品出口、收取货款为止的一切费用开支。出口流通费用的主要项目有银行利息、邮电通信费、工资支出、交通费、仓储费、国内运输费、码头费用、差旅费、招待费等。出口流通费用的逐项计算非常繁杂。企业在业务中，一般按不同出口商品自行确定一个费率，如 5% 或 10%，从而使其计算简便，易于操作。

　　我国为了鼓励出口，对出口产品实行退增值税制度。现行的退税办法是，对国内流通环节统一征收 13% 的增值税，当商品出口后，由出口企业按当时国家规定的退税率获取一定的退税额。出口退税实际上是国家补贴出口商品、降低出口企业的出口成本、提高出口商品竞争力的一种做法。因此，把出口退税计入出口成本，出口成本就有一定程度的下降。我国从 2004 年 1 月 1 日起执行新的退税率，新的退税率平均大约比以前少 3 个百分点，详细退税率可根据出口商品而定。出口退税额的计算方法是：先确定出口商品的实际价格，然后用商品的实际价格乘以退税率。即

　　　　出口商品的实际价格 ＝ 出口商品进价（含增值税）/（1 ＋ 增值税税率）

　　　　退税额 ＝ 出口商品的实际价格 × 退税率

（二）效益核算

　　出口效益核算实际上是核算商品出口业务是盈利还是亏损。出口效益分析的原则是出口销售收入和出口成本进行比较。如果出口销售收入大于出口成本，就意味着出口业务有盈利；反之，则意味着出口业务亏损。这里要注意下列两点。

1. 使用相同的货币进行比较

在我国,出口销售收入的货币是外币(一般用美元),而出口成本是用人民币来表示的。因此,需要把出口销售收入的外币折算成人民币,这样才能进行比较。一般按银行外汇买入价来兑换成人民币。另外,如果某一笔出口业务中国际运输费和保险费是由出口方负担的,按照业务习惯,在分析出口经济效益时,出口成本中不计入这两种费用,这种出口成本称作出口净成本,出口销售收入也需把这两部分费用减去。不包含这两种费用的出口销售收入称作出口销售净收入,即按 FOB 价作为出口净收入。

2. 出口效益核算分析指标

1) 出口商品盈亏率

出口商品盈亏率是指计算出口商品的盈亏程度。计算公式为

出口商品盈亏额 = 出口销售人民币净收入 — 出口总成本(人民币)

出口商品盈亏率 = 出口商品盈亏额(人民币)/出口总成本(人民币)×100%

出口销售人民币净收入是指出口商品的 FOB 价,按当天的外汇牌价(银行外汇买入价)折算人民币的数额。

出口总成本是指出口商品购进价(含增值税)加上定额费用,减去出口退税收入。

2) 出口商品换汇成本

出口商品换汇成本是指商品出口净收入 1 美元所需支出的人民币总成本,即商品出口收入 1 美元需要多少人民币的成本。计算公式为

出口商品换汇成本 = 出口总成本(人民币)/出口销售外汇净收入(美元)

出口商品换汇成本高于银行外汇牌价,则出口亏损;反之,则出口盈利。所以,对于我国出口公司来讲,出口换汇成本越低越好。

(三) 出口创汇率

出口创汇率也称外汇增值率,是指加工制成品出口的外汇净收入与原材料外汇成本的比率。若原料为外国产品,则原料外汇成本采用 FOB 价计算;若原材料是进口的,则原料外汇成本采用 CIF 价计算。此指标主要考察出口成品的营利性,在进料加工的情况下显得尤为重要。出口创汇率一般在加工贸易出口时才用到。计算公式为

出口创汇率 = (成品出口外汇净收入 — 原材料外汇成本)/原材料外汇成本×100%

六、对出口商品换汇成本的控制事项

(一) 建立出口换汇测算制度

外贸企业(或自营出口生产企业)应建立出口换汇测算制度,变事后反映为事前预测。控制要点有以下两个方面。

(1) 在签订合同前应填写"出口合同换汇成本测算表",由企业外贸业务主管确认应退客户佣金、折扣和海运费等。经合同评审后,对外签订外销合同。

(2) 办理货物托运并交单议付后,向财务部门提交出口发票列入销售收入时,同时提供由财务部门留存的测算表。

（二）对出口换汇成本构成内容的控制

计算出口换汇成本时，要注意把所有的成本和费用都包括进去。另外，要尽量减少业务环节的费用。

第二节　合同中的价格条款

一、价格条款中的内容

合同中的价格条款，一般包括商品的单价和总值两项基本内容，所以确定单价的作价办法、与单价有关的佣金及折扣的运用，也属价格条款的内容。

（一）单价

如前所述，国际贸易商品单价由四个部分组成，缺一不可。这四个部分分为计量单位、计价货币、货币金额和贸易术语，具体写法如下：

每吨 1 500 美元，FOB 广州

USD1 500/t FOB Guangzhou

（二）总值

总值是单价同数量的乘积，即一笔交易的货款总金额。总值所使用的货币应与单价所使用的货币一致。

（三）价格调整条款

扩展资料

出口交易自签约到付款、交货往往间隔相当长的时间，其间原材料价格、经营成本难免发生波动。如波动剧烈，可能会使原合同难以继续履行，否则买卖双方之一就将蒙受严重损失。为此，买卖双方可在合同中规定适当的价格调整办法，以兼顾双方利益。这类条款被称为价格调整条款或价格变动条款。

举例：

1. "Seller reserves the right to adjust the contracted price, if prior to delivery there is any substantial variation in the costs of raw material or component parts used and people employed."

该条款规定，如果在装船前原材料、零部件价格及工资水平发生重大变化，卖方有权调整合同价格。

2. "In all CIF or CFR sales, it is understood and agreed that prices are based on current rate of freight and any increase in the same shall be for the buyer's account."

该条款规定，所有的 CIF 或 CFR 交易价格均以目前的运费率为计算依据，若运费上涨应由买方承担。

二、规定价格条款的注意事项

规定价格条款的注意事项有以下几点。

（1）根据拟采用的运输方式和销售意图，选择适当的贸易术语。

（2）争取选用有利的计价货币，必要时要加订保值条款。

（3）灵活运用各种不同的作价方法，力求避免承担价格变动的风险。

（4）参照国际贸易的习惯做法，注意佣金和折扣的合理运用。

（5）如对交货品质、交货数量订有机动幅度而又同意机动部分的价格另订的，必须明确规定另订价格的具体办法。

（6）单价中所涉及的计量单位、计价货币、装运港、目的港等都要写清楚、正确，以免影响合同履行。

计算示例一：

出口一批箱装货，报价为每箱 35 美元 CFR 伦敦，英国商人要求改报 FOB 价，我方应报价多少？已知：该批货物每箱长 45 cm，宽 40 cm，高 25 cm，每箱毛重 35 kg，运费计算标准为 W/M，每运费吨基本运费为 120 美元，并加收燃油附加费 20％，货物附加费 10％。

解：

（1）确定运费计算标准。

因为每箱毛重为 35 kg

所以 $W = 0.035 M/T$

因为每箱体积为 $0.45 \times 0.40 \times 0.25 = 0.045 (m^3)$

所以 $M = 0.045 \ m^3$

故 $M > W$，因此按体积计收运费。

（2）计算每箱运费：
$$F = 120 \times (1 + 20\% + 10\%) \times 0.045 = 7.02 (美元)$$

（3）计算每箱 FOB 价：
$$每箱 FOB 价 = CFR 价 - F = 35 - 7.02 = 27.98 (美元)$$

答：应报价为每箱 27.98 美元。

计算示例二：

ABC 公司收到悉尼客户来电，询购睡袋 1 000 只，要求按下列条件报出每只睡袋的 CIFC3％悉尼的美元价格。条件：睡袋国内购货成本为每只 50 元，1 000 只睡袋的国内其他费用总计为 5 000 元，ABC 公司的预期利润为 10％。该睡袋为纸箱装，每箱 20 只。从装运港至悉尼的海运运费为每箱 20 美元。按 CIF 价加一成投保一切险和战争险，费率合计为 0.8％（汇率为 1 美元折 8 元人民币）。

解：

（1）FOB 价 = 成本 + 费用 + 利润
$$= (50 + 5\,000/1\,000) \times (1 + 10\%)$$
$$= 60.50 (元/只) \approx 7.56 (美元/只)$$

（2）每只睡袋运费 $F=20/20=1$（美元/只）

（3）CFR 价＝FOB 价＋F＝7.56＋1＝8.56（美元/只）

（4）CIF 价＝CFR 价/（1－保费率×投保加成率）

$\qquad$＝8.56/（1－0.8%×110%）≈8.64（美元/只）

（5）CIFC3%＝净价/（1－佣金率）＝8.64/（1－3%）≈8.91（美元）

答：每只睡袋的 CIFC3%价为 8.91 美元。

扩展资料   本章小结与思考题   试一试

第十四章

国际货款的收付

教学目的和要求

本章将介绍国际贸易结算中主要票据的概念、特点与分类，以及主要国际结算方式的概念与方法。本章的目的是使学生掌握汇付、托收的定义和流程，掌握信用证的定义、流程、分类及国际惯例，掌握起草和审核信用证的基本方法。

关键 概念

汇票	支票	出票	见票
背书	追索	承兑	贴现
提示	托收	D/P	T/T
备用信用证	银行保函	D/A	开证行
付款行	受益人	通知行	SWIFT
议付行	不可撤销跟单信用证		

章首案例

我方某食品进出口公司向澳洲某国出口一批鲜活制品，双方规定以即期信用证为付款方式。买方在合同规定的开证时间内开来信用证，证中规定："一俟开证申请人收到单证相符的单据并承兑后，我行立即付款。"我方银行在审核信用证时，把问题提出来，要求受益人注意该条款。但某食品进出口公司的业务员认为该客户为老客户，应该问题不大，遂根据信用证的规定装运出口。当结汇单据交到付款行时，付款行以开证行认为单据不符不愿承兑为由拒付。

问： 银行拒付有无道理？我方的失误在哪里？

分析：（1）银行的拒付是有道理的。本案中，信用证条款规定："一俟开证申请人收到单单相符的单据并承兑后，我行立即付款。"该条款改变了信用证支付方式下开证行承担第一性付款责任的性质，使本信用证下开证行付款的前提条件不是"单单一致、单证一致"，而是开证申请人收到单证相符的单据并承兑后，只要开证申请人不承兑，开证行就可以此为由拒付。因此，银行的拒绝付款是有道理的。

（2）我方的失误在于收到信用证后，对我方银行提出的问题没有引起注意，过于相信老顾客的资信，导致了问题的发生。

因此，出口的最终目的是安全、及时收汇。而结算是收汇的最终环节，其内容包括结算工具和结算方式两部分。

第一节 票　　据

国际贸易中的支付工具主要有货币和票据(bill)两种。其中,票据在国际贸易结算中占据主要的地位。票据包括商业票据和金融票据。后者又包含汇票(bill of exchange; draft)、本票(promissory note)、支票或其他类似用以取得款项的凭证。在信用证项下,汇票是最常使用的金融票据。

国际结算工具是指为实现国际债权债务清偿所使用的工具,主要包括货币和票据。

国际贸易结算主要是非现金结算,要结清国际的债权债务必须使用一定的支付工具。票据就是一种能起到货币的支付和结算功能的有效的支付工具。所谓票据,通常是指以支付一定金额为目的,并可以自由流通转让的特种证券。票据可以通过交付(delivery)及背书连续转让,使票据得以广泛流通,既节省了现金使用,又扩大了流通手段。和货币一样,票据可以在流通中实现票据和对价(商品或劳务)的对流。其结算功能主要体现在流通手段、支付手段和信用手段上。

国际结算中使用的票据主要包括汇票、本票和支票。

一、汇票

(一) 汇票的定义和基本内容

汇票是一方向另一方签发,要求受票人在见票时,或于未来某一确定时间,或可以确定的时间,对某人或其指定的人或来人支付一定金额的无条件的书面支付命令。在进出口业务中,汇票通常由出口方签发,其目的是收取货款。

我国《票据法》第 22 条规定,汇票必须记载下列事项:①表明"汇票"的字样;②无条件支付的委托;③确定的金额;④付款人名称;⑤收款人名称;⑥出票日期;⑦出票人签章。

汇票上未记载上述规定事项之一者,汇票无效。

上述基本内容一般为汇票的要项,但并不是汇票的全部内容。按照各国票据法的规定,汇票的要项必须齐全,否则付款人有权拒付。

(二) 汇票的性质、作用

汇票具有以下性质、作用。

1. 汇票是支付工具

国际结算的基本方式是非现金结算,汇票是能够用来结清国际债权债务的支付工具之一。

2. 汇票是信用货币

汇票不是领款单,而是由出票人担保的信用货币,收款人的权利完全依赖于出票人的信用。

3. 汇票是流通工具

汇票可以经过交付或背书转让给他人,并能连续多次转让。背书人对票据的付款负有担保责任,因此,背书次数越多,对票据付款担保的人越多,票据也越容易被接受。

(三) 汇票的主要种类

1. 商业汇票和银行汇票

按照出票人不同,汇票可分为商业汇票(commercial draft)和银行汇票(banker's draft)。

商业汇票的出票人是工商企业或个人,受票人可以是工商企业、个人和银行。外贸结算多使用商业汇票。商业汇票通常由出口商开立,并委托银行向进口商或指定银行收取货款。

银行汇票的出票人和受票人都是银行,通常用于汇款业务,即票汇。在国际结算中,汇票由银行签发后交给汇款人,由汇款人自行交付(面交或邮寄)国外收款人,供其向指定付款行取款。银行汇票一般为光票(clean draft),不随附货运单据。

2. 光票和跟单汇票

按照是否随附运输单据(shipping documents),汇票可分为光票和跟单汇票(documentary draft)。

光票是指不随附运输单据的汇票。光票的出票人可以是工商企业、银行或个人,付款人也可以是工商企业、银行或个人。光票的流通完全依靠出票人、付款人、背书人的信用。国际贸易中很少使用光票,一般仅在托收运费、保险费、利息、样品费、合同余额,以及寄售(consignment)等场合使用。

跟单汇票是指随附运输单据的汇票,汇票的付款人要取得运输单据必须付清货款或提供担保。跟单汇票体现了单货对流原则,为买卖双方均提供了一定的保证,在国际贸易中应用最为广泛。

3. 即期汇票和远期汇票

按照见票后付款期限不同,汇票可分为即期汇票(sight draft, demand draft)和远期汇票(time draft, usance draft)。

即期汇票是指当持票人向付款人提示(presentation)汇票时,付款人必须见票即付的汇票。

远期汇票则规定付款人应于将来可以确定的某一特定日期(定日、出票后定期、见票后定期、提单日后定期)付款。实际工作中,远期汇票的付款日期多采用"见票后定期"(At...days after sight)的规定方法。

4. 商业承兑汇票和银行承兑汇票

远期商业汇票按照承兑人不同可分为商业承兑汇票(commercial acceptance draft)和银行承兑汇票(banker's acceptance draft)。前者由工商企业或个人承兑;后者由银行承兑。商业承兑汇票以商业信用为基础,银行承兑汇票则以银行信用为基础。银行承兑汇票通常比商业承兑汇票更容易在票据市场上流通,并享受更优惠的贴现率。

5. 国内汇票和国际汇票

国内汇票(domestic bill of exchange)是指出票地点和付款地点均在同一国家的汇票;反之,则为国际汇票(international bill of exchange)。国际贸易结算使用的汇票多为国际汇票。

汇票按照其特性分类,并不意味着一张汇票只能具备一种特性。事实上,一张汇票完全可以兼具几种特征,如即期的银行汇票、远期的商业跟单汇票等。

课堂讨论 14-1:在票据流通市场上,银行承兑汇票和商业承兑汇票哪一种更容易流通,并享受优惠贴现率,为什么?

(四) 汇票的使用

汇票的使用有出票(issue)、提示、承兑(acceptance)、付款、背书和拒付(dishonor)等,背书后可以转让。

1. 出票

出票是指出票人按照一定要求和格式签发汇票并将其交付他人的一种行为。在出票时,对收款人通常有三种写法:①限制性抬头;②指示性抬头;③来人或持票人抬头。

2. 提示

提示是指持票人向付款人提交汇票要求其承兑或付款的行为。提示可以分为付款提示和承兑提示。

3. 承兑

承兑是指远期汇票的付款人在持票人提示的汇票正面签字,从而承诺在汇票到期时向付款人付款的一种行为。承兑是一种从属票据行为。

承兑包括以下两个动作。

(1) 付款人在汇票正面写上"承兑"字样,注明承兑日期,并签字。

(2) 将已承兑汇票交付持票人。

经过以上两个动作,承兑就是有效和不可撤销的。

4. 付款

在即期汇票及远期汇票到期提示时,付款人可以付款。付款后,汇票上一切债务即告终止。

5. 背书

背书是转让汇票的法定手续,是指持票人以转让其权利为目的而在汇票背面签字的一种行为。它是一种从属票据行为。背书可分为限制性背书、指示性背书和空白背书。

(1) 限制性背书即不可转让背书,是指背书人对支付给被背书人的指示带有限制性词句。例如:"Pay to ABC Bank,not transferable"(付给 ABC 银行,不能转让)。

(2) 指示性背书是指背书人先做被背书人记载,再签字。例如:"Pay to the order of ABC Bank,James chen"(背书人签字)。

(3) 空白背书是指背书人仅在票据背面签名而不指定被背书人。

经背书后,汇票的收款权利便转让给受让人。汇票可以经过背书不断转让下去。对受让人来说,所有在他以前的背书人以及原出票人都是他的"前手";而对出让人来说,所有在他让与以后的受让人都是他的"后手",前手对后手负有担保汇票必然会被承兑或付款的责任。

在国际市场上,一张远期汇票的持有人如想在付款人付款前取得票款,可以经过背书转让汇票,即将汇票进行贴现(discount)。贴现是指远期汇票承兑后,尚未到期,由银行或

贴现公司从票面金额中扣减按一定贴现率计算的贴现息后,将余款付给持票人的行为。贴现后余额的计算公式为

贴现后余额＝票面金额－(票面金额×贴现率×日数/360)－有关费用

6. 拒付

持票人在向付款人提示汇票要求承兑或付款时,付款人可能会出于多种原因而拒绝承兑或付款,这时汇票即遭拒付。付款人拒付后,持票人应及时将汇票遭拒付的事实通知其前手,前手再通知其前手,直至出票人,以便于持票人向他们追索。如持票人未能及时通知,则丧失追索权。

(五) 汇票的要式项目

国际贸易中使用的汇票,经长期的演化,其格式已经大致固定。

1. 汇票号码

受益人在缮制汇票时,通常会选择发票号码作为汇票号码,以方便单据的管理;有时也会单独编排汇票号码。

2. 出票日期和地点

在汇票的右上角,要注明汇票的出票日期和地点,因为要按照出票地国家的法律来确定汇票是否成立与有效与否。

3. 汇票金额

汇票要注明大、小写金额。例如,小写金额为 USD7 890.45。大写金额有以下两种写法。

第一种:US DOLLARS SEVEN THOUSAND EIGHT HUNDRED NINETY AND FORTY FIVE CENTS ONLY。

第二种:US DOLLARS SEVEN THOUSAND EIGHT HUNDRED NINETY & 45/100 ONLY。

4. 汇票期限

汇票期限即到期日,须与信用证的规定一致。

如为即期信用证,则在 AT 与 SIGHT 之间的横线或虚线上打上××××,表明此空白处不填写任何信息,汇票即为即期汇票。

如为远期信用证,则在 AT 与 SIGHT 之间的横线或虚线上填写相关期限。例如:

(1) 见票后 90 天付款,AT *90 DAYS AFTER* SIGHT...

(2) 提单日后 60 天付款,AT *60 DAYS AFTER B/L DATE* SIGHT...

(3) 装运日后 90 天付款,AT *90 DAYS AFTER SHIPMENT DATE* SIGHT...

5. 无条件支付命令

PAY TO THE ORDER OF 后面要注明议付行的全称,如 PAY TO THE ORDER OF UNITED OVERSEAS BANK BEIJING BRANCH。

6. 汇票的出票依据

有的信用证会要求受益人出具的汇票注明信用证号码等相关细节。因此,大多数汇票上有 VALUE RECEIVED...,受益人要在此空白处加列信用证号码、开证行名称和开证日期。例如,LC NO. 1CMLC283473 ISSUED BY UNITED OVERSEAS BANK LTD. SINGAPORE

DATED JUN 26 2004.

7. 付款人

汇票左下角 TO…后注明开证行的名称。若信用证规定有偿付行(reimbursing bank),则注明偿付行的名称。汇票不能以开证申请人为付款人(drawee),若受益人提交的汇票以开证申请人为付款人,则此汇票作为与商业发票一类的商业票据处理。

8. 出票人

汇票的出票人(drawer)必须是信用证的受益人,即在汇票的右下角加盖受益人的章。

在实务中,大多数跟单信用证项下的汇票都是由议付行代受益人缮制的,并直接在汇票后面背书。

二、本票与支票

(一) 本票与支票的定义

本票是一个人向另一个人签发的保证于见票时或定期或在可以确定的将来时间,对某人或其指定人或持票人支付一定金额的无条件的书面承诺。简言之,本票是出票人对收款人承诺无条件支付一定金额的票据。

本票可分为商业本票和银行本票。商业本票可按付款时间分为即期本票和远期本票两种。而银行本票都是即期的。《票据法》第 78 条规定,我国允许开立出票日起、付款期限不超过两个月的银行本票。我国《票据法》还规定,银行本票仅限于由中国人民银行审定的银行或其他金融机构签发。

支票是以银行为付款人的即期汇票。出票人在支票上签发一定的金额给特定人或持票人。

支票的出票人在签发支票后,应负票据上的责任和法律上的责任。前者是指出票人对收款人担保支票的付款;后者是指出票人签发支票时,应在付款银行存有不低于票面金额的存款。如存款不足,支票持有人在向银行提示支票要求付款时,就会遭到银行的拒付。这种支票称为空头支票。

按《票据法》的规定,支票可以分为现金支票和转账支票两种。

(二) 汇票、本票与支票的主要区别

1. 本票与汇票的主要区别

(1) 双方的基本当事人不同。本票的基本当事人有 2 个,即签发人和收款人;而汇票的基本当事人有 3 个,即出票人、付款人和收款人。

(2) 本票是一种无条件支付承诺;汇票是一种无条件支付命令。

(3) 本票由于出票人与付款人是同一人,因而无承兑行为;汇票有承兑行为。

(4) 本票的主债务人就是出票人;而远期汇票的主债务人在承兑前是受票人,在承兑后则为承兑人。

2. 支票与汇票的主要区别

(1) 支票的付款人是银行;而汇票的付款人可以是银行,也可以是商人。

(2) 支票为即期;而汇票有即期,也有远期。

（3）汇票有承兑行为,而支票无承兑行为。

（4）支票上可以画线表示转账,而汇票则无须画线。

（5）支票的主债务人是出票人;而远期汇票的主债务人在承兑前是受票人,在承兑后为承兑人。

第二节　汇付和托收

在国际货款的结算中,较常见的结算方式有汇付(remittance)、托收(collection)和信用证三种。其中,汇付和托收方式属于商业信用,而信用证方式属于银行信用。

一、汇付

汇付又称汇款,指债务人或汇款人主动通过银行将款项汇交收款人的结算方式。

汇付的业务凭证是支付通知书(PO)。支付通知书的传递方向与资金流动方向一致,因此汇付属于顺汇性质。

汇付方式可分为电汇、信汇和票汇三种。

电汇是指汇出行应汇款人的申请,通过拍发加押电报、电传或 SWIFT(MT100)等电信方式,指示汇入行解付一定金额给收款人的汇款方式(图 14-1)。

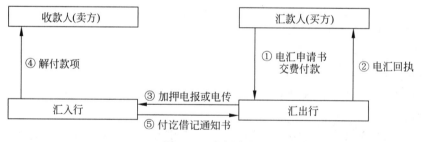

图 14-1　电汇流程

信汇是指汇出行应汇款人的申请,用信函的方式指示汇入行解付一定金额给收款人的一种汇款方式。

票汇是指汇出行应汇款人的申请,代汇款人开立以其分行或代理行为解付行的银行即期汇票(banker's demand draft)。

随着通信技术的普及与提高,目前国际贸易中的汇付业务绝大部分采用电汇方式。

汇付方式在国际贸易中主要用于预付货款、随订单付款和赊销等业务。

课堂讨论 14-2：在当今的国际贸易结算中,电汇结算比重日益提升,请说明根本原因有哪些？在什么情形下使用汇付结算比较适宜？请设计安全、高效的电汇结算方案。

二、托收

(一) 托收的定义

国际商会制定的《托收统一规则》(Uniform Rules for Collection,URC),对托收做了如下定义:托收是指接到托收指示的银行,根据所收到的金融单据或商业单据来取得进口商付款或承兑汇票,或凭付款或承兑交出商业单据,或凭其他条件交出单据的一种结算方式。其基本做法是:①由出口商根据发票金额开出以进口商为付款人的汇票,并向出口地银行提出托收请求;②委托出口地银行(托收行)通过它在进口地的代理行或往来银行(代收行)代为向进口商收取货款。

托收方式的当事人有:①委托人(principal);②托收行;③代收行;④付款人。

委托人在委托银行办理托收时,需附具一份托收委托书,在委托书中明确提出各种指示。银行接受委托后,则按照委托书的指示内容办理托收。根据《托收统一规则》的规定,托收费用由委托人承担。

(二) 《托收统一规则》

《托收统一规则》是国际商会制定的供各国商业银行办理托收业务时使用的国际惯例。

在托收业务中,银行与委托人之间往往由于各方对权利、义务和责任解释上的分歧和不同银行在业务做法上的差异,导致争议和纠纷。国际商会试图调和托收当事人之间的矛盾,以利于国际商业和金融活动的运行。国际商会曾于 1958 年草拟《商业单据托收统一规则》(Uniform Rules for Collection of Commercial Paper,ICC Publication No.192)建议各银行采用,但并未得到普遍采纳。

在银行界逐步认可的基础上,1967 年国际商会正式制定并颁布了《商业票据托收统一规则》(Uniform Rules for Collection of Commercial Paper,ICC Publication No.254)。该规则基本上统一了银行托收业务涉及的术语、定义、程序和原则,并成为贸易上办理托收业务的重要依据。

随着国际贸易及金融业务的发展,托收的单据不仅包括商业单据(commercial documents),而且涉及纯资金性质的单据(financial documents),比如光票托收。国际商会遂对该规则进行修订,并于 1978 年颁布了更名后的《托收统一规则》(Uniform Rules for Collection,ICC Publication No.322),于 1979 年起实施。

目前使用的《托收统一规则》于 1996 年 1 月 1 日起生效,即国际商会第 522 号出版物,简称 URC522。

URC522 全文包括总则、定义及具体条款共 26 条,为国际托收业务提供了规范性指导意见。

《托收统一规则》的基本精神是:银行办理托收业务完全根据委托人的指示。银行在托收过程中遇到的一切风险、费用、意外事故概由委托人承担。

(三) 托收的种类

根据托收时金融单据(financial documents)是否附有商业单据,托收可分为光票托收(clean collection)和跟单托收(documentary collection)。国际贸易中大多使用跟单托收。

1. 光票托收

光票托收是指不附带商业单据的金融单据的托收。光票托收因不附带商业单据,所以不牵扯物权的转移和货物的处理,业务程序相对简单,且费用低廉,通常仅用于收取小额贸易从属费用。

2. 跟单托收

跟单托收是指附带商业单据的金融单据的托收,或不附带金融单据的商业单据的托收。

课堂讨论 14-3:托收是出口商委托并通过银行收取货款的一种支付方式,在托收方式下,使用的汇票是(　　　),属于(　　　)。

A. 商业汇票/商业信用　　　　B. 银行汇票/银行信用

C. 商业汇票/银行信用　　　　D. 银行汇票/商业信用

跟单托收是贸易实践中最常见的托收方式。之所以要跟单,目的在于把商业单据与货款做成当面两讫的"一手交钱、一手交单"的交易。

在跟单托收的情况下,根据交单条件的不同又可以分为付款交单(documents against payment,D/P)和承兑交单(documents against acceptance,D/A)。

1) 付款交单

付款交单是指出口商的交单以进口商的付款为条件。即只有在进口商付清货款后,才能把装运单据交给进口商。按付款时间的不同,付款交单又可分为即期付款交单(D/P sight)和远期付款交单(D/P after sight)。其业务流程分别如图 14-2 和图 14-3 所示。

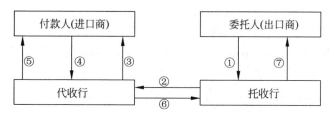

图 14-2　即期付款托收业务流程

说明:

①出口商按合同规定装运后,填写委托申请书,开立即期汇票,连同货运单据交托收行,请求代收货款。

②托收行根据委托申请书缮制托收委托书,连同汇票、货运单据寄进口地代收行委托代收货款。

③代收行按照委托书的指示向进口商提示汇票和单据。

④进口商审核无误后付款。

⑤代收行交单。

⑥代收行办理转账并通知托收行款已收妥。

⑦托收行向出口商交款。

在远期付款交单的情况下,当货物已经到达目的港,且单据已经到达代收银行,但汇票的付款时间未到,若买方欲抓住有利行市提前提货可采取的两种做法如下。

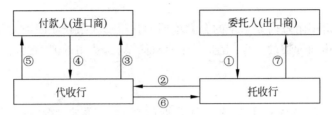

图 14-3　远期付款托收业务流程

说明：
①出口商按合同规定装运后，填写委托申请书，开立远期汇票，连同商业单据交托收行，请求代收货款。
②托收行根据委托申请书缮制托收委托书，连同汇票、商业单据交进口地代收行委托代收货款。
③代收行按照委托书的指示向进口商提示汇票和单据。进口商经过审核无误在汇票上承兑，代收行收回汇票与单据。
④进口商到期付款。
⑤代收行交单。
⑥代收行办理转账并通知托收行款已收妥。
⑦托收行向出口商交款。

（1）在付款到期日之前提前付款赎单。

（2）凭信托收据借单。即代收行对于资信较好的进口商，允许进口商凭信托收据（trust receipt，T/R）借取货运单据，先行提货。这是代收行对进口商提供的通融，进口商凭信托收据借取货运单据后，货物物权仍属于代收行，进口商处于代管货物的地位，其身份只是代托人或代保管人。

课堂讨论 14-4：代收行如允许进口商凭信托收据借出货运单据，事后又无法收回，责任应由谁承担？

2）承兑交单

承兑交单是指出口商的交单以进口商在汇票上承兑为条件。在承兑交单下，出口商在付款人承兑后已交出了物权凭证及有关的单据，其收款的保障全依赖进口商的信用，一旦进口商到期不付款，出口商便会遭到货物与货款全部落空的损失。因而，承兑交单的风险比付款交单的风险大。承兑交单托收的业务流程如图 14-4 所示。

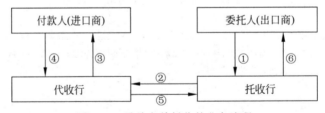

图 14-4　承兑交单托收的业务流程

说明：
①出口商按合同规定装运后，填写委托申请书，开立远期汇票，连同商业单据交托收行，请求代收货款。
②托收行根据委托申请书缮制托收委托书，连同汇票、商业单据交进口地代收行委托代收货款。
③代收行按照委托书的指示向进口商提示汇票和单据。进口商经过审核无误在汇票上承兑，代收行收回汇票的同时，将商业单据交给进口商。
④进口商到期付款。
⑤代收行办理转账并通知托收行款已收妥。
⑥托收行向出口商交款。

（四）托收的性质及其利弊

托收属于商业信用,银行在托收业务中,只提供服务,不提供信用。银行只以委托人的代理人行事,既无保证付款人必然付款的责任,也无检查审核货运单据是否齐全、是否符合买卖合同的义务;当发生进口商拒绝付款赎单的情况时,除非事先取得托收银行指令并同意,代收银行也无代为提货、办理进口手续和存仓保管的义务。因此,托收方式和汇付方式一样,属商业信用,对出口商风险较大。

托收的好处主要有:进口商不但可免去申请开立信用证的手续,不必预付银行押金,减少费用支出,而且有利于资金融通和周转,增强出口商品的竞争能力。

托收的弊端主要有:①银行办理托收业务时,只是按委托人的指示办事,并无检查单据内容和承担付款人必然付款的义务;②如果进口商破产或丧失清偿债务的能力,出口商则可能收不回或晚收回货款;③在进口商拒不付款赎单后,除非事先约定,银行无义务代管货物;如货物已到达,还有在发生进口地办理提货、缴纳进口关税、存仓、保险、转售以致被低价拍卖或被运回国内的损失。

课堂讨论 14-5：为什么出口人采用托收 D/P 支付方式时,选用的贸易术语多为 CIF?

第三节　信　用　证

信用证是重要的国际贸易结算方式,它集结算和融资功能于一体,通过银行信用弥补商业信用的不足,为国际贸易提供服务。

一、信用证的定义与基本特征

（一）跟单信用证的定义

跟单信用证简称信用证,国际商会在《UCP600》中对其定义如下。[①]

跟单信用证是指一项安排,不论其名称或描述如何,该项安排构成开证行对相符交单予以承付的确定承诺。

跟单信用证是一项约定,即在单证相符的情况下,开证行向受益人或其指定人付款(即期付款或远期付款)或承兑汇票并付款;或授权另一银行(被指定银行)付款或承兑汇票并付款;或授权另一银行议付。

（二）跟单信用证的基本特征

1. 信用证是一种银行信用

信用证项下,开证行负第一性付款责任,开证行的付款依据是单证相符、单单相符。信用证的主旨在于向受益人提供一个付款担保,受益人一旦提交了符合要求的单据,便能得到偿

---

① 根据《UCP600》第 2 条。

付。受益人无须也不得直接找进口人收款,而是凭单据直接向付款行或开证行收款。

2. 信用证是独立于贸易合同之外的自足文件

就其性质而言,信用证与可能作为其开立基础的销售合同或其他合同是相互独立的交易,即使信用证中含有如此类合同的任何援引,银行也与该合同无关,且不受其约束。因此,银行关于承兑、议付或履行信用证项下其他义务的承诺,不受申请人基于其与开证行或与受益人之间的关系而产生任何请求或抗辩的影响。

信用证的开立虽然是以贸易合同为基础,但是,银行并未参与合同的签订,不是合同的当事人。信用证与合同是相互独立的两个契约。

受益人依据信用证的规定缮制并提交单据,银行向受益人付款的依据是与信用证相符的单据。

3. 信用证的标的是单据

信用证业务中,银行处理的是单据,而不是可能涉及的货物、服务或履行行为。

(三) 信用证的当事人

1. 申请人

申请人(applicant)是指要求开立信用证的一方。在货物贸易中,通常是买方(进口商)根据买卖合同所确定的付款条件,向往来银行申请开立信用证。因此,开证申请人通常为买方(buyer)或进口商(importer)。

2. 开证行

开证行(issuing bank)是指应申请人要求或者代表自己开出信用证的银行。当信用证规定的单据全部提交指定银行或开证行,并符合开证行的条款和条件,便构成了开证行确定的付款承诺。因此,在跟单信用证交易中,开证行所起的作用最为重要。

单证

3. 通知行

通知行(advising bank)是指应开证行的要求通知信用证的银行。信用证可由开证行直接寄给受益人,但由于银行间建有印鉴、密押关系,经银行核验信用证的真实性,有利于保护受益人的权益,所以,大多数信用证都是由通知行通知的。

如果通知行选择不通知信用证,必须不延迟地将其决定告知开证行。通知行决定通知信用证时,应合理谨慎地审核所通知信用证的表面真实性——核对信用证的签字或密押相符。如果通知行无法审核信用证的表面真实性,仍可将信用证通知受益人,但必须如实告诉受益人它无法确定该证的表面真实性。否则,受益人就可以假定通知行已确定该证的表面真实性。因此,受益人在接受信用证时,应特别留意通知行在信用证通知书上有无特殊批注。

单证

4. 受益人

受益人(beneficiary, accreditee 或 addressee)是指接受信用证并享受其利益的一方。在信用证交易中,一般而言,受益人大多是卖方(seller)或出口商(exporter)。因他有权利使用或享受信用证的利益,所以称为受益人。

5．指定行

指定行(nominated bank)是指信用证可在其处兑用的银行。如信用证可在任一银行兑用,则任一银行均为指定行。

6．保兑行

保兑行(confirming bank)是指根据开证行的授权或要求对信用证加具保兑的银行。

有些开证行的规模较小,或信用等级较低,或所在地国家经济、政治、社会状况不稳定,而需由开证行另请一家为受益人所熟悉(通常是出口地的通知行)或其他信用较好的银行对其所开信用证进行保兑。这一家依照开证行的授权或要求,而对开证行所开信用证承担保证兑付责任的银行即为保兑行。保兑行与付款行一样,对受益人的保兑行为无追索权。

7．交单人

交单人(presenter)是指实施交单行为的受益人、银行或其他人。

二、信用证的内容

(一) 关于信用证本身的内容

(1) 开证行。

(2) 通知行。

(3) 信用证种类(kind of credit)。

(4) 信用证号码(credit number)。

(5) 开证日期(date of issue)。

(6) 受益人。

(7) 开证申请人(applicant,accountee)。

(8) 可利用金额(available amount),即信用证金额(L/C amount)。

(9) 有效期限(validity or expiry date)。

(10) 信用证使用地点(credit available at...)。

扩展资料

单证

(二) 关于汇票的内容

(1) 出票人。

(2) 受票人,即付款人。

(3) 汇票期限(tenor)。

(4) 汇票金额(draft amount)。

(三) 关于单据及商品的内容

1．单据

(1) 商业发票(commercial invoice)。

(2) 运输单据(transport documents)。

(3) 保险单据(insurance policy or certificate)。

(4) 其他(other documents)。

2．商品

（1）商品描述、数量、单价、贸易条件等(description；quantity；unit price；trade term etc.)。

（2）装运地、目的地(point of shipment/destination)。

（3）装运期限(latest date of shipment)。

（四）其他事项

1．有关议付行应注意的事项

如将押汇金额在信用证背面背书，即 endorsement。

2．开证行担保兑付(honor)的条款

（1）不可撤销条款。

（2）可撤销信用证时，其免责条款。

（3）开证行有权签字人签字。

（4）是否遵守《跟单信用证统一惯例》的条款。

3．其他

三、信用证内容例示

APPLICATION HEADER 700 UOVBPHMMAXXX

UNITED OVERSEAS BANK PHILIPPINES MANILA

(MT700 格式　开证行：大华银行菲律宾分行 马尼拉)

SEQUENCE OF TOTAL　　27：1/1

（信用证页数：全套 1 份）

FORM OF DOC CREDIT　40：IRREVOCABLE

（信用证类型：不可撤销）

DOC CREDIT NUMBER　20：18LC04/10359

（信用证号码：18LC04/10359）

DATE OF ISSUE　　　31C：100315

（开证日期：2010 年 3 月 15 日）

EXPIRY　　　　　31D：DATE100430　PLACE / CHINA

（有效期：2010 年 4 月 30 日；有效地：中国）

APPLICANT　　　50：TBCD ELECTRONIC CO.，LTD.

N2036　FEATI CTREET PAMPANGA PHILIPPINES

（开证申请人：TBCD ELECTRONIC CO.，LTD.

N2036　FEATI CTREET PAMPANGA PHILIPPINES）

BENEFICIARY　　59：BEIJING LONGTAIDA CO.，LTD.

NO.123　ZHONGGUANCUN SOUTH ROAD

HAIDIAN DISTRICT BEIJING，PRC

（受益人：北京龙泰达公司 中国北京海淀区中关村南路 123 号）

AMOUNT   32B：CURRENCY USD   AMOUNT 36 432.30

（信用证币种和金额：36 432.30 美元）

AVAILABLE WITH/BY   41D：ANY BANK BY NEGOTIATION

（此证为自由议付信用证）

DRAFTS AT...   42C：SIGHT FOR 100 PERCENT INVOICE VALUE

（汇票金额为 100％发票金额）

DRAWEE   42A：UOVBPHMM

                       UNITED OVERSEAS BANK PHILIPPINES

                       MANILA

（汇票付款人：大华银行菲律宾分行——开证行）

PARTIAL SHIPMENTS   43P：PERMITTED

（分批装运：允许）

TRANSHIPMENT   43T：PERMITTED

（转运：允许）

LOADING IN CHARGE   44A：ANY PORT IN CHINA

（装运港：中国任何港口）

FOR TRANSPORT TO   44B：MANILA,PHILIPPINES

（卸货港：菲律宾马尼拉）

LATEST DATE OF SHIP.   44C：100412

（最迟装运日期：2010 年 4 月 12 日）

DESCRIPT. OF GOODS   45A：730 PCS. 60 CRT

                       AS PER PROFORMA INVOICE NO. PO0601

                       DATED FEB 28,2010

                       P. S. C. C.：776.10.00

                       FOB DALIAN,CHINA

（货物描述：730 件 60 CRT

            根据 2010 年 2 月 28 日号码为 PO0601 的形式发票

            P. S. C. C.：776.10.00

            FOB 中国大连）

DOCUMENTS REQUIRED 46A：

（所需单据）

  （1）FULL SET OF 3/3 CLEAN ON BOARD OCEAN BILL OF LADING ISSUED
        TO THE ORDER OF UNITED OVERSEAS BANK PHILIPPINES MARKED
        "FREIGHT COLLECT" NOTIFY APPLICANT.

        （全套 3/3 清洁已装船提单，做成以大华银行菲律宾分行为抬头，注明"运费
        待付"，通知开证申请人）

  （2）SIGNED COMMERCIAL INVOICE IN TRIPLICATE.

        （经签署的商业发票 3 份）

（3）PACKING LIST IN TRIPLICATE.

（箱单 3 份）

（4）BENEFICIARY'S CERTIFICATE THAT ONE (1) SET OF NON-NEGOTIABLE SHIPPING DOCUMENTS HAVE BEEN FORWARDED DIRECTLY TO APPLICANT VIA COURIER WITHIN FIVE （5） WORKING DAYS AFTER SHIPMENT.

（受益人证明要说明全套——1 套不可转让单据已在装运后 5 个工作日内以快递的方式径寄开证申请人）

ADDITIONAL COND. 47A：

（其他条款）

（1）ALL COPIES OF SHIPPING DOCUMENTS SUCH AS BUT NOT LIMITED TO BILL OF LADING （B/L）, AIR WAYBILL （AWB） OR POSTAL RECEIPT MUST LEGIBLY INDICATE THE L/C NUMBER REGARDING THE SHIPMENT.

（全套单据，包括但不限于提单、空运单据或邮寄收据，必须显示与本次装运有关的信用证号码）

（2）BILL OF LADING MUST SHOW ACTUAL PORT OF LOADING AND DISCHARGE.

（提单必须显示实际装货港和卸货港）

（3）IN CASE OF PRESENTATION OF DISCREPANT DOCUMENTS AND SUBJECT TO THE ISSUING BANK'S ACCEPTANCE, A DISCREPANCY FEE OF USD 40.00 FOR ACCOUNT OF BENEFICIARY SHALL BE LEVIED.

（若所提示的有不符点的单据被开证行接受，受益人要承担 40 美元的不符点费）

（4）UNLESS OTHERWISE STIPULATED, ALL DOCUMENTS SHOULD BE ISSUED IN ENGLISH LANGUAGE.

（除非另有规定，所有单据都必须以英文出具）

DETAILS OF CHARGES 71B：ALL BANK CHARGES OUTSIDE PHILIPPINES ARE FOR BENEFICIARY'S ACCOUNT.

（费用细节：菲律宾以外的所有银行费用都由受益人承担）

PRESENTATION PERIOD 48：ALL DOCUMENTS SHOULD BE PRESENTED WITHIN 15 DAYS AFTER SHIPPING DATE.

（所有单据都必须在装运日后 15 天内提交）

CONFIRMATION   49：WITHOUT

（保兑要求：无）

INSTRUCTIONS   78：

（指示）

(1) UPON RECEIPT OF DOCUMENTS WITH ALL TERMS AND CONDITIONS COMPLIED WITH, WE WILL REMIT THE PROCEEDS TO THE NEGOTIATING BANK ACCORDING TO THEIR INSTRUCTIONS.

（一旦收到与信用证条款相符的单据，我们——开证行将按照议付行的指示付款）

(2) DOCUMENTS TO BE MAILED DIRECTLY TO UNITED OVERSEAS BANK PHILIPPINES, LOCATED AT 17TH FLR, PACIFIC STAR BLDG, SEN GIL PUYAT AVE, COR, MAKATI AVE, MAKATI CITY, PHILIPPINES IN ONE (1) LOT VIA COURIER.

（单据直接一次快递给大华银行菲律宾分行，地址为 17TH FLR, PACIFIC STAR BLDG, SEN GIL PUYAT AVE, COR, MAKATI AVE, MAKATI CITY, PHILIPPINES）

(3) REIMBURSEMENT, IF APPLICABLE, IS SUBJECT TO ICC URR 525.

（如有偿付，遵循国际商会《跟单信用证项下银行间偿付统一规则》）

(4) THIS CREDIT IS SUBJECT TO ICC UCP 600.

（本信用证遵循国际商会《跟单信用证统一惯例》）

SEND TO REC. INF. 72: YOU MAY CONTACT BENEFICIARY AT

TEL NO. 86-10-66226699

FAX NO. 86-10-66226688

（收报行信息：贵行可通过下列信息联系受益人，电话：86-10-66226699；传真：86-10-66226688）

课堂讨论 14-6：SWIFT 信用证 46A 中对提单的常见规定方法有哪几种？提单收货人一栏内相应如何填写？各自的背书方法是什么？

第四节　信用证的种类

一、不可撤销信用证和可撤销信用证

（一）不可撤销信用证

不可撤销信用证（irrevocable L/C）是指信用证一经开出，在有效期内，未经受益人及有关当事人的同意，开证行不得片面修改和撤销，只要受益人提供的单据符合信用证规定，开证行必须履行付款义务的信用证。

根据《UCP600》第 3 条，信用证是不可撤销的，即使未如此表明。

根据《UCP600》第 10 条，未经开证行、保兑行（如有）及受益人同意，信用证既不能修改，也不能撤销。

因此，《UCP600》确立了信用证的不可撤销性。

单证

（二）可撤销信用证

可撤销信用证（revocable L/C）是指开证行对所开信用证不必征得受益人或有关当事人的同意，有权随时撤销或修改的信用证。

《UCP500》第6条中规定，信用证可以是可撤销的，也可以是不可撤销的。因此，信用证上应明确注明是可撤销的或是不可撤销的。如无此项注明，信用证应视为不可撤销的。

而由于《UCP600》确立了信用证的不可撤销性，可撤销信用证已退出历史舞台。

二、保兑信用证和不保兑信用证

（一）保兑信用证

保兑信用证（confirmed L/C）是指另一家银行保证对符合信用证条款规定的单据履行付款义务的信用证。

根据开证行的授权或要求对信用证加具保兑的银行为保兑行。

而保兑是指保兑行在开证行承诺之外作出的承付或议付相符交单的确定承诺。

特别提示：信用证中有如下字样，则为保兑信用证：

We hereby confirm the above mentioned credit and undertake to honor the drafts drawn in compliance with the terms and conditions of the credit.

（我们在此对上述信用证做保兑，并承诺对符合信用证条款的汇票付款。）

根据《UCP600》第8条的规定，保兑行自对信用证加具保兑之时起便不可撤销地承担承付或议付的责任。即信用证一经保兑，即构成保兑行在开证行以外的一项确定承诺，保兑行与开证行一样承担第一性付款责任。简而言之，银行一旦对信用证加具保兑，其地位即相当于开证行；但其不仅负有与开证行相同的责任，同时也享有要求开证行偿付，若开证行倒闭或无力支付则向申请人索偿的权利。

同时，根据《UCP600》第8条的规定，如果开证行授权或要求一银行对信用证加具保兑，而该银行并不准备照办，则其必须毫不延误地通知开证行，而不加保兑。

（二）不保兑信用证

不保兑信用证（unconfirmed L/C）是指开证行开出的信用证没有经另一家银行保兑的信用证。在开证行资信较好和信用证金额不大的情况下，一般都使用不保兑信用证。

课堂讨论14-7：保兑信用证的使用背景是什么？

三、即期付款信用证、延期付款信用证、承兑信用证和议付信用证

（一）即期付款信用证

即期付款，指履行付款责任的银行一收到信用证项下单据，经在《UCP600》规定的时间内审核相符，立即付款。在即期付款信用证（sight payment L/C）中，通常会注明"付款兑现"（AVAILABLE BY PAYMENT）字样。即期付款信用证一般不要求受益人开立汇票。即

单证

期付款信用证的付款行可以是开证行自己,也可以是其指定的另一银行。在即期付款信用证项下,付款行一经付款,对受益人无追索权(详见即期信用证部分)。

(二) 延期付款信用证

1. 延期付款

延期付款,指履行延期付款责任的银行收到信用证项下相符单据,按信用证规定若干天后付款。信用证内明确注明"BY DEFERRED PAYMENT"。

2. 延期付款信用证提供的便利

由于延期付款信用证(deferred payment L/C)可不使用汇票,银行也无法进行承兑,无法通过汇票的转让来获得融资,出口商要解决其资金周转的困难,就必须找本地的银行贷款,而贷款的利率比贴现的利率要高,因而出口报价可能比承兑信用证的报价要高。

在大型机电设备的进出口贸易中,由于技术含量高,进口商往往要求出口商在设备安装后甚至在投产后才付款,而进行设备安装需要较长的时间,最长可以达数年之久,所以大型机电设备的进出口贸易的付款时间较长。从银行的角度来看,为了安全起见,银行对票据进行贴现的时间不可能太长。换言之,银行进行票据贴现的期限一般在 6 个月以内。有鉴于此,有的国家对此作出了明文规定,承兑的汇票,期限超过 6 个月的,不允许在金融市场上贴现。

因此,为了解决在大型机电设备的进出口贸易中资金周转的困难,出口商必须找本地的银行进行中长期贷款,如果条件适合,就可以利用政府提供的利率比较优惠的出口信贷。

另外,有些国家税法规定,出具汇票要交印花税。所以,从合理避税的角度来考虑,出口商肯定会在远期信用证中要求用商业发票来替代汇票作为付款凭证。从目前延期付款信用证在一般普通的进出口贸易中广泛使用的情况来看,其主要的目的就是合理避税,从而节约出口成本。

课堂讨论 14-8:延期付款信用证的使用背景是什么?

(三) 承兑信用证

1. 关于承兑

承兑,指履行承兑责任的银行收到信用证项下相符单据及汇票,承诺兑付并在到期日付款。承兑信用证(acceptance L/C)必须注明"ACCEPTANCE"(承兑)字样。

下面两个条款中,有一个出现或两个同时出现,即表明此信用证为远期承兑信用证。

(1) 在信用证 41D 域内注明"AVAILABLE WITH…BANK BY ACCEPTANCE"(由某银行承兑)。

(2) 有的信用证又在 42C 域内注明"DRAFT AT:90 DAYS AFTER SIGHT FOR ACCEPTANCE"(要求开立见票后 90 天的远期承兑汇票)。

课堂讨论 14-9:承兑信用证的使用背景是什么?

2. 承兑的表示方法

按照票据法,承兑必须由承兑行在汇票上做"已承兑"字样,退寄单行或受益人,在到期日由寄单行或受益人提示付款。

在信用证交易中，跟单汇票的承兑，一般是由承兑行向寄单行发承兑电文，通知汇票已承兑、汇票的到期日及付款路线。

课堂讨论 14-10：对出口方、进口方来说，承兑信用证提供的便利分别是什么？

（四）议付信用证

议付是指定银行在相符交单下，在其应获偿付的银行工作当天或之前向受益人预付或者同意预付款项，从而购买汇票（其付款人为指定银行以外的其他银行）及/或单据的行为。信用证 41D 域明确注明"BY NEGOTIATION"，表明该信用证为议付信用证（negotiable L/C）。

1. 议付信用证的使用方法

议付信用证可分为限制议付信用证（restricted negotiable L/C）和自由议付信用证（freely negotiable L/C）。

1）限制议付信用证

限制某银行议付的信用证为限制议付信用证，单据必须提交被指定银行进行议付。例如：

（1）信用证 41D 域注明"AVAILABLE WITH…BANK BY NEGOTIATION"（限制被指定银行议付）。

（2）信用证 41D 域注明"AVAILABLE WITH ADVISING BANK BY NEGOTIATION"（限制通知行议付）。

2）自由议付信用证

允许任何银行议付的信用证为自由议付信用证，又可称为公开议付信用证。在自由议付信用证项下，单据可提交任一银行议付。

自由议付信用证常见的表述方法有以下两种。

（1）信用证 41D 域注明"AVAILABLE WITH ANY BANK BY NEGOTIATION"（可由任何银行议付）。

（2）信用证 41D 域注明"AVAILABLE WITH ANY BANK IN BENEFICIARY COUNTRY BY NEGOTIATION"（由受益人所在国任一银行议付）。

2. 议付与付款的区别

付款无追索权，议付有追索权。

在任何信用证项下，开证行的付款是终局性的，无追索权。延期付款信用证项下付款行的到期付款，以及承兑信用证项下承兑行的到期付款都是终局性的。即使单据到达开证行，开证行以单证不符拒付，付款行作为开证行的代付行，付款后也不得向受益人追索。

议付信用证项下，受益人凭相符单据要求议付行议付，受益人可即期获得款项。如果单据被开证行或保兑行拒付，议付行均有权向受益人追索议付的款项及利息。但如果议付行保兑了信用证，其议付就相当于开证行的终局性付款，也就没有权利向受益人追索。

课堂讨论 14-11：议付信用证的使用背景是什么？

四、即期信用证、远期信用证和假远期信用证

根据付款时间的不同,信用证可分为即期信用证、远期信用证和假远期信用证(usance credit payable at sight)。

(一) 即期信用证

1. 即期信用证的定义

即期信用证是指开证行或付款行在收到受益人提交的、符合信用证规定的单据后,要立即对单据付款。这种信用证使出口方得以迅速收回货款,是国际贸易中最常见的一种信用证。

2. 判断即期信用证的依据

信用证上明确注明"AT SIGHT"字样或"SIGHT"字样,表明该证为即期信用证。其常见的表达方式有以下几种。

(1) 信用证注明"AVAILABLE WITH ISSUING BANK BY SIGHT PAYMENT",即付款行是开证行,向开证行交单请求立即付款。此时,汇票付款人(受票人)为开证行,汇票期限为 AT×××SIGHT。

(2) 信用证注明"AVAILABLE WITH…BANK BY SIGHT PAYMENT",即向开证行以外的另一被指定银行交单请求立即付款。此时,汇票付款人(受票人)为该指定银行,汇票期限为 AT×××SIGHT。

(3) 信用证在 45 域注明"DRAFT AT SIGHT FOR 100% INVOICE VALUE"(要求出具 100%发票价值的即期汇票);这也表明该证为即期信用证。

3. 即期信用证的付款方式

1) 单到付款

开证行或付款行收到符合信用证条款的汇票和单据后,立即付款。目前国际上使用这类信用证最多。

2) 含电索条款

如"T/T REIMBURSEMENT ACCEPTABLE"(允许电索),议付行收到受益人提交的单据,与信用证条款核对无误后,可通过函电(MT742)要求开证行或付款行立即付款,函电中应明确标明信用证号码。这种条款叫电索条款,通常加列在即期信用证的末端。这种带有电索条款的信用证,有利于出口商的资金周转。

(二) 远期信用证

1. 远期信用证的定义

远期信用证是指开证行或付款行在收到受益人提交的、符合信用证规定的单据时,并不立即付款,而是在信用证规定的付款期限到来时才进行付款。持这种信用证,出口方交单在先、收款在后,实际上等于为进口方提供了资金融通的便利。常见的远期信用证有延期付款信用证和承兑信用证。

2. 远期信用证的风险

对于出口商来说,远期信用证带来高效益的同时,也存在巨大的风险,主要表现在以下

两个方面。

（1）远期信用证项下，进口商提货在先，付款在后，往往以此要求开证行在开立远期信用证时减收或免收保证金，而以担保、抵押等形式解决。实务中开证企业普遍保证金缴纳不足，有的甚至是全部授信开证。一旦付款时企业资金不到位，担保、抵押等手续又不能及时兑现，承担无条件付款责任的开证行在承兑到期日只能先行对外付款，再与开证企业交涉解决，这无疑加大了开证行垫款的风险。

（2）远期信用证项下，卖方远期收汇，除非能提前贴现或汇票已由开证行持有且押汇银行已得到货款，否则在特定期限内，将面临开证行倒闭，进口地因发生罢工、政变等非人力不可抗拒因素而导致银行停止汇兑，买方以品质不符为由申请法院下令开证行止付等风险，出口商可能因此遭受被追索票款或收不到票款的风险。此外，出口商先交单、后收款，意味着要垫出资金，承担一定的利息损失和汇率变动损失，收汇不如即期信用证安全。

单证

（三）假远期信用证

1. 假远期信用证的定义

假远期信用证又称买方（进口商）远期信用证，是银行为买方（进口商）提供资金融通的信用证。假远期信用证应具备的三个条件是：贸易合同规定即期结算；买方向开证行申请开立远期信用证，受益人提交远期汇票和相符单据，即可即期获得款项；即期付款日与汇票到期日之间的贴现息、承兑费用由买方负担。因此，假远期信用证实质是卖方的即期信用证、买方的远期信用证。

2. 判断假远期信用证的依据

以下是假远期信用证常见的代表性表述，常见于 SWIFT 开立信用证中的 47 域。

The usance draft are payable on sight basis. We are authorized to pay the face amount of your draft upon presentation, and discount charge is for account of the applicant.

（远期汇票即期支付，汇票一经提示，即按面值付款，贴现息由申请人承担。）

Usance draft shall be negotiated at sight basis. Discounting commissions and charges are for buyer's account.

（远期汇票可即期议付，贴现利息及费用由开证申请人承担。）

3. 假远期信用证与远期信用证的区别

（1）开证基础不同。假远期信用证是以即期付款的贸易合同为基础；而远期信用证是以远期付款的贸易合同为基础。

（2）信用证的条款不同。假远期信用证中有"假远期"条款；而远期信用证中只有利息由谁负担条款。

（3）利息的负担者不同。假远期信用证的贴现利息由进口商负担；而远期信用证的贴现利息由出口商负担。

（4）收汇时间不同。假远期信用证的受益人能即期收汇；而远期信用证要待汇票到期才能收汇。

课堂讨论 14-12：假远期信用证的使用背景是什么？

单证

视频资料

五、可转让信用证和不可转让信用证

根据使用信用证的权利能否转让来划分，信用证分为可转让信用证（transferable L/C）和不可转让信用证（non-transferable credit）两种。

可转让信用证，是指特别注明"TRANSFERABLE"（可转让）字样的信用证，可转让信用证可应受益人（第一受益人）的要求转为全部或部分由另一受益人（第二受益人）兑用。即信用证的受益人（第一受益人）可以根据信用证有关条款的规定，要求信用证指定的转让行将该信用证全部或部分转让给另一受益人（第二受益人）兑用。

一般信用证的利益只能由受益人本人享有，即受益人不能将信用证权利转让他人，这类信用证称为不可转让信用证。

（一）判断可转让信用证的依据

根据《UCP600》第38条的规定，只有开证行在信用证中明确注明"TRANSFERABLE"（可转让）字样，信用证方能转让，诸如"DIVISIBLE"（可分割）、"FRACTIONABLE"（可分开）、"ASSIGNABLE"（可让渡的）、"TRANSMISSIBLE"（可移送的）等术语并不能使信用证成为可转让信用证。如果有这些术语，将不予置理。

（二）可转让信用证的使用方法

1. 转让原则

除非信用证另有规定，否则可转让信用证只能转让一次，因而，第二受益人不得要求将信用证转让给其后受益人，而第一受益人不被视为其后受益人。

可转让信用证可以转让给一个或几个第二受益人，其中一个或多个受益人拒绝接受信用证的修改，并不影响其他第二受益人接受修改。也就是说，对于接受信用证修改的第二受益人来说，该证已修改；对于不接受信用证修改的第二受益人来说，该证没有修改。

可转让信用证可以全部转让给一个第二受益人或部分转让给一个或几个第二受益人。全部或部分转让，指的是信用证的金额。只有信用证不禁止分批装运/分批支款，可转让信用证才可以分为若干部分分别转让给多个受益人，其总和不得超过原信用证金额。

第二受益人或代表第二受益人的交单必须交给转让行。

2. 转让行的选择

根据《UCP600》第 38 条的规定,转让行是指办理信用证转让的指定银行,或当信用证规定可在任一银行兑用时,开证行授权并实际办理转让的银行。开证行也可担任转让行。

3. 转让条款

第一受益人可以改变条款转让,也可以不改变条款转让。

已转让信用证须准确转载原证条款,包括保兑(如有),但下列项目除外。

(1) 信用证金额。

(2) 规定的任何单价。

(3) 截止日。

(4) 交单期限。

(5) 最迟发运日或发运期间。

以上任何一项或全部均可减少或缩短。

举例:

如果原证和转让证的到期日都为 7 月 15 日,第二受益人于 7 月 14 日向转让行交单,第一受益人将只剩 1 天时间更换有关单据,不符点交单的概率增大。

必须投保的保险比例可以增加,以达到原信用证或《UCP600》规定的保险金额。

举例:

原证 CIF 金额为 USD10 000.00,投保比例为 110%CIF 价,即应投保 USD11 000.00,若转让后信用证金额为 USD8 000.00,则投保比例应提高到 137.5%才能保证第二受益人提交的保险单据的保险金额符合原证的要求。

在第一受益人只赚取代理费、不赚取差价的全部转让的情况下,往往采取不改变条款的转让方式。大多数可转让信用证是通过更换单据,为中间商保守商业机密、赚取差价服务的。

4. 第一受益人换单

在变更原证条件转让方式下,作为中间商的第一受益人,不愿让第二受益人知悉买主的商号名称,须调换发票保守商业机密。

其具体做法如下。

(1) 第二受益人发货后,以自己的名义向银行交单议付。

(2) 转让行接到单据后,通知第一受益人更换单据。

(3) 第一受益人调换金额较大的发票(按原证规定抬头开立,且金额不得超过原证金额)和汇票,组成新的全套单据,通过转让行一并寄往开证行索偿。若转让行收到第二受益人的单据后向第一受益人提示单据,第一受益人未能及时照办,转让行有权将收到的已转让信用证项下的单据,包括第二受益人的发票和汇票,交给开证行,并不再对第一受益人承担义务。

(4) 开证行按照更换后的发票金额付款给第一受益人,第一受益人再按第二受益人出具的发票和汇票向其付款,两张发票的差额即为中间商的利润。

课堂讨论 14-13:可转让信用证的使用背景是什么?

六、循环信用证

(一) 循环信用证的定义

循环信用证(revolving L/C)是指信用证被全部或部分使用后,其余额又恢复到原金额,可再次使用,直至达到规定的次数或规定的总金额为止的信用证。

与循环信用证相对应的是非循环信用证(non-revolving credit)。通常信用证的金额及其有效期限是固定的,除非修改增加金额,否则其金额一经用完,信用证即告失效。即使尚有未用余额,若已超过信用证有效期,则信用证也失效。这种信用证即为非循环信用证。

(二) 循环信用证的优点

循环信用证有以下几个优点。

(1) 进口商可不必多次开证而节省开证费用。

(2) 进口商可不必向开证行缴纳过多开证保证金,减少资金占用。

(3) 简化出口商的审证、改证等手续,有利于合同的履行。

(三) 循环信用证的分类

循环信用证分为两种。一种是按时间循环使用的信用证,另一种是按金额循环使用的信用证。

1. **按时间循环使用的信用证**

按时间循环使用的信用证是指受益人在一定的时间内(如一个月)可议付信用证规定的一定金额,议付后,在以后一定时间内(如下一个月)信用证又恢复至原金额,并仍可议付使用,在若干个月内循环使用,直至该规定的总金额用完为止。

2. **按金额循环使用的信用证**

按金额循环使用的信用证是指受益人按照该证规定的一定金额进行议付后,该证仍恢复到原金额,可供再行议付使用,直至该证规定的总金额用完为止。这种信用证按金额循环的方式,又可分为以下几种。

1) 非自动式循环

非自动式循环又称通知循环,即每次动用的金额,必须等开证行通知该金额可以恢复后,信用证才恢复至原金额继续使用。

这种循环信用证,通常载有类如下述条款:

THE AMOUNT OF DRAWING PAID UNDER THIS CREDIT BECOME AVAILABLE TO YOU AGAIN UPON YOUR RECEIVING FROM US ADVICE TO THIS EFFECT.

2) 自动式循环

自动式循环即动用的金额自动恢复到原金额,不需要等待开证行的通知,也无须经过一定期间。这种循环信用证称为 instant revolving credit。

这种循环信用证,通常载有类似下面的条款:

THE AMOUNTS PAID UNDER THIS CREDIT ARE AGAIN AVAILABLE TO YOU AUTOMATICALLY UNTIL THE TOTAL OF THE PAYMENT REACHES US $…

3）半自动式循环

半自动式循环又称定期循环，即每次支款后若干日内，如果开证行未发出停止循环使用的通知，信用证即自动恢复到原金额。例如，约定一个月的期限，在此期间内如无不能恢复使用的通知，即可重新使用。

这种方法介于前述两者之间。其常用的条款如下：

30 DAYS AFTER A DRAFT HAS BEEN NEGOTIATED UNDER THIS CREDIT, THE CREDIT REVERTS TO ITS ORIGINAL AMOUNTS OF US $…UNLESS OTHERWISE NOTIFIED.

上述三种方法中，以第一种和第二种较常见。

按第一种方法，信用证金额的恢复使用，是在出口商得到开证行已兑付票款的通知以后。正因如此，出货越快，开出汇票也越多，而其金额恢复也越快。

（四）定期循环信用证、可累积定期循环信用证与不可累积定期循环信用证

1. 定期循环信用证

开证行认为，如果出货过快，进口商手头积货过多，不易脱手，可能影响今后的偿付能力，可以采用第二种方法——自动式循环，再约定恢复的期间，如每隔一个月或两个月恢复一次，加以限制。这种循环信用证，称为定期循环信用证（periodic L/C）。

2. 可累积定期循环信用证

在使用定期循环信用证时，常出现疑问：约定每期可开出汇票 US $ 20 000，但如果前期只装运了一部分合同货物，则本期开出的汇票金额可否包括前期未用完的金额？对此，若信用证规定，未用完的金额可结转下次使用，则这种信用证称为可累积定期循环信用证（revolving cumulative L/C）。

例如：

THIS CREDIT IS REVOLVING AT US $ 50 000 COVERING SHIPMENT OF… PER CALENDAR MONTH CUMULATIVE OPERATION FROM APRIL 1992 TO SEPTEMBER 1992 INCLUSIVE UP TO A TOTAL OF US $ 300 000.

3. 不可累积定期循环信用证

如未用完的金额不可结转下次使用，则称为不可累积定期循环信用证（non-cumulative revolving L/C）。

例如，信用证中有：

…TO THE EXTENT OF US $…REVOLVING NONCUMULATIVE AVAILABLE BY DRAFTS…

或

DRAWINGS UNDER THIS CREDIT ARE LIMITED TO US $…IN ANY CALENDAR MONTH…

课堂讨论 14-14：循环信用证的使用背景是什么？

七、对开信用证

对开信用证(reciprocal credit),是指买卖双方在易货贸易中,同时以对方为受益人而开立的金额大体相等的信用证。其特点是第一张信用证的受益人(出口商)和开证申请人(进口商)与第二张信用证(回头信用证)的开证申请人和受益人的地位恰恰对调。

也就是说,第一张信用证的申请人是第二张信用证的受益人,第一张信用证的受益人是第二张信用证的申请人。第一张信用证的通知行通常是第二张信用证的开证行。

(一) 对开信用证的使用背景

对开信用证的使用背景有以下几点。

(1) 进出口双方进行易货贸易。

(2) 进出口双方进行补偿贸易、来料加工、来件装配等交易。

(3) 外汇管制严格的国家、地区间开展贸易。

(二) 判断对开信用证的依据

为了保持两证对开和进出口大体平衡,首先开出的信用证通常加列以下生效条款:

This credit shall not be available/operative/effective/in force unless and until the reciprocal credit in favor of…for account of…is established by…Bank.

其后对开的信用证(回头证)通常加列类似下述条款:

This is a reciprocal credit against United Overseas Bank Ltd Singapore's Credit No. 1CMLC432512 favoring Jiumu Engineering & Trading Co issued by Development Bank Guangzhou Br.

(三) 对开信用证的使用方法

1. 对开信用证的运作流程

对开信用证的运作流程如图 14-5 所示。

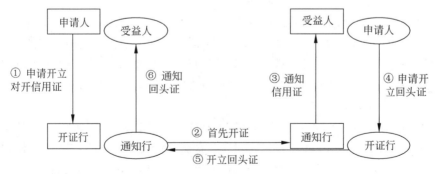

图 14-5　对开信用证的运作流程

2. 对开信用证的生效方法

为防止出现一方不履行责任的行为,两证应互为条件。两证一般应同时生效,即第一证先开出暂不生效,待对方开出回头证经受益人接受后,通知对方银行两证同时生效。

如第一份信用证中可加列:

This credit shall not be available unless and until the reciprocal credit is established by Trust Union Bank, Singapore in favor of Gomi trading Co., for amount of US $ 100 000 (One hundred thousand dollars only) covering shipment from Malaysia to Singapore.

两证也可先后生效。第一张信用证开出后立即生效,但须凭申请人收到回头证,或载明回头证已经开立的通知书,或保证若干天内开出回头证的担保书,方可予以议付或付款。

(四) 对开信用证的特点

对开信用证是易货交易、补偿贸易、来料加工、来件装配业务中较常采用的一种结算方式,其特点包括以下几个方面。

(1) 合同双方须签订两份契约,一份为原料或零配件的进口契约,一份为产品出口契约,以保证进出口平衡。

(2) 在两份契约基础上开立两份信用证,两份信用证系两批不同的进出口货物,第一张信用证的受益人和通知行分别为第二张信用证(回头证)的开证申请人与开证行,两证金额相等或大体相等。

(3) 采用对开信用证的最大优点是可以做到外汇收支平衡,这对外汇管制严格的国家或地区非常重要。

八、背对背信用证

背对背信用证(back-to-back L/C)又称转开信用证,它是指受益人要求原证的通知行或其他银行以原证为基础,另开一份内容相似的新信用证。

新证开立后,原证仍然有效,由开立背对背信用证的开证行代原证受益人保管。原开证行及原开证申请人与新证毫无关系。

(一) 判断背对背信用证的依据

背对背信用证的开证行为保护自身的利益,把风险降到最低,常常要求待原证受益人提示原证所规定的单据之后,才兑付背对背信用证项下的汇票。常见的条款如下。

(1) PAYMENT UNDER THIS CREDIT IS TO BE MADE UPON RECEIPT OF THE COVER OR THE NOTICE OF ACCEPTANCE FROM THE ISSUING BANK OF THE MASTER CREDIT.

(2) THIS CREDIT SHALL BECOME OPERATIVE ONLY UPON OUR RECEIPT FROM…OF THE RELATIVE DOCUMENTS AS REQUESTED BY THE MASTER CREDIT NO. …DATED…AND MADE OUT IN COMPLIANCE WITH THE TERNMS THEREOF.

(二) 背对背信用证的使用方法

背对背信用证有以下几种使用方法。

(1) 中间商与最终供货商和最终购买商分别签订商务合同。

（2）最终购买商开来一份以中间商为受益人的信用证,称为主证或原证。

（3）中间商凭此证要求往来银行（一般为原证通知行）另开立一份以最终供货商为受益人的信用证,称为背对背信用证或转开信用证。

（4）最终供货商发货后交单索汇。

（5）背对背信用证开证行收到背对背信用证项下的单据后,通知原证受益人（中间商）交来原证项下的出口单据（替换发票和汇票等）。

（6）背对背信用证开证行审核中间商的单据,若单据存在不符点,电询原证开证行;原证开证行接受不符点后,背对背信用证开证行将议付款项作为背对背信用证项下单据的赎买款项,支付最终供货商;若原证开证行拒绝接受不符点,则将中间商的单据做出口托收处理,收到款项后方向最终供货商付款。

视频资料

课堂讨论 14-15：背对背信用证的使用背景是什么?

课堂讨论 14-16：信用证的经济功能与缺陷是什么?

第五节　银行保函与备用信用证

在国际贸易业务中,当买卖双方不便使用跟单信用证,而一方当事人担心对方不履行合同义务时,通常要求对方通过银行出具银行保证书或者备用信用证（standby L/C）。银行保证书和备用信用证都是银行开立的保证文件,均属于银行信用,它们不仅适用于一般的货物买卖,同时也适用于国际劳务承包、项目融资等有关的国际经济合作业务。

一、银行保函

（一）银行保函的定义及基本内容

银行保函（banker's letter of guarantee,L/G）又称银行保证书,是指银行或其他金融机构作为担保人向受益人开立的,保证被保证人一定要向受益人尽到某项义务,否则将由担保人负责支付受益人损失的文件。它的特点是:保函依据商务合同开出,但又不依附于商务合同,具有独立的法律效力;银行信用作为保证,易于合同双方接受。

银行保函的内容根据交易的不同而有所不同,在形式和条款方面也无固定格式。但就其基本方面而言,银行保函通常包括以下内容。

1. 基本栏目

基本栏目包括保证书的编号、开立日期、各当事人的名称和地址、有关交易或工程项目的名称、有关合同或标书的编号和订约或签发日期等。

2. 责任条款

责任条款即开立保函的银行或其他金融机构在保函中承诺的应承担的责任条款。这是构成银行保函的主体。

3．保证金额

保证金额即出具保证书的银行或其他金融机构所承担责任的最高金额。保证金额可以是具体金额，也可以是合同或有关文件金额的某个百分率。如果保证人可以按照委托人履行合同的程度减免责任，则必须作出具体说明。

4．有效期

有效期即最迟的索赔期限，或称到期日。其既可以是具体的日期，也可以是在某一行为或某一事件发生后的一个时期，如在交货后 2 个月到期。

5．索偿方式

索偿方式即索偿条款，是指受益人在何种情况下可以向保证人提出索赔。通常国际上有两种不同的处理方法：一种是无条件的，或称"见索即付"保函；另一种是附有某些条件的保函。按照国际商会的规定，即使是见索即付保函的受益人在索偿时也要递交一份申明书。

6．银行保函的当事人及其职责

银行保函业务中涉及的主要当事人有三个：申请人、受益人和担保人。此外，往往还有通知行、转开行（reissuing bank）、保兑行和反担保人（counter-guarantor）等当事人。

1）申请人

申请人，又称委托人，即向银行提出申请，要求银行出具保函的一方，通常为债务人。其主要责任是履行合同项下的有关义务，并在担保人为履行担保责任而向受益人作出赔付时向担保人补偿其所做的任何义务。

2）受益人

受益人，即接受保函并有权按照保函规定的条款向担保人提出索赔的一方。其责任和义务是：履行在合同中所规定的责任和义务，并在保函规定的索偿条件具备时，有权按照保函规定出具索款通知或连同其他单据向担保行索取款项。

3）担保人

担保人，又称保证人，即根据申请人的要求，向受益人开立保函的一方，通常是银行。其责任和义务是只处理单据或证明，对保函所涉及的合同标的不负责任，对单据或证明的真伪以及在邮递过程中出现的遗失、延误均不负责任。

4）通知行

通知行，又称转递行（transmitting bank），即受担保人委托，并按担保人的要求将保函通知或传递给受益人的银行。通常是受益人所在地银行。通知行只负责保函的表面真实性。若因种种原因不能通知受益人，通知行应及时告知担保人。通知行在将保函按担保人要求通知受益人之后，可按规定向受益人或申请人收取手续费。

5）转开行

转开行，即根据担保银行的请求，凭担保人的反担保向受益人开出保函的银行，一般为受益人所在地银行。转开行在接受担保人的请求后，应该及时按担保人的要求开出保函。保函一经开出，转开行便成为担保人，承担担保人的责任和义务；而原来的担保人便成为反担保人。

6）保兑行

保兑行，又称第二担保人，即根据担保人的要求在保函上加具保兑的银行。保兑行只在担保人不按保函规定履行义务时,才向受益人支付一定的金额。保兑行通常为受益人所在地为其所熟悉和信任的大银行。

7)反担保人

反担保人,即为申请人向担保银行开出书面反担保的一方,通常为申请人的上级主管单位或其他银行、金融机构等。反担保人的责任是保证申请人履行合同义务,同时,向担保人承诺:当担保人在保函项下付款之后,担保人可以从反担保人处得到及时、足额的补偿,并在申请人不能向担保人作出补偿时,负责向担保人赔偿损失。

(二) 银行保函的运作程序

银行保函的运作程序如下。

(1)申请人向担保人提出开立保函的申请。

(2)申请人寻求反担保人,提供银行可以接受的反担保。

(3)反担保人向担保人出具不可撤销的反担保。

(4)如受益人提出要求,担保人则须出具由国际公认的大银行加以保兑的保函。担保人将其保函寄给通知行/转开行,请其通知受益人或重新开立以受益人为抬头的保函。

(5)通知行/转开行、保兑行将保函通知/转开给受益人。

(6)受益人在发现保函申请人违约时,向担保人/保兑行或转开行(担保人)索偿,保兑行/担保行赔付。

(7)保兑行赔付后,向担保人索偿,担保人再赔付给保兑行。

(8)担保人赔付后向反担保人索偿,反担保人赔付。

(9)反担保人赔付后向申请人索偿,申请人赔付。

(三) 银行保函的种类

银行保函可分为以下两种。

1. 银行进口保函

1)成套设备进口即期付款保函

例如,进口方按合同规定,预付给出口方一定比例(一般为10%)的定金,其余货款由进口地银行开立保函,保证进口方的大部分货款可凭货运单据即期付款,小部分(约5%)货款在设备正常运转期满后,凭厂方设备运转期满证书支付。如果进口方无力付款,由银行承担付款责任。

2)成套设备进口远期付款保函

例如,进口方按合同规定,预付给出口方一定比例(一般为5%)的定金,其余部分由进口地银行开立保函,保证进口方凭出口方交来的货运单据先支付小部分(约10%)货款,剩下的(约85%)货款作为远期付款,分期偿付。

3)租赁保函

租赁保函是由担保银行向出租人出具的担保文件,保证承租人一定按照租赁协议的条款支付租金。如果承租人不付租金,则由担保银行支付。

4)补偿贸易保函

进口方银行应进口方要求,向出口方保证,在一定时间内,进口方以产品偿还出口方先期预交的机器设备等价款。否则,由担保银行负责赔偿。

5) 加工装配保函

进口方银行应进口方要求,向出口方保证,进口方如期加工出口产品偿还机器设备价款。否则,由担保银行代为偿付。相对来说,进口方也可要求出口方提供银行保函,保证负责支付工缴费。

2. 银行出口保函

1) 投标保函

投标人向招标人递交投标书时,必须随附银行的投标保函。开标后,中标的投标人先前附来的银行投标保函立即生效。投标保函的金额一般为招标金额的 2%~5%。担保银行的责任是:当投标人在投标有限期内撤销投标,或者中标后不能同业主订立合同或不能提供履约保函时,就由担保银行负责付款。

2) 履约保函

招标人和中标的投标人在合同签订后,即成为接受承包人和承包人。承包人必须向接受承包人提供银行开立的履约保函,金额一般为合同金额的 10%~15%,以确保承包人按合同条款履约。否则,由银行负责赔偿一定金额,最高不超过履约保函的总金额。

单证

3) 还款保函

在国家间对金额较大的成套设备或工程项目交易,出口方常要求进口方预付一定金额的定金。进口方在支付定金前,要求出口方提供银行的还款保函,以担保出口方履行合约。否则,出口方银行负责将预付定金及利息退还给进口方。

4) 维修保函、质量保函

维修保函多用于造船、工程项目;质量保函多用于货物买卖。如果承包人所完成的工程质量或卖方所提供的货物的质量不符合合同规定,而承包人或卖方又不愿进行维修或调换,银行须向业主或买方赔付一定金额,以便业主或买方对工程或货物进行维修,以保证质量。

5) 保留金保函

土木建设合同往往规定,业主在支付工程价款时,只付 95%,暂扣 5%作为保留金,直至工程保修期满。在此期间,如工程质量发生问题,则用保留金抵付;如无问题,则将保留金退还给承包人。但承包人都希望获得 100%的工程价款,为此,其可以向银行申请开立保留金保函,提交业主,以代替扣减的保留金。一旦工程质量有问题,承包人不付保留金,则由担保银行支付。

6) 商品出口保函

一般由出口方银行根据出口方的要求,开出商品出口保函,向进口方担保按合约履行出口义务。如果出口方不能出口商品,则由银行负责赔偿进口方的损失。

(四) 有关银行保函的国际规则

到目前为止,国际商会先后制定并实施了以下相关的主要管理与规则:1992 年国际商会 458 号出版物——《见索即付保函统一规则》(*Uniform Rules for Demand Guarantee*,URDG458);1993 年国际商会 524 号出版物——《合同保函统一规则》(*Uniform Rules for*

Contract Bonds，URCB524)；2010 年国际商会 758 号出版物——《见索即付保函统一规则》(*Uniform Rules for Demand Guarantee*，URDG758)。

由于 URDG458 比较注重考虑保证人的利益,而忽视了保险人作为保证人的特殊利益,因此 URDG458 不适合保险公司提供的保证业务。1993 年国际商会颁布了 URCB524,将保函的性质确定为从属性,即保险人(保证人)承担的责任是第二性的,债务人依据基础交易产生的任何抗辩,保证人均可援引。

URDG758 是国际商会针对 1992 年 URDG458 的修订,一方面继承了 URDG458 规则的基本精神,坚持了独立性原则,强调了表面相符;另一方面改进了 URDG458 规则的具体操作,强化突出了单据化特征。URDG758 第 5 条专门列明了保函/反担保函的独立性,清晰界定了其所规范的保函是独立保函,见索即付保函既独立于申请人与收益人之间的基础合同,又独立于申请人向担保人发出的委托开立保函的申请;URDG758 第 2 条、第 6 条、第 7 条、第 9 条和第 10 条等规则项下详细规定了保函各个环节要求的单据化条件,同时增加了非单据化条件的补救措施以及对各个环节非单据化条件处理的严格限制,更加顺应国际贸易现代化发展的潮流。

二、备用信用证

(一) 备用信用证的定义及性质

备用信用证是指开证行根据开证申请人的请求对受益人开立的承诺承担某项义务的凭证,即开证行保证在开证申请人未能履行其应履行的义务时,受益人只要凭备用信用证的规定向开证行开具汇票(或不开汇票),并提交开证申请人未履行义务的声明或证明文件,即可取得开证行的偿付。

备用信用证属于银行信用。开证行对受益人保证,在开证申请人未履行其义务时,即由开证行付款。因此,备用信用证对受益人来说是备用于开证申请人发生毁约时取得补偿的一种方式。如果开证申请人按期履行合同的义务,受益人就无须要求开证行在备用信用证项下支付货款或赔款。这是称作"备用"(standby)的由来。

备用信用证一般用在投标、技术贸易、补偿贸易的履约保证、预付货款和赊销等业务中,也用于带有融资性质的还款保证。近年来,有些国家已开始把备用信用证用于买卖合同项下货款的支付。

(二) 备用信用证的种类

备用信用证包括履约备用信用证(performance standby L/C)、投标备用信用证(tender bond standby L/C)和预付款备用信用证(advance payment standby L/C)。

1. 履约备用信用证

履约备用信用证用于担保履行责任而非担保付款,包括对申请人在基础交易中违约所造成的损失进行赔偿的保证。在履约备用信用证有效期内如发生申请人违反合同的情况,开证人将根据受益人提交的符合备用信用证的单据(如索款要求书、违约声明等)代申请人赔偿保函规定的金额。

2. 投标备用信用证

投标备用信用证用于担保申请人中标后执行合同的责任和义务。若投标人未能履行合同，开证人须按备用信用证的规定向受益人履行赔款义务。投标备用信用证的金额一般为投标报价的 1%～5%（具体比例视招标文件规定而定）。

3. 预付款备用信用证

预付款备用信用证用于担保申请人对受益人的预付款所应承担的责任和义务。预付款备用信用证常用于国际工程承包项目中业主向承包人支付的合同总价 10%～25% 的工程预付款，以及进出口贸易中进口商向出口商的预付款。

此外，还有直接付款备用信用证（direct payment standby L/C），用于担保到期付款，尤指到期没有任何违约时支付本金和利息。其已经突破了备用信用证备而不用的传统担保性质，主要用于担保企业发行债券或订立债务契约时的到期支付本息义务。

课堂讨论题 14-17：备用信用证与跟单信用证的异同分别是什么？

(三) 有关备用信用证的国际惯例

由于《UCP500》主要是为商业信用证制定的，备用信用证在做法上与商业信用证有诸多不同之处，所以《UCP500》中有些条款对备用信用证不能适用。为此，1998 年 4 月 6 日，在美国国际金融服务协会、国际银行法律与实务学会和国际商会银行技术与实务委员会的共同努力下，《国际备用信用证惯例》（*International Standby Practices*，ISP98，为国际商会第 590 号出版物）终于公布，并已于 1999 年 1 月 1 日起正式实施，填补了备用信用证在国际规范方面的空白。

按照 ISP98 的规定，只有在明确注明依据 ISP98 开立时，备用信用证方受 ISP98 的管辖。一份备用信用证可同时注明依据 ISP98 和《UCP500》开立，此时 ISP98 优先于《UCP500》，即只有在 ISP98 未涉及或另有明确规定的情况下，才可依据《UCP500》原则解释和处理有关条款。ISP98 共有 10 条规则、89 款。这 10 条规则分别为：总则；责任；交单；审单；通知拒付、放弃拒付及单据处理；转让、让渡及依法转让；取消；偿付责任；时间规定；联合/参与。

2006 年 10 月 25 日，在巴黎举行的 ICC 银行技术与惯例委员会 2006 年秋季例会上，以点名形式，经 71 个国家和地区 ICC 委员会以 105 票赞成（其中，7 个国家各有 3 票权重，20 个国家和地区各有 2 票权重，44 个国家各有 1 票。值得一提的是，中国内地有 3 票、中国香港有 2 票、中国台北有 2 票），《UCP600》最终得以通过。《UCP600》适用于所有在其文中明确表明受其惯例约束的跟单信用证（包括备用信用证）。除非信用证明确修改或排除，其惯例各条文对信用证所有当事人均具有约束力。因此，《UCP600》也可用于备用信用证。

三、银行保函和备用信用证的异同

如前所述，备用信用证最初是以银行保函的替代形式出现的，在英美法系国家甚至认为银行保函与备用信用证在法律上没有什么区别。但近年的发展，尤其是直接付款备用信用证的出现,使得备用信用证已经不再仅仅发挥传统的担保作用,还像商业信用证一样充当了支付工具,这就使得人们不得不改变过去将备用信用证在很大程度上等同于银行保函的观点,因此对备用信用证和银行保函二者之间作出明确的区分就成为一个重要而现实的问题。笔者在本书只以发挥担保功能的备用信用证作为研究对象,将其与银行保函做一番比较。

(一) 银行保函与备用信用证的相同之处

银行保函与备用信用证都是银行因申请人的违约向受益人承担赔付的责任,都是一种银行信用,都发挥着一种担保功能,而且作为付款唯一依据的单据,都是受益人出具的违约声明或有关证明文件,银行在处理备用信用证和银行保函业务交易时都是一种单据交易,都只审查单据表面是否相符,而不对单据的真伪以及受益人与申请人之间的基础交易是否合法有效进行审查。二者相同之处具体如下。

1. 定义和法律当事人基本相同

银行保函和备用信用证虽然在定义的具体表述上有所不同,但总的说来,它们都是由银行或其他实力雄厚的非银行金融机构应某项交易合同项下的当事人(申请人)的请求或指示,向交易的另一方(受益人)出立的书面文件,承诺对提交的在表面上符合其条款规定的书面索赔声明或其他单据予以付款。银行保函与备用信用证的法律当事人基本相同,一般包括申请人、担保人或开证行(二者处于相同地位)、受益人。三者之间的法律关系是,申请人与担保人或开证行之间是契约关系,二者之间的权利义务关系是以开立银行保函或备用信用证申请书和银行接受申请而形成的;担保人或开证行与受益人之间也是契约关系,银行开出保函或备用信用证,受益人接受保函或备用信用证条款即形成契约关系。

2. 使用目的相同

银行保函和备用信用证都是国际担保的重要形式,在国际经贸往来中可发挥相同的作用,达到相同的目的。在国际经贸交往中,交易当事人往往被要求提供各种担保,以确保债务的履行,如招标交易中的投标担保、履约担保、设备贸易的预付款还款担保、质量或维修担保、国际技术贸易中的付款担保等,这些担保都可通过银行保函或备用信用证的形式实现。从备用信用证的产生看,它正是作为银行保函的替代方式而产生的,因此,它所达到的目的自然与银行保函有一致之处。实践的发展也正是如此。

3. 性质相同

国际经贸实践中的银行保函大多是见索即付保函,它吸收了信用证的特点,越来越向信用证靠近,使见索即付保函与备用信用证在性质上日趋相同。表现在:第一,担保银行和开证行的担保或付款责任都是第一性的,当申请人不履行债务时,受益人可以不找债务人承担责任,而凭保函或备用信用证直接从银行取得补偿;第二,它们虽然是依据申请人与受益人订立的基础合同开立的,但一旦开立,则独立于基础合同;第三,它们是纯粹的单据交易,担保人或开证行对受益人的索赔要求是基于银行保函和备用信用证条款规定的单据,即凭单付款。因此,有人将银行保函称为担保信用证。

(二) 银行保函与备用信用证的不同之处

银行保函与备用信用证都是一种银行信用,虽然从法律观点看,两者并无本质上的区别。但在实务上,正如国际商会所指出的那样,由于备用信用证已经发展为适用于各种用途的融资工具,包含了比银行保函更广的使用范围,而且在运作程序方面比银行保函更像商业信用证,有许多备用信用证中的程序在银行保函中是不具备的,如保兑程序、以开证人自己的名义开出备用信用证、向开证人之外的其他人提示单据的情形等,所以两者还是有较大的不同。具体表现在以下几个方面。

1. 银行保函有从属性保函和独立性保函之分,备用信用证无此区分

银行保函作为金融机构担保的一种,它与所凭以开立的基础合同之间的关系既可是从属性的,也可是独立的,是否独立完全由银行保函本身的内容确定。

备用信用证作为信用证的一种形式,并无从属性与独立性之分,它具有信用证的独立性、自足性、纯粹单据交易的特点,受益人索赔时以该信用证约定的条件为准,开证行只根据信用证条款与条件来决定是否支付,而不考虑基础合同订立和履行的各种情况。

2. 适用的法律规范和国际惯例不同

银行保函适用于各国关于担保的法律规范。各国关于银行保函的法律规范各不相同,到目前为止,没有一个可为各国银行界和贸易界广泛认可的银行保函国际惯例。独立性保函虽然在国际经贸实践中有广泛的应用,但大多数国家对其性质在法律上并未有明确规定,这在一定程度上阻碍了银行保函的发展。备用信用证则适用于统一的国际惯例,一般在开立信用证时,都要明确记载该信用证所适用的国际惯例的名称。

3. 开立方式不同

备用信用证的开立,开证行通过受益人当地的代理行(通知行)转告受益人,通知行需审核信用证表面真实性,如不能确定其真实性,就有责任不延误地告之开证行或受益人。银行独立保函的开立可以采取直接保证和间接保证两种方式。

如果采取直接保证方式,担保行和受益人之间的关系与备用信用证开证行和受益人的关系相同,但《见索即付保函统一规则》对通知行没有作出规定,因此银行独立保函可由担保银行或委托人直接递交给受益人;如果担保行通过一家代理行转递,则按常规这家转递行就负责审核保函签字或密押的真实性。

如果采取间接保证的方式开立银行独立保函,委托人(申请人)所委托的担保行作为指示方开出的是反担保函,而作为反担保函受益人的银行(受益人的当地银行)再向受益人开出保函并向其承担义务,开立反担保函的指示方并不直接对受益人承担义务。

4. 生效条件不同

按照英美法系的传统理论,银行提供独立保函必须有对价才能生效,但开立备用信用证则不需要有对价即可生效。1973 年,Barclays Bank 诉 Mercantile Nation Bank 一案中,美国法院认为,《跟单信用证统一惯例》第 5 条是关于排除对价的规定。《美国统一商法典》第 5~105 条规定:"开立信用证,或增加或修改其条款,可以没有对价。"在英国,法律要求担保合同中要有对价条款,否则就不能生效。

5. 兑付方式不同

备用信用证可以在即期付款、延期付款、承兑、议付四种方式中规定一种作为兑付方式,而银行独立保函的兑付方式只能是付款。相应地,备用信用证可指定议付行、付款行等,受益人可在当地交单议付或取得付款;银行独立保函中则只有担保行,受益人必须向

担保行交单。

6. 融资作用不同

备用信用证适用于各种用途的融资：申请人以其为担保取得信贷；受益人在备用信用证名下的汇票可以议付；以备用信用证作为抵押取得打包贷款；另外，银行可以没有申请人而自行开立备用信用证，供受益人在需要时取得所需款项。而银行独立保函除了借款保函的目的是以银行信用帮助申请人取得借款外，不具有融资功能，而且不能在没有申请人（委托人或指示方）的情况下由银行自行开立。

7. 单据要求不同

备用信用证一般要求受益人在索赔时提交即期汇票和证明申请人违约的书面文件。银行独立保函则不要求受益人提交汇票，但对于表明申请人违约的证明单据的要求比备用信用证下提交的单据要严格一些。例如，受益人除了提交证明申请人违约的文件外，还需提交证明自己履约的文件，否则，担保行有权拒付。

第六节　各种支付方式的选用

在国际贸易业务中，一笔交易的货款结算，可以只使用一种结算方式（通常如此），也可根据不同的交易商品、交易对象、交易做法等，将两种以上的结算方式结合使用，从而有利于促成交易安全、及时收汇等。在开展国际贸易业务时，究竟选择哪一种支付方式，可酌情而定。

一、主要结算方式的比较

在国际贸易中，汇付、跟单托收和跟单信用证是最基本、最常用的结算方式。表 14-1 对这三种结算方式在安全因素、资金占用、费用负担、手续繁简等方面做了比较。

表 14-1　汇付、跟单托收和跟单信用证的比较

结算方式		手续	银行收费	买卖双方的资金占用	买方风险	卖方风险
汇付	预付货款	简单	最少	不平衡	最大	最小
	赊账交易	简单	最少	不平衡	最小	最大
跟单托收	付款交单	稍繁	稍多	不平衡	较小	较大
	承兑交单	较繁	稍多	不平衡	极小	极大
跟单信用证		最繁	最多	较平衡	稍大	较小

二、影响结算方式选择的因素

在选择结算方式时，安全因素是首先需要考虑的问题，其次是占用资金时间的长短，当然也要注意具体操作时的手续繁简、银行费用的多少等。此外，下列因素对选择使用何种结算方式具有一定的影响，有时甚至起决定性作用。

（一）客户资信

在国际贸易中，合同能否顺利圆满地得到履行，在很大程度上取决于客户的信用。因此，要在贸易中安全收汇、安全用汇就必须事先做好对客户的资信调查，以便根据客户的具体情况，选用适当的结算方式。

（二）贸易术语

国际货物买卖合同中采用不同的国际贸易术语，表明各项合同的交货方式和使用的运输方式是不同的，而不同的交货方式和运输方式所适用的结算方式不会完全相同。因此，在选择结算方式时，要注意合同所采用的贸易术语。

（三）运输单据

如果货物通过海上运输，出口商装运货物后得到的运输提单是海运提单，而海运提单属于物权凭证，提单交付给进口商之前，出口商尚能控制货物，故可以选用信用证和托收方式结算货款。如果货物通过航空、铁路、邮政等方式运输，出口商装运货物后得到的运输单据是航空运单、铁路运单或邮包收据，这些都不是物权凭证，因此在这种情况下，一般不适宜做托收。即使采用信用证方式，也大都规定必须以开证行作为运输单据的收货人，以便银行控制货物。

三、各种支付方式的选用

在国际贸易实务中，除采用某一种支付方式之外，有时也可以将各种不同的支付方式结合起来使用，主要有以下几种方式。

（一）信用证与汇付相结合

信用证与汇付相结合是指部分货款采用信用证支付，余额采用汇付方式结算。这种结合形式常用于允许交货数量有一定机动幅度的某些初级产品的交易。例如，买卖矿砂、煤炭、粮食等散装货物时，买卖合同规定 90% 的货款以信用证方式支付，其余 10% 在该货物运抵目的港、经检验核实货物数量后，按实到数量确定余额以汇付方式支付。又如，对于特定商品或特定交易需进口商预付定金的，一般规定预付定金部分以汇付方式支付，其余货款以信用证方式结算。

（二）信用证与托收相结合

信用证与托收相结合是指：一笔交易的货款，部分用信用证方式支付，余额用托收方式结算。这种结合形式的具体做法通常是：信用证规定受益人（出口商）开立两张汇票，属于信用证项下的部分货款通过光票支付，而将货运单据附在托收部分的汇票项下按即期或远期付款交单方式托收。这种做法，对进口商而言，可减少开证金额，少付开证押金，少垫资金。对出口商而言，托收部分虽然有一定风险，但因为有部分信用证的保证，而且货运单据在信用证内规定跟随托收汇票，开证行需等全部货款付清后才能向进口商交单，因而，收汇较为安全。但信用证中必须订明信用证的种类和支付金额以及托收方式的种类，而且必须订明"在全部付清发票金额后方可交单"的条款。

（三）信用证与银行保函相结合

信用证与银行保函相结合主要用于成套设备进出口或工程承包交易，即除了支付货款外，还有预付定金或保留金的收取情况。一般货款可用信用证支付，预付定金要先开银行保函，保留金的收取也可以用开立保函代替。如果是招标交易，则须投标保函、履约保函、退还预付金保函与信用证相结合。

（四）托收与银行保函相结合

托收与汇付相反，是逆汇，出口商先交货后收款，从而要负担进口商收到货物后拒付而造成的货款两空的风险。因此，采取托收方式对于出口商不利。为了使货款收取有保障，可以让进口商申请开立保证托收付款的保函。一旦进口商没有在收到单据后的规定时间内付款，出口商有权向开立保函的银行索取出口货款。

（五）汇付、托收、信用证、保函多种结算方式结合

在成套设备、大型机械产品和交通工具的进出口交易中，由于成交金额巨大、产品生命周期较长，可以按工程进度和交货进度分若干期付清货款。此时，一般将汇付、托收、信用证、保函等结算方式结合起来使用。

[案例 14-1]　信用证改为托收造成严重后果案

案情： B 公司以 FOB 条件向 A 公司出口 2 500 吨油籽产品。合同规定，商品规格为杂质最高 3%、含油量最低 29%，支付条件为"买方通过卖方接受的银行开立不可撤销远期信用证，凭卖方开具见票 30 天付款跟单汇票办理议付"。

开证行 I 银行开立了不可撤销可议付信用证，并通过 A 银行通知受益人。信用证对提单条款规定："FULL SET OF CLEAN ON BOARD BILL OF LADING MADE OUT TO OUR ORDER, MARKED FREIGHT PREPAID NOTIFY APPLICANT"（全套清洁已装船海运提单，做成我行抬头，通知申请人）。

B 公司按照信用证规定，在对方船舶到达港口时即装运货物。同时，该船舶船长通过外轮代理公司交来提单用纸，并要求提单上的运费条款必须填列："FREIGHT PAYABLE AS PER CHARTER PARTY"（运费支付按照租船合同办理）。B 公司对照信用证，发现信用证对运费的填法并无规定，认为如果按船长要求在提单上填列运费支付按照租船合同办理，并不与信用证抵触。所以 B 公司在装运时，除提单按信用证条款规定缮制外，运费条款即按船长要求在提单上列出"FREIGHT PAYABLE AS PER CHARTER PARTY"。B 公司于 2005 年 5 月 8 日装运完毕，9 日即向开证行办理交单。

开证行审核单据后，认为单证不符，拒绝付款，理由是："提单上表示有'FREIGHT PAYABLE AS PER CHARTER PARTY'，这样受租船合同约束的提单事实上已构成了租船合同提单。"《UCP500》第 25 条 a 款规定，如果信用证要求或允许提交租船合同提单（charter party B/L），除非信用证另有规定，否则，银行将接受下述单据，不论其名称如何：表明受租船合同约束……因此，若提单含有表明受租船合同约束的任何批注，该提单就构成了租船合同提单。因此本提单上的明显批注使该提单的性质变为租船合同提单。本信用证要求提交"全套清洁已装船海运提单"，根据《UCP500》第 23 条 a 款第 5 项的规定，银

行接受未注明受租船合同约束的海运提单。

受益人B公司于5月11日随即向买方A公司提出："第×××号合同项下2500吨油籽产品昨已发出装运电,谅已收悉。在FOB条件下,该公司系属你方租船,我方按照你船方要求在提单上表明:'运费支付按照租船合同办理'。这样就使该提单的性质变成租船合同提单,而你信用证未允许接受租船合同提单,请速将信用证修改为接受租船合同提单。"

A公司5月12日复电:"如修改信用证会延误时间,我方认为你方货物既已装运,且船不久即可到港,到港后我方又无法提货,如果将如此大数量货物存入保税仓库,有大笔的保税库保管费用,损失太大。因此我方建议你方通过寄单行向开证行寄出单据,以承兑交单见票30天付款办理托收,这样不但使单据能及时寄来,我方可按时提货,使货物品质维持稳定,避免不应有的损失,还可以节省信用证修改费用。"

B公司研究买方意见后认为,船即将到达目的港,如果单据不立即通过银行寄出,而是等待信用证修改书到达再议付寄单,则货物会因到港多日无人提货而影响质量,为使双方避免不必要的损失,最后决定采纳买方建议,改以承兑交单见票30天付款办理托收。

一个多月后,I银行按申请人的指示通过A银行转告B公司,该托收付款人认为货物品质不合格拒绝付款。B公司认为,该商品品质有本国进出口商品检验机构出具的检验合格的品质检验证书,品质确有保证,据此多次与A公司交涉,但对方一直不予答复。B公司最终不得不派人到国外与买方当面解决。经调查,买方A公司其他商品经营亏损,资金有困难,这是拒绝付款的主要原因。至于其所谓的货物质量不合格问题,完全是检验方法的差异所致,B方商检机构是以干态乙醚浸出物作为检验方法,而对方则是以湿态乙醚浸出物为检验方法。其后B公司派出人员虽然几经与对方交涉、商洽,但货物已经运到,往返运输费用很高,最后B公司只好同意与对方达成妥协,货物降价25%结算,加计利息、派出人员费用等,此笔交易损失20多万美元。

分析: 本案争议焦点是,海洋运输提单上显示了"FREIGHT PAYABLE AS PER CHARTER PARTY"是否构成租船合约提单。

在国际贸易运输中,租船人向船主租用船舶或一定的舱位,就出租船舶与使用船舶运输货物有关双方的权利、义务订立运输合同,该合同就是租船合同,按租船合同规定所签发的提单就是租船合同提单。租船合同提单是指在租船运输业务中,在货物装船后由船长或船东根据租船合同签发的提单。提单内容和条款与租船契约有冲突时,以租船契约为准。租船合约提单上应该有类似这样一些文字:"此提单受到租船合同的约束。"

本案例中,提单上标注了"FREIGHT PAYABLE AS PER CHARTER PARTY",而受租船合同约束的提单事实上已构成租船合同提单。按照《UCP500》第25条a款的规定,"信用证要求或允许提交租船合同提单时,银行才接受含有受租船合同约束的任何批注的租船合同提单"。也就是说,只要提单上含有表明受租船合同约束的任何批注,该提单就构成了租船合同提单。由此可见,议付行拒绝议付的理由是充分的。在此案例中,受益人有两大失误:其一是机械地理解信用证条款,并据此制单使自己最终陷于被动局面;其二是在单据存在不符点、开证行拒绝接受单据的情况下,受益人对买方提出的以D/A 30天的方式办理托收的建议又予以轻率接受。这两大失误最终给受益人造成了严重的损失。

[案例 14-2]　唛头不符引起开证行拒付案

案情： 某年 6 月 5 日，N 银行收到 I 银行开来信用证 NO.×××，金额 100 000 美元，8 月 10 日，I 银行来电要求撤销该证，B 公司拒绝撤证。8 月 30 日，B 公司发货后将全套单据送 N 银行议付。N 银行审单员发现信用证规定的唛头中有"L/C NO."字样，B 公司交来的单据唛头中照打了"L/C NO."字样。当 N 银行要求 B 公司更改唛头，打上"L/C NO.×××"时，B 公司坚持不改，并要求按单证相符议付单据。N 银行 8 月 31 日寄给 I 银行。9 月 20 日，I 银行来电称："我行发现下述不符点：唛头未显示 L/C NO.，我们正与申请人联系以确定他们是否同意赎单，并将通知你行最终结果，及代你行保管单据。"N 银行与 B 公司联系协商后，于 9 月 25 日致电 I 银行："为了顺利了结此案，请再次与开证申请人 A 公司联系并以任何可能的方式敦促其接受单据。请通知我部联系结果及 A 公司有无其他要求。顺便提请贵行注意，B 公司指出，你行不符点通知过迟，请在今后业务中注意。"10 月 2 日，I 银行电告 A 公司已付款赎单，全部款项已汇入议付行指定账户。

分析： 首先，开证行提出的不符点是否是合理的不符点？

在来证中规定，信用证的唛头应有"L/C NO."，来的单据照打了"L/C NO."，但却没有打上"L/C NO.×××"。既然来证的唛头打上 L/C NO.，而单据没有打上，这已构成了单据表面上与信用证条款不相符。

但是，《UCP600》第 14 条 b 款规定，"按指定行事的指定银行、保兑行（如有的话）及开证行各有从交单次日起的至多五个银行工作日用以确定交单是否相符"。

在本案例中，N 银行 8 月 31 日寄单给开证行，而在 9 月 20 日才收到开证行来电提出不符点。这本身意味着开证行提出不符点的时间已超过 5 个银行工作日，丧失了拒付的权利。而 N 银行在回电中仅以"顺便提请贵行注意，B 公司指出，你行不符点通知过迟，请在今后业务中注意"这样的词句轻描淡写地提了一下，完全缺乏力度和严肃性。

据了解，此案的实际背景是该批货物市场行情疲软，进口商不愿要货。所以，在此也提醒我们，在做出口议付业务时，虽然银行只审核单据而不管货物，但至少应对所议付单据涉及的货物之行情有所了解，谨慎行事，以免因货物价格下跌引起纠纷。

本案中涉及的 I 银行为 N 银行总行代理行，与总行有着良好的业务往来关系，这就为此纠纷的顺利解决奠定了良好的基础。由此不难看出，无论是办理何种业务，都应尽量选择有业务关系的境外代理行，以确保在出现纠纷时得到顺利解决，从而促进业务的发展。

本章小结与思考题

试一试

第十五章

商品检验、索赔、不可抗力和仲裁

教学目的和要求

　　本章将介绍国际货物交易中检验、争议、索赔和理赔的含义与范围,介绍 WTO 成员间贸易争端解决机制的目标和原则。本章的目的是使学生了解货物检验、索赔、不可抗力的实务知识,掌握仲裁与贸易争端解决机制方面的实务知识。

关键概念

　　不可抗力　　索赔　　索赔协议　　理赔　　法定检验　　罚金　　仲裁

章首案例

　　案情:第二次中东战争期间,英法为夺得苏伊士运河的控制权,与以色列联合,于1956年10月29日,对埃及发动军事行动。英法以三国的行动遭到国际社会的普遍指责。美苏两国均介入此事件,并对三国施加压力。1956年11月6日,在强大的国际压力下,英法两国被迫接受停火决议,以色列也在11月8日同意撤出西奈半岛。英法两国的军事冒险最终以失败告终,只有以色列一定程度上达到了目的。需要强调的是,战争的持续时间为1956年10月29日—11月7日,在之后的时间里,埃及只有敌对行动,但没有战争发生。1956年10月4日,上诉人(卖方)苏丹的 T 公司与被上诉人(买方)汉堡的 N 公司通过代理人在汉堡签订了一份货物买卖合同。买卖标的物为300吨苏丹花生,每吨50英镑,CIF 汉堡,1956年11月至12月装运。在装运期间,因苏伊士运河被封锁,卖方提出合同不能履行的要求,理由是合同的第6项规定:"在进口或出口禁令、封锁或战争、流行病疫或罢工情况下,以及在不能如期装运或交货的不可抗力情况下,装运或交货期可延长两个月履行,但不超过两个月。此后,如果不可抗力情势继续存在,本合同可以取消。"买方拒绝接受卖方的要求。按合同的仲裁条款规定,双方当事人将争议提交伦敦仲裁院仲裁。

　　问:仲裁结果如何? 并说明原因。

　　分析:卖方违约,应付买方损失赔偿金和仲裁费。

　　第一,在这段特殊的时间里,埃及只有敌对行动但没有战争发生。

　　第二,如果"装运"这个词是指将货物装上船运至汉堡的话,那么既没有战争也没有不可抗力事件阻止卖方在合同规定的期限内装运合同规定的货物。

　　第三,如果"装运"这个词不仅包括将合同规定的货物装上船,还包括运至合同规定的目的港的话,即使在合同规定的装运期限内因不可抗力使运经苏伊士运河成为不可能,但通过好望角的航道并没有受阻。

　　第四,合同中并没有默认装运或运输必须要经过苏伊士运河的条款。

　　第五,该合同不能因为关闭苏伊士运河而失效。

　　第六,该合同的履行过程中,通过苏伊士运河运输和经过好望角运输,在商业上并没有什么根本的差别。

　　本案中,同学们应格外留意不可抗力的核心意义,仲裁结果是如何作出的。

第一节 商品检验

一、商品检验的内容和意义

商品检验,是指在国际货物买卖过程中,由具有权威性的专门的进出口商品检验机构依据法律、法规或合同的规定,对商品的质量、数量、重量和包装等方面进行检验与鉴定,并出具检验证书的活动。商品检验是买卖双方交接货物不可缺少的重要环节。

(一) 商品检验的内容

1. 商品品质检验(质量检验)

商品品质检验的范围很广,大体上包括外观质量检验与内在质量检验两个方面。外观质量检验主要是对商品的外形、结构、花样、色泽、气味、触感、疵点、表面加工质量、表面缺陷等的检验;内在质量检验一般指对商品的有效成分的种类和含量,有害物质的限量,商品的化学成分、物理性能、机械性能、工艺质量、使用效果等的检验。同一种商品根据不同的外形、尺寸、大小、造型、式样、质量、密度、包装类型等而有不同的规格。

单证

2. 商品数量和重量检验

商品数量和重量检验是按合同规定的计量单位和计量方法对商品的数量和重量进行检验,看其是否符合合同规定。在实务中,商品重量检验允许有一定的合理误差。

单证

3. 商品包装检验

商品包装检验是根据外贸合同、标准和其他有关规定,对进出口商品的外包装和内包装以及包装标志进行检验。包装检验首先核对外包装上的商品包装标志(标记、号码等)是否与进出口贸易合同相符。对进口商品主要检验:外包装是否完好无损,包装材料、包装方式和衬垫物等是否符合合同规定要求。对列入《商检机构实施检验的进出口

单证

商品种类表》和其他法律、法规规定必须经检验检疫机构检验的出口商品的运输包装,必须申请检验检疫机构或检验检疫机构指定的专门机构进行性能检验,未经检验或检验不合格的,不准用于盛装出口商品。

4. 商品残损检验

商品残损检验主要是对进口受损货物的残损部分予以鉴定,了解致残原因及对商品使用价值的影响,估定残损程度,出具证明,作为向有关各方索赔的依据。商品的残损主要是指商品的残破、短缺、生锈、发霉、虫蛀、油浸、变质等情况。检验的依据包括发票、装箱单、保险单、重量单、提单、商务记录及外轮理货报告等有效单证或资料。

5. 商品卫生检验

商品卫生检验主要是对肉类罐头食品、奶制品、禽蛋及蛋制品、水果等进出口食品,检验其是否符合人类食用卫生条件,以保障人民健康和维护国家信誉。

6. 商品的安全性能检验

单证

商品的安全性能检验是根据国家规定和外贸合同、标准以及进口国的法律要求,对进出口商品有关安全性能方面的项目进行的检验,如易燃、易爆、易触电、易受毒害、易受伤害等,以保证安全使用和生命财产的安全。

（二）商品检验的意义

1. 有利于商品出口

从商品出口的角度来看,通过商品检验,卖方能够保证向买方交付合格货物,以此提高自己的信誉。同时商检也对出口合同履行状况起监督和摸底作用。出口商品检验有利于出口商及时发现问题,以便有机会采取补救措施,提高履行合约的质量。

2. 有利于维护进口方的权益

从商品进口的角度来看,进口方可通过行使检验权来保护自己的正当权益。商品检验的结果既为接受合乎质量要求的货物提供了保证,又为可能因货物质量不好而拒收货物或提出索赔要求提供必要的根据,从而有效防止国际贸易中的欺诈行为,维护进口方的合法权益。

二、商品检验的时间和地点

在国际贸易中,进出口商品检验的时间和地点关系着买卖双方的切身利益。因为它涉及检验权、检验机构以及有关的索赔问题。商品检验的时间和地点的规定,成为合同中商检条款的一个核心问题。其做法主要有以下几种。

（一）出口国产地检验

发货前,由卖方检验人员会同买方检验人员对货物进行检验,卖方只对商品离开产地前的品质负责。离开产地后运输途中出现的风险,由买方负责。

（二）装运港（地）检验

单证

货物在装运前或装运时由双方约定的商检机构检验,并出具检验证明,作为确认交货品质和数量的依据。这种规定,称为以离岸品质和离岸数量为准。

（三）目的港（地）检验

货物在目的港（地）卸货后,由双方约定的商检机构检验,并出具检验证明,作为确认交货品质和数量的依据。这种规定,称为以到岸品质和到岸数量为准。

（四）买方营业处所或用户所在地检验

对于那些密封包装、精密复杂的商品,不宜在使用前拆包检验,或需要安装调试后才能检验,可将检验推迟至用户所在地,由双方认可的检验机构检验并出具证明。

(五) 出口国检验,进口国复检

出口国检验,进口国复检,按照这种做法,装运前的检验证书可作为卖方收取货款的出口单据之一,但货到目的地后,买方有复验权。如经双方认可的商检机构复验后,发现货物不符合合同规定,且系卖方责任,买方可在规定时间内向卖方提出异议和索赔,直至拒收货物。

上述几种做法各有特点,应视具体的商品交易性质而定。但对大多数一般商品交易来说,"出口国检验,进口国复验"的做法最为方便而且合理。因为这种做法一方面肯定了卖方的检验证书是有效的交接货物和结算凭证,同时又确认买方在收到货物后有复验权,这在一定程度上调和了买卖双方在检验问题上的矛盾,符合各国法律和国际公约的规定。我国对外贸易中大多采用这一做法。

三、商品检验机构

(一) 国际贸易领域中商品检验机构的种类

(1) 国家设立的官方商检机构。官方的检验机构只对特定商品(粮食、药物等)进行检验,如美国食品药物管理局。

(2) 民间私人或社团经营的非官方机构。国际贸易中的商品检验主要由民间机构承担,民间商检机构具有公证机构的法律地位。比较著名的有:瑞士通用公证行(SGS)、日本海外货物检查株式会社(OMIC)、美国保险人实验室(UL)、英国劳合氏公证行(Lloyd's Surveyor)、法国船级社(BV)以及香港天祥公证化验行等。

(3) 工厂企业、用货单位设立的化验室、检测室等。

(二) 我国商检机构及其职责任务

我国进出口商品检验主要由官方的中华人民共和国海关总署及其分支机构承担。此外,还有各种专门从事动植物、食品、药品、船舶、计量器具等检验的官方检验机构。

我国官方商检机构统一按照《中华人民共和国进出口商品检验法实施条例》执行检验任务。主要任务有三条:其对重要商品实施法定检验;对所有进出口商品的品质实施监督管理;办理对外贸易公证鉴定业务。

1. 法定检验

进口商品分法定检验商品和非法定检验商品。法定检验是指商检机构依据国家法律、法规对重点进出口商品实行的一种强制性检验。法定检验的范围如下。

(1) 列入《商检机构实施检验的进出口商品种类表》的进出口商品。

(2)《中华人民共和国食品安全法》和《中华人民共和国进出境动植物检疫法》规定的商品。

(3) 对出口危险货物包装容器、危险货物运输设备和工具的安全技术的性能和使用鉴定。

(4) 对装运易腐烂变质食品、冷冻品的船只和集装箱等运输工具实施适载检验。

（5）根据国外法规要求强制检验或认证的商品。

（6）对外贸易合同规定由商检机构检验出证的进出口商品。

以上范围之外的进口商品为非法定检验商品。

法定检验和非法定检验商品在办理报验手续上有所不同。前者到货后，收货人或其代理人必须向口岸或到达站商检机构办理进口商品登记手续，然后按商检机构规定的地点和期限向到货地商检机构办理进口商品报验。

非法定检验进口商品到货后，由收货部门直接办理进口通关手续。提货后，可按合同的约定自行检验，若发现问题需凭商检证书索赔的，应向所在地商检机构办理进口商品报验。

2．监督管理

监督管理是指检验检疫机构通过行政管理手段，对本地区进出口商品的检验检疫工作进行监督管理。其范围包括对一切进出口商品的质量、规格、数量、重量、包装以及生产经营、仓储、运输、安全和卫生要求等进行检验、鉴定。商检机构除依法对规定的进出口商品实施检验外，还有权对规定以外的进出口商品进行抽查检验。

3．鉴定业务

鉴定业务是指商检机构接受对外贸易关系人的申请，或外国检验机构的委托，以公正的态度，对进出口商品进行鉴定，签发鉴定证书，作为申请人办理进出口商品的交接、结算、报关、纳税、计费、理算、索赔、仲裁等的有效依据。鉴定业务与法定检验不同，它不具有强制性。鉴定业务的范围主要包括：进出口商品的质量、数量、重量、包装、商品残损的鉴定；货载衡量、车辆、船舱集装箱等运输工具的清洁、密固和冷藏效能等装运技术的鉴定；抽取并签封各类样品，签发价值证书；等等。

四、商品检验的程序

办理进出口商品检验，是国际贸易中的一个重要环节。进出口商品的检验程序如下。

（一）申请检验

法定检验的商品以及需要商检的商品需在网上"中国国际贸易单一窗口"中进行无纸化报关，在备注中标明需要检验的项目，无须另行报检。其具体操作界面如图15-1所示。

（二）抽样

商检机构接受报验之后，由商检机构派员及时赴货物堆存地点进行现场检验鉴定。抽样时，采取随机取样方式，在货物的不同部位抽取一定数量的、能代表全批货物质量的样品（标本）供检验之用。报验人应提供存货地点情况，并配合商检人员做好抽样工作。

（三）检验

检验部门可以使用从感官到化学分析、仪器分析等各种技术手段，对进出口商品进行检验。检验的形式有商检自验、共同检验、驻厂检验和产地检验。

（四）签发证书

在出口方面，商检机构对检验合格的商品签发检验证书，或在"出口货物报关单"上加盖放行章。出口企业在取得检验证书或放行通知单后，在规定的有效期内报运出口。

图 15-1　中国国际贸易单一窗口

在进口方面,进口商品经检验后,分别签发"检验情况通知单"或"检验证书",供对外结算或索赔用。凡由收、用货单位自行验收的进口商品,如发现问题,应及时向商检机构申请复验并出证,以便向外商提出索赔。对于验收合格的,收、用货单位应在索赔有效期内把检验结果报送商检机构。

五、合同中的商品检验条款

商检条款是国际货物买卖合同中的一项重要内容。其所包含的商检权与当事人的拒收权和索赔权有着直接的联系。当事人依据商检条款,行使相应的商检权。因此,应根据平等互利原则与对方协商订立检验条款,从而提高合同的履约率。

(一) 出口合同中的商品检验条款

在我国出口合同中,商检条款一般订法为:

双方同意以中华人民共和国海关总署所签发的品质/数量检验证书作为信用证项下议付单据的一部分。买方有权对货物进行复检。复检费由买方负担。如发现品质或数量与合同不符,买方有权向卖方索赔,但需提供经卖方同意的公证机构出具的检验报告。索赔期限为货物到达目的港××天内。

（二）进口合同中的商品检验条款

在我国进口合同中，商检条款一般订法为：

双方同意以制造厂（或××检验机构）出具的品质及数（重）量检验证明书作为有关信用证项下付款的单据之一。货到目的港经中华人民共和国海关总署复验，如发现品质或数（重）量与本合同规定不符，除属保险人或承运人责任外，买方凭中国出入境检验检疫机构的检验证书，在索赔有效期内向卖方提出退货或索赔。索赔有效期为××天，自货物卸毕日期起计算。退货或索赔引起的一切费用（包括检验费）及损失均由卖方负担。

（三）商品检验条款的注意事项

合同中的商检条款主要内容一般包括检验方式、检验内容、检验机构和检验费用等方面。所以，在与外商签订的进出口合同中，需要科学、明确、具体、合理地确定这些内容。

1. 确定检验方式

出口检验方式理论上可分为自验、共验、出口商品预先检验、驻厂检验、产地检验、出口商品内地检验与口岸查验、出口商品的重新检验、免验、复验等多种方式。不同的商检机构有不同的要求。所以在与外商签订合同时，事先就要弄清楚客户所要求的出证机构将会采取哪种方式检验。

2. 确定检验内容

双方商量好每一批货物应检验哪些项目，并将其清楚地写到合同里，这是商检条款的核心内容之一。而且，对检验内容进行合同表述的时候要科学、合理和精确。

3. 慎选检验机构

要选择世界公认的、一流的检验机构。这类机构在世界分支机构多、信誉好、技术水平先进、效率高、出证快、权威性强，一般来说比较公正，收费也规范，联系也方便。

4. 明确检验费用由谁承担

出口业务中，商检费用一般由出口商自己承担。但是，当买方提出额外的商检方面的要求时，出口商就得考虑费用该由谁承担的问题了。当然，还要考虑额外的工作所占用的时间和对整个出口流程的影响。

5. 检验权的约定应公平合理

商品检验权的归属直接关系到买卖双方的切身利益。因此，合同当事方对商品检验权的约定应十分慎重。一般来说，以卖方的检验为准对买方不利，而以买方的检验为准则对卖方不利。比较公平合理的做法应当是，出口国检验证明作为卖方交付凭证，但货物到达后买方享有复检权。

[案例 15-1]　检验与索赔至关重要

案情：2016 年 11 月，我方某公司与香港一公司签订了一个进口香烟生产线合同。设备是二手货，共 18 条生产线，由 A 国某公司出售，价值 1 000 多万美元。合同规定，出售商保证设备在拆卸之前均在正常运转，否则更换或退货。设备运抵目的地后发现，这些设备在拆运前早已停止使用，在目的地装配后也因设备损坏、缺件根本无法马上投产使用。但是,由于合同规定如要索赔需商检部门在"货到现场后14天内"出证,而实际上货物运抵工厂并进行装配就已经超过14天,无法在这个期限内向外索赔。这样,工厂只能依靠自己的力量进行加工维修。经过半年多时间,花了大量人力、物力,也只开出了4条生产线。

分析:该案例的要害问题是合同签订者把引进设备仅仅分为订合同、交货、收货几个简单环节,完全忽略了检验、索赔这两个重要环节。特别是索赔有效期问题,合同质量条款订得再好,索赔有效期订得不合理,质量条款就成为一句空话。大量事实说明,外商在索赔有效期上提出不合理意见,往往表明其质量上存在问题,需要设法掩盖。如果只满足于合同中形容质量的漂亮辞藻,不注意索赔条款,就很可能发生此类事故。

第二节 索 赔

一、争议、索赔和理赔的定义

(一) 争议

1. 争议的定义

争议(disputes)是指买卖的一方认为另一方没有履行合同规定的责任与义务所引起的纠纷。

2. 引起争议的原因

(1)卖方违约。如卖方不交货,或未按合同规定的时间、品质、数量、包装条款交货,或单证不符等。

(2)买方违约。如买方不开或缓开信用证,不付款或不按时付款赎单,无理拒收货物,在FOB条件下不按时派船接货等。

(3)双方对合同条款规定得欠妥当、不明确,或同一合同的不同条款之间互相矛盾,致使双方当事人对合同规定的权利与义务的理解不一致,导致合同的顺利履行产生困难,甚至发生争议。买卖双方国家的法律或对国际贸易惯例的解释不一致,甚至对合同是否成立有不同的看法。

(4)在履行合同过程中遇到了买卖双方不能预见或无法控制的情况,如某种不可抗力,双方有不一致的解释等。

由上述原因引起的争议,概括起来就是:卖方或买方违约;双方对违约的事实有分歧,对违约的责任及其后果的认识不一致。对此,双方应采取适当措施,妥善解决。

(二) 索赔和理赔

索赔(claim)和理赔(settlement of claims)是一个问题的两个方面。

1. 索赔的定义

索赔是指签订合同的一方违反合同的规定,直接或间接地给另一方造成损害,受损方向违约方提出损害赔偿要求。

导致索赔的原因主要包括买方违约、卖方违约、承运人违约、发生保险范围内的货损货差。

2. 理赔的定义

理赔是指违约方受理受损方提出的赔偿要求。可见，索赔和理赔是同一个问题的两个方面。

二、不同法律对违约行为的不同解释

违约（breach of contract），是指买卖双方之中任何一方违反合同义务的行为。国际货物买卖合同是对缔约双方具有约束力的法律文件。任何一方违反了合同义务，就应承担违约的法律责任，受损的一方有权提出损害赔偿要求。但是，因为不同的法律和文件对于违约方的违约行为及由此产生的法律后果、对该后果的处理有不同的规定和解释，所以我们必须了解和熟悉这方面的知识。

（一）英国的法律规定

英国的《货物买卖法》将违约分为违反要件（breach of condition）和违反担保（breach of warranty）两种。违反要件是指违反合同的主要条款，即违反与商品有关的品质、数量、交货期等要件；在合同的一方当事人违反要件的情况下，另一方当事人，即受损方有权解除合同，并有权提出损害赔偿。违反担保是指违反合同的次要条款，受损方只能提出损害赔偿，而不能解除合同。至于在每份具体合同中哪个属于要件、哪个属于担保，该法并无明确具体的解释，只是根据"合同所作的解释进行判断"。这样，在解释和处理违约案件时，难免带有不确定性和随意性。

（二）《联合国国际货物销售合同公约》的规定

《联合国国际货物销售合同公约》则对违约的后果及其严重性进行判断，将违约分为根本性违约和非根本性违约。根本性违约（fundamental breach）是指违约方的故意行为造成的违约，如卖方完全不交货，买方无理拒收货物、拒付货款，其结果给受损方造成实质损害。如果一方当事人根本性违约，另一方当事人可以宣告合同无效，并可要求损害赔偿。非根本性违约（non-fundamental breach）是指违约的状况尚未达到根本违反合同的程度，受损方只能要求损害赔偿，而不能宣告合同无效。

三、进出口合同中的索赔条款

买卖双方可根据交易的需要在合同中订立或不订立索赔条款。订立索赔条款通常有以下两种方式。

（一）异议和索赔条款

该条款针对卖方交货品质、数量或包装不符合合同规定而订立，主要内容包括索赔依据、索赔期限和赔偿损失。

1. 索赔依据

索赔依据主要是指双方认可的商检机构出具的检验证书。

2. 索赔期限

索赔期限主要是指受损方向违约方提出索赔要求的有效期限。如逾期提出索赔,违约方可不予理赔。至于索赔期限究竟以多长时间为宜和采用何种办法计算索赔期的起讫,则应根据商品的性质、港口条件、检验货物的可能性及所需时间等加以明确。实务中对索赔期限的起算时间通常有下列几种规定方法。

(1) 货物到达目的港后某天起算。

(2) 货物到达目的港卸至码头后某天起算。

(3) 货物到达买方营业处所后某天起算。

(4) 货物到达用户所在地后某天起算。

(5) 货物经检验后某天起算。

3. 赔偿损失

一般对此问题只做笼统规定,主要是由于违约的原因通常较复杂,在订立合同时很难进行预计。

(二) 罚金条款

该条款针对当事人不按期履约而订立。如卖方未按期交货或买方未按期派船、开证等。其主要内容是:如有一方未履约或未完全履约,应向对方支付一定数量的约定金额,即罚金或违约金,以补偿对方的损失。罚金的支付并不解除违约方继续履行合同的义务。因此,违约方除支付罚金外,仍应履行合同义务,如因故不能履约,则另一方在收受罚金之外,仍有权索赔。违约金的起算日期有两种方法:一种是按合同规定的交货期或开证期终止后立即起算;另一种是规定优惠期,指在合同规定的有关期限终止后再宽限一段时间,在优惠期内免于罚款,优惠期届满即开始起算。各国在法律上对罚金条款的解释和规定存在差异,实务中应引起重视。如英美法系国家的法律只承认损害赔偿,不承认带有惩罚性的罚金。所以在与这些国家进行贸易时,应注意约定的罚金条款的合法性。

罚金条款常用于大宗商品或成套设备的合同中。

第三节 不可抗力

一、不可抗力概述

不可抗力是指买卖合同签订后,不是由于当事人一方的过失或故意,发生了当事人在订立合同时不能预见,对其发生和后果不能避免,并且不能克服的事件,以致不能履行合同或不能如期履行合同。遭受不可抗力事件的一方,可以据此免除履行合同的责任或推迟履行合同,对方无权要求赔偿。可见,不可抗力条款是一种免责条款,即免除由于不可抗力事件而违约的一方的违约责任,也是一项法律原则。

不可抗力事件主要包括两种情况。

（一） 自然力量引起的不可抗力事件

自然力量引起的不可抗力事件主要是指各种自然灾害，如飓风（hurricane）、水灾（flood）、雪崩（avalanches）、闪电（lightning）等原因所致的不可抗力事件。

（二） 社会力量引起的不可抗力事件

社会力量引起的不可抗力事件主要是指因战争（war）、类似战争状况（warlike conditions）、政府管制或禁令（government restriction or prohibition）、罢工（strike）、民众骚乱（civil commotions）等因素所致的不可抗力事件。

针对不可抗力事件主要采取两种处理方法：一是解除合同，二是延迟履约。

实际工作中，对特定的不可抗力事件究竟采取何种处理方式，要看这一事件影响履约的严重程度。一般认为，如果不可抗力使得合同履行成为不可能，则可解除合同；如果不可抗力只是部分或者暂时性地阻碍了合同的履行，则发生事件的一方只能采取变更合同（包括替代履行、减少履行或延迟履行）的方法，以减少另一方的损失。

虽然国际贸易公约和各国的法律、法规对不可抗力的叫法不统一，解释也不一致，但其基本精神则大体相同，主要包括以下几点。

（1）意外事故必须是发生在合同签订以后。

（2）意外事故不是由于合同当事人双方自身的过失或疏忽而导致的。

（3）意外事故是当事人双方所不能控制的、无能为力的。

二、进出口合同中的不可抗力条款

不可抗力条款的内容，主要包括不可抗力事件的范围，不可抗力的法律后果，不可抗力事件的通知期限、方式，不可抗力事件的证明，以及援引不可抗力条款和处理不可抗力事件应注意的事项等。

（一） 不可抗力事件的范围

不可抗力事件的范围较广，哪些意外事故构成不可抗力，哪些不能构成，买卖双方在交易磋商时应达成一致意见，而且对不可抗力条款的表述应明确、具体。关于不可抗力事件的范围，应在买卖合同中订明。通常有下列三种规定办法。

1. 概括规定

概括规定即在合同中不具体规定不可抗力事件的范围，只做概括的规定。例如：

If the fulfillment of the contract is prevented due to force majeure, the seller shall not be liable. However, the seller shall notify the buyer by cable and furnish the sufficient certificate attesting such event or events.

（如果由于不可抗力的原因导致卖方不能履行合同规定的义务，卖方不负责任，但卖方应立即电报通知买方，并须向买方提交证明发生此类事件的有效证明书。）

2. 具体规定

具体规定即在合同中明确规定不可抗力事件的范围，凡在合同中没有订明的，均不能作为不可抗力事件加以援引。例如：

If the shipment of the contracted goods is delayed by reason of war, flood, fire, earthquake, heavy snow and storm, the seller can delay to fulfill, or revoke part or the whole contract.

（如果由于战争、洪水、火灾、地震、雪灾、暴风的原因致使卖方不能按时履行义务, 卖方可以推迟这些义务的履行时间, 或者撤销部分或全部合同。）

3. 综合规定

综合规定即采用概括和列举综合并用的方式。在我国进出口合同中, 一般都采取这种规定办法。例如:

If the fulfillment of the contract is prevented by reason of war or other causes of force majeure, which exists for three months after the expiring the contract, the non-shipment of this contract is considered to be void, for which neither the seller nor the buyer shall be liable.

（如果因战争或其他人力不可控制的原因, 买卖双方不能在规定的时间内履行合同, 如此种行为或原因, 在合同有效期后继续三个月, 则本合同的未交货部分即视为取消, 买卖双方的任何一方, 不负任何责任。）

（二）不可抗力的法律后果

发生不可抗力事件后, 应按约定的处理原则和办法及时进行处理。不可抗力引起的法律后果有两种: 一种是解除合同; 另一种是延期履行合同。至于什么情况下可以解除合同, 什么情况下只能延期履行合同, 应视事件的原因、性质、规模及其对履行合同所产生的实际影响程度而定。

（三）不可抗力事件的通知期限、方式

不可抗力事件发生后如影响合同履行, 发生事件的一方当事人应按约定的通知期限和通知方式, 将不可抗力事件情况如实通知对方, 如以电报通知对方, 并在 15 天内以航空信提供事故的详尽情况和影响合同履行程度的证明文件。对方在接到通知后, 应及时答复, 如有异议也应及时提出。

（四）不可抗力事件的证明

在国际贸易中, 当一方援引不可抗力条款要求免责时, 必须向对方提交有关机构出具的证明文件, 作为发生不可抗力的证明。在国外, 一般由当地的商会或合法的公证机构出具。在我国, 由中国国际贸易促进委员会或其设在口岸的贸促分会出具。

（五）援引不可抗力条款和处理不可抗力事件应注意的事项

当不可抗力事件发生后, 合同当事人在援引不可抗力条款和处理不可抗力事件时, 应注意如下事项。

（1）发生事故的一方当事人应按约定期限和方式将事件情况通知对方, 对方也应及时答复。

（2）双方当事人都要认真分析事件的性质, 看其是否属于不可抗力事件的范围。

（3）发生事件的一方当事人应出具有效的证明文件, 以作为发生事件的证据。

（4）双方当事人应就不可抗力的后果, 按约定的处理原则和办法进行协商处理。处理时, 应弄清情况, 体现实事求是的精神。

（5）信用证项下，《UCP600》第 36 条规定，银行对由于天灾、暴动、骚乱、叛乱、战争、恐怖主义行为，或任何罢工、停工或其无法控制的任何其他原因导致的营业中断的后果，概不负责。

[案例 15-2]　不可抗力的认定

案情： 2005 年 1 月，中国某公司（简称 A 公司）与马来西亚某化工企业（简称 B 公司）签订了一份 100 000 吨石油合同，装运期为 2005 年 5 月，装运港为马来西亚某港，支付方式为不可撤销跟单信用证。合同内容完备，对不可抗力、仲裁等条款做了详细规定。A 公司 2005 年 4 月 10 日向中国银行申请开出信用证。2005 年 5 月 10 日 B 公司致电请求将装运时间延至 6 月底。5 月 15 日 B 公司再次致电称：由于供油厂发生泄漏，已经停产，要求以发生不可抗力为由，解除合同。后经 A 公司多次催告未果，恰逢国际油价暴涨，A 公司被迫高价另寻货源，导致 A 公司遭受价差损失近 30 万美元。于是，A 公司向 B 公司提出索赔，但遭到 B 公司拒绝，最终提交仲裁。

分析： 本案的争议焦点在于，B 公司的供油厂发生泄漏停产，是否构成不可抗力。B 公司要求免责的理由属于供货方的所谓技术原因，而非自然灾害、战争、内乱、政府禁令等无法预见、无法预防、无法控制、无法避免的原因造成。根据各国贸易惯例和司法实践，技术原因不构成无法克服的不可抗力之事由。石油属于种类物质，而非特定物，即使 B 公司的供油厂实际发生泄漏停产，也应设法从其他供货渠道寻求替代物，因此，B 公司以不可抗力为由要求解除合同的前提不成立。

第四节　仲裁与贸易争端解决机制

一、仲裁的定义和特点

（一）仲裁的定义

仲裁（arbitration）又称公断，是指买卖双方在争议发生之前或发生之后，签订书面协议，自愿将争议提交双方均同意的第三者予以裁决（award）。由于仲裁是依照法律所允许的仲裁程序裁定争端，因而仲裁裁决是最终裁决，具有法律约束力，当事人双方必须遵照执行。

（二）仲裁的特点

国际贸易中，双方在履约过程中有可能发生争议。由于买卖双方之间的关系是一种平等互利的合作关系，所以一旦发生争议，首先应通过友好协商的方式解决，以利于保护商业秘密和企业声誉。如果协商不成，则当事人可按照合同约定或争议的情况采用调解、仲裁或诉讼方式解决争议。

诉讼是一方当事人向法院起诉，控告合同的另一方，一般要求法院判令另一方当事人以赔偿经济损失或支付违约金的方式承担违约责任，也有要求对方实际履行合同义务的。

其特点是诉讼是当事人单方面的行为,只要法院受理,另一方就必须应诉。但诉讼方式的缺点在于立案时间长、诉讼费用高,异国法院的判决未必是公正的,各国司法程序不同,当事人在异国诉讼比较复杂。

与诉讼相比,仲裁方式具有解决争议时间短、费用低、能为当事人保密、异国执行方便等优点。且仲裁是终局的,对双方都有约束力。因此,在国际贸易实践中,仲裁是被采用最广泛的一种方式。

二、仲裁协议的形式和作用

(一) 仲裁协议的形式

仲裁协议是表明双方当事人愿意将他们的争议提交仲裁机构裁决的一种书面协议。仲裁协议有两种形式。

(1) 双方当事人在争议发生之前订立的,表示一旦发生争议应提交仲裁,通常为合同中的一个条款,称为仲裁条款。

(2) 双方当事人在争议发生后订立的,表示同意把已经发生的争议提交仲裁的协议,往往通过双方函电往来而订立。

(二) 仲裁协议的作用

(1) 仲裁协议表明双方当事人愿意将他们的争议提交仲裁机构裁决,任何一方都不得向法院起诉。

(2) 仲裁协议也是仲裁机构受理案件的依据,任何仲裁机构都无权受理无书面仲裁协议的案件。

(3) 仲裁协议还排除了法院对有关案件的管辖权,各国法律一般都规定法院不受理双方订有仲裁协议的争议案件,包括不受理当事人对仲裁裁决的上诉。

三、仲裁协议的内容

仲裁协议一般应包括仲裁地点、仲裁机构、仲裁程序、仲裁裁决的效力及仲裁费用的负担等。

(一) 仲裁地点

仲裁地点通常是指在哪个国家仲裁。因为仲裁地点与仲裁适用的程序和合同争议所适用的实体法密切相关,规定在哪个国家仲裁实际上就意味着适用该国的仲裁法和实体法。而且适用不同国家的法律,仲裁结果往往也可能不同。所以仲裁地点是协议中最为重要的一个问题。由于当事人对本国的法律和仲裁程序较为了解,一般都希望将仲裁地点定在本国。

我国进出口贸易合同中的仲裁地点一般采用下列三种规定方法。

(1) 力争规定在我国仲裁。

(2) 有时规定在被诉方所在国仲裁。

(3) 规定在双方同意的第三国仲裁。

(二) 仲裁机构

国际贸易中的仲裁,可由双方当事人按仲裁协议中规定在常设的仲裁机构进行,也可以由双方当事人共同指定仲裁员组成临时仲裁庭进行仲裁。双方当事人选用哪个国家(地区)的仲裁机构审理争议,应在合同中作出具体说明。

1. 常设仲裁机构

世界上许多国家和地区及一些国际组织都设有专门从事国际商事仲裁的常设机构,如国际商会仲裁院、英国伦敦仲裁院、英国仲裁协会、美国仲裁协会、瑞典斯德哥尔摩商会仲裁院、瑞士苏黎世商会仲裁院、日本国际商事仲裁协会以及香港国际仲裁中心等。我国的常设仲裁机构为中国国际经济贸易仲裁委员会和中国海事仲裁委员会。

仲裁机构不是国家的司法部门,而是依据法律成立的民间机构。

2. 临时仲裁庭

临时仲裁庭是专为审理指定的争议案件而由双方当事人指定的仲裁员组织起来的,案件审理完毕后即自动解散。因此,在采取临时仲裁庭解决争议时,双方当事人需要在仲裁条款中就双方指定仲裁员的办法、人数、组成仲裁庭的成员、是否需要首席仲裁员等问题作出明确的规定。

(三) 仲裁程序

在买卖合同的仲裁条款中,应订明用哪个国家(地区)和哪个仲裁机构的仲裁规则进行仲裁。各国仲裁机构的仲裁规则对仲裁程序都有明确规定。按我国仲裁规则规定,基本程序如下。

1. 申请仲裁

申请人应提交仲裁协议和仲裁申请书,并附交有关证明文件和预交仲裁费。仲裁机构立案后,应向被诉人发出仲裁通知和申请书及附件。被诉人可以提交答辩书或反请求书。

2. 组成仲裁庭

当事人双方均可在仲裁机构所提供的仲裁员名册中指定或委托仲裁机构指定一名仲裁员,并由仲裁机构指定第三名仲裁员作为首席仲裁员,共同组成仲裁庭。如果用独任仲裁员方式,可由双方当事人共同指定或委托仲裁机构指定。

3. 仲裁审理

仲裁审理案件有两种形式:一种是书面审理,也称不开庭审理,根据有关书面材料对案件进行审理并作出裁决,海事仲裁常采用书面仲裁形式;另一种是开庭审理,这是普遍采用的一种方式。

4. 作出仲裁裁决

裁决是仲裁程序的最后一个环节。裁决作出后,审理案件的程序即告终结,因而这种裁决被称为最终裁决。根据我国仲裁规则,在仲裁过程中,仲裁庭认为有必要或接受当事人之提议,可就案件的任何问题作出中间裁决或者部分裁决。中间裁决是指对审理清楚的争议所做的暂时性裁决,以利于对案件的进一步审理;部分裁决是指仲裁庭对整个争议中的一些问题已经审理清楚,而先行作出的部分终局性裁决。这种裁决是最终裁决的组成部分。

仲裁裁决必须于案件审理终结之日起 45 日内以书面形式作出。仲裁裁决除由于调解达成和解而制作的裁决书外,应说明裁决所依据的理由,并写明裁决是终局的和制作裁决书的日期、地点,以及仲裁员的署名等。

(四) 仲裁裁决的效力

仲裁裁决的效力主要是指由仲裁庭作出的裁决对双方当事人是否具有约束力,是否为终局性的,能否向法院起诉要求变更裁决。进出口中的仲裁条款一般都规定仲裁裁决是终局的,对争议双方都有约束力,任何一方都不得向法院提出诉讼。但是有些国家则规定允许向上一级仲裁庭或法院上诉。即使向法院提起诉讼,法院也只是审查程序,而不审查裁决本身是否正确。即便如此,双方当事人在签订仲裁条款时仍应规定:仲裁裁决是终局的,对双方都有约束力。

(五) 仲裁费用的负担

通常在仲裁条款中明确规定仲裁费用由谁负担。一般规定由败诉方承担,也有的规定为由仲裁庭酌情决定。

四、贸易争端解决机制

乌拉圭回合改进并完善了关贸总协定的贸易争端解决机制,达成了《关于争端解决规则和程序的谅解》。它主要适用于世界贸易组织成员方之间在解释和使用世贸组织有关法规时所产生的争端。贸易争端解决机制是 WTO 不可缺少的一部分,是多边贸易机制的支柱,在经济全球化发展中颇具特色。

(一) 世贸组织争端解决机制的原则

争端解决机制的基本原则是平等、迅速、有效、双方接受。这个原则是经 WTO 的全体成员同意的,如果它们认为其他成员正在违反贸易规则,受到贸易侵害的成员将使用多边争端解决机制,而不是采取单边行动。这意味着 WTO 的所有成员将遵守议定的程序和尊重裁决,不管是受到贸易侵害的成员还是违反议定的成员。

关贸总协定及 WTO 的贸易争端解决机制的程序与法庭有一定相似的地方,但最大的区别在于,争端解决首先在引起贸易争端的成员方之间进行磋商,并自行解决贸易争端。因此,在贸易争端解决机制的第一阶段是由国家政府之间进行贸易磋商,甚至当案件已经发展到其他阶段时仍然可以进行磋商和调解。

(二) 世贸组织争端解决机制的机构

争端解决机制的机构是由专家组组成的。专家组由 3 名(有时是 5 名)来自不同国家的专家组成,负责审查证据并决定谁是谁非。专家组报告提交给争端解决机构,该机构在协商一致的情况下才能否决这一报告。每一个案件的专家组成员可以从一份常备的符合资格的候选人名单中选择,或从其他地方选择。他们以个人身份任职,不能接受任何政府的指示。

(三) 世贸组织争端解决机制的基本程序

1. 磋商

这一阶段最长的时间为 60 天。发生贸易争端后,在采取措施之前,争端各方都必须进行磋商,以寻求自行解决贸易摩擦的办法。如果双方磋商失败,他们也可以要求 WTO 总干事进行调解。

2．专家组

如果磋商失败,起诉方可以要求任命专家组。在贸易争端双方提交仲裁申请后,专家组在 6 个月内作出裁决。被起诉方可以对专家组的成立提出异议,但这种异议的提出只有一次机会。在争端解决机构召开第二次会议后,对专家组的任命就不能再提出异议和阻止,除非各方协商一致,向贸易争端解决机构提出反对意见,要求更换专家组。专家组的报告通常应在 6 个月内提交争端各方,在紧急案件中,包括那些与易腐货物有关的案件,期限缩短 3 个月。

3．上诉

任何一方就专家组作出的裁决均可提出上诉,上诉必须根据法律原则,如法律解释等,而不能重新审查现有的证据或审查新的证据。上诉案由常设上诉机构中的 3 名成员组成审理合议庭。上诉可以确认、修改或推翻专家组的法律调查结果和结论。一般情况下,上诉不应超过 60 天,因特殊原因可以延长到 90 天。争端解决机构必须在 30 天内接受或否决上诉报告,而否决必须是协商一致才可以。

4．裁决的执行

裁决以后,败诉方应立即纠正。如果不按裁决执行,那将作出补偿或者承担处罚。在处理案件上,贸易争端解决机构负责裁决的实施。任何未决案件都将留在争端解决机构的日程上,直到问题得到解决。在贸易争端解决机制下的 WTO 争端解决分为不同的阶段。WTO 争端解决的特点是所有的阶段争端各方均可以进行调解和磋商,以便"庭外"调解解决争端。在争端解决过程中,WTO 总干事均可以进行斡旋、调解或调停。

与 GATT 争端解决机制相比,WTO 争端解决机制是一种司法性和政治性交融的综合性争端解决机制。WTO 争端解决机制的实质在于:不是决定当事国在有关案件中的胜败或制裁某一当事方,而是求得有关争端的有效解决,维持和恢复争端当事方依照有关协议的权利和义务之间的平衡。

本章小结与思考题

试一试

第十六章

出口合同的履行

教学目的和要求

　　本章的目的是使学生认识国际贸易合同的履行既是交易行为,又是法律行为,了解国际贸易出口合同履行的基本流程及注意事项,掌握审查信用证的方法,学会制作各种结汇单据。

关键概念

催证	审证	修证
租船订舱	制单结汇	出口押汇
收妥结汇	出口收汇核销	出口退税

章首案例一

　　信用证规定:"1 000 MT of Large White Kidney Beans… Three sets of shipping documents to be required as follows:one set for 400 T,one set for 300 T,one set for 300 T,shipment not later than 31st March,partial shipments are permitted."

　　如果你是出口商(或受益人),出货和制单时应注意什么?

　　(1)货物分一批/两批/三批出运均可。

　　(2)货可只装一条船,亦可装三条船。

　　(3)单据必须做三套。

章首案例二

　　信用证中有关装运条款规定:"900 M/T of ×××,300 M/T of A grade,200 M/T of B grade,400 M/T of C grade. Packed in wooden cases. Shipment must be effected in two equal lots by separate vessel. The first lot to be effected not later than April 30,the second lot to be effected not later than May 15."

　　如果你是出口商(或受益人),应如何理解和履行该条款?

　　分两批装不同的船;每批只能装 450 吨,且三种规格的货物均应二一添作五,严格地等量出运,单据亦相应制作。

第一节　备货和落实信用证

履行出口合同的程序一般包括备货、落实信用证、租船订舱、报验、报关、投保、装船、制单结汇以及索赔、理赔等环节。履行出口合同可归纳为货、证、船、款四个基本环节，它们是出口合同履行的必要程序。

备货就是卖方根据合同的规定，按时、按质、按量地准备好应交付的货物。这是卖方履行合同的基本义务。针对信用证付款合同，在履行过程中，落实信用证直接关系到卖方收汇安全。一般情况下这两项工作是同时进行的。

一、备货

出口企业性质不同，备货的形式也不同。对于流通性质的外贸进出口公司，备货就是采购货物，或者与生产厂家签订合同，把出口产品的规格、数量告诉生产厂家。对于自营出口的生产企业的备货，是根据出口合同的要求在企业安排生产，按时完成生产任务。

（一）备货的基本要求

备货的基本要求有以下几点。

（1）货物的品质必须符合合同的规定和法律的要求。

（2）交货数量应符合合同的规定。

（3）货物包装应与合同和法律的要求一致。

（4）按合同规定的时间交货。

（二）对备货审核的要点

对备货审核的要点包括以下几个方面。

（1）外销员要跟踪货物的生产，及时了解货物的生产情况，发现问题及时解决。

（2）工厂生产过程中，应定期把产品送到有关部门检验，以保证产品的品质、规格符合合同的规定。

（3）把包装唛头告诉工厂，以便工厂及时印刷包装唛头。

（4）为了避免混乱，产品入库时要做好标识。

二、落实信用证

落实信用证一般包括催证、审证和修证三项内容。

（一）催证

如果合同中明确规定了开证最迟日期，而对方还没有开出信用证，则买方要承担违约责任。出口方要电告进口方，并催促对方尽快开出信用证。如果合同没有规定开证时间，按照惯例的解释，应在装运前的一个"合理时间"内，如半个月或一个月，开立信用证。卖方应结合备货的具体情况,及时提醒买方开立信用证,以保证合同的顺利执行。

(二) 审证

审证是审核所收到的信用证是否与合同规定一致。审证也是信用证付款方式的一个重要环节,审证一般要审核以下内容。

1. 开证行和保兑行的资信

开证行和保兑行的资信对于出口商安全收汇很重要,因此,对于它们的资信情况要进行审核,特别是出口大宗货物时,要更加认真审核。另外,对于大宗货物出口,可要求允许分批发运,分期收汇,以减少风险。

2. 对信用证金额和货币的审核

这两项内容(包括价格术语)要与合同一致。

3. 对商品名称、规格、数量、包装等条款的审核

这些内容要与合同一致。如果信用证有一些特别规定,要充分考虑是否做得到,是否能全部接受,否则,要求银行改证。

4. 对信用证有效期、装运期、交单期和到期地点的审核

按国际惯例,信用证均规定一个交单付款或议付的有效期(或称到期日)。所以未注明到期日的信用证不能使用。如信用证规定的到期地在国外,最好能修改,否则要提前交单,以免过期。装运期必须与合同规定一致。如来证较晚,无法按期装货,应及时电请买方延长装运期限。装运期最好早于信用证有效期几天,以便出口商制作整套单据向银行议付。此外,如信用证没有规定交单期,按照惯例,卖方必须在信用证有效期到期之前,装运单据签发后 21 天内交单。

5. 对单据的审核

对于来证中要求提供的单据种类和份数及填制方法等,要进行仔细审核,如发现有自己做不到或导致被动的条款,如要求商业发票或产地证明书须由外国第三者签证的,以及提单上的目的港后面加上指定码头等字样的,都要慎重对待,一般不宜接受。

(三) 修证

信用证开出后,如果发现内容与开证申请书不符或其他原因,需要对信用证进行修改,原开证申请人要向开证银行提交修改申请书。开证银行经过审查后,若同意修改,则根据要求修改,并通知相关单位。

《UCP600》第 10 条 c 款规定,在受益人告知通知修改的银行其接受修改之前,原信用证(或含有先前被接受的修改的信用证)的条款对受益人仍然有效,受益人应提供接受或拒绝修改的通知。如果受益人未能给予通知,当交单与信用证以及尚未表示接受的修改的要求一致时,即视为受益人已作出接受修改的通知,并且从次日起,该信用证被修改。

《UCP600》第 10 条 e 款规定,对同一修改的内容不允许部分接受,部分接受将被视为拒绝修改的通知。

第二节　报验和申领出口许可证

一、报验

报验是指出口方向商品检验机构申报检验。商品检验机构经过抽样检查或化验合格后，向出口方颁发合格的检验证书。

报验的一般程序为申请、检验和出证。

（一）申请

凡需要法定检验出口的货物，应由出口企业填写《出口商品检验申请书》，向当地商检机构申请办理报验手续。申请时，须随附下列单据或证件。

（1）出口货物明细单。

（2）出口货物报关单或其他供通关用的凭证。

（3）对外贸易合同或售货确认书及有关函电、信用证等。

（4）凭样品成交的，要提交样品。

（二）检验

检验的内容包括商品的质量、规格、数量、重量、包装及是否符合安全、卫生要求等。

（三）出证

商品检验合格后，由商检机构签发检验证书，或在出口货物报关单上加盖检验印章。对检验不合格的商品，商检机构签发不合格通知单。根据不合格的原因，商检机构可酌情同意申请人申请复验（复验原则上仅限一次），或由申请单位重新加工整理后申请复验。复验时，应随附加工整理情况报告和不合格通知单。经复验合格，商检机构签发商品合格的检验证书。

二、申领出口许可证

在我国，为了鼓励出口，对大部分商品的出口不加管制，因此，不需要办理出口许可证。但是，对属于以下三种情况的商品出口，则需要申领出口许可证：第一，根据双边、多边协定的规定，我国限制出口的商品；第二，考虑到国际市场的容量，为了防止盲目出口而予以管制的商品；第三，作为关系到国计民生的重要物资而需要控制出口的商品。

申领出口许可证的一般程序如下。

（一）申请

由出口单位向发证机关提出书面申请报告。申请报告的内容包括出口商品的名称、规格、数量、单价、总值、输往国别或地区、交货期、支付方式等项目，同时还要随附有关的证件和材料，如合同、主管部门的批准文件等。

（二）审核、填表

发证机关收到上述申请报告和有关证件、材料后进行审核。审核通过后，由申请人按规定的要求填写"中华人民共和国出口许可证申请表"，并在表上加盖申请单位的公章。

（三）发证

发证机关收到申请表后，终审核无误，在申请表送交后 3 个工作日内，签发"中华人民共和国出口许可证"，一式四联，将第一联、第二联、第三联交申请人，凭此向海关办理货物出口报关和银行结汇手续。同时，发证机关要收取一定的办证费用。

出口单位如遇情况变化，需要变更出口许可证的内容，需要到原发证机关申请换证。换证必须在原许可证和合同的有效期内进行。

三、报验商品的审核要点

（一）报验商品必须符合的条件

报验商品必须符合下列条件。

（1）生产加工完毕的商品，外包装符合合同要求。

（2）销售合同已签订，凭信用证结算的，已收到信用证。

（3）已印刷好唛头标志（合同、信用证规定的中性包装除外）。

（4）货物堆放整齐、批次分清，便于商检人员抽验和检查。

（二）不实行紧急放行措施

对供应方未检验或检验不合格的商品不准收购，不准出口。

第三节　托运、投保和报关

一、托运

托运是指出口企业委托运输机构（如对外贸易运输公司或其他有权受理对外货运业务的单位）向承运单位或其代理办理货物的运输业务。如果出口货物数量较大，需要整船装运的，还要对外办理租船手续；如果出口数量不大，不需要整船装运的，则办理订舱事宜。

办理出口货物对外运输的基本程序如下。

（一）查看船期表，填写出口托运单

外运机构按月编制出口船期表，分发给各出口公司，或由出口企业向外运机构索取。船期表上有航线、船名、国籍、抵港日期、预计装船日期和港口名称等。出口企业根据贸易合同和信用证的情况，填写出口托运单（shipping note），说明出运要求，交给外运机构。

（二） 船公司或其代理签发装货单

外运机构收到出口托运单后，以出口企业的代理身份向船公司或外轮代理公司办理订舱手续，并会同船公司或外轮代理公司，根据配载原则，结合货运重量、体积、装运港、目的港等情况，安排船只和舱位；然后，由船公司或外轮代理公司据以签发装货单（shipping order）。装货单的作用有以下三个方面。

（1）表示船公司承运这批货物。装货单一经签发，承运、托运双方均受其约束。

（2）报关时，海关凭此查验出口货物。如果海关准予出口，即在装货单上加盖海关放行章。

（3）通知船方装货。装货单是船公司或其代理给船方的装货通知和指令。

（三） 提货装船，获取大副收据

完成货物报关手续后，外运机构到出口企业的仓库提货，送进码头装船。装船完毕，由船上的大副签发大副收据（mates receipt）。大副收据是船方收到货物的凭证。

（四） 支付费用，换取提单

外运机构代出口企业向船公司或外轮代理公司支付运费，用大副收据向船公司或其代理换取提单。

（五） 发装运通知

货物装船后，出口企业应向国外进口方发出装运通知（shipping advice），以便进口方准备付款，办理进口报关和接货手续。

二、投保

出口企业在确定船期、船名后，应向保险公司办理投保手续，以取得保险单。办理投保手续的程序如下。

（一） 投保申请

由出口企业填制运输险投保单，一式两份。一份由保险公司签署后交出口企业作为接受承保的凭证；另一份由保险公司留存，作为制作、签发保险单的依据。

（二） 缴纳保险费，获取保险单

出口企业收到由保险公司签署的投保单后，向保险公司缴纳保险费，然后获取由保险公司签发的保险单。

三、报关

报关是指出口货物装船前，向海关申报通关所要办理的手续。根据《中华人民共和国海关法》的规定，货物出口必须向海关申报，经过海关查验放行后，货物方可装运出口。办理报关手续一般有以下几个步骤。

单证

（一）申报

海关接受申报时，一般要求申报人出示以下证明。

（1）申报单位在海关办理的企业海关注册登记手册。

（2）申报人员的报关员证。

（3）由申报单位和申报人员盖章的出口货物报关单，一式两份。

（4）随附单证，如出口许可证或有关主管机关的批准文件、法定商品检验证书、合同、产地证明、发票、装货单、装箱单、减免税证明文件、出口收汇核销单以及海关认为必要的其他有关单据。

目前，海关为加速企业通关，在货到以前进行单证审核，使货物到港后就能提货，即"提前申报"。具体而言，提前申报是指在舱单数据提前传输的前提下，进出口货物的收货人、受委托的报关企业提前申报报关单，海关提前办理单证审核及税费征收。提前申报采用无纸化方式申报，电子支付税款，且不涉及查验的货物，企业在货物运输阶段就可完成申报前准备和申报手续，实现货物到港即提离。与传统的"货物到港，申报进口"模式相比，进口提前申报模式下海关通关作业前置，货物整体通关时间也因此大幅缩短。其具体要求如下。

（1）申报时间：进出口货物的收发货人、受委托的报关企业提前申报的，应当先取得提（运）单或载货清单（舱单）数据。其中，提前申报进口货物应于装载货物的进境运输工具启运后、运抵海关监管场所前向海关申报；提前申报出口货物应于货物运抵海关监管场所前3日内向海关申报。

（2）进出口货物的收发货人、受委托的报关企业应当如实申报，并对申报内容的真实性、准确性、完整性和规范性承担相应法律责任。

（3）进出口货物的收发货人、受委托的报关企业应当按照海关要求交验有关随附单证、进出口货物批准文件及其他需提供的证明文件。

（4）进口提前申报货物因故未到或者所到货物与提前申报内容不一致的，进口货物的收货人或其代理人需向海关提交说明材料，海关依据规定给予有关报关单修改或撤销。

（5）出口提前申报货物因故未在海关规定的期限内运抵海关监管场所的，海关撤销原提前申报的报关单。因故运抵海关监管场所的货物与提前申报内容不一致的，出口货物的发货人或其代理人需向海关提交说明材料，海关依据规定给予有关报关单修改或撤销。

（6）进出口货物许可证件在海关接受申报之日应当有效。货物提前申报之后、实际进出之前国家贸易管制政策发生调整的，适用货物实际进出之日的贸易管制政策。

（7）提前申报的进口货物，应当适用装载该货物的运输工具申报进境之日实施的税率和汇率；提前申报的进口转关货物，应当适用装载该货物的运输工具抵达指运地之日实施的税率。

（8）提前申报的出口货物，适用海关接受申报之日实施的汇率和税率，提前申报的出口转关货物，应当适用启运地海关接受该货物申报出口之日实施的税率。

（二）查验

海关对上述文件按照国家有关政策规定进行审核。海关还要对出口货物进行查验，以确保实际货物与报关单证所列一致。查验货物须在海关规定的时间和处所进行，在特殊情况下，由海关派人到发货人仓库查验。海关查验时，出口方要派人到现场，协助海关搬运货物，开拆和封装货物，等等。海关按规定收取费用。

单证　　　　　　　扩展资料　　　　　　单证

（三）缴纳出口税

按照我国进出口关税征收办法的规定，须纳税的出口货物必须纳完税才能出口。

（四）出口放行

出口货物由申报人按照海关的规定办妥申报手续，经海关审核单证和查验有关货物，办理纳税手续后装运出境。

四、对托运、投保和报关的审核要点

对托运、投保和报关有以下几个审核要点。

（1）海运提单是议付结汇中最重要的单据之一。要审核海运提单的抬头和背书是否符合信用证的规定。审核运输单据的出单日期、签发地点、内容是否符合合同或信用证规定的要求，是否需要背书和签名。

（2）审核保险单内容是否与合同或信用证条款一致。保险单出单日期不得迟于运输单据的出单日期。

（3）审核出口报关的工作日期，是否作出提前安排，出口报关的申请资料是否完善、准确，申报手续是否按海关规定办妥，出口放行日期必须在办理托运手续的程序之前。

第四节　交单、结汇、核销和退税

一、交单

交单是指出口企业在规定时间内向银行提交信用证项下的全套出口单据，银行审核这些单据后，根据信用证条款的不同付汇方式办理结汇。

交单的要求有以下三条。

（一）单据齐全

单据齐全包括以下两点。

（1）单据的种类符合信用证的要求。

（2）每种单据的份数符合信用证的要求。

（二） 内容正确

内容正确即单据内容与信用证规定严格一致，做到单单相符、单证相符。

（三） 按时交单

信用证除须规定交单的有效期限外，还应规定一个从出具提单之日算起的交单期限，在这个期限内必须提交符合信用证条款的单据。如无此规定，银行将不接受自提单签发日起 21 天后提交的单据。但在任何情况之下，单据的提交不得迟于信用证的有效期。

二、结汇

结汇是指出口商在货物装运后，按照信用证的规定，把制作好的所有单据在信用证规定的交单期内送交银行，银行对这些单据审核无误后向出口商支付货款。在我国出口业务中，结汇还包括银行将外汇货款按当日人民币市场价结算成人民币支付给出口企业。

目前，在我国出口业务中，使用议付信用证比较多。对于这种信用证的出口结汇办法，主要有以下三种。

（一） 收妥结汇

收妥结汇是指先收后结，即议付行收到受益人提交的交易单据，经审核确认与信用证条款的规定相符后，将单据寄给国外付款行索汇，待付款行将外汇付给议付行后，议付行才按当日外汇牌价结算成人民币交付给受益人。

（二） 定期结汇

定期结汇是指议付行在收到受益人提交的单据，经审核无误后，将单据寄给国外银行索取外汇，并自交单之日起在事先规定的期限内将外汇货款结算成人民币交付给受益人。此项期限是根据不同国家、地区的银行收取外汇的时间长短来确定的。

（三） 买单结汇

买单结汇又称出口押汇，是指议付行在审单认可的情况下，按信用证条款买入出口公司的汇票和单据，按照汇票金额扣除从议付日到估计收到货款之日的利息，将余款按当天的牌价折算成人民币付给出口企业买单结汇。实际上是出口方银行对出口企业的资金融通，使出口企业在交单议付时即可收到货款，从而加快资金周转，有利于扩大出口业务。

三、核销

出口收汇核销是指国家为了加强出口收汇管理，保证国家的外汇收入，防止外汇流失，指定外汇管理等部门对出口企业贸易项下的外汇收入情况进行监督检查的一种制度。世界上许多国家都实行这项制度。我国自 1991 年 1 月 1 日起也开始对出口企业的收汇进行跟踪核销。根据我国《出口收汇核销管理办法》的规定,我国的核销工作由国家外汇管理局在海关、银行等部门的配合下具体实施。办理出口收汇核销的基本程序如下。

(一) 申领核销单

出口企业派人到当地外汇管理部门申领有顺序编号的出口收汇核销单。首次申领应提供本单位经营进出口业务的批准文件,出口企业应如实填写。

(二) 报关审核

在出口报关时,海关将核对报关单和出口收汇核销单的内容是否一致,以及报关单上的核销单编号与所附的核销单是否一致,然后在核销单上盖"验讫"章。

(三) 银行出具核销专用联

当货款汇至出口地外汇指定银行后,该银行向出口企业出具结汇水单时,将提供出口收汇核销专用联,上面载有核销单编号,供出口企业办理核销用。

单证

(四) 外汇管理部门核销

出口企业凭出口收汇核销专用联的结汇水单及其他规定的单据,到国家外汇管理部门办理核销手续。国家外汇管理部门按规定办理核销后,将在核销单上加盖"已核销"章,并将其中的出口退税专用联退还出口企业。

四、退税

出口退税是国家为了降低出口产品成本、增强出口竞争力、鼓励出口而制定的一项政策措施。即在国际贸易业务中,对我国报关出口的货物退还或免征在国内各环节和流转环节按税法规定缴纳的增值税和消费税,对出口货物实行零税率。

对有进出口经营权的生产企业自营或委托外贸企业代理出口货物,实行"免、抵、退"税的办法。实行"免、抵、退"税办法的"免"税,是指对生产企业自营或委托外贸企业代理出口的自产货物,免征本企业生产销售环节增值税;"抵"税,是指生产企业出口自产货物所耗用的原材料、零部件、燃料、动力等所含应予退还的进项税额,抵顶内销货物的应纳税额;"退"税,是指生产企业出口的自产货物在当月内应抵顶的进项税额大于应纳税额时,经主管退税的税务机关批准,对未抵顶完的部分予以退税。

举例:

某一有进出口经营权的生产企业,20××年3月国际销售额600万元,外销货物销售额40万美元(FOB),美元记账汇率8.25。货物增值税征收税率为17%,退税率为13%,上期免抵退后的留抵税额3万元,来料加工复出口免税进口材料价格10万元,若进项税额为80万元,计算该企业当月应纳税额及免抵退税额。

第一步计算当月应纳税额:

(1) 当期内销货物的销项税为$600 \times 17\% = 102$(万元)。

(2) 当期进项税额为80万元。

（3）当期出口免抵退税额不得免征和抵扣税额为 $[40 \times 8.25 \times (17\% - 13\%) - 10 \times (17\% - 13\%)] = 12.8$（万元）。

（4）上期免抵退后的留抵税额 3 万元。

（5）当月应纳税额为 $102 - (80 + 3 - 12.8) = 31.8$（万元）。

第二步计算当月免抵退税额：

当月免抵退税额为 $40 \times 8.25 \times 13\% - 10 \times 13\% = 41.6$（万元）。

由于自产货物在当月内应抵顶的进项税额小于应纳税额，因此当期应退税额为 0 元。

我国政府为了加强对出口退税的管理，采取了出口退税与出口收汇核销挂钩的办法。办理出口退税的基本程序如下。

（一）申请

从 2005 年起，在出口单位办理出口退税手续时，填写出口产品退税申请表，向国家税务机构提交增值税专用发票、出口货物报关单退税联、出口收汇核销单等凭证，送当地外经贸行政管理部门稽查签章，然后报所在地主管出口退税业务的税务机关。

单证

（二）上报

由企业所在地主管出口退税业务的税务机关进行审核，符合条件和要求的，按照税收退税审批权限，逐级上报上级税务机关。

（三）批复

企业所在地主管出口退税业务的税务机关接到上级税务机关批准的退税通知后，签发税收收入退回书给出口退税的企业，并把退税款划到企业银行账户。

五、结汇、核销和退税的审核工作要点

（一）对结汇的审核

认真检查单证制作是否有错误，出口单证制作时要求单单相符、单证相符。如果与信用证的规定不一致，要立即改正。

（二）对核销的审核

对核销的审核主要是检查出口收汇核销单、报关单内容与实际业务是否一致，出口收汇核销单与出口退税专用联上注明的出口发票号是否一致，出口货物报关单、出口收汇水单和出口发票所涉内容与信用证内容是否一致。

（三）对退税的审核

对退税的审核主要是核对由商品供应方提供的增值税发票抵扣联和专用缴款书内容是否准确，印章是否齐全。同时，对申报出口的退税和凭证，包括出口发票、海关报关及出口核销单进行核对。

第五节　出口结汇的主要单据

对于结汇单据,要求做到正确、完整、及时、简明、整洁。

一、汇票

缮制汇票要注意付款人应按信用证的规定填写,如来证没有具体规定付款人名称,可理解为付款人是开证行。收款人除个别另有规定外,汇票的收款人应为出口公司。在我国出口业务中,也可填写中国银行。

信用证支付方式下开具汇票的依据为信用证,汇付和托收方式下为买卖合同。

一般开具一式两份,两份具有同等的法律效力,其中一份付讫,另一份自动失效。

汇票的要式项目有以下几个方面。

(1)汇票编号、时间和地点。汇票的出票日期应在装运期之后,但信用证项下的汇票日期最晚不得迟于信用证有效期;托收方式下以寄单日期为汇票出票日期。信用证项下汇票的出具地点就是议付地点;托收方式下则以托收行接受托收手续的地点为汇票的出具地点。

(2)汇票金额和付款期限。

(3)收款人(payee,又称汇票抬头)。汇票抬头有指示性抬头、限制性抬头和持票人抬头。

(4)出票人签章。

二、发票

在实际国际贸易运作时,经常要求签订形式发票合同。形式发票(proforma invoice),也称预开发票或估价发票,是进口商为了向其本国当局申请进口许可证或请求核批外汇,在未成交之前,要求出口商将拟出售成交的商品名称、单价、规格等条件开立的一份参考性发票。一般是在正式合同签订之前,经双方签字或盖章之后充当合同的文件,除了写清货物的名称、规格、数量、单据、包装等,以及规定的价格条款和付款方式、交货时间外,还要写明数量和总金额有 3%～5% 左右的溢短装,附上卖方公司的付款银行账户资料,填写完成后通过邮件发送给买方,要求买方回签。形式发票本来只是在买方确认价格并下订单之后,卖方所做的使对方再次确认的发票,后期与买方确认订单时,可以再制作相应的商业发票(commercial invoice)和销售合同(sales contract)来最终确认订单。

发票(invoice)分为商业发票、海关发票(customs invoice)、形式发票、领事发票(consular invoice)和厂商发票(manufacturer's invoice)等多种。缮制商业发票应注意以下几个问题。

单证

（1）必须表明由信用证中指定的受益人出具。

（2）必须做成以申请人的名称为抬头。

（3）商品的名称、规格、数量、单据和包装必须与信用证各项要求完全相同,其他单据可使用货物的统称,但不得与信用证规定的货物描述相抵触。

（4）商业发票的总值不能超过信用证规定的最高金额,否则,银行有权拒付。

三、提单

缮制海运提单应注意以下几个问题。

（1）一般情况下,银行只接受已装船提单。

（2）提单的抬头应根据信用证或约定的要求填制。

（3）除非信用证另有规定,否则提单可以是包括全部航程的转运提单。

单证

（4）海运提单中货物的描述只要与信用证的货物描述不相抵触,可使用货物的统称。

（5）海运提单的运费项目,在 CFR、CIF、CPT、CIP 条件下应注明"运费已付",而在 FOB、FCA 条件下应注明"运费到付"。

（6）提单的出具日期将被视为发运日期,除非提单载有表明发运日期的已装船批注,此时已装船批注中显示的日期将被视为发运日期。

四、保险单

缮制保险单应注意以下几个问题。

（1）被保险人应是信用证上的受益人,并加空白背书,便于办理保险单的转让。

（2）保险险别和保险金额必须与信用证规定一致。

（3）银行将拒绝接受监管的保险单。

（4）暂保单将不被接受。

（5）可以接受保险单代替预约保险项下的保险证明或声明书。

（6）如果信用证对投保金额未做规定,投保金额须至少为货物的 CIF 或 CIP 价格的 110%。

五、产地证明书

产地证明书（certificate of origin）,俗称产地证,是证明货物系在某地制造或生产的凭证。目前部分国家规定某些货物进口需提交产地证明书。当信用证要求受益人提交领事发票或海关发票时,大多不再要求产地证明书,因该类发票中已含有产地证明书的内容。

单证

（一）产地证明书的作用

产地证明书的作用有以下几点。

（1）享受优惠利率的凭证。一些国家的进口税率有官定税率与协定税率或优惠利率之分。协定税率较官定税率低,但其适用范围仅限于与进口国签订关税协定的国家所生产的产品,欲享受协定税率,即须提交产地证明书。

(2) 防止货物来自敌对国家。有些国家因政治、军事关系,禁止从某些国家或地区进口货物,或仅允许进口若干特定的货物。在这种情况下,进口国海关通常要求出口商提交产地证明书,以证明货物的来源。

(3) 防止外货倾销。进口国为防止外国产品的倾销,除实施进口配额制外,通常规定提交产地证明书,用作进口管制的参考。

(4) 用于海关统计。进口国为了解货物从哪些国家进口,往往会要求提交产地证明书,作为海关统计的参考。

(二) 产地证明书的签发与种类

产地证明书的签发人通常有以下几种。

(1) 进口国派驻出口国的领事。

(2) 商会。

(3) 同业公会。

(4) 出口商。

(5) 出口国政府机构。

若信用证未明确规定由何人签发,银行会就受益人所提交的单据照单接受,而不论其由何人签发。

(三) 我国不同签发机构签发的产地证明书

我国不同签发机构签发的产地证明书有以下几种。

(1) 中国国际贸易促进委员会产地证(certificate issued by C. C. P. I. T.)。

(2) 中国出入境检验检疫局(C. I. Q.)签发的普惠制产地证(generalized system of preference certificate of origin,G. S. P.),用于对普遍给惠国家(给我国以普惠制关税优惠待遇的国家)出口,作为进口国海关减免关税的依据,其书面格式通常称为“格式A”(Form A)。普惠制产地证书要向中华人民共和国海关总署购买,由出口商缮制后,送交中华人民共和国海关总署盖章。一套 Form A 含一份正本、两份副本。

(3) 面向欧盟市场的产地证,专门用于有配额的产品(主要是纺织品产地证、手工制纺织品产地证),由地方经贸厅(委、局)签发。

(4) 对美出口一般使用原产地声明书,可由出口单位出具。此声明书有以下三种格式。

① 格式 A,为单一国家声明书(single country declaration),声明商品的原产地只有一个国家。

② 格式 B,为国家产地声明书(multiple country declaration),声明商品的原材料是由几个国家生产的。

③ 格式 C,为非多种纤维纺织品的声明书,适用于主要价值或主要重量是属于麻或丝的原料,或其中所含羊毛量不超过 17% 的纺织品。

(四) 产地证明书的要式项目

产地证明书的要式项目如下。

（1）出口商，应为信用证的受益人的名址。

（2）收货人，多数情况下是信用证的开证申请人，且应与 B/L 收货人一致。因此，若 B/L 收货人为 To the Order of Issuing Bank 或 To Order，产地证的收货人也应如此填写，否则便构成单单不符。

（3）运输方式和路线，应填写启运港、卸货港和运输方式。如需转运，应注明转运港，如 W/T Hong Kong 或 Via Hong Kong。

（4）唛头和包装编号，应与信用证和发票一致，若内容过多，可另加附页，打上原证号码，并由原证出具机构签章。

（5）货描，应与信用证和发票一致，也可以使用与其他单据一致的统称，但不得与信用证矛盾。若信用证有特殊规定，如注明 L/C No，均可填在此栏。

（6）数量、重量以及发票日期和号码，需与发票等其他单据一致。

（7）产地证的签发日期最好早于或等于装运日期。

六、关于检验证书

检验证书是商检机构对进出口商品进行检验、鉴定后签发的书面证明文件。检验证书对贸易有关各方履行契约义务、处理索赔争议和仲裁、诉讼举证具有法律效力，也是海关验放、征收关税和优惠减免关税的必要证明。

（一）检验证书的类型

检验证书的类型如下。

（1）品质检验证书。品质检验证书是出口商品交货结汇和进口商品结算索赔的有效凭证。法定检验商品的证书是进出口商品报关、输出输入的合法凭证。商检机构签发的放行单和在报关单上加盖的放行章有与检验证书同等的通关效力，签发的检验情况通知单同为检验证书性质。

（2）重量或数量检验证书。重量或数量检验证书是出口商品交货结汇、签发提单和进口商品结算索赔的有效凭证。出口商品的重量检验证书也是国外报关征税和计算运费、装卸费用的证件。

（3）兽医检验证书。兽医检验证书是证明出口动物产品或食品经过检疫合格的证件，适用于冻畜肉、冻禽、禽畜罐头、冻兔、皮张、毛类、绒类、猪鬃、肠衣等出口商品，是对外交货、银行结汇和进口国通关输入的重要证件。

单证

单证

单证

单证

（4）卫生健康证书。卫生健康证书是证明可供人类食用的出口动物产品、食品等经过卫生检验或检疫合格的证件，适用于肠衣、罐头、冻鱼、冻虾、食品、蛋品、乳制品、蜂蜜等出口商品，是对外交货、银行结汇和通关验放的有效证件。

（5）消毒检验证书。消毒检验证书是证明出口动物产品经过消毒处理，保证安全卫生的证件。它适用于猪鬃、马尾、皮张、山羊毛、羽毛、人发等商品，是对外交货、银行结汇和国外通关验放的有效凭证。

单证

（6）产地证明书。产地证明书是出口商品在进口国通关输入和享受减免关税优惠待遇和证明商品产地的凭证。

（7）残损检验证书。残损检验证书是证明进口商品残损情况的证件，适用于进口商品发生残、短、渍、毁等情况，可作为收货人向发货人或承运人或保险人等有关责任方索赔的有效证件。

（8）价值证明书。价值证明书是进口国管理外汇和征收关税的凭证。在发票上签盖商检机构的价值证明章与价值证明书具有同等效力。

（9）船舱检验证书。船舱检验证书证明承运出口商品的船舱清洁、密固、冷藏效能及其他技术条件是否符合保护承载商品的质量和数量完整与安全的要求，可做货物交接和处理货损事故的依据。

除上述各种检验证书外，还有证明其他检验、鉴定工作的检验证书，如植物检验证书、生丝品级及公量检验证书、熏蒸证书、货载衡量检验证书等。

（二）检验证书的作用

检验证书有以下几个作用。

（1）作为议付货款的单据之一。

（2）作为证明交货的品质、重量、包装等是否符合规定的依据。

（3）作为对品质、重量、数量、包装等提出异议，拒收、理赔、解决争议的凭证。

（4）作为海关验关放行的凭证。

（5）作为进口国实行关税差别待遇的依据。

（6）从进口商的角度，使用检验证书可以防止出口商装运不符合标准品质或合同规格，或不符合进口国海关的规定的货物。

（三）检验证书的签发机构

检验证书大多由以下机构签发。

（1）政府机构。

（2）进口商的指定代理人。

（3）制造厂商或行业公会。

（4）公证处（行、公司）。

由制造厂商签发的检疫证书称为 manufacturer's inspection certificate，有一定规模的厂商均有完善的检验设备及技术，出厂的货物均经过严格检验，以保证品质符合标准，其所出具的检疫证也多为进口商所接受。

由公证行(公司)签发的检验证称为 independent inspection certificate(独立检验证明书),此类证书无固定格式,视货物性质而定,国内少见。

目前,我国检疫证书大多由中国进出入境检验检疫局签发,内容与产地证类似。

(四) 检验证书的内容

关于检验证书的内容,需要注意以下几点。

(1) 检验证书的货物描述可以使用统称,但不得与信用证中对货物的描述有抵触,通常的做法是仅仅照抄信用证或发票中货物的总称或概称,而省略关于规格、类别、成分、颜色等方面的详细描述。

(2) 与产地证书 Exporter 一栏对应的是检验证 Shipper/Consigner 一栏。当受益人不是实际交货人,受益人以外的第三方是实际交货人时,该栏应填写 B/L 的 Shipper/Consigner,以保证单单一致。

(3) 检验证书的签发日期应早于或等于运输单据的签发日期。

(4) 由进口商指定代理人签发检验证通常是带有特别条款信用证的表现形式之一,除非出口方对进口方十分熟悉、商业往来密切,否则不宜接受含有此类条款的信用证。

[案例 16-1]　单据名称与信用证不符,造成开证行拒付案

案情:2016 年 3 月 15 日,N 银行议付 I 银行开制某出口商 B 公司一信用证项下单据,共计金额为 193 233.72 美元,汇票付款期限为提单日后 60 天,装船期和有效期均为 3 月 15 日,在该证规定的几种单据中,其中之一为供货人发货证明。而 B 公司提交单据时,仅提供了装船通知的电子邮件打印件,而没有按规定出具发货证明,即以电子邮件打印件代替了证明信。N 银行当时认为,这种单据虽然形式不同,但所起的作用却是一样的,从某种意义上讲,电子邮件打印件应更真实,故予以通融接受议付。I 银行审单后于 3 月 25 日来电拒付,理由是未提供供货人发货证明。

经洽 B 公司后,N 银行致电 I 银行阐明观点如下:受益人电子邮件打印件可以证明他们装船后电传通知了买方,这是正常合理的。

嗣后,I 银行几次来电均以缺少供货人发货证明为由坚持拒付。

此时,B 公司已得知有关货物在纽约市场上价格大跌,客户有意不要货物。

最后,B 公司委托其驻美代表处与客户协商降价,并按货到后 60 天付款的条件结案。

分析:本案例的关键是,出口商所提交的单据名称与信用证规定的名称不符。从表面看,电子邮件打印件与证明信是两种不同的单据,所以构成不符点。然而,实际上,是因为商品市场情况不佳,价格下跌,进口商借故转嫁损失,所以提出不符点。

根据《UCP600》第 14 条 a 款规定,指定银行、保兑行(如果有的话)及开证行须审核交单,并仅基于单据本身确定其是否在表面上构成相符交单。因此,单据之间表面上互不一致,即被视为表面上与信用证的条款不符。本案例中,受益人提交的装船通知电子邮件打印件与供货人发货证明在名称上确实不一致,这种不一致极易被开证行抓住把柄;作为议付行,审核的是单据表面上是否与信用证的要求相符,表面名称上的不符就构成了单证不符,故不应对此通融,而应要求出口商出具供货人发货证明,以保证单证相符。

另外,本案例涉及了一个市场问题。一笔以信用证为结算方式的业务,如果进口方市场行情看好,他将不会计较单证是否一致,都会接受;如果市场行情不好,进口商要受损失,必定会从单据上找毛病,拒付货款,以转嫁损失。因此,对议付行而言,在任何情况下对议付信用证项下的单据都不能掉以轻心,必须严格地遵守单证相符的原则,以确保安全收汇。

从上述案例中我们可看到,在信用证业务项下,议付行和受益人若想及时、足额收妥款项,必须坚持上文所说的"严格相符"原则,使单据尽善尽美。此外,银行审单人员应通过业务的便利,适当了解其经常处理的单据项下的商品的市场行情,为灵活处理各种意外情况并及时收汇提供信息。

本章小结与思考题

试一试

第十七章

进口合同的履行

教学目的和要求

本章的目的是使学生了解进口合同履行的一般程序,掌握国际贸易进口合同履行过程中的基本环节和注意事项。

关键 概念

逐笔投保　　预付投保　　议付

章首案例

案情:某公司以 CIF 鹿特丹出口食品 1 000 箱,即期信用证付款。货物装运后,凭已装船清洁提单和已投保一切险与战争险的保险单,向银行收妥货款。货到目的港后经进口商复验,发现下列情况。

(1) 该批货物共有 10 个批号,抽查 20 箱,发现其中 2 个批号涉及 200 箱内含沙门氏细菌,超过进口国标准。

(2) 收货人共收 998 箱,短少 2 箱。

(3) 有 15 箱货物外表状况良好,但箱内共短少货物 60 千克。

试分析以上情况,进口商应分别向谁索赔,并说明理由。

分析:

第(1)种情况应向卖方索赔,属于原装货物有内在缺陷。第(2)种情况应向承运人索赔,因承运人签发清洁提单,货到目的港后应如数交货。第(3)种情况可以向保险公司索赔,属承保范围以内的损失;但如进口商能举证原装货物数量不足,也可向卖方索赔。

第一节　申领进口许可证

一、申请

由进口单位或需要进口产品单位向发放许可证机关提出申请报告，申请报告的内容包括进口商品名称、规格、数量、单价、总值、进口国别或地区、贸易方式、对外成交单位、报关口岸等项目。同时，还要附有关的证件和资料，如主管部门的批准文件或进口合同等。

二、审核、填表

发证机关收到上述申请报告和有关证件、材料后进行审核。如果审核通过，则由申请人按照规定的要求填写"中华人民共和国进口申请表"，并在表上加盖申请单位公章。

单证

三、发证

发证机关收到申请表后，经审核无误，在确定订购市场和交易对象3个工作日内签发"中华人民共和国进口许可证"。进口许可证一般是一式四联，将第一、第二联交给申请人，凭此向海关办理进口报关手续和向银行办理付汇手续。如果进口单位在办理进口过程中情况发生变化，需要对进口许可证的内容做一些变更，必须在许可证有效期内到原发证机关办理换证手续。发证机关根据实际情况给予换证，并收回原许可证。

单证

第二节　开立信用证

进口合同签订后，进口企业应在合同规定的期限内向银行申请开立信用证。出口商（信用证受益人）收到信用证通知后，如果发现内容与合同不符，或不满意进出口双方的要求和规定，要向银行提出修改信用证。

一、申请开立信用证的一般程序

（一）交开证申请书

交开证申请书一般是填写开证申请表，开证申请人根据合同和自己的要求，在表格内选择适当的项目，或填写特殊的要求。

（二）提交有关的文件和证明

有关的文件和证明主要是指有关部门的审批文件、进口配额或进口许可证、合同等。

（三）审核与开证

开证行对开证申请书的内容和有关资料进行审核，并对开证人资信进行审核。开证行若审核所有资料无误，则可予以安排开证。

（四）进口企业交纳开证保证金

一般而言，如果开证申请人在开证行批准的授信额度内申请开证，则不需要交纳开证保证金；如果开证申请人在开证行没有授信额度或开证金额超过授信额度，则开证行将要求进口企业先交纳一部分开证保证金，或以自身及第三方资产做抵押担保。

二、修改信用证

信用证开出后，如果发现内容与开证申请书不符或其他原因，需要对信用证进行修改，原开证申请人要向开证银行提交修改申请书。开证银行经审查后，若同意修改，则根据要求修改，并通知相关单位。

《UCP600》第 10 条 c 款规定，在受益人告知通知修改的银行其接受修改之前，原信用证（或含有先前被接受的修改的信用证）的条款对受益人仍然有效，受益人应提供接受或拒绝修改的通知。如果受益人未能给予通知，当交单与信用证以及尚未表示接受的修改的要求一致时，即视为受益人已作出接受修改的通知，并且从此日起，该信用证被修改。

单证

单证

《UCP600》第 10 条 e 款规定，对同一修改的内容不允许部分接受，部分接受将被视为拒绝修改的通知。

第三节　运输与投保

按 FOB 贸易术语成交的进口合同，货物采用海运的方式进行运输，应由进口方负责办理租船订舱工作，并办理投保工作。

一、运输

进口企业在接到出口方的已备货通知后，即可与船运公司或船代理机构办理货物运输工作。一般是填写租船订舱的联系单,连同进口合同副本交给船运机构。进口企业办理好租船订舱手续后,要把船名、航次及航期及时通知出口方,以便他们办理货物装船。进口企业为了防止船货脱节的情况,还要注意了解和跟踪出口方备货与装船情况。

二、投保

货物装船后,出口方应及时向进口方发出装船通知,以便进口方及时办理保险和接货等项工作。我国对进口货物运输投保一般采取逐笔投保和预约投保两种形式。

(一) 逐笔投保

逐笔投保是指对各笔进口业务分别办理保险手续。进口企业在接到出口方的发货通知后,填写运输险投保单,保险公司在投保单上签署同意后,进口方向保险公司缴纳保险费,然后,保险公司出具一份正式的保险单给进口方。进口次数少的企业一般采用这种逐笔投保的方式。

(二) 预约投保

有些外贸企业进口次数多,为了简化进口投保手续,这些外贸企业和保险公司签订了货物运输预约保险合同。在合同中规定了投保险别、保险费率、适用的保险条款、保险费及赔偿的支付方法等。以后,外贸公司接到外商的装运通知后,只要填制进口货物通知送保险公司(该通知上面列明合同号、起运口岸、船名、起运日期、航线、货物名称、数量、金额等内容),经保险公司审核签章,就办妥了投保手续。这样,这份装货通知就代替了保险单。

第四节　审单和付款

根据《跟单信用证统一惯例》的规定,开证行(保兑行或其他指定银行)收到国外寄来的单据后,对照信用证的规定进行审核,并仅基于单据本身确定其是否在表面上构成相符交单。当开证行确定交单相符时,必须承付。如果发现单据与信用证的规定不符,开证行(保兑行或其他指定银行)可以拒绝承付或议付,同时可以自行联系开证申请人放弃不符点。如果开证行或保兑行(如果有的话)或其他指定银行决定拒绝接受单据,则必须在收到单据次日起的 5 个银行工作日[①]以内,必须给予交单人[②]一份单独的拒付通知,该通知必须以电讯方式发出,如不可能,则以其他快捷方式,在不迟于自交单之翌日起第五个银行工作日结束前发出。在通知发出后,可以在任何时候将单据退还交单人,并有权要求返还偿付的款项及利息。如果开证行(保兑行或其他指定银行)未能按照上述行事,则无权宣称交单不符。

单据日期可以早于信用证的开立日期,但不得早于交单日期。

---

①　根据《UCP600》第 2 条,指银行在其履行受本惯例约束的行为的地点通常开业的一天。

②　根据《UCP600》第 2 条,指实施交单行为的受益人、银行或其他人。

如果开证行认为单据与信用证的规定相符,在向外付款前也要交进口企业复审。按照我国的习惯,如果进口企业在 3 个工作日内没有提出异议,开证行即按信用证的规定履行付款义务。开证行的付款是没有追索权的,因此,进口企业对单据的审核也必须认真对待,决不能有疏忽之处。

第五节　报关和纳税

进口报关是指进口货物的收货人或其代理人向海关交验有关单证,办理进口货物申报手续的法律行为。进口报关必须由海关准予注册登记的报关企业或有权经营进口业务的企业负责办理,报关员须经海关培训和考核认可。办理报关的程序如下。

一、申报

申报时,要填写进口货物报关单。另外,还要交验有关的单证,如进口许可证和国家规定的其他批准文件、提单或运单、商业发票、装箱单、免税或免验货物的证明、海关认为有必要提供的进口合同、产地证明及其他文件。

根据《中华人民共和国海关法》的规定,向海关申报的时限为自运输工具申报进境之日起 14 天内。超过 14 天的期限未向海关申报的,由海关按日征收进口货物 CIF 价格的 0.05% 的滞报金;超过 3 个月未向海关申报的,由海关提交变卖。

单证

二、查验

海关接受申报后,对进口货物进行检查,以核对与进口货物报关单及其他单据文件上所列是否一致。查验应在海关规定的时间和场所进行,即在海关监管区域内的仓库、场地进行。查验时,进口方应派人到场并负责开拆包装。在特殊情况下,由报关人申请,经海关同意,也可由海关派员到进口方的仓库、场地查验。

三、纳税

进口方在收到海关的税款缴款书后,应当及时履行纳税义务。根据《中华人民共和国海关法》的规定,进口方应在海关签发税款缴款书的次日起 7 天内(星期日和节假日除外)向指定的银行缴纳税款。逾期未缴的,将依法追缴并按滞纳天数征收应缴款额的 0.1% 的滞纳金。

进口关税的计算方法是:首先,确定计算税额的价格,即完税价格;然后,按进口货物适应的进口税税率计算出税额。我国计算进口关税是以货物到达我国口岸的 CIF 价格作为完税价格。

四、放行

放行又称结关，是进口货物在办完海关申报、查验和纳税后，由海关在报关单和货运单据上签字与加盖"验讫"章，进口企业或其代理人持海关签字并盖有放行章的货物提单提取进口货物。未经海关放行的货物，任何单位和个人都不得将货物提走。但是，对保税货物和加工贸易项下的进口货物，海关放行不等于结关，海关还要对货物进行后续监管，直到办完海关手续。但在此之前，未经海关许可，任何人不得转让或移作他用。

第六节　商品检验

对进口商品进行检验是进口方的权利，一般在买卖合同中都对货物的检验作出明确的规定。进口商品经检验合格，并符合合同的规定，进口方就应接受货物；否则，进口方有权拒收货物，并要求损害赔偿。对进口商品进行检验不仅是为了让进口方行使合同规定其享有的权利，也是国家行使对部分进口商品必须进行检验的法律规定。凡是列入《进出口商品检验种类表》的进出口商品，不论买卖合同是否规定要进行商品检验，这些商品的进出口都必须接受国家商检机构的检验。

报检的一般程序如下。

一、申报

对列入《进出口商品检验种类表》的进口商品都应进行商检。报检时，由于货物还没有报关，不能提货。所以，进口企业只能填好报检单，列出所要检验的项目，连同合同副本及一些必要的单证和进口报关单一起交给商检机构。商检机构审核无误后，在进口报关单上加盖"已接受报检"印章。申请人凭此向海关办理进口报关手续。海关则凭商检机构的"已接受报检"印章接受报关与放行。

二、检验

由商检机构对进口货物进行抽样，然后按法定或合同规定对所要检验的项目进行检验。

三、出证

商品检验合格后，由商检机构签发检验证书。如果检验不合格，则商检机构签发不合格证书。

第七节　"4·20"新政后的报关与报检

为贯彻、落实《深化党和国家机构改革方案》工作部署,海关总署对企业报关、报检资质进行了优化整合,自 2018 年 4 月 20 日起,企业在海关注册登记或者备案后将同时取得报关、报检资质,不再实行过去的报关、报检流程。

《海关总署公告 2018 年第 28 号(关于企业报关报检资质合并有关事项的公告)》公布的有关事项如下。

一、企业报关、报检资质合并范围

(1) 将检验检疫自理报检企业备案与海关进出口货物收发货人备案,合并为海关进出口货物收发货人备案。企业备案后同时取得报关和报检资质。

(2) 将检验检疫代理报检企业备案与海关报关企业(包括海关特殊监管区域双重身份企业)注册登记或者报关企业分支机构备案,合并为海关报关企业注册登记和报关企业分支机构备案。企业注册登记或者企业分支机构备案后,同时取得报关和报检资质。

(3) 将检验检疫报检人员备案与海关报关人员备案,合并为报关人员备案。报关人员备案后同时取得报关和报检资质。

具体办理上述业务的现场(以下简称业务现场)相关信息由各直属海关对外进行公告。企业向海关办理其他注册登记或者备案业务的,暂时按照原有模式办理。

二、新企业注册登记或者备案业务办理方式

自 2018 年 4 月 20 日起,企业在海关注册登记或者备案后,将同时取得报关报检资质。

(一) 注册登记或者备案申请

企业在互联网上办理注册登记或者备案的,应当通过"中国国际贸易单一窗口"标准版(以下简称"单一窗口",网址:http://www.singlewindow.cn)"企业资质"子系统填写相关信息,并向海关提交申请。企业申请提交成功后,可以到其所在地海关任一业务现场提交申请材料。

企业同时办理报关人员备案的,应当在"单一窗口"相关业务办理中,同时填写报关人员备案信息。其中,报关人员身份证件信息应当填写居民身份证相关信息,"单一窗口"暂时不支持使用其他身份证件办理报关人员备案。

除在"单一窗口"办理注册登记或者备案申请外,企业还可以携带书面申请材料到业务现场申请办理相关业务。

(二) 提交申请材料

企业按照申请经营类别情况,向海关业务现场提交下列书面申请材料。

(1) 申请进出口货物收发货人备案的,需要提交:营业执照复印件、对外贸易经营者备案登记表(或者外商投资企业批准证书、外商投资企业设立备案回执、外商投资企业变更备案回执)复印件。

(2) 申请报关企业(海关特殊监管区域双重身份企业)注册登记的,需要提交:注册登记许可申请书、企业法人营业执照复印件、报关服务营业场所所有权证明或者使用权证明。

(3) 申请报关企业分支机构备案的,需要提交:报关企业《中华人民共和国海关报关单位注册登记证书》复印件、分支机构营业执照复印件、报关服务营业场所所有权证明或者使用权证明。

此外,企业通过"单一窗口"还可向海关申请备案成为加工生产企业或者无报关权的其他企业,企业需要提交营业执照复印件。企业备案后可以办理报检业务,但不能办理报关业务。

企业提交的书面申请材料应当加盖企业印章。向海关提交复印件的,应当同时交验原件。

(三) 海关审核

海关在收取企业申请材料后进行审核,审核通过的,予以注册登记或者备案;审核不通过的,应当一次性告知企业需要补正的全部内容。海关将审核结果通过"单一窗口"反馈企业,企业登录"单一窗口"可以查询注册登记或者备案办理结果。

(四) 证书发放

自 2018 年 4 月 20 日起,海关向注册登记或者备案企业同时核发《中华人民共和国海关报关单位注册登记证书》和《出入境检验检疫报检企业备案表》,相关证书或者备案表加盖海关注册备案专用章。企业有需要的,可以在业务现场领取。没有领取的,不影响企业办理海关业务。

2018 年 4 月 20 日前,原检验检疫部门核发的《出入境检验检疫报检企业备案表》继续有效。

三、已办理注册登记或者备案企业处理方式

(一) 已在海关和原检验检疫部门办理了报关和报检注册登记或者备案的企业

企业无须再到海关办理相关手续,原报关和报检资质继续有效。

(二) 只办理了报关或者报检注册登记或者备案的企业

海关将对现行报关和报检企业管理作业系统数据库及相关功能进行整合和修改,共享相关数据。自 2018 年 6 月 1 日起,企业可以通过"单一窗口"补录企业和报关人员注册登记或者备案相关信息。

(1) 只取得报关资质的企业或者只取得报检资质的代理报检企业,在补录信息后,将同时具有报关、报检资质。

(2) 只取得报检资质的自理报检企业,在补录信息后,还需要向海关提交商务部门的对外贸易经营者备案登记表(或者外商投资企业批准证书、外商投资企业设立备案回执、外

商投资企业变更备案回执)复印件，才能同时具有报关、报检资质。

没有报关或者报检资质的企业，在 2018 年 6 月 1 日前需要办理报关或者报检业务的，可以按照原有模式向海关申请办理注册登记或者备案手续。

关检合一后的中华人民共和国海关进出口货物报关单如图 17-1 和图 17-2 所示。

中华人民共和国海关进口货物报关单 *0212201910000032060*

预录入编号：021220191000032060　　海关编号：021220191000032060　　（津物流园）　　页码/页数：1/2

境内收货人 (91500000MA5UJ8M33M) 重庆多买多贸易有限公司	进境关别 (0212) 津物流园	进口日期 20190725	申报日期 20190805	备案号
境外发货人 IS HOLDINGS CO.,LTD.	运输方式 (X) 物流园区	运输工具名称及航次号 乐运库	提运单号	货物存放地点 海港保税
消费使用单位 (91500000MA5UJ8M33M) 重庆多买多贸易有限公司	监管方式 (0110) 一般贸易	征免性质 (101) 一般征税	许可证号	启运港 (CHN181) 天津（中国）
合同协议号 IS-CD 20190725	贸易国（地区）(KOR) 韩国	启运国（地区）(CHN) 中国	经停港 (CHN181) 天津（中国）	入境口岸 (120001) 天津

包装种类 (22 93) 纸制或纤维板制盒/箱/天然木托	件数 2536	毛重(千克) 22241	净重(千克) 21198	成交方式 (2) C&F	运费	保费 000/0.3/1	杂费

随附单证及编号
随附单证1：保税核注清单QD021219E000024745 随附单证2：提/运单；代理报关委托协议（纸质）；原产地证据文件；合同；发票；装箱单；兽医（卫生）证书

标记唛码及备注
备注：N/M　关联报关单号：021220191000031723

项号	商品编号	商品名称及规格型号	数量及单位	单价/总价/币制	原产国(地区)	最终目的国(地区)	境内目的地	征免
1	1901900000	不倒翁炸粉 4|3|小麦粉50%，玉米淀粉20%，大米面10%，酸度调节剂2.5%，食用盐3%，炒大米	3000千克 300箱	12000.0000 3600000.0000 韩国圆	韩国 (KOR)	中国 (CHN)	(12909/120116)天津其他/天津市滨海新区	照章征税 (1)
2	2103909000	不倒翁蜂蜜干烹辣酱 4|3|纯净水50%，植物油15%，食用醋10%，白砂糖5%，食用淀粉10%，食用盐5%，	2400千克 200箱	9800.0000 1960000.0000 韩国圆	韩国 (KOR)	中国 (CHN)	(12909/120116)天津其他/天津市滨海新区	照章征税 (1)
3	1902303000	不倒翁拉面面饼 4|3|快熟面条 小麦粉85%，棕榈油5%，食用盐3%，蔬菜提取物2%，绿茶调味油3%	7191千克 1362箱	8700.0000 11849400.0000 韩国圆	韩国 (KOR)	中国 (CHN)	(12909/120116)天津其他/天津市滨海新区	照章征税 (1)
4	1902190000	不倒翁传统挂面细面 4|3|小麦粉97%，食用盐3% 生的、未包馅	4725千克 350箱	8800.0000 3080000.0000 韩国圆	韩国 (KOR)	中国 (CHN)	(12909/120116)天津其他/天津市滨海新区	照章征税 (1)
5	2103909000	不倒翁微辣味咖喱 4|3|姜黄50%，香菜10%，孜然3%，小茴香2.5%，小麦粉5%，食用油8%，麦芽糖3.	3408千克 284箱	9600.0000 2726400.0000 韩国圆	韩国 (KOR)	中国 (CHN)	(12909/120116)天津其他/天津市滨海新区	照章征税 (1)
6	2101120000	南洋咖啡 4|3|速溶咖啡粉80%，白砂糖10%，牛奶5%，乳蛋白3%，奶油2%|1090g/盒 南洋	174千克 20箱	29000.0000 580000.0000 韩国圆	韩国 (KOR)	中国 (CHN)	(12909/120116)天津其他/天津市滨海新区	照章征税 (1)

特殊关系确认：否　　价格影响确认：否　　支付特许权使用费确认：否　　自报自缴：是

报关人员　报关人员证号02106713　电话　兹申明对以上内容承担如实申报、依法纳税之法律责任 申报单位 (911201166794434806) 天津诚兴达货运代理有限公司　申报单位（签章）	海关批注及签章

图 17-1　关检合一后的中华人民共和国海关进口货物报关单

中华人民共和国海关出口货物报关单 *020220190000589641*

预录入编号：020220190000589641　　海关编号：020220190000589641　　（新港海关）　　页码/页数：1/1

境内发货人 (91130183MA0CLLAL5D)	出境关别 (0202) 新港海关	出口日期	申报日期 20190903	备案号
境外收货人 WONIL INDUSTRIAL CO.,LTD.	运输方式 (2) 水路运输	运输工具名称及航次号 PACIFICCARRIER/1953E	提运单号 SNK0022190801903	
生产销售单位 (91130183MA0CLLAL5D)	监管方式 (0110) 一般贸易	征免性质 (101) 一般征税	许可证号	
合同协议号 201930	贸易国（地区）(KOR) 韩国	运抵国（地区）(KOR) 韩国	指运港 (KOR034) 平泽（韩国）	离境口岸 (120001) 天津

包装种类 (23) 木制或竹藤等植物性材料制盒/箱	件数 40	毛重(千克) 46920	净重(千克) 45320	成交方式 (3) FOB	运费	保费	杂费

随附单证及编号
随附单证2：代理报关委托协议（电子）

标记唛码及备注
备注：N/M　集装箱标箱数及号码：2;SKLU2039533;SKLU2039549;

项号	商品编号	商品名称及规格型号	数量及单位	单价/总价/币制	原产国(地区)	最终目的国(地区)	境内货源地	征免
1	8481804090	阀门 0|2|供水管道用|元一牌|50A-300A	882套 24920千克 882套	44.1669 38955.2300 美元	中国 (CHN)	韩国 (KOR)	(13019)石家庄其他	照章征税 (1)
2	8481300000	升降式止回阀 0|2|防止管道水逆流用|元一牌|40A-150A	530套 9360千克 530套	39.4938 20931.7100 美元	中国 (CHN)	韩国 (KOR)	(13019)石家庄其他	照章征税 (1)
3	8421299090	过滤器 0|2|过滤水分|过滤|非氟聚合物制|非氟聚合物制|元一牌|40A-200A	695个 11040千克 695个	22.4135 15577.4000 美元	中国 (CHN)	韩国 (KOR)	(13019)石家庄其他	照章征税 (1)

海运

特殊关系确认：否　　价格影响确认：否　　支付特许权使用费确认：否　　自报自缴：否

报关人员　报关人员证号02104252　电话　兹申明对以上内容承担如实申报、依法纳税之法律责任 申报单位 (91120118MA05K6J24X) 天津捷海集运国际货运代理有限公司　申报单位（签章）	海关批注及签章

图 17-2　关检合一后的中华人民共和国海关出口货物报关单

17-6

扩展资料

第八节　进口索赔

进口索赔是指货物自出口方到进口方的过程中，由于人为、天灾或其他各种原因，进口方收到的货物不符合合同规定或货物有其他损害，进口方依责任归属，向有关方面提出赔偿要求，以弥补其所受的损失。

一、索赔对象的确定

(一) 卖方赔偿

一般情况下，由于卖方原因所造成的货物损失，或所交货物不符合合同规定的，大致有以下几种情况。

(1) 货物的品质、规格等不符合合同规定。

(2) 交货数量不足，重量短少。

(3) 掺杂使假，以次充好，以旧顶新。

(4) 包装不良或不符合合同要求造成货物残损。

(5) 凭样品成交的商品，所交商品与样品不符。

(6) 未按合同规定的交货期限交货或不交货。

买方应视卖方的违约情况和因违约造成损失的大小，提出要对方履行合同或采取补救措施，同时提出损害赔偿条件。

(二) 承运人赔偿

有时索赔的起因在于承运人的疏忽或过失，有下列几种情况。

(1) 因短卸或误卸造成货物短少。

(2) 托运货物在运输途中遗失。

(3) 托运货物由于承运人配载不当、积载不良或装卸作业粗疏造成货物损毁。

(4) 船舶不适合航行条件、设备不良造成所装货物损毁。

发生上述情况时，进口方应毫不迟延地将损害事实用书面通知承运人，让承运人了解货物灭失或残损、短缺的状况，以便确定其赔偿责任。

(三) 保险公司赔偿

凡属于承运人的过失造成的货物残损、遗失，而承运人不予赔偿或赔偿金额不足抵补损失的，只要属于保险公司承保范围之内的，当事人可向保险公司提出索赔。

二、进口索赔应注意的问题

(一) 索赔依据

索赔时提交索赔清单和有关货运单据，如发票、提单（副本）、装箱单。在向卖方索赔时,应提交商检机构出具的检验证书;向承运人索赔时,应提交理货报告和货差证明;向保险公司索赔时,除上述各项证明外,还应附加保险公司出具的检验报告。

(二) 索赔期限

向卖方索赔应在合同规定的索赔期限之内提出,如商检工作确有困难可能需要较长时间的,可在合同规定的索赔有效期内向对方要求延长索赔期限,或在合同规定索赔有效期内向对方提出保留索赔权。按《联合国国际货物销售合同公约》规定,两年是在合同未明确索赔期限情况下最长的、不得超过的索赔期限。

(三) 双方责任

买方在向有关责任方提出索赔时,应采取适当措施保持货物原状并妥善保管。按国际惯例,如买方不能按实际收到货物的原状归还货物,就丧失宣告合同无效或要求卖方交付替代货物的权利;按保险公司规定,被保险人必须按保险公司的要求采取措施避免损失进一步扩大,否则不予理赔。

[案例 17-1] 进口商以低于议付行索汇的金额赎单争议案

案情: 2015 年 10 月 8 日,进口商 A 公司申请开立跟单即期信用证,金额为 125 000 美元,从香港进口原材料。2015 年 12 月 5 日,开证行 I 银行收到议付行 N 银行寄来的全套单据,单据有以下不符点。

(1) 信用证过期(L/C EXPIRED)。

(2) 迟装(LATE SHIPMENT)。

I 银行向申请人 A 公司提示单据,询问其是否接受上述不符点。由于进口的原材料是 A 公司的生产必需品,所以 A 公司同意接受不符点,拟赎单提货。但是,A 公司又称受益人 B 公司尚欠其货款 52 000 美元,想从本次款项中扣除,欲以 73 000 美元赎单。开证行 I 银行认为,这种做法不符合国际惯例,要求 A 公司直接与 B 公司商量。

2015 年 12 月 8 日,开证行 I 银行以上述不符点为由,向议付行 N 银行发出拒付通知。2015 年 12 月 10 日,A 公司称 B 公司已同意以 73 000 美元赎单,开证行 I 银行致电议付行 N 银行,要求其确认;12 月 12 日,N 银行确认;12 月 13 日,A 公司赎单,I 银行对外付款 73 000 美元。

分析:《UCP600》第 2 条规定,议付是指定银行在相符交单下,在其应获偿付的银行工作日当天或之前向受益人预付或者同意预付款项,从而购买汇票(其付款人为指定银行以外的其他银行)及/或单据的行为。本案例中,作为开证行承担第一付款的责任,它对议付行提示的单据只有以下两种选择。

(1) 如单证相符,则对外付款(《UCP600》第 15 条)。

(2) 如单据表面与信用证条款不符,可以拒付,并毫不延迟地以快捷方式通知议付行,妥善保留单据(《UCP600》第 16 条)。

至于单据能否降价,取决于议付行和受益人。开证行听从申请人意见,单方面以低于索汇款项的金额对外支付,会引起某些不良后果。本案例中,开证行做得很规范,没有接受申请人的要求从信用证中扣款,而是以信用证中的两个不符点为由对外拒付,为申请人与受益人之间的洽商赢得了时间，最后使事件得到圆满解决。

单证不符，开证行对外拒付后，经过进出口双方交涉，可能会出现以下三种结果。

（1）进口商资信良好、双方贸易关系稳定、货物品质优良、市场行情看好，进口商一般会接受不符点，全额对外付款。但是，同单证相符相比，收汇时间要长一些。

（2）出口商履约有误，商品品质欠佳、残损，行情下跌，拖延提货影响商品价值，申请人资金紧张的，一般可以通过降价、延长付款期限或其他优惠条件解决纠纷。

（3）进口商资信不佳、无合作诚意、双方贸易关系破裂的，可以通过退货、就地销售货物或拍卖等方法处理；单据经议付行授权，可退单或向第三方交单。这是最坏的结果。

上述分析说明了一个道理：商业信用是银行信用的基础。如果进口商资信卓著，信用证项下由于单证不符引起的纠纷就容易得到解决；反之，就可能纠缠不清。同时，也可以看出，银行信用可以保护受益人的合法权益。

信用证项下的拒付时有发生，前面分析了开证行在单证不符情况下的选择及其后果。从议付索汇的全过程来看，下列因素对安全收汇十分重要。

（1）单证相符。单证相符，开证行承担第一付款责任，出口商无须同进口商交涉，即可安全收汇。要做到单证相符，需要出口商及时联系进口商申请改证，认真履约，正确制单，准时交单。

（2）产品质量和销售市场。产品质量好，销路畅，申请人有利可图，会急于提货，而不会过多地计较单据情况。

（3）进口商资信情况。进口商实力雄厚，合作诚意强，贸易和单据上出现的纠纷通过协商可以达成一个双方满意的结果，而不会故意挑剔单据，拒不付款。

本章小结与思考题

试一试

第十八章

国际贸易方式

教学目的和要求

本章介绍国际贸易方式的多种形式,目的是使学生了解各种国际贸易方式的适用条件,掌握不同国际贸易方式的特点,熟悉和掌握各种国际贸易方式在具体交易中的基本做法。本章还介绍跨境电子商务的概念、分类及跨境电子商务在国际贸易中的作用,目的是使学生了解跨境电子商务的适用条件,掌握跨境电子商务的特点,熟悉和掌握跨境电子商务在国际贸易中的运作方法。

关键概念

包销	独家代理	投标	套期保值
加工贸易	补偿贸易	寄售	电子商务
跨境电子商务	B2B	B2C	B2A
C2A	EDI	互联网	

章首案例

2017年9月19日,中国电子商务研究中心发布的《2017年(上)中国电子商务市场数据监测报告》显示,2017年上半年中国电子商务交易额为13.35万亿元,同比增长27.1%。

随着中国经济转型发展正跨入"消费升级"全新时代,电商不断创造着新的消费需求,引发了新一轮的投资热潮,开辟了就业增收新渠道,为"大众创业,万众创新"提供了空间与舞台。与此同时,随着行业的积累与沉淀,B2B(business-to-business,商业机构与商业机构之间的电子商务)迎来发展期,电商优势明显助力传统产业上下游生态链。而2017年以来,国内新零售风行,电商巨头向传统零售行业大举扩张,试图以打通线上线下渠道、整合用户数据的方式,给传统零售注入活力。截至2017年6月,中国电子商务服务企业直接从业人员超过310万,由电子商务间接带动的就业人数已超过2 300万。具体来看,直接就业人员方面,2017年上半年环比增长8.7%,电子商务的稳步增长带动了直接就业人员的增长,并呈现出快速增长的趋势。

《2017年度中国共享经济发展报告》对2017年共享经济进行宏观分析,涉及领域与平台主要有:①交通出行:滴滴出行、易到、首汽约车、神州优车、摩拜单车、哈罗单车、Go fun出行、TOGO途歌等;②共享充电宝:小电科技、街电科技、来电科技等;③共享物

流：新达达、人人快递、饿了么、"蜂鸟"、美团众包、点我达、1号货的、云鸟配送、货车帮等；④共享金融：淘宝众筹、京东众筹、苏宁众筹、百度众筹等；⑤共享餐饮：隐食纪、熊猫星厨、吉刻送、Hatchery、回家吃饭、隐食家、爱大厨等；⑥共享住宿：住百家、小猪短租、途家等；⑦共享雨伞：街借伞、共享e伞、春笋、橙伞等；⑧上门服务：河狸家、新氧、星后等；⑨二手共享：闲鱼、猎趣、爱回收、瓜子二手车、人人车、优信二手车等；⑩知识技能：果壳、在行、猿题库、学霸君、跟谁学、猪八戒等；⑪共享医疗：春雨医生、丁香医生、好大夫在线、企鹅医生、平安好医生、微医等。

电子商务已经成为新时代的发展趋势，了解并学习有关电子商务的知识是非常必要的。

第一节　经销与代理

一、经销

（一）经销的定义与类型

经销（distribution）是指进口商（经销商）与国外出口商（供货商）达成协议，承担在规定的期限内购销指定商品的义务。

经销按照经销商权限的不同可分为独家经销（sole distribution）和一般经销。独家经销又称包销，是指经销商在规定的期限和地域内对指定的商品享有独家经营权。一般经销又称定销。在定销方式下，经销商不享有独家经营权，供货商可在同一时间、同一地区内委派几家商号来经营同类商品。

（二）包销的特点与应用

在包销方式下，包销商具有独家经营的权利是指在包销期限和指定地区内出口商出口指定的商品只能向包销商报盘成交，而不能售给该地区内的其他客户；包销商在包销期限和一定地区范围内也不得向其他人购买此种商品。在包销方式下，商品由包销商以自己的资金购入，取得商品的所有权，自行销售，自负盈亏，并承担各种风险。因此，出口商和包销商之间是货主与买主的关系，属于买卖关系。但包销商又不同于一般的单纯的买卖关系，而是一种受专卖权和专买权约束的售定买卖关系。即双方签订包销协议后，出口商获得了专卖权，同时又有义务不再将包销商品向指定地区内的其他商人报盘成交；包销商获得了专买权，同时又有义务不再购买其他商人的同类商品，保证购进包销协议规定的最低数量的该种商品，并只在指定地区销售。

对出口商来说，采用包销方式的主要目的是利用包销商的资金和销售能力，在特定的区域建立一个稳定发展的市场。对包销商来说，由于取得了专营权，因而在指定商品的销售中处于有利的地位，避免了多头竞争而导致降价减盈的局面，故其有较高的经营积极性，能在广告促销和售后服务中有较多的投入。但如果出口商不适当地运用包销方式，则存在着包销商包而不销、依赖出口商，导致出口受阻的风险。同时存在包销商利用垄断地位操纵价格，控制市场的可能。因此，对出口商来说，选择一个合适的包销商是成功地采用包销方式的关键之所在。

（三）定销与包销的联系和区别

定销与包销具有相同之处，即出口商与定销商和包销商之间都是售定性质的买卖关系，定销商也要像包销商一样自垫资金购货，取得商品的所有权，自行销售，自担风险，自负盈亏。在实践中，出口商常与定销商签订远期支付合同，在支付条件上给予定销商优惠待遇，但这只是出口商给予定销商的资金融通，并不能改变双方的买卖关系。

定销与包销的区别主要在于：包销商享有独家经营的权利，即在包销地区和包销期限内只有一个包销商经营出口商供应的商品；而定销商不享有专营权，在同一地区内可以有几个定销商同时为一个出口商销售同种或同类商品。定销方式下一般规定有一定的最低数量限额，可以避免包销方式下可能出现的包而不销的问题，定销还可以防止出现垄断。但定销对调动定销人员的推销积极性一般效果较差，难以发挥集中经营的作用。在定销期内，出口商可以对定销商的资信情况、商业作风、经营能力进行考察。因此，定销常被用作挑选包销商的过渡手段。出口商在采用定销方式时，应注意选择经营能力较强、资信较好的国外客户作为定销商，并在协议中规定一定的定销最低限额。

二、代理

（一）代理的定义与类型

代理是指货主或生产厂商（委托人）在规定的地区和期限内，将指定商品交由国外客户代销的一种贸易方式。在国际贸易中，销售、采购、运输、保险、广告、金融、诉讼等都广泛采用代理方式。当前世界贸易中有较大的比重是通过代理商这条渠道进行的。我国在进出口业务中也广泛地运用了代理方式。代理方式按委托人对代理人授权的大小可分为一般代理、独家代理和总代理。

1. 一般代理

一般代理又称普通代理，是不享有代销专营权的代理。委托人在同一地区和期限内可选定一家或几家客户作为一般代理人，根据代销商品的实际数量，按协议规定的办法付给佣金。委托人可直接与该地区的买主成交，其直接成交部分不向代理人支付佣金。

2. 独家代理

独家代理是指委托人给予代理人在规定地区和一定期限内享有代销规定货物的专营权。委托人在该指定地区和时间内不得委托其他代理人。独家代理与包销方式下的专营权不同，独家代理下的专营权指的是专门代理权，商品出售前所有权仍归委托人，由委托人负责盈亏。另外，除另有规定外，委托人也可直接与指定地区的买主进行交易，但这一部分商品交易仍应向独家代理人计付佣金。

3. 总代理

总代理是委托人在指定地区的全权代表，他有权代表委托人进行全面业务活动，除代表委托人签订买卖合同、处理货物等商务活动外，还可进行一些非商业性的活动。

（二）代理协议

代理协议是明确出口企业和代理商之间权利与义务的一种法律文件。代理协议一般包括以下内容。

1. 协议名称及双方的基本关系

签订代理协议时应明确显示是独家代理、总代理还是一般代理。代理协议的双方当事人即出口方与代理商之间的关系是委托代理关系。代理人应在委托人授权范围内行事，并应对委托人诚信忠实。委托人对代理人在上述范围内的代理行为承担民事责任。

2. 代理的商品、地区和期限

委托人对代理人的授权中应明确说明代理销售商品的类别和型号，独家代理则必须明确其业务的地理范围,并约定代理协议有效期限,或者规定终止条款。

3. 代理的权限

根据不同性质的代理,此条款的具体内容有所不同。在一般代理协议中一般规定:保留委托人在代理人的代理地区直接同买主进行谈判和成交的权利。

在独家代理协议中一般规定独家代理权,即独家代理指定商品的专营权;独家代理商的权限仅限于替委托人寻找买主、招揽订单、中介交易等。

4. 最低成交额

在代理中应规定最低成交数量或金额,以此保障委托人的利益。

5. 佣金条款

代理协议中必须规定佣金率、支付佣金的时间和方法。佣金率可与成交金额或数量相联系。

6. 商情报告

代理人有义务向委托人定期或不定期提供商情报告,代理商还应在代理区内进行适当的广告宣传和促销。

7. 协议有效期及终止条款

代理协议如果是定期的,一般规定为1~5年;如果是不定期的,一般在协议中约定,其中一方不履行协议,另一方有权终止协议。

第二节 寄售与展卖

一、寄售

(一) 寄售的定义

寄售是出口商委托国外代销商向用户进行现货买卖的一种交易方式。出口商作为寄售人,将准备销售的货物先行运往国外,委托当地的销售商按照寄售协议规定的条件在当地市场上销售。商品售出后,代销人扣除佣金和其他费用,将货款交付给寄售人。

(二) 寄售的特点

寄售有以下两个特点。

(1) 寄售是一种先发运后销售的现货买卖方式,货物在销售前的所有权仍然属寄售人。寄售人同代销人签订寄售合同,出口商(寄售人)先将寄售商品运送给国外代销人,代销人出售商品后,扣除佣金及其他费用,将货款汇交寄售人。寄售是一种先出口后售货的贸易方式。

(2) 双方当事人只是委托关系。在寄售方式下,寄售人就是委托人、货主。代销人就是受托人、国外客户。双方是一种委托和受托的关系,而非买卖关系。在寄售商品售出之前,委托人始终拥有其所有权,要负担寄售期间的运费、保险费、仓储费、进口税等一切费用,并承担此间可能发生的风险和损失。代销人只是受托负责照管商品,而不承担任何风险和费用。

(三) 寄售的优点

寄售是一种先发运后销售的现货买卖方式。以寄售方式销售,可以让商品在市场上与用户直接见面,按需要的数量随意购买,而且是现货购买,能抓住销售时机,所以对于开拓新市场,特别是消费品市场,是一种行之有效的方式。

(四) 寄售的缺点

寄售具有以下几个缺点。

(1) 货物售出之前发运,售后才能收回货款,资金负担较重。

(2) 货物需在寄售地区安排存仓、提货,代销人不承担费用和风险。

(3) 万一代销人不守协议,比如,不能妥善代管货物,或是出售商品后不及时汇回货款,都将给出口商带来损失。

(4) 如果货物滞销,需要运回或转运其他口岸,出口商将遭受损失。

(五) 寄售协议

寄售协议规定了有关寄售的条件和具体做法,其主要内容包括以下几个方面。

1. 双方的基本关系

寄售人和代销人之间的关系是一种委托代理关系。货物在出售前所有权仍属寄售人。代销人应按协议规定,以代理人身份出售商品、收取货款、处理争议等,其中的风险和费用由寄售人承担。

2. 寄售商品的价格

寄售商品的价格有三种规定方式:其一,规定最低售价;其二,由代销人按市场行情自行定价;其三,由代销人向寄售人报价,征得寄售人同意后确定价格,这种做法较为普遍。

3. 佣金条款

其规定佣金的比率,有时还可增加佣金比率增减额的计算方法。通常佣金由代销人在货款中自行扣除。

4. 代销人的义务

代销人的义务包括保管货物,代办进口报关、存仓、保险等手续并及时向寄售人通报商情。代销人应按协议规定的方式和时间将货款交付寄售人。有的寄售协议中还规定代销人应向寄售人出具银行保函或备用信用证,保证承担寄售协议规定的义务。

5. 寄售人的义务

寄售人按协议规定时间出运货物,并偿付代销人所垫付的代办费用。

二、展卖

(一) 展卖的定义

展卖是利用展览会和博览会的形式出售商品,将展览与销售结合起来的贸易方式。

（二）展卖的形式

展卖的形式比较灵活,可由货主自己举办,也可由货主委托他人举办。

1. 博览会

博览会是一种以国家组织形式在同一地点定期由有关国家或地区的厂商举行商品交易的贸易方式。参加者展出各种各样的产品和技术,以招揽国外客户签订贸易合同,扩大业务活动。国际博览会按内容可分为综合性博览会和专业性博览会。前者一般规模较大,展出的商品品种多样,可包括工农业各类产品,通常有许多国家参加;后者则对展品具有一定的专业要求,通常是某项或某类工业品参加展出。

国际上著名的博览会,如莱比锡博览会、布鲁塞尔博览会、里昂博览会、巴黎博览会和蒙特利尔博览会,大多都是综合性的博览会。而对我国出口贸易影响较大的是中国进出口商品交易会,因一直在广州举办,所以又称为广交会。随着国际贸易关系和技术的日益发展,通过博览会和展览会进行的展卖形式在国际市场上的地位日益重要。它为买卖双方了解市场,建立商品和技术联系提供了有利条件,成为各国商人签订贸易合同的重要场所。

2. 展览会

展览会是指举办国通过选择适当的场所,将商品集中进行展卖的贸易方式。当代的国际展览会是不定期举行的,举办地点也不确定,可在国内,也可在国外,还可以流动方式在各地进行轮流展出。其通常展示各国在产品、科技方面所取得的新成就。

3. 展销会

展销会是指出口商自己或者联合其他出口商共同在国内举办展销活动的贸易方式。一般是农产品、食品、纺织品等中小型展览会,也有的展销会被大型企业集团用来展销自己的核心产品。

第三节　招标、投标与拍卖

一、招标、投标

（一）招标、投标的定义

招标与投标是有组织地在特定地点按一定的条件进行交易的一种竞争方式。招标与投标是一种贸易方式的两个方面。

招标是指招标人(采购者或业主)在一定时间、地点,发出招标公告或招标单,提出招标项目和条件,邀请他人投标的行为。

投标是指投标人(出口商、供货人或承包商)应招标人的邀请,根据招标公告或招标单规定的条件,在规定时间内向招标人发出应邀,争取中标以达成交易的行为。投标是针对招标而来的后续行为,有招标才需要投标。因此,招标与投标并不是两种贸易方式,而是一种贸易方式的两个方面。在国际上,招标与投标多用于国际承包工程、政府机构或大企业营建工程项目、购买成套设备和大宗商品等。

（二）招标、投标的一般程序

招标、投标的一般程序包括招标、投标、开标与评标、签约四个阶段。

1. 招标

在招标阶段，招标人首先要发出招标公告。根据进行的方法，招标可分为公开招标和不公开招标两种。公开招标由招标人公开发布招标单，并由投标人参加监督开标；不公开招标又称邀请招标，是由招标人根据自己具体的业务关系和情报资料自行选定投标人，其他人无权参加投标。采用不公开招标时，一般要向选定的投标人颁发招标通知；采用公开招标时，则应在有权威的报纸或杂志上刊登招标广告，说明招标的项目及有关的交易条件，邀请各国卖主或承包商在规定期限和地点递价参加投标。然后由招标人对前来要求投标的公司、企业的历史情况、财力状况、产品质量、经营作风及信誉等方面进行资格审查。审查合格后，由招标人向取得投标资格者寄送标单，内容包括招标要示、合同条款及格式、技术要求以及投标日期、开标日期、寄送投标单的方法等。标单一般还要求投标人交纳投标保证金或提交银行保函，保证一旦中标，一定签约，否则招标人可没收该保证金。如未中标，则此保证金或银行保函如数退还投标人。

2. 投标

在投标阶段，投标人收到标单后，应认真研究标单的全部内容和条件，并在此基础上仔细定出自己争取中标的各项条件，包括价格、交货期限、品质规格、各技术指标等，做到量力而行；然后按要求填写投标文件，在规定期限内密封交寄招标人；同时按招标单规定提交投标保证金或银行保函。

3. 开标与评标

在开标阶段，若采用公开招标，应由招标人和公证人在规定时间与地点当众拆开密封的投标单，宣布其内容，并比较选择最有利的递价。凡参加投标者均可派代表监督开标。不公开招标则由招标人在没有投标人参加的情况下自行选定中标人。开标后对较复杂的标项有时还要由招标人组织人员进行评标，选定中标人。另外，按国际惯例，招标人在开标后若发现所有投标都不符合要求，可全部拒绝，宣布招标失败。

4. 签约

招标人选定中标人后，要以书面形式通知中标人，约定双方签约的时间、地点，并按约定签订协议（合同）。中标人在签约时要缴付履约保证金。

二、拍卖

（一）拍卖的定义

拍卖是指专营拍卖业务的拍卖行在规定的时间和地点，按照一定的章程和规则，将货物向买主公开展示后，由买主相互出价竞购，最后由拍卖人把现货卖给出价最高的买主的一种贸易方式。拍卖是国际贸易中较为古老的一种方式，是一种实物交易。

课堂讨论 18-1：哪些商品适合拍卖交易？

（二）拍卖的竞价方式

国际上拍卖的竞价方式一般有三种：增价拍卖、减价拍卖和密封递价拍卖。

1. 增价拍卖

增价拍卖也称买方叫价拍卖，是最常用的一种拍卖方式，即由拍卖人宣布该项商品的预定最低价格，然后竞买者竞相加价，有时规定每次加价的金额限度，直至竞买人不再加价时，拍卖人击槌表示成交，将这批商品卖给最后出价最高的人。在拍卖时未经允许，卖主不能参加叫价。

2. 减价拍卖

减价拍卖又称荷兰式拍卖，源于世界上最大的荷兰花卉拍卖市场，即由拍卖人提出一批货物，并喊出最高价格，然后逐渐喊低叫价，直到有买主表示接受，达成交易。这种拍卖方式买主之间无反复竞价的过程，且买主一旦表示接受，不能再行撤销。由于减价拍卖方式成交迅速，常用于数量大、批次多的鲜活商品的拍卖。

3. 密封递价拍卖

密封递价拍卖又称招标式拍卖，即由拍卖人公布每批商品的详细情况和拍卖条件，然后由买主在规定时间和地点将自己的出价密封递交拍卖人，拍卖人比较后将货物卖给适合的买主并公布买主姓名。这种拍卖方式不是公开竞买，和上述两种方式相比较有以下两个特点：一是除价格条件外，还可能有其他交易条件需要考虑；二是可以采取公开开标方式，也可以采取不公开开标方式。拍卖大型设施或数量较大的库存物资或政府罚没物资时，可能采用这种方式。

采用拍卖方式，对卖方来说，可通过买方的相互竞购，卖出较好的价格；同时拍卖是现货交易，买方付款提货，卖方收取货款较安全，有利于资金周转，也有利于打开销售渠道，扩大国外市场。对买方来说，其有利于根据市场和自身情况，实地看货，购进满意的货物。但采用拍卖方式，交易过程一般要花费较长时间。

（三）拍卖的一般程序

拍卖的一般程序如下。

1. 拍卖准备

货主与拍卖行达成拍卖协议，规定货物品种和数量、交货方式与时间、限定价格以及佣金等事项。货主把货物运至拍卖地点，存放于拍卖人指定的仓库，由拍卖人进行分类、分级、分批编号，然后根据货物的种类、数量、产地、拍卖时间、地点和交易条件编印拍卖目录并公布。有意购买者可在正式拍卖前到指定存放拍卖商品的仓库查看货物，必要时可抽样验看，以了解商品品质。按照惯例，一经拍卖成交，卖主或拍卖行对售出商品都不负品质保证的责任，因此事先看货是拍卖的重要环节。

2. 正式拍卖

在规定的时间和地点，按拍卖目录规定的顺序逐批拍卖。以增价方式拍卖的，买方出价相当于要约，拍卖人落槌相当于承诺。在落槌之前，买方有权撤销出价，卖方也有权撤回拍卖商品。以减价方式拍卖的，拍卖人报价相当于要约，而买方一旦表示接受，即为承诺，交易成立，双方均受约束。

3. 付款与交货

拍卖成交后,买方签署成交确认书,并支付部分货款做定金,待买方付清全部货款后,拍卖行开出提货单,买方凭单提货。拍卖行从货款中提取一定比例的佣金,作为提供拍卖服务的报酬,并扣除按合同应由货主承担的费用后,将货款交付货主。

(四) 拍卖的注意事项

拍卖的注意事项有以下两点。

1. 关于商品的品质

由于参加拍卖的商品往往难以用具体规格加以描述,且买主在拍卖前有权查验货物,拍卖行通常在拍卖章程中规定"卖方对品质概不负责",所以,拍卖后买方对商品没有复验权,也不存在索赔的问题。对于某些货物可能存在隐蔽的缺陷,凭一般的查验手段难以发现,所以有的拍卖章程中也规定了买方的索赔期限。

2. 关于公开和公平的原则

拍卖和招投标一样,是一种按公平竞争的原则进行公开交易的贸易方式。为保证公开和公平的原则不被违反,拍卖行制定了拍卖章程,买卖双方都必须严格遵守。买方不得互相串通,以压低报价;卖方也不得由代理人出价竞买,以哄抬价格,否则均构成违规、违法行为。

第四节　期　货　交　易

一、期货交易的定义

期货交易(futures transaction,futures trading)是众多的买主和卖主在商品交易所内按照一定的规章制度用喊叫并借助手势进行讨价还价,通过激烈竞争买进或卖出期货标准化合约的一种贸易方式。

现代期货交易是在期货交易所内进行。目前期货交易所已经遍布世界各地,特别是美国、英国、日本、中国香港、新加坡等国家和地区的期货交易所在国际期货市场上占有非常重要的地位。其中交易量比较大的著名交易所有:美国的芝加哥商品交易所、芝加哥商业交易所、纽约商品交易所、纽约商业交易所,英国的伦敦金属交易所,日本的东京工业品交易所、东京谷物交易所,中国香港的香港期货交易所,以及新加坡的国际金融交易所等。

商品期货交易的品种多数属于供求量较大、价格波动频繁的初级产品,如谷物、棉花、食糖、咖啡、可可、油料、活牲畜、木材、有色金属、原油,此外还有贵金属,如金、银等。

二、期货交易的特点

期货交易具有以下几个特点。

(1) 期货交易不规定双方提供或者接受实际货物。

(2) 交易的结果不是转移实际货物,而是支付或者取得签订合同之日与履行合同之日的价格差额。

（3）期货合同是由交易所制定的标准合同,并且只能按照交易所规定的商品标准和种类进行交易。

（4）期货交易的交货期是按照交易所规定的交货期确定的,不同商品的交货期不同。

（5）期货合同都必须在每个交易所设立的清算所进行登记及结算。

三、期货市场的业务方式

（一）投机交易

投机交易就是买空卖空。

买空又称多头,是指投机者估计价格要涨,买进期货;一旦期货涨价,再卖出期货,从中赚取差价。

卖空又称空头,是指投机者估计价格要跌,卖出期货;一旦期货跌价,再买进期货,从中赚取差价。

（二）套期保值

套期保值又称对冲交易。其基本做法是在买进（或卖出）现货的同时,在期货市场卖出（或买进）相等数量的期货合同作为保值,也称为"海琴"。

套期保值在期货市场上有两种:买期保值和卖期保值。

买期保值是指经营者卖出一笔日后交货的实物,为了避免在以后交货时该项商品的价格上涨而遭受损失,则可在交易所内买进与同一时期交货的同样数量的期货合同。这样,将来货物价格上涨,他可以从期货交易的盈利中补偿实物交易的损失。

卖期保值是指经营者买进一批日后交货的实物,为了避免在以后交货时该项商品的价格下跌而遭受损失,则可在交易所内卖出与同一时期交货的同样数量的期货合同。这样,将来货物价格下跌,他可以从期货合同交易所获得的盈利来进行补偿。

课堂讨论 18-2:套期保值与套利有什么区别?

第五节　对　销　贸　易

一、对销贸易的定义

对销贸易（counter trade）在我国又译为反向贸易、互抵贸易或对等贸易等,也有人把它笼统地称为易货或大易货。它是指在互惠的前提下,由两个或两个以上的贸易方达成协议,规定一方的进口产品可以部分或者全部以相对的出口产品来支付。对销贸易是一种既买又卖、买卖互为条件的国际贸易方式。其主要目的是以进带出,开辟各自的出口市场,求得每宗交易的外汇收支平衡或基本平衡。对销贸易买卖的标的物包括一般的有形商品,还包括劳务、专有技术和工业产权等无形商品。

在我国,一般把对销贸易理解为易货、记账贸易、互购、产品回购、转手贸易等,其属于货物买卖范畴，是以进出结合、出口抵补进口为特征的各种贸易方式的总称。

二、对销贸易的种类

对销贸易有多种形式，但归纳起来最基本的有三种：易货贸易（barter trade）、反购或互购（counter purchase）、补偿贸易（compensation trade）。

（一）易货贸易

易货贸易是一种古老的贸易方式。它有狭义和广义之分。

狭义的易货贸易是纯粹的以货换货的方式，不用货币支付。其特征是交换商品的价值相等或相近，没有第三人参加，并且是一次性交易，履约期较短。这种传统的直接易货贸易，由于交换的货物必须是双方需要的，货值又要一致，所以具有很大局限性，在实际交易中应用较少。

现代的易货贸易都是采用比较灵活的方式，即所谓广义的易货，主要有以下两种不同的做法。

1. 记账易货贸易

任何一方进口或出口货物，双方都将货值记账，相互抵冲，不需使用现汇支付，一般规定在一定时期内平衡（如有逆差，再用现汇或商品支付）。在这种方式下，进口和出口可以同时进行，也可以有先有后。

2. 对开信用证方式

交易双方先签订易货合同，进口和出口同时成交，金额大致相等，双方都采用信用证方式付款，并在信用证中规定，一方开出的信用证要在收到对方开出的信用证时方能生效。也可以采用保留押金信用证的方式，即第一张信用证先生效，但结汇后银行把款扣下，作为开回头证的押金。需要说明的是，这种做法仍是以货换货，而非现货交易。

（二）反购或互购

在反购或互购方式下，先出口的一方在其售货合同中承诺，用所得的外汇（全部或部分）购买对方国家的产品。互购贸易涉及两个既独立又相互联系的合同，每个合同都以货币支付，金额不要求等值。由于双方都承担了互相购买对方产品的义务，尽管采用货币支付，但在一定时期内还是相互交换货物。这种方式在一定程度上可以克服一方支付能力不足的问题。

（三）补偿贸易

补偿贸易是指在信贷的基础上，一方从国外进口机器、设备、技术或服务时不用现汇支付，而约定在一定期限内待项目投产后，以该项目生产的产品或其他货物（劳务）或双方约定的其他办法分期偿还价款的贸易做法。

我国当前开展的补偿贸易，按照偿付的标的不同，大体上可分为以下三类。

1. 直接产品补偿

直接产品补偿，即一方进口国外的设备和技术后，用这些设备和技术生产出的产品来分期偿还价款。设备技术的进口方一般愿意采用这种方式。

2. 间接产品补偿

间接产品补偿，即设备进口方不是用上述直接产品，而是用其他产品偿付。这种做法有点类似反购,但它仍是在同一个补偿贸易合同中,而反购却是签订两个单独的合同。

3．劳务补偿

劳务补偿是将补偿贸易与来料加工相结合的做法,即由一方提供设备的同时提供原材料,委托对方加工装配;另一方用工缴费分期偿还价款。

三、对销贸易的特点

(一) 优点

对销贸易有以下几个优点。

(1) 在不动用或少动用外汇的条件下进行进出口贸易。

(2) 有助于打破西方国家的贸易壁垒,为本国产品,尤其是发展中国家的工业制成品打开市场。

(3) 带动某些产业的产品出口。从发达国家角度看,通过对销贸易,承诺一定的回购,提供信贷或投资,不仅可以增强其市场竞争能力,而且有助于推销一些用现汇难以销售的产品、技术,争取到一些廉价的原材料或零部件供应。

(4) 有些方式,如产品回购(补偿贸易)或抵销贸易,除了具有一般对销贸易所具有的平衡国际收支的作用,还具有融通资金和吸收外国资本流入的功能。

(5) 商品定价具有灵活性和隐蔽性,可促进产品出口。由于对销贸易采用的是进出结合的做法,故核算其经济效益可从进出口两方面结合起来通盘考虑。例如,进口盈利,出口亏损,但只要前者大于后者,还是有利可图的。加之,对销贸易是由交易双方私下进行的,这就更增加了决定价格时的灵活性和隐蔽性,而不易被他人所察觉,从而起到补贴出口而不遭报复的作用。

(二) 弊端

对销贸易有以下几个弊端。

(1) 对销贸易带有浓厚的双边性和封闭性,因此有时无助于国际贸易多边化。

(2) 对销贸易是在互惠的原则下进行的,使得交易对象的选择和交易的达成及履约出现很大的困难。

(3) 对销贸易方式下,决定交易的主要因素已不是商品的价格和质量,而是回购的承诺,价格往往与正常价格有很大偏离,市场机制的作用受到很大削弱。

第六节　加　工　贸　易

一、加工贸易的定义

加工贸易是一国通过各种不同的方式进口原料、材料或零件,利用本国的生产能力和技术加工成成品后再出口,从而获得以外汇体现的附加价值。

二、加工贸易的形式

加工贸易是以加工为特征的再出口业务，其形式多种多样，常见的加工贸易形式有以下两种。

（一）进料加工

进料加工亦称以进养出，是指用外汇购入国外的原材料、辅料，利用本国的技术、设备和劳力加工成成品后，销往国外市场的贸易方式。在这类业务中，经营的企业以买主的身份与国外签订购买原材料的合同，又以卖主的身份签订成品的出口合同。两个合同体现为两笔交易，它们都是以所有权转移为特征的货物买卖。进料加工贸易注意所加工的成品在国际市场上要有销路。否则，进口原料外汇很难平衡。从这一点看，进料加工要承担价格风险和成品的销售风险。

（二）对外加工装配

1. 来料加工

来料加工，是指加工一方由国外另一方提供原料、辅料和包装材料，按照双方商定的质量、规格、款式加工为成品，交给对方，自己收取加工费的贸易方式。有的是全部出对方来料；有的是一部分由对方来料，一部分由加工方采用本国原料和辅料。

2. 装配业务

装配业务，是指由一方提供装配所需设备、技术和有关元件、零件，由另一方装配为成品后交货的贸易方式。

3. 来图生产和来样加工

来图生产和来样加工，简称来图来样加工，是指由国外厂商提供产品的全套图纸、样品及部分加工技术或零件、工具等，由加工方使用当地的原料、辅料进行加工制造产品的贸易方式。

对外加工装配业务包括两个贸易过程：一是进口原料，二是产品出口。但这两个过程是同一笔贸易的两个方面，而不是两笔交易。原材料的提供者和产品的接受者是同一家企业，交易双方不存在买卖关系，而是委托加工关系。加工一方赚取的是劳务费，因而这类贸易属于劳务贸易范畴。

三、加工装配业务的作用

加工装配业务，不论是对于加工一方即承接方还是对于委托方来说，都有其积极的作用。

（一）对于承接方的作用

对于承接方，加工装配业务有以下几个作用。

（1）可以发挥本国劳动力资源丰裕的优势，提供更多的就业机会。

（2）可以改善国内原料不足的状况，充分发挥本国的生产潜力。

（3）可以通过引进国外的先进生产工艺，借鉴国外的先进管理经验，提高本国技术水平和产品质量,以及本国产品在国际市场的适销能力和竞争能力。

(二) 对于委托方的作用

对于委托方,加工装配业务有以下两个作用。

(1)可以利用承接方的劳务,降低产品成本。

(2)可以促进委托方所在国的产业结构调整。这主要是指一些工业发达国家通过委托加工方式将一些劳动密集型产品的生产转移到发展中国家。

四、加工装配业务应注意的问题

加工装配业务应注意以下几个问题。

(1)选择合适的加工装配项目,最好是对投资少、见效快、收益较大、在国际市场上销路稳定的商品进行加工装配,尽量避免接受可能对本国出口贸易造成冲击的业务。

(2)以经济效益为重,合理确定加工企业的工缴费,避免各加工企业自相竞争,任意降低收费标准。

(3)明确规定国外委托方要按时、按质、按量提供料件,加工的成品一定要保证全部返销国外,以防在执行过程中发生争议。

(4)对于国外委托方提供的商标,注意其合法性,尽量明确规定。一旦发生关于注册商标、专利等知识产权的纠纷,国外委托人应负全部责任。

第七节 跨境电子商务

信息社会是通过网络及信息的作用,使每个行为主体不断自组织来实现整体优化的多样化社会。电子商务、信息产业以及高科技产业既不适合建立高度集中的大型垄断性企业,也不适合高度分散、对抗性竞争的众多小企业,而是更适合经营主体灵活、独立又协同合作的自组织化的生态系统。该生态系统的目标就是通过创新、合作性竞争,提供框架意义上的大规模的合作,从而在更大范围内,以更加灵活有效的方式,更多、更好地利用社会资源。

跨境电商日益成为企业开展国际贸易的首选和外贸创新的重要力量,2020年进出口增长率高达31.1%,超过1万家传统外贸企业开始线上经营,1 800多个海外仓成为海外营销重要节点和外贸新型基础设施。据海关统计,跨境电商试点市场采购贸易方式全年出口约1 000亿美元,达到了历史最高点。另外,2020年我国举办的重要展会,包括广交会、厦门国际投资贸易洽谈会、中国国际服务贸易交易会等,都使用了新技术,广邀海内外客商在线展示产品,提供全天候网上推介、供采对接、在线洽谈等服务,打造优质特色商品的线上外贸平台,从而节约交易成本、提高洽商效率,在确保维护抗击疫情成果的基础上有力促进了对外经济活动。

一、跨境电子商务概述

当代信息技术和通信技术的发展,网络技术的应用,特别是互联网的出现,正引起传统国际贸易领域的一场伟大变革。一种全新的国际贸易方式——跨境电子商务的出现，必将在很大程度上改变传统的贸易方式，成为未来国际贸易的主要模式。

跨境电子商务是指买卖双方利用现代信息技术和通信技术，部分或全部地完成国际贸易的交易过程。它反映的是现代信息技术所带来的国际贸易过程的电子化。通过采用电子数据交换、电子邮件、电子公告牌、电子转账、安全认证等多种技术方式来实现国际贸易过程的电子化。与传统的国际贸易方式相比，跨境电子商务通过电子商务在国际贸易中的应用、对企业外贸流程的重组，能够有效地降低企业的贸易成本，提高交易效率和成交概率，从而提高企业在国际市场上的竞争力。

二、跨境电子商务的种类

跨境电子商务可以按不同的方法进行分类。

（一）按照交易对象分类

按照交易对象的不同，跨境电子商务可分为 B2C（business-to-customers，商业机构与消费者之间的电子商务）、B2B、B2A（business-to-administrations，商业机构与行政机构之间的电子商务）和 C2A（customers-to-administrations，消费者与行政机构之间的电子商务）。

（1）B2C。B2C 是制造商直接面对国外消费者（最终用户）的直销式的贸易模式。

（2）B2B。B2B 即企业间利用网络进行网上交易。B2B 大多发生在企业之间的大宗交易中，如电子元器件、会计服务、商业抵押、证券、电机、网络产品、解决方案等。

（3）B2A。其包括企业与政府部门间的各项事务，如海关业务、电子征税、政府网上采购等。

（4）C2A。消费者与行政机构间的贸易往来在实际贸易中并没有真正产生，其前景如何也难以预料。

（二）按照使用网络类型分类

按照使用网络类型的不同，跨境电子商务可分为电子数据交换的电子商务、互联网的电子商务和企业内部网的电子商务。

（1）电子数据交换的电子商务。它是用一种专用网络或增值网络进行的商务活动。

（2）互联网的电子商务。由于互联网的迅猛发展，基于互联网的电子商务将大规模应用。

（3）企业内部网的电子商务。它是一种主要用于企业内部的各种业务通信和经营管理的商务活动。

（三）按照跨境电子商务内容分类

按照跨境电子商务内容不同，跨境电子商务可分为有形产品的间接贸易和无形产品的直接贸易。

（1）有形产品的间接贸易。有形产品的间接贸易指通过电子方式，尤其是国际互联网等来处理有形商品的洽谈、订货、开发票、收款等与货物贸易交易相关的活动,而货物本身则需要配送,采用的是不完全跨境电子商务方式。

(2) 无形产品的直接贸易。无形产品的直接贸易指通过电子方式,尤其是国际互联网等来进行买卖计算机软件、电影、音乐、信息服务等可以数字化的无形商品,可以利用网络直接把商品送到购买者手中,采用的是完全的跨境电子商务方式。

三、跨境电子商务在国际贸易中的作用

(一) 寻找贸易伙伴

在传统的国际贸易方式下,买卖双方要寻找到合适的贸易伙伴往往要付出很大的代价。而利用电子商务物色贸易伙伴,既可以节省大量的人力、物力,又不受时间、地点的限制。企业一方面可以通过建立自己的网站或借助相关电子商务平台向全球范围内的潜在客户提供产品和服务的供求信息;另一方面也可以上网搜索有关经贸信息,寻找到理想的贸易伙伴。

(二) 进行交易洽商

在传统的国际贸易方式下,买卖双方一般共同选择某个确定的时间和地点,当面进行协商、谈判的活动。这种口头洽商形式容易受时间和空间的限制,过程漫长又不经济,特别是受时差的影响,给双方的交往带来很大的不便。即使是采用书面形式,利用电话、传真等通信手段来协助洽商,也会由于高额的通信费用和信息的不完整性而难以适应业务活动的需要。而利用跨境电子商务的互联网,其便捷、低成本的通信功能和高效、强大的信息处理能力,能极大地促进买卖双方的交易磋商活动。同时交易双方还可借助电子邮件等方式适时地讨论、了解市场信息,洽商交易事务。如有进一步的需求,还可用网上的白板会议来交流实时的图形信息。因此,跨境电子商务方式下的交易洽商,可以跨越面对面的限制,是一种方便的异地交流方式。

(三) 电子签约及网上支付

在传统的国际贸易方式下,交易的各个环节都需要人工的参与,交易效率相对较低,错误发生率高。而利用电子商务开展国际贸易,双方可采用标准化、电子化的格式合同,借助网站中的电子邮件实现瞬间的交互传递,及时完成交易合同的签订。同时可通过银行和信用卡公司的参与实现网上支付。国际贸易中的网上支付对于可以直接通过互联网传递交付的软件、影音、咨询服务等无形产品交易来说极为便利,不但可节省很多人员的开销,而且随着网络安全技术的不断发展,网上支付对国际贸易的作用将会更加突出。

(四) 简化交易管理

国际贸易业务涉及政府的多个职能部门,如市场监管、税务、金融、保险、运输等部门。因此,对国际贸易的管理包括有关市场法规、税务征管、报关、交易纠纷仲裁等多个环节。在传统的国际贸易方式下,企业必须单独与上述相关单位打交道,要花费大量的人力、物力,也要占用大量的时间。而电子商务使国际贸易的交易管理无纸化、网络化,企业可直接通过互联网办理与银行、保险、税务、运输等各方有关的电子票据和电子单证,完成部分或

全部的结算以及索赔等工作,从而大大节省了交易过程的时间和费用。

四、跨境电子商务在国际贸易中的优势

(一) 可显著降低国际贸易成本

在传统的有纸贸易中,各项费用(如纸张费、差旅费等)所占比重很大。一般认为,这些费用约占贸易额的7%。若采用EDI技术,则上述费用可减少50%以上。按我国近几年的外贸规模计算,采用电子商务后我国每年可节省数十亿美元,这是相当可观的。交易成本的降低还体现在由于减少了大量的中间环节,买卖双方可以通过网络直接进行商务活动,交易费用明显下降。在传统的国际贸易业务中,由于大量中间商的参与,国外进口商的进货价往往是国内生产企业交货价的5~10倍。而现今的跨境电子商务平台则直接把中国的生产企业和国外的进口商的供求信息整合在网上,让他们在网上直接交易,中间环节的减少使各方都得到了实惠。

(二) 可显著提高贸易效率

传统的有纸贸易中,单证的缮制、修改、审核等一系列操作占用了大量的时间。根据国外的统计,在一笔货物买卖合同中,在不同的计算机之间贸易数据的重复录入率达70%。这无疑影响了货物的正常流通。采用电子商务则利用网络实现信息共享,通过网络对各种单证实现瞬间传递,不必重复输入,不但节省了单证的传输时间,而且能有效地减少因纸面单证中数据重复录入导致的各种错误,提高了贸易效率。例如,新加坡实行EDI后,单证处理的速度由原来的平均3天降至15~30分钟。

(三) 可显著降低差错率

在传统的单证贸易中,由于各业务阶段都必须由人工参与,故单证不一致、单单不一致的情况是很惊人的。例如,英国米兰德银行(Midland Bank)与英国国际贸易程序简化署(SITPRO)在20世纪80年代的随机统计结果显示,单据不符率在50%左右(1983年为49%,1986年为51.4%)。电子商务因通过计算机网络自动传输数据,不需人工干预,并且不受时间限制,差错率大幅度降低。

(四) 减少贸易壁垒,扩大贸易机会

由于互联网的全球性和开放性,从一开始跨境电子商务就成为电子商务的自然延伸,并成为其有机组成部分。网络彻底地消除了地域的界限,对减少国际贸易中的有形壁垒和无形壁垒起到了积极的作用。在网上做生意,没有了宗教信仰的限制,也没有了种族的歧视,甚至公司的规模和经济实力的差别都显得不再重要。因而在国际贸易中采用电子商务这个有效工具,主动出击市场,寻找更多的贸易机会,成为一种顺理成章的选择。

(五) 减轻对实物基础设施的依赖

传统的企业开展国际贸易业务都必须有大量的实物基础设施,如办公用房、仓储设施、产品展示厅、销售店铺等。而如果利用跨境电子商务开展国际贸易业务,则在基础设施方面的投入要小许多。企业就可以将由此而节省的开支大部分让渡给顾客,从而增强竞争力。

五、基于互联网的国际贸易

(一) 互联网的定义

互联网是一个"网络的网络",它把全世界各地已有的各种通信网络互联在一起,组成一个庞大的国际互联网。为了实现这种互联,一方面,需要一定的硬件支持,如路由器和各种线路,把分散在各地的网络在物理上联结起来;另一方面,还需要制定一套规则,以保证不同类型的网络互相通信,这是通过一组协议来实现的,其核心便是著名的 TCP/IP(传输控制协议/网际协议)。

因此,从网络通信的观点来看,互联网是一个以 TCP/IP 把各个国家、各个部门、各种机构的内部网络联结起来的数据通信网。从信息资源的观点来看,互联网是一个集各个部门、各个领域内各种信息资源于一体的信息资源网。凡是互联网的用户,都可以使用电子邮件与网上任何其他用户交换信件,还可以跨越国界、地区使用远程计算机系统上的资源,查询网上的各种信息库、数据库,获取自己所需要的各种信息资源。

一般来说,互联网具有以下几个特点。

(1) TCP/IP 是互联网的基础和核心。在互联网中,依靠 TCP/IP 实现各种网络的互联。因此,TCP/IP 的地位非常重要。符合 TCP/IP 标准的网络按一定的规则都可联入互联网。

(2) 通过互联网传递的信息可以跨国界、跨地区,而且费用非常低廉。

(3) 互联网日益普及,可以实现任何人在任何时间、任何地点以任何形式的可靠通信。2020 年我国两会明确指出,加强新型基础设施建设,发展新一代信息网络,拓展 5G 应用……激发新消费需求、助力产业升级。

(4) 没有对互联网上的通信进行统一管理的机构,互联网上的许多服务和功能都是由用户来开发、经营和管理的。例如,著名的 WWW(万维网)软件,就是由在瑞士的欧洲粒子物理实验室 CERN 开发出来并交给公众使用的。

互联网最初只是在研究部门、政府和教育部门中使用,现在个人和商业部门已参与进来,而且商业部门对互联网的应用发展更加迅速。互联网使商家以低廉的代价宣传自己、寻找合作伙伴和自己的客户,并开展商品和服务的贸易,这为商业发展提供了极好的条件。

(二) 在互联网上开展国际贸易途径

随着互联网应用的普及,已经有越来越多的企业认识到互联网的重要性。这些企业通过在网上宣传产品和企业,扩大贸易渠道,增加竞争力。对于外贸企业来讲,互联网的作用更为重要。从目前来看,EDI 还未能普遍应用于国际贸易,因此仍有很多商务活动可以在互联网上开展。

(1) 设立一个网站。有条件的企业可以设立一个自己的网站。但对于许多中小企业来说,可以不设立,而是把自己的网页放在别人的网站上。

(2) 设计网页。设计网页的目的是让别人来访问。如果自己设立网站,可以把网页放在自己的网站上;如果自己不设立网站,则可以把网页放在租用的网站上。网页上的主要内容是宣传企业和产品、提供信息服务。

(3) 参展。参加网上商品展览会,可以获得更多的贸易机会,而且费用较低。

(4) 在网上开展市场调研和市场分析。

(5) 利用电子邮件进行业务联系和对具体的一笔进口或出口生意开展交易磋商。贸易双方可以就商品的种类、包装、数量、交货地点、价格、交货时间、运输方式、支付方式等交易条件开展磋商。

(6) 可以在网上传递一些商品照片、说明书、图样,以利于成交。当然,有些商品还需寄送样品。

(7) 在最初的交易磋商中,最好明确一下合同订立的形式,即是否需要以书面合同作为合同成立的条件。

(8) 在履行合同中,贸易双方也可通过互联网传递有关信息。例如,询问某些事项办理的进展情况,向对方发出通知,传递有关单证。当然,有些正本单证采用电子方式时要考虑安全及法律效力问题。

贸易各方要与可能涉及的政府外贸管理、运输、保险、商检、银行、税务等机构办理手续。根据这些机构的规定,可以通过一定的电子方式办理手续和传递有关的单证。现在有相当一部分手续和单证可通过 EDI 来进行。基于互联网的国际贸易与基于 EDI 的国际贸易有很大的不同。由于互联网是开放性的网络,没有统一的管理机构,缺乏有关商务活动的立法,在互联网上传送的不是标准的格式化数据,从而不能被贸易商自己的计算机管理系统直接利用,所以,很多国际贸易单证不能在网上以电子方式传递。这给国际贸易的电子商务活动带来了较大的障碍。而 EDI 不存在这些方面的问题。因此,EDI 的电子商务水平比互联网高,在理论上,能做到商务的完全电子化。但是,互联网上开展电子商务要求简单,容易实施;而 EDI 实施则复杂、困难。这是当前互联网用于电子商务的发展远远超过EDI 的原因。

[案例 18-1] 2018 跨境电商平台排名 TOP5

1. 亚马逊中国(Amazon. cn)

亚马逊中国继承了美国亚马逊的经营理念,自进入中国市场后,一直稳扎稳打,逐渐站稳脚跟,并取得显著发展。现今,在跨境电商领域,单纯从网站的流量来说,亚马逊中国已经是国内最大的平台。

2. 京东全球购(jd. hk)

京东全球购平台已开设多个国家馆和地区馆,全球售跨境贸易平台则立足于出口跨境电商,目前仍处于布局阶段,已在俄罗斯和印度尼西亚开展布局,支持商家入驻。

3. 天猫国际(tmall. hk)

为了满足中国消费者不断提升的消费品位和消费能力,天猫国际定位中国高端消费者群,面向全球招募最纯粹海外商家。入驻商家必须具备中国内地以外资质的公司实体,拥有海外注册商标,具备海外零售资质,并且在国外有良好的信誉和经营状况。

4. 网易考拉海购(kaola. com)

作为网易旗下的跨境电商平台,网易考拉海购能够借助网易的强

视频资料

大流量支持,迅速推广获取用户,这也是京东、天猫的常用手法,是传统网络巨头的优势所在。网易考拉海购主要与国外知名品牌商合作,以自营直采、商家入驻的模式服务用户。

5. 小红书(xiaohongshu.com)

小红书初期只是一个单纯的 UGC(用户生成内容)购物笔记分享社区。当时,中国跨境旅游市场正处于高速发展阶段,旅游时购物选择是一大痛点。小红书正好切中了这个痛点,利用高质量的购物分享社区吸引大量用户,在此基础之上,建立了自营购物平台,进行用户行为转化。得益于其优质的 UGC 分享社区,小红书拉近用户与用户、用户与平台、用户与产品之间的距离,保持行业内活跃量与渗透率很高的成绩。

本章小结与思考题

试一试

参 考 文 献

[1] 尹翔硕.国际贸易教程[M].3版.上海:复旦大学出版社,2007.

[2] 黎友焕.国际贸易[M].北京:中国商务出版社,2003.

[3] 蔡玉彬,龙游宇.国际贸易理论与实务[M].3版.北京:高等教育出版社,2012.

[4] 李斯特.政治经济学的国民体系[M].邱伟立,译.北京:华夏出版社,2013.

[5] 赫尔普曼,克鲁格曼.市场结构和对外贸易[M].尹翔硕,尹翔康,译.上海:格致出版社,2014.

[6] 奥林.地区间贸易和国际贸易[M].王继祖,译.北京:首都经济贸易大学出版社,2001.

[7] 斯密.国民财富的性质和原因的研究[M].郭大力,王亚南,译.北京:商务印书馆,2014.

[8] 林德特,王新奎.国际贸易[M].上海:格致出版社,2019.

[9] 佟家栋,周申.国际贸易——理论与政策[M].3版.北京:高等教育出版社,2014.

[10] 邓子梁,陈岩.外国直接投资对国有企业生存的影响基于企业异质性的研究[J].世界经济,2013(12):41-58.

[11] 吴焕宁.国际反倾销反补贴法律实务[M].北京:人民法院出版社,2003.

[12] 于永达,戴天宇.反倾销理论与实务[M].北京:清华大学出版社,2004.

[13] 于永达.反倾销 MBA/MPA 案例[M].北京:清华大学出版社,2003.

[14] 薛荣久,屠新泉,杨凤鸣.世界贸易组织(WTO)概论[M].北京:清华大学出版社,2018.

[15] 薛荣久.国际贸易[M].6版.北京:对外经济贸易大学出版社,2016.

[16] 陈宪,张鸿.国际贸易——理论·政策·案例[M].3版.上海:上海财经大学出版社,2012.

[17] 张二震,马野青.国际贸易学[M].5版.南京:南京大学出版社,2015.

[18] 陈岩.最新国际贸易术语适用与案例解析[M].北京:法律出版社,2012.

[19] 中国国际商会.国际贸易术语解释通则2020[M].北京:对外经济贸易大学出版社,2019.

[20] 施米托夫.国际贸易法文选[M].赵秀文,选译.北京:中国大百科全书出版社,1993.

[21] 陈岩.彻底搞懂贸易术语[M].北京:中国海关出版社,2010.

[22] 陈岩.国际贸易术语惯例与案例分析[M].北京:对外经济贸易大学出版社,2007.

[23] 中国国际商会.国际贸易术语解释通则2010[M].北京:中国民主法制出版社,2011.

[24] 黎孝先,王建.国际贸易实务[M].6版.北京:对外经济贸易大学出版社,2016.

[25] 陈宪.国际服务贸易——原理政策产业[M].上海:立信会计出版社,2003.

[26] 杜振华.国际电信服务贸易[M].北京:北京邮电大学出版社,2006.

[27] 田运银.国际贸易实务精讲[M].7版.北京:中国海关出版社,2018.

[28] 陈岩.国际贸易理论与实务[M].4版.北京:清华大学出版社,2018.

[29] 傅龙海,郑佰青,罗治前.国际贸易理论与实务[M].北京:对外经济贸易大学出版社,2014.

[30] 黄海东.国际贸易实务[M].3版.大连:东北财经大学出版社,2018.

[31] 陈岩,刘玲,刘超.信用证案例评析[M].北京:中国商务出版社,2005.

[32] 张敏,张鹏飞.彻底搞懂提单[M].北京:中国海关出版社,2016.

[33] 杨良宜.提单及其他付运单证[M].北京:中国政法大学出版社,2007.

[34] 李时民.出口贸易[M].北京:北京大学出版社,2005.

[35] 国际商会中国国家委员会.ICC 跟单信用证统一惯例(UCP600)[M].北京:中国民主法制出版社,2006.

[36] 姚新超,国际贸易运输与保险[M].4版.北京:对外经济贸易大学出版社,2016.

［37］ 陈岩,刘玲.UCP600 与信用证精要[M].北京：对外经济贸易大学出版社,2007.

［38］ 陈岩,刘玲.跟单信用证实务[M].北京：对外经济贸易大学出版社,2005.

［39］ 李一平,梁柏谦,张然翔.跟单信用证项下出口审单实务[M].北京：中国商务出版社,2005.

［40］ 帅建林,王红雨.案释国际贸易惯例[M].北京：中国商务出版社,2005.

［41］ ICC 中国国家委员会.ICC 跟单信用证(UCP500)及 UCP500 关于电子交单的附则(eUCP)[M].北京：中国民主法制出版社,2003.

［42］ 金赛波.中国信用证和贸易融资法律[M].北京：法律出版社,2005.

［43］ 吴百福,徐小薇,聂清.进出口贸易实务教程[M].8 版.上海：格致出版社,2020.

［44］ 陈岩.国际贸易单证教程[M].2 版.北京：高等教育出版社,2014.

［45］ 屈韬.外贸单证处理技巧[M].北京：中国海关出版社,2008.

［46］ 陈岩.海关理论与实务[M].北京：清华大学出版社,2010.

［47］ 陈岩.国际贸易实务与结算实训教程[M].北京：高等教育出版社,2015.

［48］ 石玉川.国际贸易方式[M].北京：对外经济贸易大学出版社,2002.

［49］ 王健.电子商务导论——商务角度[M].北京：对外经济贸易大学出版社,2002.

［50］ 王健.电子商务——企业角度[M].北京：高等教育出版社,2007.

［51］ 朱光,余牧.国际电子商务操作实务[M].北京：中国商务出版社,2004.

教师服务

感谢您选用清华大学出版社的教材！为了更好地服务教学，我们为授课教师提供本书的教学辅助资源，以及本学科重点教材信息。请您扫码获取。

≫ 教辅获取

本书教辅资源，授课教师扫码获取

≫ 样书赠送

国际经济与贸易类重点教材，教师扫码获取样书

 清华大学出版社

E-mail: tupfuwu@163.com
电话：010-83470332 / 83470142
地址：北京市海淀区双清路学研大厦 B 座 509

网址：https://www.tup.com.cn/
传真：8610-83470107
邮编：100084